Arbeitsalltag und Betriebsleben

Arbeitsalltag und Betriebsleben

Zur Geschichte industrieller
Arbeits- und Lebensverhältnisse
in der Schweiz

Herausgegeben vom
Schweizerischen Sozialarchiv zum Jubiläum
seines 75jährigen Bestehens

Verlag Rüegger, Dießenhofen

Herausgeber:	Schweizerisches Sozialarchiv, Zürich
Verlag:	Rüegger, Dießenhofen
Gestaltung:	Meinrad Kälin, Zürich
Druck:	Meier+Cie AG Schaffhausen
Buchbinder:	Hch. Weber AG., Winterthur
Copyright:	Schweizerisches Sozialarchiv, Zürich 1981
ISBN:	3 7253 0140 9

Inhaltsverzeichnis

7 Vorwort
Prof. Dr. Theodor Strohm

9 Einleitung

13 Von Stickern, ihren Frauen und Kindern
Andrea Bellaggio, Albert Tanner

57 Bilder aus der Heimposamenterei
Gret Heer

79 Alltag der Glarner Tuchdruckereiarbeiter im 19. Jahrhundert
Gret Heer, Urs Kern

119 Alltag der «Fabriklerkinder» am «Millionenbach»
Max Lemmenmeier

167 Die Welt der Hotelangestellten
Hansruedi Brunner, Paul Huber

211 Kaufleute und Techniker – Qualifikation, Arbeitserfahrung, Bewußtsein und Organisation 1870–1920
Mario König, Hannes Siegrist

269 Arbeitsalltag, Konflikt und Arbeiterbewegung in einem Großunternehmen
Rudolf Vetterli

315 Anhang

Vorwort

Diese Festschrift erscheint anläßlich des 75jährigen Jubiläums der Gründung des Vereins «Zentralstelle für soziale Literatur der Schweiz», wie das heutige Sozialarchiv damals hieß. In ihren ersten Statuten wurde der Zweck der Zentralstelle bereits klar umrissen. Sie sollte die Aufgabe verfolgen, «die soziale und wirtschaftliche Entwicklung der Schweiz zu fördern», indem sie die einschlägige Literatur sammelt, die schweizerische möglichst allseitig, die ausländische soweit erforderlich, und diese Sammlung allen Interessenten unentgeltlich zugänglich macht. So entwickelte sich in bewegter Zeit das Sozialarchiv aus einem Einmannbetrieb zu einer in ihrem Sammelgebiet im In- und Ausland anerkannten Bibliothek und Dokumentationszentrale. Es enthält, da es zu den wenigen Einrichtungen dieser Art gehört, die von den verheerenden Folgen der Weltkriege verschont geblieben sind, unschätzbare Materialien und Bestände an Literatur, die für die Erforschung der Sozial- und Geistesgeschichte der letzten hundert Jahre überall in der Welt unentbehrlich geworden sind.

Das Sozialarchiv hat sich seit jeher an eine breite Benutzerschicht gerichtet. Dies sollte auch beim Jubiläum zum Ausdruck kommen. Daß wir dieses Ziel bei der vorliegenden Jubiläumsschrift erreichen konnten, hängt wesentlich auch vom niedrigen Verkaufspreis ab, den wir den Vereinsmitgliedern und Gönnern zu danken haben, die sich so zahlreich und großzügig an unserer Jubiläumsspende beteiligten. Im weiteren gilt unser Dank den Mitgliedern der Redaktionskommission, den graphischen Gestaltern und allen Archiven und Bibliotheken, welche uns Bilder und andere Archivalien zur Verfügung gestellt haben.

Prof. Dr. Theodor Strohm
Präsident des Schweizerischen Sozialarchivs

Einleitung

Studien zum Alltag in Geschichte und Gegenwart wurden in jüngster Zeit immer lauter und eindringlicher von verschiedenen Fachrichtungen gefordert. Alltag und Alltagserfahrungen sind auch das zentrale Beobachtungsfeld dieser Jubiläumsschrift. Soll dies heißen, daß wir auf einer wissenschaftlichen Modewelle reiten?

Dem ist nicht so; vielmehr sind es zwei Motive, die den Vorstand und die Leitung des Sozialarchivs bewegen, die Geschichte industrieller Arbeits- und Lebensverhältnisse in der Schweiz als Thema dieser Festschrift zu wählen: ein aktuell-situationsbezogenes und ein wissenschaftliches. Die Sammel- und Archivierungstätigkeit des Sozialarchivs war und ist nicht nur auf Geschichte und Gegenwart ausgerichtet, sondern auch in einem sehr umfassenden Sinne interdisziplinär angelegt. Entsprechend weit ist mithin das Spektrum der Benutzer und der Bedürfnisse, für die das Sozialarchiv Unterstützung anbietet. Der Werbefachmann wie der Gewerkschaftsfunktionär, der Student wie der Fernseh- oder Zeitungsjournalist gehen ein und aus; sie kommen mit Fragen und Wünschen vielfältigster Art: sei es nach Bildmaterial zur Wohnsituation in Zürich um die Jahrhundertwende oder nach einer Nummer des «Felleisens» und anderer Presseerzeugnisse der frühen Arbeiterorganisationen, sei es nach Unterlagen zu den Jugendunruhen der allerjüngsten Vergangenheit. Kurz, das Sozialarchiv wird als Nothelfer von vielen für vieles angerufen, hat sich von jeher in seiner Aktivität auf diese Hilfegesuche eingestellt und wird auch in Zukunft bemüht sein, den mannigfachen Dienstleistungserwartungen zu entsprechen.

Das für die Festschrift gewählte Thema schien geeignet zu sein, das Sozialarchiv als öffentliche Dokumentationsstelle in seinem Aspektreichtum wenigstens andeutungsweise zu illustrieren: eine interdisziplinäre Fragestellung; verschiedenste Sozial- und Berufsgruppen im Visier; ein farbig-lebenswarmes Quellenmaterial in Wort und Bild. Und warum soll nicht gerade ein Jubiläum Anlaß sein, sich mit Alltagserfahrungen unserer Vergangenheit zu befassen: die Zäsur im Strome der Zeit, die der Sanduhr gleichförmig verrinnender Arbeitstage, -wochen und -jahre gedenkt; der historische Markstein, der an das Unspektakuläre, Selbstverständliche, Alltägliche erinnert! Soviel zum aktuell-situationsbezogenen Motiv.

Warum aber das internationale und fachübergreifende Interesse an Alltagsforschungen? Und warum teilen wir es? Haben uns die Ausläufer der Nostalgiewelle erreicht, die sich so glänzend vermarkten ließ? Unterliegen wir den Spätfolgen der 68er-Unruhen, die von der Kleider- und Haarmode bis zu den Wohnformen, den Geschlechtsrollenerwartungen, dem Sexualverhalten oder den Ernährungsmustern das Alltagsleben und -zusammenleben nicht nur zu verändern bestrebt waren, sondern auch mit neuen politisch-weltanschaulichen Symbolen aufgeladen, ideologisiert und damit als Forschungsobjekte einer verstärkten wissenschaftlichen Beachtung zugeführt haben? Folgen wir dem Ruf nach der Auswertung von Spuren «vergessener kleiner Leute», nach der Beschäftigung mit «history from the bottom up» oder nach dem Erkennen «des Großen im Kleinen»?

All diese Zeitstimmungen und -strömungen mögen uns beeinflußt haben, und dies wäre auch durchaus legitim; im Epizentrum der Druckwelle stehen sie nicht. Die entscheidenden Impulse gingen vielmehr von neuen wissenschaftlichen Fragerichtungen und Konzeptionen aus, die den alltäglichen Lebensäußerungen für ihre Erkenntnisabsicht eine Schlüsselstellung zuweisen. Auf längere wissenschaftsgeschichtliche Erläuterungen muß hier verzichtet werden; nur einige Hinweise seien gestattet, weshalb Sozialgeschichte des Alltags vermehrt Beachtung fand.

Die Sozialgeschichte, seit eh und je von der etablierten Historikerzunft in die Opposition abgedrängt, schon früh die Zusammenarbeit mit anderen Sozialwissenschaften suchend, sich besonders auch mit Strukturproblemen befassend, von vielen allerdings nur als eine Geschichte der Arbeiterbewegung verstanden, erkannte im Zuge ihrer theoretischmethodischen Ausweitung und konzeptionellen Umorientierung immer mehr, daß zentrale Fragen des sozioökonomischen und soziopolitischen Wandels, denen ihr Hauptinteresse galt und gilt, einer Klärung nur dann nähergebracht werden können, wenn historische Alltagsphänomene – qualitativ und quantitativ – einer Analyse unterzogen werden. Neue Beobachtungsfelder taten sich dadurch auf und traditionelle erhielten zusätzlichen Erkenntniswert; die Liste ist unübersehbar: Sie reicht vom Sprachduktus oder der Gestik bis hin zur Partnerwahl, zum generativen Verhalten oder zur Kindererziehung, von Eß- und Trinksitten, Freizeitverhalten oder Konsumgewohnheiten bis hin zu Gesundheitspflege, Mortalitätsstrukturen, Protestartikulationen, Prestigesymbolen oder Ehrenkodizes. Vielfältige Anregungen kamen von gegenwartsbezogenen Nachbarfächern, der Soziologie und der Sozialpsychologie sowie der Sozial- und Kulturanthropologie französischer, insbesondere jedoch angelsächsischer Richtung. Zu dieser Neuorientierung hat wesentlich ein erweiterter Kulturbegriff beigetragen; damit in Verbindung stehend, wurde der Blick auch für Subkulturen geschärft, die als Ausdruck einer spezifischen Lebenslage verstanden werden. Mit dem Einbezug dieser kulturellen und subkulturellen Faktoren und ihrer Verknüpfung mit ökonomischen und politisch-rechtlichen erschlossen sich differenziertere und vertieftere Interpretationsmöglichkeiten. So lassen sich, um nur ein Beispiel zu nennen, Streikbereitschaft, Organisationsfähigkeit und -willigkeit, politisches Bewußtsein oder Wahlverhalten spezifischer Sozial- und Berufsgruppen plausibler verstehen, wenn Arbeitsplatzerfahrungen, Lohnsysteme und -termine, geschlechts- oder altersspezifische

Rollenzuweisungen und Arbeitsteilungen, Prestigeskalen beruflicher Tätigkeiten, Familien- und Haushaltsstrukturen, Wohnsituationen, Orte und Termine geselliger Freizeitgestaltung und vieles mehr in das Blickfeld eingeschlossen werden.

Eine Sozialgeschichte des Alltags, in diesem Sinne als fächerverbindende Integrationswissenschaft verstanden, dient einer Geschichtsbetrachtung, die – wenngleich als utopisches Ziel – eine «histoire totale» anpeilt. Eine integrierte Geschichtsbetrachtung ist das Gemeinsame der Studien dieser Festschrift – bei aller Individualität der Autoren und der Verschiedenheit ihres Standortes, wofür sie auch verantwortlich zeichnen. Verbindend ist ferner, daß alle Beiträge dem Prozeß der Ausformung einer industriellen Gesellschaft mit ihren Anpassungszwängen, Eingliederungsproblemen, Absonderungs- und Ausschließungstendenzen und Abwehrreaktionen nachfragen – nicht global, sondern von spezifischen Arbeitssituationen, Berufserfahrungen und Lebenslagen der Betroffenen her, die sich in alltäglichen Lebensäußerungen manifestieren.

Gewiß, manches bleibt torsohaft und hinter den selbstgestellten Anforderungen zurück. Die Beiträge vermitteln auch in keiner Weise einen Überblick über die Vielfalt schweizerischer Arbeits- und Lebensverhältnisse im Industrialisierungsprozeß; das war nie die Absicht. Gleichwohl ist zu bedauern, daß wichtige Regionen unseres Landes, insbesondere die ganze Welschschweiz, und für unsere Industriegeschichte zentrale Branchen, beispielsweise die Uhrenindustrie, unberücksichtigt bleiben. Selbstverständlich sind sich die Herausgeber dieser Lücken bewußt, doch mußte pragmatischen Überlegungen Vorrang eingeräumt werden: Der Stand der Forschung hat es nicht erlaubt, die Untersuchungen auf alle Sektoren und Regionen auszudehnen, ohne auf Kohärenz und Vereinbarkeit der Fragerichtungen weitgehend zu verzichten. Immerhin, trotz aller Bruchstückhaftigkeit lassen die hier skizzierten Arbeits- und Lebensverhältnisse ein Stück schweizerischer Vergangenheit sichtbar werden – eine Vergangenheit, die unsere Gegenwart prägt und für unsere Zukunftsmeisterung bestimmend ist, auch wenn das Bild sich nicht als «Heidiland» für Schokoladewerbung verwenden läßt.

Und noch ein Letztes: Die Autoren dieser Festschrift gehören alle der jungen Generation an; teilweise handelt es sich um ihre erste im Druck erscheinende Forschungsarbeit. Doch warum soll nicht gerade in einer Jubiläumsschrift, die eines erreichten Alters gedenkt, die junge Generation zu Worte kommen!?

1 «Mit starrem Blick und gebeugtem Genick führt der Sticker den Pantographen. Die Kurbel drehn, das Muster besehn...»

Von Stickern, ihren Frauen und Kindern

Andrea Bellaggio
Albert Tanner

Der Kampf um einen abgenagten Knochen: Die große Krise

Am Freitag, dem 15. Juni 1934, besetzten die Rheintaler Schifflisticker, zum zweiten Mal innert zwei Jahren, sämtliche Rheinbrücken zwischen Au und Montlingen. Jahrelang hatten sie zusehen müssen, wie die Lastwagen der St. Galler Exportfirmen ganze Fuhren von Stickwaren ins Vorarlberg zur Bearbeitung brachten, während sie, ohne Aufträge, ihre teuren Maschinen verrosten lassen mußten. «Wir gehen nicht mehr von den Rheinbrücken und lassen keinen Stich Ware mehr über die Grenze»,[1] verkündeten sie auf ihrem Plakat, das der Bevölkerung ihre Anliegen nahebringen sollte. Sie verlangten finanzielle Unterstützung vom Bund und die Kündigung des Staatsvertrags mit Österreich, der die für sie ruinöse Geschäftspolitik der Schweizer Exporteure rechtlich absicherte. «Den großen Herren der Banken und Hotels wird geholfen, uns läßt man verhungern und trägt die uns gehörige Arbeit des größeren Profits willen dem Ausland zu»,[2] beklagten sie sich.

Nach Intervention verschiedener Behördemitglieder, die die Schifflilohnsticker – Fabrikanten und Einzelsticker – darauf aufmerksam machten, daß ihre Aktion ungesetzlich sei, beschränkten sie sich darauf, die Lastwagen zu kontrollieren, anstatt sie zurückzuhalten. Auf die Zusage hin, daß Vertreter des Eidgenössischen Volkswirtschaftsdepartements bereit seien, ihre Wünsche und Klagen entgegenzunehmen, hoben die Rheintaler Sticker die Brückenbesetzung auf. Damit herrschte wieder Ruhe und Ordnung im Tal. Die Notlage der Schifflisticker und die Verbitterung einer «Menschenklasse, die sich eher zu Kleinfabrikanten als zu den Arbeitern rechnet»,[3] jedoch blieben.

Während der spektakulären Aktion fühlten sich die kampfungewohnten Sticker unwohl. Schon auf das geringste Entgegenkommen der Behörden zeigten sie sich bereit einzulenken.

«Diese im liberalen Wirtschaftsgeiste zu braven Kleinbürgern im Glauben an die Macht des vaterländischen Gedankens erzogenen und auf den unbedingten Erfolg allen persönlichen Fleißes harrenden Leute sahen sich in ihrer Weltanschauung betrogen. Durch rastloses Arbeiten hatten sich ihrer manche vom Besitzlosen zum angesehenen Mittelständler emporschaffen müssen, zu Leuten mit einer Arbeitsstätte im eigenen Häuschen, ja einer kleineren Fabrik mit mehreren Maschinen.

Zu jener Zeit machten sie sich den Glaubenssatz zu eigen, daß es in der Macht jedes Menschen liege, im Leben vorwärts zu kommen, und Gedrücktheit und Mittellosigkeit nur auf mangelnde Arbeitsliebe, auf fehlende Beharrlichkeit im Emporstreben zurückzuführen sei. Da kam die Krise in der Stickereiindustrie und stempelte viele dieser Leute zu Proleten ...

Auf einmal sehen sich die gleichen Leute, welche die gewerkschaftlichen Methoden mit überlegener Geste ablehnen, veranlaßt, zu Mitteln zu greifen, die weit über den Rahmen einer Aktion organisierter Arbeiter hinausreichen und einer Revolte gegen den Staat gleichkommt.»[4]

In der nach der Brückenbesetzung beginnenden, vorparlamentarischen Debatte vermochten die Sticker, einmal mehr, ihre Interessen nicht durchzusetzen. Der Staatsvertrag wurde nicht gekündigt, die St. Galler Exporteure brauchten ihren Geschäftsverkehr mit dem Vorarlberg nicht zu reduzieren, und der Bund lehnte es ab, die Sticker mit Produktionszuschüssen zu unterstützen. Mit dieser Niederlage endete der letzte aufsehenerregende Versuch der Ostschweizer Stickereibevölkerung, sich gegen die Auswirkungen der großen Stickereikrise zu wehren.

Krisen waren in der Stickerei keine neuartige Erscheinung. Was die Krise der zwanziger und dreißiger Jahre des 20. Jahrhunderts von all ihren Vorgängern abhob, war ihre lange Dauer. Bis zum Ende des Ersten Weltkrieges war die Produktion nach Konjunktureinbrüchen immer wieder angestiegen. Nach 1921 fiel sie aber ständig. Die Nachfrage kam für mehr als eine Generation zum Erliegen. Der Markt für Stickereien wurde immer kleiner. Die Industrie verlor ihre bisherige Bedeutung.

Der 1921 gegründeten Stickerei-Treuhand-Genossenschaft wurde vom Bund die Aufgabe übertragen, dafür zu sorgen, daß die Maschinen,

---

Die stillstehende Stickmaschine

Es tuat mer schier im Herza weh,
Muaß i die Stickmaschina seh,
Sie stoht jetz still scho bald a Johr,
Wie an Ölgötz chond's mer vor.

Die Klupper stond so schö do her,
I Reih ond Glied wie Militär,
Bereit zom d'Nodla dora neh,
Ond Stichli z'macha, glatt ond schö.

Ond d'Wäga stond all uf da Stroß,
So g'stieft als wie a stetigs Roß,
Verharzt, verrostet, gonds nöd ring,
Grad wie agfrora ist das Ding.
...

Schö isch eba do glich gsi,
Wo d'hest chöna bim Sticka si,
Hest d'Arbet ka doch onder Dach,
Im Wenter isch a schöni Sach.
...

Doch d'Hoffnig darf üs nöd verlo,
D'Stickerei chön wieder cho,
Bis denn, Maschina, gueti Ruah,
I rüef denn, wenn di brucha tua.

Ausschnitt aus dem Gedicht «D'Stickmaschine» von J. Waldkirchner im «Heimarbeiter» vom 25.7.1921.

2 15. Juni 1934: Brückenbesetzung der Rheintaler Schifflisticker. Der Verbandsvertreter im weißen Hemd mit Krawatte versucht einen aufgebrachten arbeitslosen Sticker zu beruhigen.
3 Plakat der Brückenbesetzer an das «Rheintalervolk».
4 Als die Polizei auftauchte...
5 ...begnügten sich die Sticker damit, die Lastwagen zu kontrollieren.

auf denen nicht eine jährliche Mindeststichzahl gearbeitet wurde, demoliert wurden. Hart traf es die Sticker, wenn gegen ein geringes Entgelt der «Mann aus Bern» mit dem Hämmerchen die «Schnörrli» der Kluppen, die die Nadeln der Handstickmaschine hielten, zerstörte. «Me het dem sölle uf d'Finger schloh», erinnert sich heute ein ehemaliger Sticker.

Die Auswirkungen der Krise verschärften sich für die Ostschweizer Sticker, weil die Löhne im benachbarten Vorarlberg immer etwas tiefer lagen und der Qualitätsvorsprung, den die Schweizer Stickereien gegenüber der ausländischen Konkurrenz besaßen, im Zuge der Automatisierung geschwunden war. So ließen viele Schweizer Exporteure im Vorarlberg günstig sticken, veredelten die fertigen Stickereien in der Schweiz und exportierten sie «Made in Switzerland». Geschickt verstanden es diese Exporteure, den Gegensatz zwischen Ostschweizern und Vorarlbergern zu nutzen: Jene mußten sich mit dem Hinweis, daß die Stichpreise im Vorarlbergischen viel niedriger seien und eine Angleichung nötig sei, gefallen lassen, daß ihr Lohn gekürzt wurde. Diese mußten sich sagen lassen, daß das Preisniveau im Vorarlberg beständig unter dem der Schweiz liege und es darum nur recht sei, wenn auch ihr Lohn geringer sei. Vor dem Hintergrund der immer knapper eingehenden Exportaufträge fand darum ein erbittertes Ringen zwischen Schweizer und vorarlbergischen Stickern mit ruinöser Lohndrückerei statt. Die Verbitterung auf beiden Seiten des Rheins war groß, die Situation jedoch ausweglos. «Bedenken Sie doch, es ist ja alles nur mehr ein Kampf um einen abgenagten Knochen», rief der Leiter der österreichischen Delegation bei den Verhandlungen um den Staatsvertrag den erhitzten Verbandsvertretern zu.[5]

Der Anfang vom Ende: Ein neuer Erwerbszweig entsteht

Der Zusammenbruch der Stickereiindustrie in den zwanziger und dreißiger Jahren traf den Lebensnerv einer ganzen Region. Jahrzehntelang hatte sie einem großen Teil der Bevölkerung in der Ostschweiz Arbeit und Brot verschafft und ihr Dasein von der Wiege bis zur Bahre bestimmt. Noch als reine Handarbeit war die Stickerei im Laufe der zweiten Hälfte des achtzehnten Jahrhunderts zu einem wichtigen Erwerbszweig für Frauen und Mädchen geworden. Die steigende Nachfrage nach Stickereien und die Produktionsengpässe in der Handstickerei wirkten im frühen neunzehnten Jahrhundert als Anreize zur Entwicklung von Stickmaschinen. 1827/28 glückte dem Elsässer Mechaniker Heilmann die Konstruktion einer Maschine, welche die Hand der Stikkerin durch einen Mechanismus ersetzte. Doch erst nach langjährigen Versuchen und Verbesserungen gelang schließlich dem Haus Rittmeyer in St. Gallen die Entwicklung einer für die Produktion verwendbaren

6 Die erste, für die Produktion noch ungeeignete
Stickmaschine von 1830.

6

Stickmaschine, die, sechs Meter lang, zwei Meter hoch und von Hand
angetrieben, die Arbeit von vierzig Stickerinnen leistete. Kurz vor 1850
nahm die erste Stickfabrik mit zwölf Maschinen ihren Betrieb auf. Nach
einem ersten zaghaften Aufschwung in den fünfziger Jahren erfolgte
nach 1865 der Durchbruch, der den «mächtigen Siegeszug» der Maschinenstickerei einleitete.

Als die eigentliche Blütezeit kann man die siebziger und achtziger
Jahre bezeichnen. Damals erfaßte die Maschinenstickerei auch die Bevölkerung außerhalb bereits bestehender städtischer und dörflicher Industriezentren: «Alles strömte ihr zu, wie den Goldfeldern Australiens
und Kaliforniens, um schnell reich zu werden; der Handwerker, der
Bauer steckte seine sauren Ersparnisse in Stickmaschinen, von denen er
nichts verstand, in der Hoffnung, zehn, zwanzig und dreißig Prozent
Zinsen zu erhalten.»[6] Überall in den Dörfern und Weilern, selbst auf abgelegenen Höfen, wurden Maschinen montiert und in Betrieb genommen. Zwischen 1870 und 1876 waren es pro Jahr rund tausend. Webkeller wurden tiefer ausgehoben und in Sticklokale umgewandelt. Weber-

Die Stickerei in Zahlen

1. Die Entwicklung der Anzahl Maschinen

Jahr	Handstickmaschinen	Schifflistickmaschinen	Stickautomaten
1840	2		
1851	12		
1865	770		
1872	6484		
1876	10237		
1880	13373		
1890	18405	542	
1895	16015	562	
1900	14934	2263	
1910	15671	4862	757
1920	7959	2844	2272
1926	4146	1636	1853
1930	2839	870	1241
1935	1128	377	507
1940	850	328	522
.	.	.	.
1960	691	250	640

2. Der Export von Stickereien in Zentner und Wert

Jahr	Zentner	Wert in 1000 Fr.
1885	35751	90004
1890	37323	90597
1895	34806	77400
1900	50812	118841
1905	58346	136718
1910	89171	204064
1915	72243	181664
1920	53357	391858
1925	30882	129130
1930	17350	65111
1935	6308	12252
1940	6866	17038
.	.	.
1960	18565	129862

Quelle: A. Saxer, S. 226f., 234f.

und Bauernhäuser erhielten einen Anbau, worin ein oder zwei Maschinen ihren Platz fanden. In den Dörfern entstand ein neuer Haustyp, das Stickerheim mit einem hellen, hohen Raum im Erdgeschoß als Sticklokal. Bald einmal war das Rauschen der Maschinen nicht mehr nur aus den Sälen kleinerer und größerer Fabriken, sondern auch aus unzähligen kleinen Sticklokalen zu vernehmen.

An dieser Verlagerung der Stickerei von der Fabrik zurück in die Heimindustrie hatten Arbeiter und Unternehmer aus verschiedenen Gründen ein Interesse. Die Heimweber, Bauern und Handwerker versuchten, solange als möglich ihre angestammte Lebensweise zu verteidigen, und waren nur mit großem Widerwillen bereit, in der Fabrik zu arbeiten. Die Verbilligung der Stickmaschinen und die günstigen Abzahlungsbedingungen, die die Maschinenfabriken offerierten, eröffneten ihnen die Möglichkeit, weiterhin zu Hause zu arbeiten. Die Fabriksticker ihrerseits nutzten die erste Gelegenheit, der Fabrik wieder den Rücken zu kehren und den «Weg in die Selbständigkeit» anzutreten.

Schwerer aber wog das Interesse der Unternehmer. Bei der vollständig auf den Export ausgerichteten Industrie waren es die Kaufleute, die das Sagen hatten. Vom Absatz her steuerten sie die ganze Produktion ohne eigene Investitionen in Produktionsanlagen. Mit den Einzelstickern verfügten sie über ein billiges und elastisches Arbeitspotential,

7 «Überall in den Dörfern und Weilern, auf abgelegenen Höfen wurden Maschinen montiert und in Betrieb genommen.» Transport einer Handstickmaschine.
8 Weberhaus mit angebautem Sticklokal im Appenzeller Hinterland.

Von Stickern, ihren Frauen und Kindern

9 Handstickmaschine aus den achtziger Jahren:
1 Musterbrett mit Stickvorlage, 2 Pantograph zum Bewegen des Stickbodens, 3 Gatter mit 4 eingespanntem Stickboden, 5 vorderem Wagen mit 6 Lineal, worauf sich die Kluppen mit den Nadeln befinden, 7 Rollen des Wagens, 8 Schiene (Strasse), auf der der Wagen hin- und hergerollt wird durch Drehen der 9 Kurbel, 10 Abtretvorrichtung.

9

das sie je nach Konjunkturlage ausschöpfen konnten, was für eine ausgesprochene Modeindustrie wie die Stickerei ein großer Vorteil war. Die Wehrlosigkeit der Einzelsticker machte die heimindustrielle Produktion für den Kaufmann interessanter als die fabrikmäßige.

Fabrikanten, denen es nicht gelang, den Absatz ihrer Produkte selbst an die Hand zu nehmen, wurden je länger, je mehr von Exporteuren abhängig, erhielten von ihnen die Stickmuster und wurden, wie die Einzelsticker, nach Stichleistung bezahlt. Ihre Konkurrenzfähigkeit verschlechterte sich mit der Einführung des eidgenössischen Fabrikgesetzes von 1877, da die Heimstickerei von Regelungen betreffend Arbeitszeit, Frauen- und Kinderarbeit ausgenommen war. Neben den Exporteuren profitierten die Fergger, die auf Provision hin die Aufträge der Exporthäuser an die Einzelsticker vermittelten. Im Unterschied zu den Stickfabrikanten trugen sie kein Betriebsrisiko. Dieses hatten sie auf die Sticker abgewälzt.

In der Blütezeit der Stickerei entwickelte der St. Galler Isaak Gröbli die Schifflistickmaschine, die nach dem Nähmaschinenprinzip

10 Schifflistickmaschine von Saurer,
Modell 1911/12.
11 Stickautomat von Saurer.

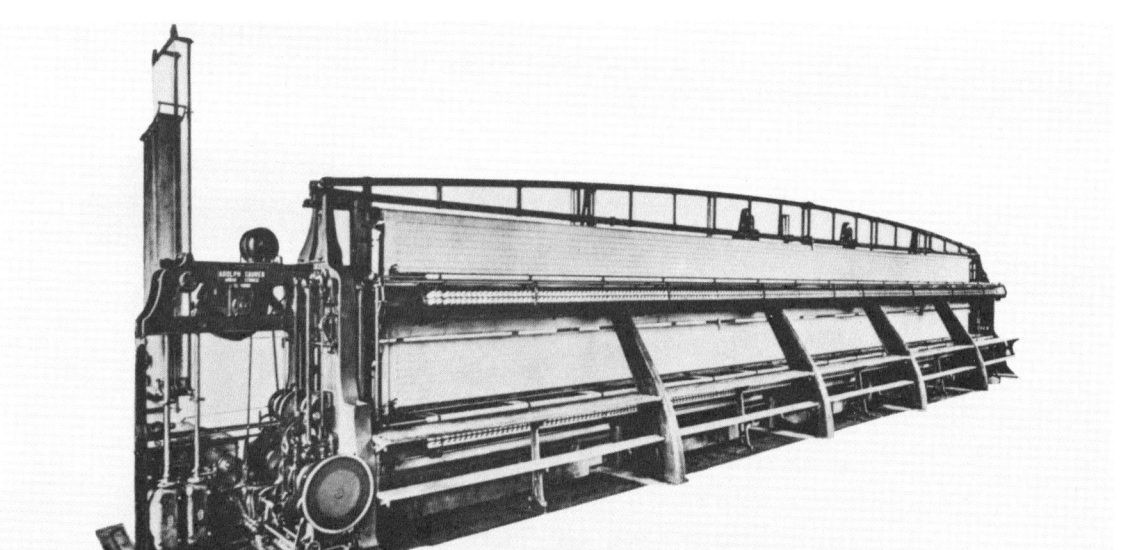

10

11

funktionierte und eine Leistungssteigerung um das Zehnfache brachte. Sie verdrängte wohl die fabrikmäßig betriebene Handmaschinenstickerei, nicht aber die heim-industrielle Einzelstickerei. Auch in der Schifflistickerei zeichnete sich nach der Jahrhundertwende eine Verlagerung von der Fabrik in die Heimindustrie ab. Die Anschaffungs- und Betriebskosten einer Schifflistickmaschine waren jedoch so hoch, daß sich nur wenige selbständig machen konnten.

Den vorläufigen Abschluß der technologischen Entwicklung bildete der Stickautomat, der, nach 1900 eingeführt, ausschließlich in Fabriken betrieben wurde. Gegen den leistungsstärkeren und arbeitssparenden Automaten führten die Einzelsticker einen zunehmend aussichtsloseren Konkurrenzkampf.

Die Arbeit an der Maschine: Sticken – Fädeln – Nachsehen

Sticken mit der Handstickmaschine erforderte mindestens zwei Arbeitskräfte: einen Sticker, der die Maschine bediente, und ein oder zwei Hilfsarbeiter, meist Frauen oder Kinder, die das Einfädeln der Nadeln und andere Unterstützungsarbeiten ausführten.

In einem ersten Arbeitsgang spannte der Sticker unter Beihilfe der Fädlerin das zu bestickende Gewebe, den Stickboden, vertikal in den Rahmen. Darauf setzten Sticker und Fädlerin die bereits vorher eingefädelten, auf beiden Seiten zugespitzten Nadeln mit dem Öhr in der Mitte in die Nadelzangen («Kluppen») auf das obere und untere Lineal des vorderen Wagens ein.

Zum Sticken saß der Sticker auf einem nach vorn geneigten Schemel zur Linken der Maschine. Damit genügend Licht auf das Musterbrett mit der angehefteten Stickvorlage fiel, war diese Seite der Maschine mit dem Pantographen den Fenstern zugewandt. Der Stickvorgang selbst umfaßte im wesentlichen drei Tätigkeiten. Mit der linken Hand führte der Sticker den Pantographen, den sogenannten Storchenschnabel. Dieser bewegte den im Rahmen hängenden Stickboden nach oben und unten, nach rechts und links und bewirkte auf diese Weise, daß die unverrückbaren Nadeln bei jedem Stich an einer anderen Stelle des Gewebes einstachen. So entstanden die beabsichtigten, auf dem Musterkarton vorgezeichneten Ornamente. Mit der rechten Hand drehte er die Kurbel, welche über ein Zahnradgetriebe die zwei auf den Schienen laufenden und die Nadeln tragenden Wagen nach vorn und wieder zurück rollen ließ. Mit den Füßen bediente er die Tritte der Ausschaltevorrichtung, die mittels eines Mechanismus die Klammern der «Kluppen» öffnete und wieder schloß. Um diese Tretbewegungen leichter ausführen zu können, nahm der Sticker auf seinem Stuhl eine halb sitzende, halb stehende Stellung ein.

12 Sticken war eine Teamarbeit von Sticker und Fädlerin: Der Sticker am Pantographen bediente die Maschine, die Fädlerin bereitete die Nadeln vor.
13 Das Sticken selbst war reine «Männerarbeit», die Frauen leisteten «nur» Hilfsarbeiten.

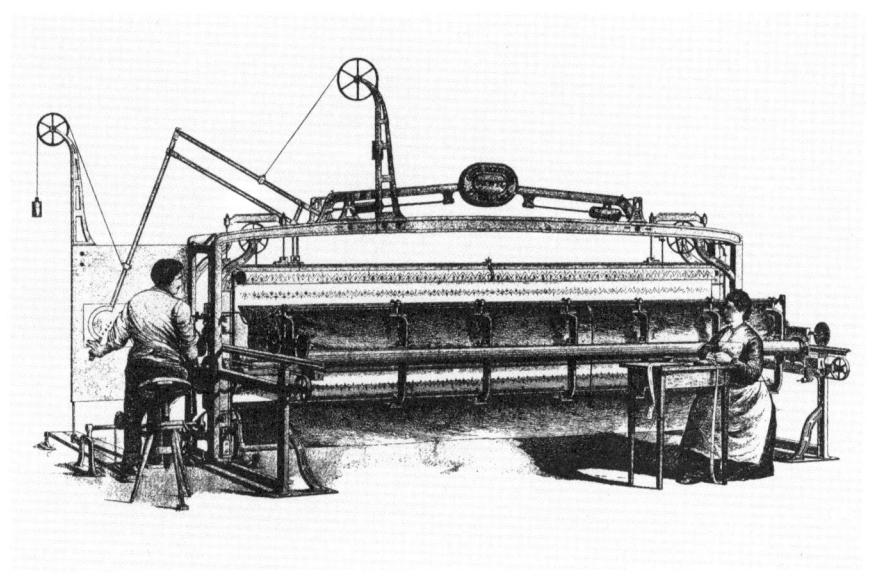

12

13

Von Stickern, ihren Frauen und Kindern　　　　　　　　　　　　　　　　　　　　　　26

14 Damit genügend Licht auf das Musterbrett mit
der angehefteten Stickvorlage fällt, ist diese Seite
der Maschine dem Fenster zugewandt.

14

15 Mit der linken Hand führt der Sticker den Pantographen, mit der rechten dreht er die Kurbel. Aufmerksam beobachtet er das Anziehen der Fäden.

15

Der Stickvorgang beginnt mit dem Setzen des Pantographenstiftes auf einen bestimmten Punkt der Mustervorlage. Damit bringt der Sticker den Stickboden in die verlangte Stellung. Nun dreht er mit der rechten Hand an der Kurbel. Dadurch bewegt sich der vordere Wagen gegen den Stickboden hin und durchsticht ihn mit seinen Nadeln bis zu ihrer Mitte. Durch sofortiges Niedertreten des linken Trittes der Ausschaltevorrichtung öffnen sich die «Kluppen» des zugefahrenen Wagens und geben die Nadeln frei. Gleichzeitig schließen sich die Zangen des hintern Wagens und erfassen die Nadeln. Auf erneute Drehung der Kurbel rollt der hintere Wagen zurück, zieht die Nadeln vollständig durch den Stickboden und führt sie so weit, bis die Nädlinge durch- und angezogen sind. Das Anziehen ist der heikelste Punkt und beansprucht die volle Aufmerksamkeit des Stickers, der deswegen bei dieser Bewegung den Kopf nach rechts dreht, um das Anziehen beobachten zu können.

Mit der linken Hand führt der Sticker jetzt den Stift des Pantographen auf der Mustervorlage einen Stich weiter. In sechsfacher Verkürzung überträgt der Pantograph diese Bewegung auf den Stoffrahmen und zwingt dadurch die Nadeln, beim folgenden «Rückstich» an der vorgesehenen Stelle einzustechen. Beim erneuten Durchstich dreht er die Kurbel auf die andere Seite und läßt so den hintern Wagen heranrollen und mit den Nadeln den Stickboden durchstoßen. Durch die Tretbewegung öffnen sich seine Zangen, diejenigen des vordern Wagens greifen die Nadeln, ziehen sie nach einer weitern Kurbelbewegung durch den Stickboden und führen sie so weit, bis die von den 620 Nadeln ausgeführten Stiche gleichmäßig angezogen sind. Nun beginnt der ganze Vorgang von neuem.

Der Handsticker
Ausschnitt aus dem gleichnamigen Gedicht von Ewald Rannacher im «Heimarbeiter» vom 4.2.1916.

Drehen und drehen!
Tagaus und tagein
Dreh'n wir den Wagen
Heraus und hinein,
Dreh'n wir uns müde
Ums tägliche Brot,
Ohn' Rast und Ruhe —
Selbst bis in den Tod.

Den monotonen Arbeitsablauf mußte der Sticker unterbrechen, wenn Fäden gerissen, Nädlinge aufgebraucht und neue Nadeln einzusetzen waren. Bei guten Mustern mit kurzen Stichen und entsprechend geringem Garnverbrauch reichten die Nädlinge für 250 bis 400 Stiche. Gröbere Muster mit längeren Stichen waren «Garnfresser», so daß die Nädlinge schon nach hundert oder weniger Stichen «verstickt» waren. Ein längerer Arbeitsunterbruch trat ein, wenn der eingespannte Stickboden fertig bestickt war und nachgespannt werden mußte.

Die Arbeit des Stickers verlangte weniger große Kraft – die größte körperliche Anstrengung erforderte das Treten –, sondern eine gute Koordination der Bewegungen von Händen und Füßen, ein äußerst feines Gefühl sowie eine große Sicherheit der Hand und des Auges. Sorgfältiges und elastisches Anziehen des Fadens entschied in hohem Maße über die Qualität der «Stickete». Wichtig waren auch ruhiges Führen des Pantographen, da sonst der Stickboden in Schwingung geriet, sowie die

Fähigkeit, den Weg, über den der Pantographenstift zu führen war, auf dem Muster zu erkennen.

Die Qualität der «Stickete» hing demnach weitgehend vom Können des Stickers ab. Trotz ihrer Größe und Kompliziertheit war die Stickmaschine noch immer ein Werkzeug, der verlängerte und verstärkte Arm des Stickers. Ohne sein Können kam sie nicht aus. Für jeden Stich, den sie leistete, war der Sticker verantwortlich. Sie befreite ihn weder von der Arbeit noch seine «Arbeit vom Inhalt» (Marx). Nicht er diente der Maschine, sondern sie ihm. Er bestimmte das Arbeitstempo und nicht sie. All dies prägte die Beziehung des Stickers zu «seiner» Maschine ganz entscheidend.

Die Hilfskräfte – Frauen, Mädchen und Knaben – fädelten die Nadeln ein und halfen sie in die «Schnörrli» der Zangen einsetzen; sie wechselten abgebrochene Fäden aus, schnitten nach dem «Verstäten» die Fadenenden ab und kontrollierten die Nadelreihe des untern Lineals, an dem der Sticker das Reißen von Fäden nicht selbst beobachten konnte.

Die aufwendigste Unterstützungsarbeit war das Einfädeln. Daher auch die Bezeichnung Fädlerin. Um die 620 Nadeln zu fädeln, brauchte eine Arbeiterin von Hand mehr als zwei Stunden. Mit der seit 1890 im Gebrauch stehenden Fädelmaschine, die das Einfädeln, Schlaufenmachen und Abschneiden des Fadens etwa sechsmal schneller erledigte, benötigte sie rund eine halbe Stunde. Bei einer Tagesleistung des Stickers von 2000 Stich mußten sämtliche Nadeln mehrmals – je nach Garnverbrauch zwischen fünf- und zehnmal – ausgewechselt werden. Dieses Arbeitspensum war für eine Fädlerin, trotz Vorfädeln in den Abend- oder frühen Morgenstunden, allein sehr oft zu groß. Ohne Mithilfe weiterer Hilfskräfte, meist von Kindern und Jugendlichen, konnte sie mit dem Sticker nicht Schritt halten. Sticker mit hohem Garnverbrauch waren deshalb gezwungen, noch eine zweite Fädlerin anzustellen.

Die als Fädler arbeitenden Frauen und Kinder waren als eine Art menschliches Maschinenzubehör «dem Sticker wie sein eigener Schatten beigegeben»[7] und ihm untergeordnet. Sie mußten ihre Arbeit und ihr Arbeitstempo ganz nach ihm ausrichten. Eine gute Fädlerin war jene Hilfskraft, die immer Schritt halten konnte und den Sticker nicht zu Arbeitsunterbrüchen zwang. Die Hilfskräfte wurden von ihm nicht nur kontrolliert, sondern auch angestellt und im Zeitlohn bezahlt. Er trat ihnen gegenüber als Arbeitgeber auf.

Der technologische Wandel in der Stickereiindustrie gegen Ende des neunzehnten Jahrhunderts änderte vorerst wenig an der beherrschenden Stellung des Stickers im Arbeitsprozeß. Sticken blieb auch mit der Schifflistickmaschine eine qualifizierte Arbeit. Im Gegensatz zum Handsticker war der Schifflisticker jedoch nicht mehr der gleiche sou-

Von Stickern, ihren Frauen und Kindern

16 Für jeden Stich, den die Maschine leistete, war der Sticker verantwortlich. Er bestimmte das Arbeitstempo, und nicht sie.
17 Eine «Stickete» ist fertig: Die Fädlerin schneidet die Fadenenden ab.
18 Die Fädelmaschine brachte der Stickersfrau eine wesentliche Erleichterung: «Gar nichts hat man zu tun, als das Rad zu drehen. Im Nu ist ein Lineal eingefädelt. Da erspart man sich einen Haufen Zeit» (Gerter).
19 Als eine Art menschliches Maschinenzubehör war die Fädlerin dem «Sticker wie sein eigener Schatten beigegeben». Sticker mit Fädlerin im Toggenburg um 1900.

16

17

18

19

Von Stickern, ihren Frauen und Kindern

20 Die über 10 Meter lange Schifflistickmaschine war mehr als bloß der verlängerte und verstärkte Arm des Stickers. Der maschinelle Antrieb der Maschine begann, ihm den Arbeitsrhythmus zu diktieren.

21 Schifflisticker mit seinem Hilfspersonal: Der Chef ist der Sticker, die Nachseherin steht höher als die Schifflifüllerin.

veräne Meister über seine Maschine. Der Wechsel eines Handstickers auf die Schifflimaschine galt daher auch lange als eine Erniedrigung und als eines echten Stickers unwürdig.

Der mechanische Antrieb entlastete den Schifflisticker zwar von den anstrengenden Tret- und Kurbelbewegungen, zwang ihn aber zu einem gewissen Arbeitstempo. Die Maschine war nicht mehr bloß sein verlängerter und verstärkter Arm. Sie begann, ihm ihren Rhythmus aufzudrängen. Die gesamte Beschleunigung des Stickvorgangs infolge des mechanischen Antriebs und des neuartigen Sticksystems – die tägliche Stichleistung eines Schifflistickers lag zwischen 8000 und 12000 Stich – forderte vom Sticker ein rascheres Arbeiten, größere Aufmerksamkeit sowie Konzentration im Lesen des Musters und im Führen des Pantographen.

Ohne Hilfskräfte kam auch der Schifflisticker nicht aus. Wegen des höheren Arbeitstempos und der Länge der Maschine konnte er den Fortgang der Arbeit nicht mehr selbst überwachen. Dies erledigte die Nachseherin («Nohluegerin»), die ständig dem Nadelwagen entlang auf und ab ging, gerissene Fäden ersetzte, die Nadeln und Schiffli überprüfte, den Sticker auf Fehler aufmerksam machte und ihn bei Bedarf durch Zurufen oder Drücken des Klingelknopfes die Maschine anhalten ließ. Eine zweite Hilfskraft, in der Regel ebenfalls eine Frau, füllte die Schiffli mit neuem Garn. In Fabrikstickereien war eine Schifflifüllerin meist gleich für zwei Maschinen zuständig. Bei Einzelstickern besorgte die Nachseherin diese Arbeit noch nebenbei, unterstützt von Kindern und Jugendlichen, die vor und nach der Schule zum Schifflifüllen angehalten wurden.

Der Schifflisticker arbeitete wie der Handsticker im Akkord. Die Nachseherin und die Schifflifüllerin wurden im Zeitlohn bezahlt, in der Fabrik aber nicht mehr vom Sticker, sondern vom Unternehmer direkt. Damit hatte der Schifflisticker auch in der Arbeitsorganisation einen Teil seiner Unabhängigkeit eingebüßt. Er war nicht mehr länger «Arbeitgeber» seiner Hilfskräfte.

Die Produkte der Handstick- bzw. Schifflistickmaschine waren an die Geschicklichkeit des Stickers gebunden. Er arbeitete mit und nicht nur an der Maschine. Er lenkte den Arbeitsvorgang noch unmittelbar selbst, auch wenn dazu eine komplizierte Apparatur notwendig war. Die Automatisierung des Stickvorgangs, die Einführung des Stickautomaten nach der Jahrhundertwende, schaltete den Sticker, «das kostspielige Menschenmaterial»,[8] aus. Seine Arbeit wurde ersetzt durch ein System von Lochstreifen (Punchrolle), das ein hochqualifizierter Sticker auf der Punchmaschine gleich für mehrere Automaten herstellte. Die «Arbeit» an der Maschine führte nun die Nachseherin allein aus. Vorher ein Schatten des Stickers, war sie jetzt ein Anhängsel der Maschine, deren Bewegungen sie zu kontrollieren und zu folgen hatte.

Von Stickern, ihren Frauen und Kindern

22 Steuersystem des Automaten.
23 Der Puncher stellt die Punchrolle her, mit der der Automat gesteuert wird.
24 Die Automatisierung schaltete den Sticker aus. Die «Arbeit» an der Maschine führt nun die Nachseherin aus.
Alter Stickmaschinensaal der Firma J. Rohner AG in Widnau SG.

25 Stickfabrik in Herdern TG. Wie hier waren in den ersten Fabriken meist acht bis zwanzig Maschinen aufgestellt.

Fabriksaal und Sticklokal: Arbeitsplatz und Arbeitsverhältnisse

In der ersten Aufschwungphase der Maschinenstickerei wurden die Stickmaschinen fast ausschließlich in Fabriken aufgestellt. Außer bei den Pionieren, den großen Stickfabriken in St. Gallen-Bruggen, handelte es sich dabei meist um kleinere Betriebe mit acht bis zwanzig, z. T. auch nur drei bis acht Maschinen. Die für die schweizerische Industrie außerordentlich hohen Löhne erleichterten den Unternehmern die Rekrutierung von Arbeitskräften. Manche Heimarbeiter, Söhne und Töchter von Kleinbauern oder Handwerkern überwanden deswegen ihre Abneigung gegenüber der Fabrik und der Fabrikarbeit.

Die betriebliche Organisation der Stickfabriken war im Unterschied etwa zu mechanischen Spinnereien oder Webereien recht einfach. Eine Koordination von Arbeits- und Bewegungsabläufen war nicht notwendig, denn die handangetriebenen Maschinen arbeiteten unabhängig voneinander. Der Unternehmer selbst stellte nur die Sticker, in größeren Betrieben noch einen Stickermeister zu Anleitung und Kontrolle ein. Um die Hilfskräfte kümmerte er sich in den Anfängen nicht. Dies überließ er den Stickern, die als eine Art Kleinmeister nicht nur die Hauptarbeit leisteten, sondern auch noch Arbeitgeberfunktionen wie Anstellung, Kontrolle und Bezahlung des Hilfspersonals übernahmen. Sie selbst wurden durch ein Akkordlohnsystem zu möglichst hohem Arbeitstempo angetrieben. Abzüge bei Fehlern zwangen zu sorgfältigem Arbeiten.

Um die Sticker und ihr Hilfspersonal zu fortdauerndem Fleiß und zu langen Arbeitszeiten von zwölf bis vierzehn und mehr Stunden zu

Von Stickern, ihren Frauen und Kindern 36

26 Montage von Handstickmaschinen: Die Maschinen werden quer zu den Fenstern...
27 ...eine nach der andern aufgestellt. Saal einer Handstickfabrik um 1880.

26

27

zwingen, zur Einhaltung der Sechstagewoche und des pünktlichen Arbeitsbeginnes zu bringen und dadurch dem Unternehmer eine hohe Rendite des in die Maschinen investierten Kapitals zu verschaffen, genügten das Akkordlohnsystem und die Abzüge nicht. Mit harten Bußen bis zur Höhe eines Taglohnes und mehr, die oft als Entschädigung für die stillstehende Maschine deklariert wurden und in die Taschen des Unternehmers flossen, mit Entlassungsdrohungen, Rückbehalten des Lohnes und sofortiger Entlassung versuchten die Stickfabrikanten, den Arbeitern Fleiß und Arbeitsdisziplin beizubringen.

Diesen Zumutungen der Unternehmer setzten die Sticker in den verschiedensten Formen Widerstand entgegen und hielten sich so doch noch einen gewissen persönlichen, nach ihren Bedürfnissen ausgerichteten Freiraum offen. Eine der Widerstandsformen war das Blaumachen. Aus dem Bericht von Luise Rüd, die als zehnjähriges (!) Mädchen um 1885 in einer Teufener Stickfabrik arbeitete, geht hervor, daß dieser Brauch in den achtziger Jahren noch üblich war: «Zwischenhinein, in der Arbeitszeit, hießen mich die Sticker Most und Bier oder Schnaps holen, denn das war eine liederliche Gesellschaft. Trinken und Blaumachen am Montag war etwas Feststehendes.»[9] Auch das Rauchen während der Arbeitszeit war stark verbreitet: «Ein Sticker, der nicht raucht, ist fast eine Seltenheit. In großen Fabriken darf zwar vielfach nicht geraucht werden, meist aber trifft man den Sticker den ganzen Tag mit der Zigarre oder gewöhnlicher der Pfeife im Munde.»[10] In manchen Fabrikordnungen wurde das Rauchen sogar ausdrücklich gestattet, ebenso «Singen und freie Unterhaltung, insofern alles mit Anstand geschieht und die Arbeit nicht beeinträchtiget».[11]

Rauchen und Trinken während der Arbeit bedeuteten aber für die Sticker mehr als nur die Behauptung eines Freiraumes. Alkohol und Tabak halfen die übermäßig langen Arbeitszeiten und die Last eintöniger Arbeit zu ertragen; anders hätten sie die beim Sticken erforderliche Konzentration und körperliche Anspannung nicht aufbringen können.

Doch was taten die fädelnden Frauen und Kinder gegen die Hetze, die Eintönigkeit und die immer wieder hereinbrechende Müdigkeit? Ihnen blieb neben kaltem Zichorienkaffee wenig mehr als der Rauch ihrer «Herren» Sticker sowie das «Singen und die freie Unterhaltung». Als die untersten in der Hierarchie hatten sie es am schlechtesten. Die Pausen, die die Sticker einschalteten und die nach 1877 vom Fabrikgesetz vorgeschrieben waren, kamen ihnen nicht zugute. Im Gegenteil, dann galt es, alles so vorzubereiten, daß der Sticker nachher mit der Arbeit sofort fortfahren konnte.

Extrem lange Arbeitszeiten – länger als zu dieser Zeit in andern fabrikmäßig betriebenen Industrien üblich – und ein hoher Anteil von Kindern unter den Beschäftigten waren die wichtigsten negativen Erscheinungsbilder der Stickfabriken. Das Eidgenössische Fabrikgesetz räumte hier ab 1877 mit den krassesten Mißständen langsam auf: Die langen Arbeitszeiten mußten auf elf Stunden verkürzt werden. Kinder unter vierzehn Jahren, bis anhin häufig als Fädler oder zu Hilfsarbeiten in der Ausrüsterei verwendet, durften nicht mehr beschäftigt werden. Die Arbeitsräume mußten den hygienischen Vorschriften genügen und bestimmte Anforderungen hinsichtlich Licht, Belüftung und Größe erfüllen. Dies zwang vor allem die vielen kleineren und mittleren Betriebe, günstigere Licht- und Luftverhältnisse zu schaffen, die Heizung und die sanitären Installationen zu verbessern. Die rechtliche Festlegung des Kündigungswesens sowie des Bußensystems und die staatliche Überprüfung der Fabrikordnungen schützten schließlich die Arbeiter vor Unternehmerwillkür.

Die Durchführung des Fabrikgesetzes stieß in den Stickereikantonen auf hartnäckigen Widerstand. Die Fabrikanten bekämpften vor allem jene Vorschriften, die sie gegenüber den Einzelstickern benachteiligten. Offen oder mit allerlei Kniffen versuchten sie, das Verbot der Kinderarbeit und die Beachtung des Normalarbeitstages von elf Stunden zu umgehen. Dies war möglich, weil die Amtspersonen, die die Einhaltung der Vorschriften überprüfen sollten, entweder selbst der Branche angehörten oder ihr doch sehr nahestanden.

Kinderarbeit und mehr als elfstündige Arbeitstage waren in der Ausrüstindustrie, wo die Stickereien weiterbehandelt und zum Verkauf vorbereitet wurden, auch nach 1877 weit verbreitet, denn die Ausrüstbetriebe fielen nur unter das Fabrikgesetz, wenn sie einer Appretur oder einer Stickfabrik angegliedert waren. Das wurde in saisonalen Arbeitsspitzen denn auch weidlich ausgenutzt. Bis in alle Nacht hinein waren die vorwiegend weiblichen und jugendlichen Arbeitskräfte mit Nachsticken, «Schärlen», Ausschneiden, Glätten, Kontrollieren, Zusammenlegen und Verpacken der Stickereien beschäftigt. In den Ausrüstereien der Appreturen und der Stickfabriken war es oft nicht besser: Die Unternehmer setzten sich einfach über die Vorschriften hinweg und stuften die Ausrüstarbeiten als außerhalb des Gesetzes stehend ein oder holten ständig Überzeitbewilligungen ein.

Um besonders ausgefallene modische Artikel zu erzielen, konnten die Arbeitsbedingungen in den Appreturen bzw. Ausrüstbetrieben groteske Formen annehmen, so etwa beim Färben von Tüllspitzen mit feinem weißem Marmor-, gemischt mit Ockerstaub. Auf Packpapier wurde eine drei Zentimeter hohe Schicht dieser Staubmischung aufgetragen, dann legte man die Spitzenstreifen darauf, klappte das Papier von allen Seiten her zusammen und begann, mit einem Teppichklopfer darauf einzuhauen. «Die Mädchen, welche sich zu dieser nicht gerade leichten aber gut bezahlten Arbeit bequemten, mußten gegen eventuelle gesundheitsschädliche Wirkungen der unvermeidlichen Staubentwicklung geschützt werden. Sie waren in weiße Cambrickleider gehüllt, mit Schneebrillen und einem Mundsieb versehen und glichen weißgekleideten Nonnen. Der Eindruck des Saales war ein fast gespensterhafter. Für die Mädchen bedeutete ihr Aussehen den völligen Verzicht auf Eitelkeit; sie unterschieden sich nur noch durch die Größe und Dicke! und die Damen, die sich mit diesen Spitzen schmückten, hatten keine Ahnung von solch hartem Verzicht von Artgenossinnen auf jegliche Grazie.»[12]

Nach 1870 bildete die Fabrik immer mehr nur noch ein Durchgangsstadium für Sticker und Fädlerinnen. Nach einer gewissen Zeit machten sich viele Sticker selbständig und versuchten es als Einzelstikker. Andere gingen direkt zur Einzelstickerei über, nachdem sie bei andern Stickern die notwendigen Grundkenntnisse erworben hatten. Ab 1890 bestand zusätzlich die Möglichkeit, eine der verschiedenen Stickfachschulen zu besuchen.

Ein solcher Sticker, der niemals Fabrikluft schnupperte, war der im Toggenburg aufgewachsene Theophil Koch. 1864 in Wildhaus geboren, war er der älteste Sohn des Schuhmachers, Kleinviehhändlers und Kleinbauern Johann Baptist Koch und der Hebamme Marie Katharina Rutz. 1870 zog die Familie Koch nach Unterwasser, wo sich Vater Koch weiterhin als Schuhmacher und Kleinbauer betätigte. «Meistenfalls in finanzieller Klemme», sah er, als in den siebziger Jahren auch im Toggenburg die Maschinenstickerei aufkam, «seine Rettung darin, daß er in der am Hause angebauten Scheune ein Lokal erstellen und eine Stickmaschine einmontieren ließ.» Im Herbst 1878 mußte Theophil bei seinem Vetter Heinrich Rutz in Wildhaus das Sticken erlernen.

«Ungefähr drei Monate – ich weiß nicht mehr genau wie lange – ging ich Tag für Tag ins Eggli hinauf, zur Stickmaschine. Ich tat es nicht gerne. Viel lieber hätte ich mich dem Studium gewidmet. Aber die unabweichliche Notwendigkeit und die daraus sich ergebende Kindespflicht, dem Vater verdienen und so gut als möglich aus der mißlichen Finanzlage hinauszuhelfen, gebot mir, mich ohne weiteres zu fügen. Die Schule wurde während der Lehrzeit stark vernachlässigt. Wenn ich wieder mal zum Unterricht kam, meinte der Lehrer: ‹So chunst au wieder›. Aber er kannte die Verhältnisse und drückte ein Auge zu.

Die Lehrzeit ging vorüber und ich konnte meinen Beruf als Sticker an der Maschine meines Vaters ausüben. Die ‹Martini› stellte sich im neuen Lokal ganz gut vor. Der Arbeitsraum erstreckte sich im westlichen Teil der Scheune von oben nach unten. Die Fenster schauten gegen die Nesselhalde und eines gegen Unterwasser. An einem derselben – in der Mitte – stand der Fädlertisch... In der untern Ecke stand der ‹Schlechtitrog›, an dem der Nädlig eingeseift wurde, damit der Faden nicht ‹krangle›. Für die Nachtarbeit verbreiteten zwei großschirmige Petrollampen die nötige Helle. Als wir die Arbeit begannen, standen Vater

Von Stickern, ihren Frauen und Kindern

28 Belegschaft einer kleinen Schifflistickfabrik in Grabs SG: Im Hintergrund leicht erhöht die Sticker, vorne die Nachseherinnen und Schifflifüllerinnen.

29 Arbeitssaal einer Ausrüsterei: Die Frauen sind damit beschäftigt, «Sticketen» zu kontrollieren, Fehler nachzusticken und die fertigen Artikel zum Versand vorzubereiten.

30 «Um besonders ausgefallene modische Artikel zu erzielen, konnten die Arbeitsbedingungen in den Ausrüstereien groteske Formen annehmen – und die Damen, die sich mit diesen Spitzen schmückten, hatten davon keine Ahnung.»

und Mutter und die kleinen Brüder neugierig herum und sahen uns zu. Wir steckten die Nädlig auf, ich im obern und die Fädlerin im untern Lineal... Dann setzte ich mich in der obern Fensterreihe auf den drehbaren Stickstuhl und drehte die Wagen...

So vollzog sich meine erste Betätigung in unserm Sticklokal. Und sie wiederholte sich Tag für Tag und Woche um Woche. Ein Wechsel fand nur statt in den Mustern, im Stoff und im Garn. Erhielt ich gute Muster, verdiente ich mehr und die Fädlerin hatte es bequemer... Enthielten die Muster aber viel Blattstich und wenig Löcher, waren sie rechte Garnfresser... Die Fädlerin mußte Hilfskräfte haben. Es halfen die Brüder, ja selbst Vater und Mutter übten sich im Fädeln.» Im Frühjahr 1879 verließ Theophil endgültig die Schule und wurde nun von der Stickmaschine ganz «in Beschlag» genommen, mit Ausnahme jener Zeit, in der er bei landwirtschaftlichen Arbeiten, hauptsächlich Heuen und Emden, mithelfen mußte. «Die Berufstätigkeit ging übrigens flott vonstatten. Die Hauptsache war, daß ich viel verdiente. Darum wurde von morgens früh bis abends spät der Wagen gedreht. Die Stichpreise

31 In seinem Sticklokal ist der Sticker sein eigener Herr und Meister. Während der Arbeit kontrolliert ihn niemand, er trägt aber ein beträchtliches Risiko, und mit Schwierigkeiten muß er selbst fertig werden.

standen ordentlich hoch, sechzig bis siebzig Rappen pro hundert Stich. So gab es Monate, in denen ich, alle Unkosten bis auf das Essen abgerechnet, hundertfünfzig Franken und mehr verdiente.»

«Wenn ich eigentlich nur aus kindlichem Gehorsam und aus Pflichtgefühl die Stickerei betrieb, so gefiel mir die Arbeit doch nicht so übel. Sie war nicht streng, sauber und bei schlechtem Wetter unter Dach und Fach. Bei einfachen Stickmustern konnte man drauflos hauen, die Wagen laufen lassen, ein Liedlein singen oder sich etwa an der Unterhaltung beteiligen, die von gelegentlich im Lokal anwesenden Nachbarn

... mit Vater und Mutter geführt wurde. Hatte ich aber komplizierte Muster, hieß es aufpassen, dem Pantographen alle Aufmerksamkeit schenken, dies umso mehr, da sich die Maschine nicht ganz im Blei befand, und der Lokalboden infolge zu schwachen Fundamentes gesunken war. Bei aller Mühe, gleichwohl tadellose Arbeit zu liefern, gelang dies nicht immer. Es gereichte mir zum Vorteil, daß die Fabrikanten sich noch nicht so heikel zeigten wie später.»[13]

Unter ähnlichen Umständen wie Theophil Koch arbeiteten Tausende von Einzelstickern ein Leben lang. In ihrem Sticklokal mit ein oder zwei Maschinen waren sie ihr eigener Herr und Meister. Die Aufträge erhielten sie über Fergger, die ihnen den Stickboden und das Muster vermittelten und sie zur Lieferung der Ware auf einen bestimmten Termin verpflichteten. Das Garn hatten sie auf eigene Rechnung zu besorgen. Eine Kontrolle während der Arbeit gab es nicht. Im Unterschied zu andern Heimarbeitern, die einfach vom Verleger zur Verfügung gestellte Rohstoffe oder Zwischenprodukte verarbeiteten, trug der Einzelsticker wegen der für ihn recht hohen Investitionen in Maschine und Sticklokal sowie der laufenden Kosten für Garn und Löhne der familienfremden Hilfskräfte ein beträchtliches Betriebsrisiko. Er war Arbeiter und «kleiner Geschäftsmann» (Lorenz) in einem. Hatte er keine Arbeit, so traf das ihn und seine Familie doppelt: Es fehlte das Geld für den Lebensunterhalt und die fälligen Zinsen.

«Stickergofen» sind keine «Herrengofen»: Kindheit im Stickermilieu

Fädeln und nochmals Fädeln, Ausschneiden und Spachteln gehörten zu den ersten und wichtigsten Erfahrungen der «Stickergofen». Eine sorglose Kindheit und Jugendzeit konnten sie nicht erwarten. Die Chancen, eigene Bedürfnisse und Interessen zu entwickeln und ihnen nachzuleben, waren gering. Das war den «Herrengofen» vorbehalten. Schon in frühester Jugend mußten sie erfahren, daß in ihrem Alltag nicht Schule und Spiel den ersten Platz einnahmen, sondern die monotone Arbeit, die sie zu Hause oder in der Fabrik zu leisten gezwungen waren. Luise Rüd lernte das Fädeln, noch bevor sie den Griffel richtig handhaben konnte: «Als ich mit sechs Jahren in die Schule kam, mußte ich nach der Schule den Vater in der Fabrik abholen. Dort sah ich, wie man die Sticknadeln einfädelte, und bald wurde ich dazu angehalten. Die Arbeit war leicht, aber ruhig sitzen bleiben war schwer.»[14] Mit acht Jahren mußte Luise – der Vater hatte unterdessen auf die Handweberei umgestellt – einem Einzelsticker und seiner Frau für einen Franken die Woche Nadeln einfädeln helfen. Später schickten die Eltern sie für die gleiche Arbeit wieder in die Fabrik. Im Alter von elf Jahren wechselte sie in ein Ausrüstgeschäft, wo sie Spitzen ausschnitt.[15]

Von Stickern, ihren Frauen und Kindern 44

32 Industrielle Arbeit gehörte zu den ersten Lebenserfahrungen der Stickerkinder. Mutter mit Kindern beim Ausschneiden.
33 Eine sorglose Kindheit und Jugendzeit konnten Stickerkinder nicht erwarten. Die Eingliederung in den Arbeitsprozeß ließ sie frühzeitig altern. Knaben und Männer der Firma Heine in Arbon.

Luise Rüd war kein Einzelfall. Im Heimstickermilieu verlief die Gewöhnung an industrielle Arbeit sogar noch bruchloser. Die Kinder wuchsen neben der Stickmaschine auf, verbrachten in vielen Familien die meiste Zeit ihrer ersten Lebensjahre im Sticklokal, wo sie die fädelnde Mutter neben der Arbeit versorgen und beaufsichtigen konnte. «Wenn ich als kleiner Otto in den Windeln lag und nicht schweigen wollte, band mich meine Mutter im Wickelkissen auf den hin- und hergeschobenen Wagen der Stickmaschine. Der Rhythmus und die eintönige Bewegung taten das ihrige, denn stundenlang schlief ich meinen Schlaf.»[16]

Aus der Nachahmung der Arbeit der «Grossen» wurde für viele bald einmal bitterer Ernst. Manche Eltern bannten ihre Kinder schon mit sechs Jahren oder noch früher an den Fädeltisch, wo sie sich wegen der zusammengeknickten Haltung einen schiefen Rücken erwerben und die Augen gründlich verderben konnten. Im Schulalter waren drei bis vier Stunden tägliche Erwerbsarbeit für Kinder bis zu zwölf Jahren und vier bis sieben Stunden für zwölf- bis vierzehnjährige die Regel.[17] Um möglichst früh am Morgen wieder mit Sticken beginnen zu können – dazu mußten die 620 Nadeln alle wieder gefädelt sein –, wurden sie nicht selten morgens schon vor fünf oder vier Uhr und abends bis Mitternacht zum Fädeln gezwungen. Das traurige Los eines Fädlerkindes zeigt der Schulaufsatz eines zwölfjährigen Knaben aus den achtziger Jahren:

«Sobald ich am Morgen aufgestanden bin, so muß ich in den Keller hinabgehen, um zu fädeln. Es ist dann etwa halb sechs Uhr. Dann muß ich bis sieben Uhr fädeln, und dann kann ich das Morgenessen genießen. Nachher muß ich wieder fädeln, bis es Zeit zur Schule ist. Wenn diese um elf Uhr beendigt ist, gehe ich schnell nach Hause und muß wieder fädeln bis zwölf Uhr. Dann kann ich das Mittagessen genießen und muß wieder fädeln bis ein Viertel vor ein Uhr. Dann gehe ich wieder in die Schule, um viel Nützliches zu lernen. Wenn diese um vier Uhr beendigt ist, so gehe ich wieder mit meinen Kameraden auf den Heimweg. Wenn ich heimkomme, muß ich wieder fädeln bis es dunkel wird und dann kann ich das Abendessen genießen. Nach dem Essen muß ich wieder fädeln bis um zehn Uhr; manchmal, wenn die Arbeit pressant ist, so muß ich bis um elf Uhr fädeln im Keller. Nachher sage ich meinen Eltern gute Nacht und gehe ins Bett. So geht es alle Tage.»[18]

Der Kinderarbeit setzte auch die Fädelmaschine kein Ende, vor allem nicht in der Heimstickerei, wo sie im Unterschied zur Fabrikstickerei, nicht zuletzt wegen der Krise der neunziger Jahre, nur zögernd Eingang fand. Auch nach 1900 waren in Außerrhoden für Fädler von acht Jahren durchgehende Arbeitszeiten von «morgens sechs bis acht Uhr, dann Schule, dann wieder Arbeit eins bis acht Uhr abends, oder sechs bis zwölf Uhr vormittags und nachmittags nach der Schule fünf bis acht Uhr»[19] keine Seltenheit. Im Kanton St.Gallen waren 1909 15% aller schulpflichtigen Kinder mit Arbeiten in der Stickerei belastet: 8% mit Fädeln, 5% mit Ausschneiden und der Rest mit Hilfsarbeiten.[20]

Kinderarbeit war nicht nur in der Handmaschinenstickerei und in der Ausrüstindustrie sehr weit verbreitet, auch in der Schifflistickerei nutzten Unternehmer und vor allem Einzelsticker Kinder als billige Arbeitskräfte zum Schifflifüllen aus.

Arbeitsbelastung, Überanstrengung und «unverantwortliche Ausbeutung» (Zinsli) hinterließen an den «Stickergofen» ihre Spuren: Haltungsschäden, Wachstumsstörungen, Sehschäden, allgemeine «Schwäche, Mattigkeit, bleiche Farbe, Kraftlosigkeit», geistige Schlaffheit, Interesselosigkeit und starke Zerstreutheit in der Schule waren Auswirkungen, die auch den zeitgenössischen Betrachtern nicht entgingen.[21] Nach einem Lehrerbericht um die Jahrhundertwende waren «blühende Kinder» im Heimarbeitermilieu fast eine Rarität; manchen Beobachtern erschienen sie sogar «etwas degeneriert».[22] Schuld an diesen oft nicht mehr wiedergutzumachenden körperlichen, geistigen und psychischen Schäden war nicht nur die zu hohe Arbeitsbelastung, sondern auch die mangelhafte Ernährung vieler dieser jugendlichen Arbeitskräfte, denn mit dem Fallen der Stichlöhne verschwanden in vielen Stickerhaushalten «Braten und anderes Fleisch» ab 1890 vom Tisch und hielt die «Kaffeekanne im Begleit der Kartoffelschüssel» wieder ihren Einzug.[23]

Diese «schrankenlose Ausbeutung der jugendlichen Arbeitskräfte» (Zinsli) durch Stickfabrikanten, Geschäftsinhaber von Ausrüstereien und die Eltern selbst geschah nicht einfach aus Böswilligkeit. Sie hatte System. Die Unternehmer, auf Profit bedacht, nutzten in ihrem Bestreben nach möglichst billigen Arbeitskräften für die Hilfsarbeiten die Bereitschaft und den Zwang der Eltern, ihre Kinder arbeiten zu lassen, schamlos aus. Moralische Skrupel mußten sie so lange keine haben, als die herrschende Meinung, die sie ja wesentlich bestimmten, Kinderarbeit als nicht verwerflich, sondern, wenigstens für Kinder aus untern Bevölkerungsschichten, eher als «natürlich» und sogar «gesund» einstufte. «Stickergofen» waren schließlich keine «Herrengofen». Die Eltern dagegen zwangen ihre Kinder nicht zuletzt aus reiner Lebensnotwendigkeit zum Mitverdienen oder zur Mitarbeit. Der Lohn eines Fabrikstickers war kein Familienlohn; er reichte für den Lebensunterhalt einer Familie nicht aus. Frau und Kinder mußten mitverdienen. Fast noch stärker konnte der Druck auf die Eltern im Einzelstickermilieu sein. Die Konkurrenzfähigkeit, d.h. die billigere Produktion in der Heimindustrie, beruhte zu einem Teil auf der Verwertung der Arbeitskraft der eigenen, gratis arbeitenden Kinder. Die Ausbeutung der eigenen Kinder war einkalkuliert und für viele schlicht eine ökonomische Notwendigkeit. Um zu überleben und die laufenden Kosten zu bestreiten, mußten in schlechtern Zeiten eben «alle Hebel (Kinder) in Bewegung gesetzt werden»,[24] und das Wohlergehen der Kinder mußte zurückgestellt werden. «Stickergofen» waren eben auch für ihre Eltern keine «Herrengofen». Ihre Wertschätzung hing von ihrer Arbeitsleistung ab: «Mit Liebe bin ich nicht verwöhnt worden, ich kann mich nicht erinnern, je einen Kuß von meiner Mutter erhalten zu haben. Meine Eltern hatten die Auffassung, wenn man genug zu essen und ein Dach über dem Kopf und womöglich Geld auf der Seite habe, so sei alles gut, mehr brauche es gar nicht.»[25]

Genauso bruchlos wie die Gewöhnung an die Arbeit verlief nach Absolvierung der Schule der Übergang ins volle Erwerbsleben. Die Chancen, die Berufswahl nach eigenen Bedürfnissen und Interessen zu treffen, waren nicht groß. Mädchen kamen in eine Ausrüsterei, in eine Fabrik, zu einem Einzelsticker oder wurden weiterhin daheim beschäftigt. Die Arbeit als Ausrüsterin, Fädlerin, Nachseherin oder Schifflifüllerin zogen die meisten einer Stelle als Dienst- oder Kindermädchen vor, denn außer der besseren Bezahlung versprachen ihnen die «vierzehntägige Lohnzahlung in klingender Münze und der freie Sonntag»[26] eine größere persönliche Eigenständigkeit. Etwas besser hatten es die Knaben. Doch auch bei ihnen war der weitere Lebensweg meistens schon vorbestimmt: Sie lernten zu Hause oder auswärts, in einer Fabrik, bei einem andern Einzelsticker oder in einer der Stickfachschulen, sticken und schlugen sich dann wie schon ihr Vater als Sticker durchs Leben.

Arbeit und Liebe: Partnerfindung und Haushaltsgründung

Meistens fanden die ledigen Sticker, Fädlerinnen und Nachseherinnen ihren zukünftigen Lebenspartner am Arbeitsplatz. Heiraten untereinander waren die Regel. Die Stickfabriken legten häufig den «Grund zur künftigen Vereinigung».[27] Die Arbeitsorganisation und der Arbeitsablauf schufen zwangsläufig hautnahe Kontakte zwischen Sticker und Fädlerin bzw. Nachseherin. Während der gemeinsamen Arbeit von 65 und mehr Stunden in der Woche lernte man sich kennen und gegenseitig einschätzen: «Hier standen Sticker und Fädlerin in stetem intimsten Verkehr; die letztere war durchaus abhängig von ihrem Sticker und dieser hatte ein großes Interesse daran, eine gute Fädlerin zu erlangen und zu behalten. Die Leute suchten sich gegenseitig beliebt, unentbehrlich zu machen ... Die Netze wurden ausgeworfen.»[28] Dabei konnte es durchaus passieren, daß die Netze zu früh verfingen und sich die beiden, miteinander in «allzu intimen Verkehr getreten»,[29] mehr oder weniger unverhofft vor dem Problem der Gründung eines eigenen Haushaltes sahen. Hielten sich die beiden in der Folge nicht an die brauchmäßig geregelten Verhaltenserwartungen und beugten sie sich den herrschenden Moralvorstellungen nicht, so konnte es vorkommen, daß sie auch von amtlicher Seite massiv unter Druck gesetzt wurden:

Eine siebzehnjährige Fädlerin, die von ihrem dreißigjährigen Sticker ein Kind erwartete, wollte nicht heiraten, weil dieser «liederlich» war. «Allein die Gemeinde habe sie förmlich dazu gezwungen», erklärte sie bei ihrer Scheidung. Um den ebenfalls unwilligen Sticker zur Heirat zu bewegen, hatte ihm ihre Heimatgemeinde 250 Franken offeriert.[30]

Obwohl die Mehrheit der Paare nicht wegen einer Schwangerschaft heiratete, waren Zuneigung und individuelle Glücksansprüche auch bei ihnen nicht das einzige, ja nicht einmal das wichtigste Motiv bei der Partnerwahl. Praktische Anforderungen und Erwartungen wie einschlägige Berufserfahrung, Arbeitsfähigkeit und Arbeitsgeschick spielten bei beiden Geschlechtern die wesentlichste Rolle. Diese garantierten eher ein einigermaßen gesichertes Durchkommen und boten unter günstigen Umständen sogar die Chance eines «guten Lebens» im eigenen Stickerheim. Besonders entscheidend waren solch praktische Erwägungen bei jenen Stickern, die schon als Einzelsticker arbeiteten oder sich über kurz oder lang selbständig zu machen gedachten. Eine Frau mit einschlägiger Berufserfahrung im Fädeln, Nachsehen und eventuell im Ausschneiden oder Nachsehen zu haben, war für sie auch eine ökonomische Lebensnotwendigkeit. Mit ihrer kostenlosen Arbeit ersparte sie ihrem Mann die Bezahlung einer Fädlerin bzw. einer Nachseherin und allenfalls noch die Auslagen für das Nachsticken und senkte dadurch seine Betriebskosten. Solange noch keine Kinder die Erwerbsfähigkeit der Frau einschränkten, brachten ihm Heirat und Haushaltsgründung nicht nur eine allgemeine Verbilligung des Lebens, sondern

---

Sticker und Fädlerin

Es ist doch au e schlechti Zit,
Grad jetzt für Fädlere und für Sticker
Sie chömmed doch au gar zu nüt,
Die grob und fine Stickerslüt.
Sie tribed doch de ganze Tag,
Vom Morge früe bis z'Obed spat;
Glich hands kei Gäld Johr us und i,
Wer möcht au fang en Sticker si?

Natürli wenn de Zahltag chund,
So gits kei Geld iz'schribe;
Denn sägeds der Fädlere «fule Hund»,
Und sie mues drunder lide.
Und ist e Fädlere na so guet,
Und tuet si, was sie cha,
Verlürt sie halt doch z'letscht de Muet,
Wenn's nüt rechts me mache cha.

Nüd alli Sticker hands e so,
Säb möchti nüd grad säge.
Doch die, wo's trifft, die wüsseds scho,
Und chömmer's wohl verträge.
Ihr denked jetzt, wer das wohl sig,
Wo das tüeg niederschribe,
Es ist e lustegi Fädleri,
Wo gar nüd gern wür ledig bliebe,
Ha nämlich Sticker au no gern,
Natürli nu die frine
Und wenn hüt oder morn ein chäm,
I wür ne nüd vertribe.

Ausschnitt aus dem Gedicht «An unsere Sticker»
von einer «erfahrenen Fädlerin»
im «Textilarbeiter» vom 31.8.1904.

Stickerheim gesucht

mit guteingerichteter Stickmaschine mit leichtem Gang, Scharnierbohrer, Stüpfel und Quersupportfix und Fädelmaschine, in gutem Zustande, mit Stallung, Scheune und 2 Juch Land. Anzahlung 1000–1200 Fr. Würde auch mit einer Fädlerin in Bekanntschaft treten; etwas Vermögen erwünscht; später Heirat. 17

Offerten unter **A B 17** an Haasenstein & Vogler, St. Gallen.

34

sogar eine Einkommenssteigerung. Die relativ frühen Heiraten unter den Einzelstickern haben hier ihre Ursachen.[31]

Der «Erwerb» einer geschickten und arbeitsfähigen Frau führte den Fabriksticker oder noch unselbständigen Einzelsticker – vor allem wenn sie über ihre Berufserfahrung hinaus auch noch etwas Erspartes mitbrachte – dem «Ziel aller Wünsche»[32] näher, nämlich dem Besitz einer eigenen Maschine und eines eigenen Hauses. Oft reichten die eigenen Ersparnisse aber nicht weit, so daß schon bei der Haushaltsgründung Heim und Maschine mit Schulden belastet werden mußten.

«Ans Räderwerk gebunden»: Die Arbeitsbelastung der Frauen

Haushalts- und Familiengründung bedeuteten für die Stickersfrauen zuerst einmal eine zusätzliche Arbeitsbelastung durch Haushalt und Kinder, denn sie konnten sich nicht wie die «Bürgersfrauen» auf ihre Rolle als Hausfrau und Mutter beschränken. Im Gegenteil, da der Zusatzverdienst in der Fabrik oder die unbezahlte Mitarbeit im Einzelstickbetrieb des Mannes für den Unterhalt der meisten Familien eine Lebensnotwendigkeit darstellte, ging die Tätigkeit als Fädlerin, Nachseherin, Ausschneiderin oder Nachstickerin vor und nahm weiterhin die volle Arbeitskraft der Frauen in Anspruch. Die häuslichen Arbeiten mußten sie irgendwie nebenbei erledigen. Heimarbeiterinnen hatten es hier etwas leichter: Sie verloren keine Zeit für Arbeitswege und konnten die Hausarbeiten auch zwischenhinein, z. T. sogar im Sticklokal verrichten und die Kleinkinder neben der Arbeit beaufsichtigen. Dies war ein

Von Stickern, ihren Frauen und Kindern

35 Für die Heimarbeiter war das Sticklokal nicht nur Arbeitsplatz: «Wir sind hinuntergezogen, haben die Küche hinabgenommen und lebten meistens im Lokal. Die Kinder wurden dort groß. Vieles konnte man dazwischen tun bei der Stickerei.» (Aus einem Interview mit einer Nachseherin.)
36 Der Erholungsschlaf in der Kirche war sicher mehr als nur ein Witz...

35

weiterer wichtiger Grund, warum sich viele Stickerpaare nach der Heirat oder sobald sich Nachwuchs ankündigte, entschlossen, zur Heimarbeit überzugehen. Trotz dieser Einheit von Wohn- und Arbeitsplatz wurde die Belastung der Frau nicht etwa kleiner, sondern wegen der längeren Arbeitszeiten der Einzelsticker eher noch größer.

Erwerbsarbeit und Haushalt führten in den Stickerfamilien mit Kindern zu einer dauernden Überbelastung der Frauen. Am härtesten war es, wenn die Kinder noch klein waren und selbst noch nicht oder wenig mithelfen konnten. In dieser Phase fiel einerseits im Haushalt am meisten Arbeit an, und die Kinder beanspruchten am meisten Zeit, andererseits wurde wegen der höheren Lebenshaltungskosten der Zusatzverdienst bzw. die kostenlose Mitarbeit der Ehefrau im Betrieb am dringendsten gebraucht; sonst drohten der Familie Verschuldung, Not und Armut. Versuchte ein Einzelsticker, die höheren Lebenskosten durch längeres Arbeiten auszugleichen, so brachte dies für die Frau nochmals eine stärkere Belastung, denn auch sie mußte in dem Fall noch mehr Zeit und Kraft auf die industrielle Arbeit verwenden. Vollends in den Teufelskreis der Selbstausbeutung gerieten die verheirateten Frauen in Zeiten tiefer Stichpreise, wenn die Sticker durch maßlose Verlängerung der Arbeitszeit versuchten, das Sinken des Einkommens aufzuhalten, und deswegen auch die Frauen zu Mehrarbeit zwangen. Eine gewisse Entlastung der Frauen trat ein, sobald die Kinder zur Mitarbeit herangezogen werden konnten, vor allem aber, wenn sie ins erwerbsfähige Alter kamen, sich ihren Lebensunterhalt selbst verdienten und ihre Einkünfte zu Hause ablieferten.

Das durch diese zweifache Belastung anfallende Arbeitspensum vermochten die Frauen oft beim besten Willen nicht zu erfüllen, auch wenn sie sich für ihren Mann und ihre Kinder aufopferten, abends spät und auch sonntags die Hände nie in den Schoß legten und in ständiger Eile den verschiedensten Arbeiten nachrannten. Eine der beiden Aufgaben, Haushalt oder industrielle Tätigkeit, mußten sie zurückstellen. Da Zeit gleich Geld war und nur industrielle Arbeit, in der Fabrik oder zu Hause, Geld einbrachte, mußten eben die häuslichen Arbeiten und die «mütterlichen Pflichten» zurückstehen.

> **Kurzfutter.**
> — **Die beste Erholung.** Pfarrer: „So, Frau, wie gohts?" — Frau: „Es god e so." — Pfarrer: „Gueti Frau, er sönd eben au schüli ploget." — Frau: „Jo, Herr Pfarrer, s'ist wohr. I mos säge, wenn i em Sonti vormittag nüd no s' Schlöfli i de Cherche het, wör i's gär nomme=n=ushalte."

36

Im besonderen galt dies in Krisenzeiten und für Frauen von Grob- und Mittelstickern mit geringerem Einkommen sowie für kinderreiche Familien. Viele dieser Stickersfrauen waren so stark «ans Räderwerk» der Stickmaschine gebunden und mußten sich «plagen» und «schuften, bis man nur die notwendigsten Lebensmittel erschwingen konnte für sich und für die Kinder», daß der «Haushalt vielfach vernachlässiget wurde, die Erziehung der Kinder litt, Ordnung und Zucht im Hintergrund vergraben werden»[33] mußten. Zur Zubereitung der Mahlzeiten konnten sie sich nur kurz Zeit nehmen, um «schnell etwas zu richten, etwa eine Mehlspeise, die in der Eile außen angebrannt und innen nicht durchgebacken wurde oder es wurde auch nur rasch zum Metzger oder sogar zum Konditor geschickt und kalt gegessen».[34] Hausarbeiten wie Aufräumen, Putzen, Waschen und Flicken mußten sie unter der Woche immer wieder verschieben. Der Sonntag war deshalb für sie mit solchen zurückgebliebenen Arbeiten ausgefüllt und bot nur den Stickern, nicht aber ihren Frauen Erholung. Die Kinder blieben sich selbst überlassen und erhielten wenig Zuwendung, obwohl sie ständig um die Eltern waren.

Gemessen an den bürgerlichen Vorstellungen von der Rolle einer Hausfrau und Mutter waren die vielen Stickersfrauen, denen in ihrer Überbelastung gar keine andere Wahl blieb als die «Vernachlässigung» von Haus, Kindern und Ehemann, keine «guten Frauen», um so mehr, als sie wegen ihrer frühen Eingliederung in den Arbeitsprozeß weder das Kochen noch andere Haushaltsarbeiten richtig erlernen konnten. Doch was offensichtlich seine Ursachen in der für die Familie notwendigen Mitarbeit hatte, wurde von den Männern, z.T. von den Frauen selbst, als individuelles Versagen gedeutet. Die Männer konnten sich dabei auf das die Frauen benachteiligende, vorherrschende Verständnis der Rollen von Mann und Frau berufen. So beklagte sich ein scheidungswilliger Ehemann, «er habe früh trinken müssen, weil seine Frau von vieler Arbeit müde, ihm das Frühstück nicht bereiten konnte».[35] Ein anderer warf seiner Frau vor, «sie vernachlässige ob ihrem in die Fabrik gehen die häuslichen Arbeiten, so daß er oft die bei seiner strengen Arbeit nötige warme Kost nicht bekommen konnte».[36]

Die «Crème der industriellen Bevölkerung»: Stolz und Resignation

«Der Einzelsticker wähnte sich der ‹Fürnehmste› unter den Industriearbeitern.»[37] Er legte großen Wert darauf, kein Proletarier zu sein, denn er betrieb ein Kunsthandwerk, arbeitete an seiner eigenen Maschine und besaß ein Haus. Um ihrer gesellschaftlichen Position als Kleinmeister gerecht zu werden, waren die Einzelsticker bemüht, sich in Ansichten und Verhalten von den Fabrikstickern zu unterscheiden.

Für viele Fabriksticker war denn auch die gesellschaftliche Position der Heimsticker Vorbild und Anreiz dafür, in der Fabrik zu sparen und sich so schnell wie möglich selbständig zu machen, um so in der Achtung ihrer Umgebung zu steigen: «Sobald ein Fabriksticker zum Einzelsticker geworden ist (man erkennt den Übergang beinahe augenblicklich an dieser Änderung seines Denkens) wird er selbstbewußter.»[38] Hatte er schließlich ein eigenes Haus erworben, befand er sich am «Ziel aller Wünsche» (Swaine).

Ihre Selbständigkeit ließen sich die Einzelsticker etwas kosten. Sie nahmen lange Arbeitszeiten in Kauf und nützten die kostenlose Arbeitskraft von Frau und Kindern aus. «Einmal im Besitz eines so kostbaren Instruments, nützte man die Zeit und arbeitete, durch keinerlei gesetzliche Einschränkungen gehemmt, solange und so ausdauernd, als es Laune und relatives Wohlbefinden erlaubten ... Frau und Kinder, als die nächsten und billigsten Hilfskräfte, mußten sich an dem mörderischen Unfug beteiligen.»[39] Nur mit dieser Selbstausbeutung konnten sie in Krisenzeiten aus ihrer «Hungerorgel» das Geld für die fälligen Zinsen und das Notdürftigste für den Lebensunterhalt herauswirtschaften. Die Amortisationskosten für ihre Maschine berücksichtigten sie in ihrer Lohn- und Gewinnrechnung ohnehin nicht: «Das in Lokal und Maschine steckende Geld rechnen wir einfach nicht», erklärten viele Sticker, wenn sie nach ihren Einkünften und Betriebskosten gefragt wurden.[40] Das investierte Geld, ob von fremder Hand vorgeschossen oder aus eigenem Erspartem, betrachteten sie nicht als Kapital, das eine Rendite abwerfen sollte, sondern als Grundlage und Mittel ihrer selbständigen Lebensweise. Des Stickers «Kapital» waren Frau und Kinder.

37 Die Einzelsticker wähnten sich die fürnehmsten unter den Industriearbeitern.
38 «Er wollte nicht mit andern in der Fabrik konkurrieren»: Josef Lenherr, Einzelsticker, Gams.

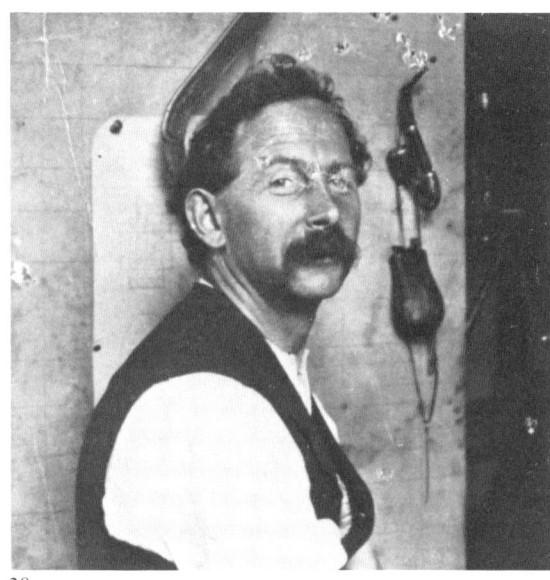

37

38

Wegen der zunehmenden Konkurrenz untereinander mußten sich die Einzelsticker ihre Selbständigkeit immer mehr kosten lassen. Wer dies nicht akzeptieren und mitmachen wollte, lief Gefahr, keine Arbeit mehr zu erhalten. Die Selbstausbeutung war die Kehrseite, die häßliche Fratze, ihrer Selbständigkeit. Die Alternative dazu war die Aufgabe ihrer Arbeits- und Lebensweise.

Von ihrem Selbstverständnis her taten sich die Sticker mit der organisierten Arbeiterschaft schwer. Bereits die Fabriksticker «fühlten sich mehr als die übrigen Arbeiter»[41] und mieden die Gewerkschaft. Die Einzelsticker wollten von Sozialdemokratie und Gewerkschaft erst recht nichts wissen. Denn «wie der Stickfabrikant ein selbständiger Unternehmer, so schien es dem Einzelsticker, daß auch er zu dieser Kategorie gehöre, sobald er seine eigene Maschine aufgestellt habe und ‹auf eigenes Risiko› arbeite».[42] Das ständige Mahnen der Gewerkschaften, daß eine wirksame Interessenvertretung gegen die Exporteure, Fabrikanten und Fergger, die Solidarität aller «arbeitnehmenden Kreise» voraussetze,

**Wochenverdienst eines «guten» Einzelstickers
in der Krise von 1904**

Tagesleistung von 2400 Stich = 14400 Stiche pro Woche à 25 Rp.		Fr. 36.—
Abzüge:		
Für Garn	Fr. 7.50	
Für Zins für Maschinen und Wohnung	Fr. 7.—	
Für Öl, Nadeln, Wachs etc.	Fr. 1.—	
Nachstickbelastung	Fr. 2.—	
Total	Fr. 17.50	Fr. 17.50
Nettoverdienst pro Woche		Fr. 18.50

Für sämtliche Lebensbedürfnisse blieben pro Tag für die fünfköpfige Familie Fr. 2.64. Viele Sticker verdienten in der Krise von 1904 nicht viel mehr als die Hälfte dieses Betrags.
1905 kosteten ein Kilo Halbweißbrot 31 Rp., ein Kilo Kartoffeln 9 Rp., ein Liter Milch 20 Rp.

Aus: Textilarbeiter Nr. 21, 12.10.1904.

stieß auf taube Ohren. Die Handmaschineneinzelsticker blieben lange – wenn sie sich überhaupt organisierten – «ihrem» Zentralverband, die Schifflieinzelsticker dem Verband schweizerischer Schifflilohnstickereien treu. Beide Verbände waren berufsständische Interessengemeinschaften, die Exporteure, Fabrikanten und Einzelsticker umfaßten. Fabriksticker waren ausgeschlossen. Die Verbandsleitungen wurden von den Unternehmern dominiert, denn nur sie hatten die Zeit, sich der Arbeit in den Verbandsgremien zu widmen. Erst allmählich, als unter dem Druck der großen Krise die Interessengegensätze überdeutlich wurden, begannen sich die Einzelsticker der Handmaschinenstickerei, erst einige Zeit später diejenigen der Schifflistickerei gegen ihre Verbandsleitungen zu stellen. Ein 1927 von der Textilarbeitergewerkschaft propagierter Streik der Handsticker in Walzenhausen und Grabs wurde «ohne Wissen der Verbandsleitungen» ausgerufen. «Diese sahen sich dann natürlich gezwungen, die Streikbewegung in die Hand zu nehmen, um sie in geordnete Bahnen zu leiten.»[43] Die Sticker erreichten damals mit ihrem dreiwöchigen Ausstand eine verbindliche Neuregelung der Stichpreise, die eine deutliche Erhöhung des Akkordlohnsatzes vorsahen. Dafür verzichteten sie, zehn Jahre vor dem Friedensabkommen in der Metallindustrie, auf ihr Streikrecht. Als dann die Lohnsätze 1932, 1933 und 1937 nach unten «angepaßt» wurden, nahmen es die Handsticker kampflos hin.

Lange – zu lange – hatten sich die Einzelsticker gesträubt, kollektive Kampfmaßnahmen gegen die Unternehmer zu ergreifen, und hatten es geduldet, daß ihnen ein immer geringerer Anteil am kleiner werdenden Kuchen zugesprochen wurde. Zu stark war ihr Selbstverständnis geprägt von ihrem Stolz als Kleinmeister. Zu tief saßen die Anschauungen und die Verhaltensregeln, die sie von frühester Kindheit an mitbekommen hatten. Die Konkurrenz untereinander machte sie mißtrauisch und verhinderte das Entstehen von Solidarität. «Die Sticknoten werden verborgen und der Einzelsticker lügt häufig den Nachbarn, wenn er nach dem Stichpreis fragt, an oder weicht aus.»⁴⁴ In der Blütezeit der Stickerei hatten sie gelernt, daß sie mit Fleiß, wenn jeder für sich schaue, zu Besitz und Ansehen gelangten. Nun, da die Industrie zugrunde ging, versuchten sie, genauso jeder für sich, ihre Probleme zu lösen: «Hatten wir bessere Zeiten, dann sorgte jeder für sich unbekümmert um die andern und um die Zukunft ... Kamen Krisenzeiten, ... dann stellte sich jeweils Mutlosigkeit ein»,⁴⁵ klagte ein Sticker. «Diejenigen, die arbeiteten, hatten etwas, die andern hatten eben in Gottes Namen nichts.»⁴⁶

Ihre Wertmaßstäbe, ihr gegenseitiges Mißtrauen und eine gute Portion Fatalismus verhinderten das Aufkommen von Kampfbereitschaft und Militanz. Kollektiven Aktionen zur Verbesserung ihrer materiellen Situation blieben sie verschlossen: «Mer tots halt nöd!»

39

Bilder aus der Heimposamenterei (Seidenbandweberei)

Gret Heer

Die schweizerische Heimposamenterei erlebte ihre Blütezeit im 18. und 19. Jahrhundert. Heute wird die Bandindustrie mit modernsten Maschinen in Fabriken betrieben. Nur ein paar wenige sehr alte Posamenter arbeiten als Heimarbeiter; deshalb betitelt Yves Yersin seinen 1972 gedrehten Dokumentarfilm über das Arbeiten und Leben der Posamenter «Die letzten Heimposamenter». Die folgenden Fotografien stammen oder entstanden zum großen Teil im Zusammenhang mit diesem Film.[1]

Die einzelnen Arbeitsgeräte symbolisieren Tätigkeiten und Geschlechterrollen in der Posamenterei.

Die Posamenterin verknüpft Seidenfäden am Bandstuhl: «adräije» (andrehen).

Bilder aus der Heimposamenterei

Die Mehrzahl der Heimposamenter lebte im 19. Jahrhundert auf der Basler Landschaft und wurde von städtischen Verlegern mit Rohmaterial versorgt. Neben dem Weben von Seidenbändern bebauten die Heimarbeiter ihr Bauerngütlein. «Es macht einen eigentümlichen Eindruck, wenn in diesen ächten Bauernstuben, wo alles in allem vorgehen muß, der Bandstuhl steht... und wenn die schwieligen, groben Hände der Bauern so geschickt in die dünnen Seidenfäden hineingreifen.»[2] So schildert der basellandschaftliche Armeninspektor Birnmann Ende des 19. Jahrhunderts die Arbeit der Posamenterbauern. Der Verdienst aus der Heimarbeit allein hätte nicht ausgereicht, um eine Familie zu ernähren.

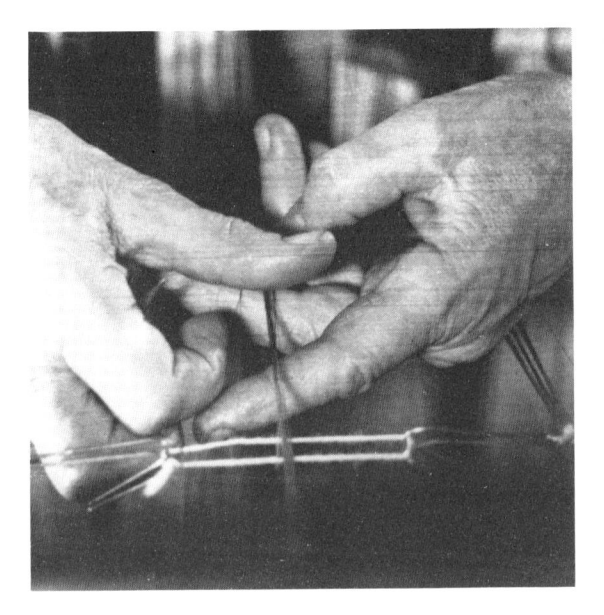

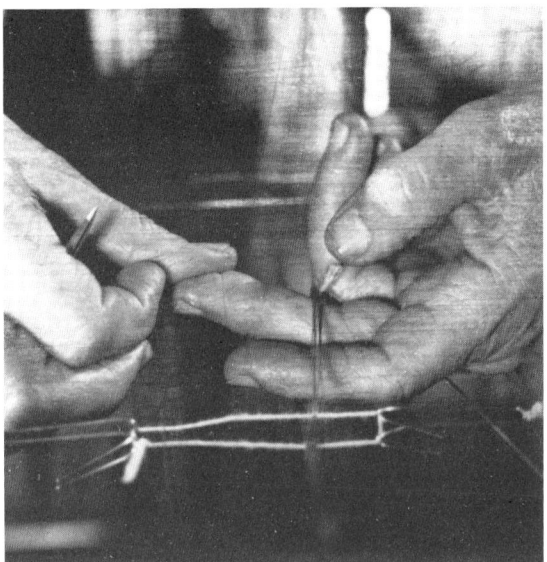

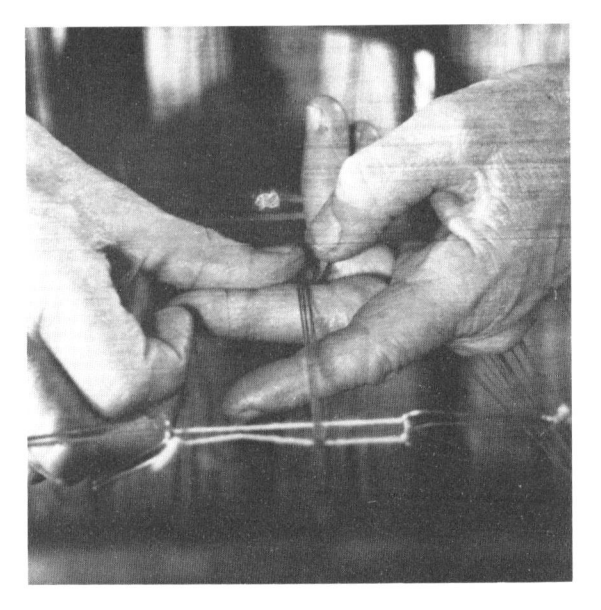

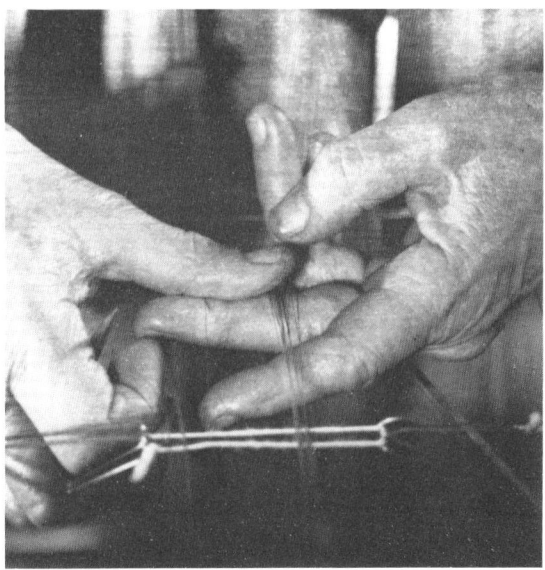

Bilder aus der Heimposamenterei

Arbeitsablauf

Zu den Vorarbeiten der Bandweberei gehört das Winden und Seidenzetteln. Die Winderin knüpft die um einen Haspel gelegte Strangenseide an eine Spule. Durch ein einfaches Rad mit Fußbetrieb werden die Spulen in Umdrehung versetzt und die Strangenseide aufgewindet. Dies ist eine relativ einfache Arbeit, die von Ungelernten ausgeführt werden kann.

Die Zettlerin stellt aus der auf Spulen gewundenen Seide je nach Bandbreite einen schmalen oder breiten Zettel, auch Kette genannt, her. Mehrere Fäden werden in einen verdreht. «Kette» ist die Bezeichnung für die parallelen Längsfäden des Seidenbandes. Auf dem Zetteltisch ist eine Anzahl Spulen aufgesteckt. Die Zettlerin verknüpft die Fäden dieser Spulen oben oder unten an der «Trülle». Diese besteht aus einem zweieinhalb Me-

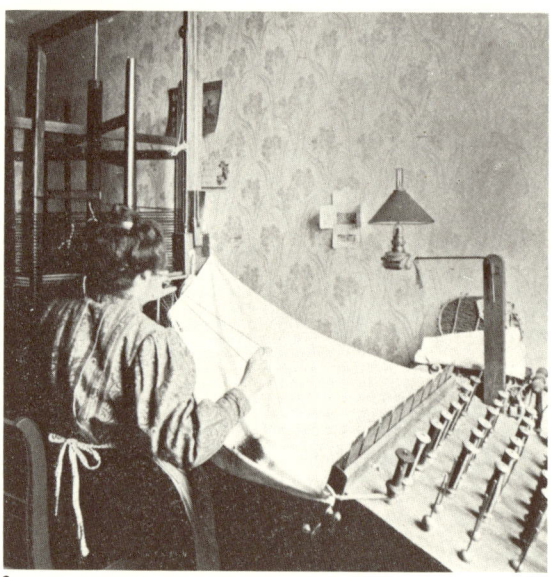

1

2

ter hohen achteckigen Gestell von drei bis vier Metern Umfang, welches sich um eine eiserne Achse dreht. Die Zettlerin sitzt neben der Trülle und dreht diese durch eine Kurbel. Sie muß alle groben Fäden und Unreinigkeiten des Seidenfadens entfernen. Abgebrochene oder abgelaufene Fäden knüpft sie wieder zusammen. Die Qualität des Bandes, welches der Heimposamenter aus diesem Zettel webt, hängt direkt von der sorgfältigen Vorarbeit der Zettlerin ab. Winden und Zetteln werden heute in der Fabrik durch Maschinen besorgt.

Erst nach diesen Arbeitsgängen stellt der Weber aus dem vorbereiteten Rohmaterial die Seidenbänder her. Zu Beginn der Arbeit muß der Posamenter eine neue «Rechnung aufmachen», d.h. der Webstuhl muß webbereit gemacht werden. Das von der Fabrik gelieferte Webgeschirr, welches die Webart des Bandes bestimmt, wird in den Stuhl eingehängt und beschwert. Bei dieser Arbeit ist der Posamenter auf eine Hilfskraft angewiesen. Heute hilft ihm dabei meist der Visiteur, welcher von der Fabrik das Webgeschirr bringt, den Arbeitsvorgang überprüft und die fertigen Bänder abholt. Früher nannte man die Visiteure «Diener», «Landläufer», «Stuelgänger», scherzhaft auch «Bändeligumper». «Fergger» wurden sie in der Ostschweiz genannt.

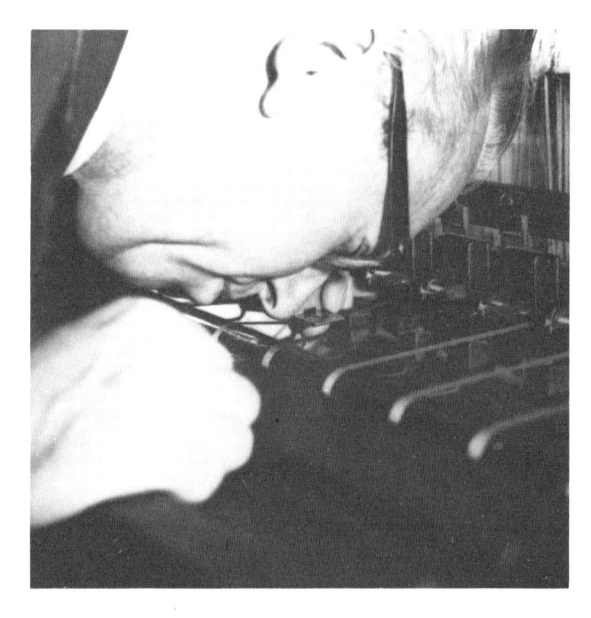

Bilder aus der Heimposamenterei   62

Der Posamenterin Emmy Buser hilft nicht der Visiteur, sondern ihre Cousine. Früher wurde die Posamenterei im Familienverband verrichtet.

17 000 bis 18 000 Zettelfäden müssen ins «Rischpi gschlage», d.h. zusammengedreht werden: Ein Faden wird nach dem andern durch Scheidblatt, Litzenauge und Webblatt gezogen.

Dieses Andrehen nimmt für zwei Personen zwei volle Arbeitstage in Anspruch und reicht je nach Auftrag für zehn bis sechzig Tage Webarbeit, bevor von neuem eine «Rechnung aufgemacht» werden muß.

Bilder aus der Heimposamenterei

Nachdem die Zettelfäden eingespannt sind, setzt der Heimposamenter die Fadenspülchen in die Schiffchen ein.

Neben dem Weben stellt der Heimposamenter beständig auf der Spüelimaschine kleine Spülchen für die Webschiffchen her. Diese einfache Arbeit verrichteten früher meist die Kinder der Posamenter.

Ein Teil des Zettels wird durch die Schäfte des Webgeschirrs gehoben. Durch die so entstehende Lücke schießt rechtwinklig zu den Zettelfäden ein Schiffchen hin und her. Auf diese Weise wird das Gewebe gebildet. Mehrere Bänder werden auf dem Bandwebstuhl gleichzeitig nebeneinander gewoben.

Der Posamenter überwacht die Arbeit des Webstuhls, knüpft abgerissene Fäden wieder an und setzt neue Spülchen in die Schiffchen des Webstuhls ein.

Die Hauptaufgabe der Posamenter besteht vorwiegend in der Kontrolle des laufenden Webstuhls. Diese Kontrolltätigkeit verlangt äußerst hohe Konzentration und ein schnelles, geschicktes Eingreifen in den Webvorgang, falls beispielsweise ein Faden reißt.

Eine immer leicht gebückte Haltung über die Zettelfäden gehört zum Arbeitsprozeß des Heimposamenters.

Bilder aus der Heimposamenterei

Der Heimposamenter arbeitet im Akkordlohn. Der Lohn wird per Zettel von 150 Metern bestimmt und hängt von der Qualität des Webmaterials, der Bandbreite, der Zahl der Schüsse, der Fäden und der Art des Einzugsgarns ab.

Die fertig gewobenen Seidenbänder windet der Posamenter mit dem Bändelhaspel auf, schneidet sie vom Stuhl ab, reinigt sie und verpackt sie schließlich in den Bändelkarton.

Die Bänder werden beispielsweise als Schleifen für Trauerkränze verkauft: «Schöni Bändel, aber die, wo sen überchöme, gsäije se nimme», meint die Posamenterin Martha Buser-Grieder zu ihrem Produkt.

Die Posamenter auf dem Lande[3]

Die gute Zeit

«Mir Pasimänter vom Land, holioh!
Mir füeren e Läbe, s chönnt besser nit goh;
Mir schaffe vom Morge, eb d Sunne lacht,
Und göhn nit vo der Arbeit bis spot in der
   Nacht.
Mer löse die Fäde und schwinge der Baum
Und singe derzue, das lauft wie im Traum
Ganz luschtig, ganz luschtig, s chönnt besser
   nit goh:
Holioh!

Mir Pasimänter vom Land, holioh!
Mir schaffe und wäbe und leuje nit no.
Sobald as mer ab hei, so gits wider Gäld,
Und schafft denn um das nit die ganzi Wält!
Die Schiffli, sie fliege, si hai ne kei Rueh,
Und vo der Lade rüefe sis zue:
‹S git Batze, s git Batze!› Drum leu mer
   nit no:
Holioh!»

Die böse Zeit

«Mir Pasimänter vom Land, o jeh,
Mir hai kei Verdienscht, e kei Arbet meh,
Im ganze Dörfli isch alles so still,
Und keine weiß rächt, was er schaffe will,
Und ghört me bi eim none Wäbstuel goh,
So loost me und blybt vor sym Hüsli stoh
Und dänkt: ‹Du hesch au bald kei Arbet meh.›
O jeh!

Mir Pasimänter vom Land, o jeh,
Wo selle mer jetze au s Gäld här neh?
Der Chremer wett zahlt sy, und d Chinder
   wai Brot:
Wahrhaftig, es git none grüsligi Not.
Wär weiß, wozue is dä Stillstand zwingt,
Wenn hütte der Bott keini Zettel bringt!
Wo wette mer süscht au Gäld här neh?
O jeh!»

«Wäbe bis vor em Tod»

Der greise, über neunzigjährige Ernst Walliser arbeitet täglich zehn Stunden; früher betrug die Arbeitszeit bis vierzehn Stunden täglich. Ernst Walliser war der zweitälteste Sohn des Posamenterehepaars Friedrich und Verena Walliser. Er wuchs in Reigoldswil, dem größten Posamenterdorf im Baselland, auf. Bereits als Kind mußte er an der Spüelimaschine arbeiten und auf dem kleinen Landwirtschaftsbetrieb der Eltern mithelfen. Auch er wurde Posamenter und arbeitete bis ins hohe Alter von 92 Jahren.

Ernst Walliser

Bilder aus der Heimposamenterei

Die folgenden Zitate stammen alle aus dem Film «Die letzten Heimposamenter».

Der Posamenter Kurt Gysin-Thommen:
«Em Großvatter sy Famylie hai si vier Stüel gha und do hani müese Spüeli mache, woni sächs Johr alt gsi bi näbe der Schuel und bis i us der Schuel gsi bi. Und derno woni konfermiert worde bi, hani nohär uf de Stüel aafange schaffe bim Grosvatter, und zwar zwölf Johr, und derno hani ghürote und derno hani 58 Johr gschaffet, also zäme 70 Johr, mit em Spüelimache 76, und das alls für die glychi Firma.»

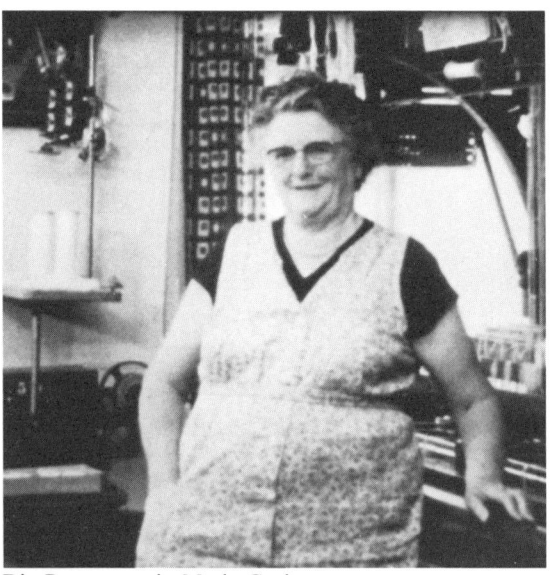

Die Posamenterin Marie Gysin:
«D Mueter het eso ihrer Läbtig für d Firma Senn gwäbe ... 71 Johr het sie für d Firma Senn gwäbe ... d Mueter het eso gwobe, bis zwo Stund vor em Tod het sie allewyl pasimäntet ... si het eso Freud gha am Pasimänte.»

Kurt Gysin-Thommen und seine Gattin

Die Posamenterin Marie Gysin

Die Mutter von Marie Gysin

Ausbildung

Die Posamenterin Emmy Buser:
«Do het me no die gröschti Freud gha, daß mer sälber e Wäbstuel übercho het.»

Ihre Cousine, die Posamenterin Emma Buser: «Aber i ebe nit, i ha ebe kei Freud gha, i ha welle Chöchi gee. Aber der Vatter het mi nit furtglo und d Mueter au nit, do hanis halt au müese lehre und derno het me sich drin yne gläbt.»

Der Posamenter Theodor Wagner:
«Von ere Bezirkschuel, öppis eso het me gar nit gwüßt, das hätte d Oeltere nit vermöge, me het halt müese den Oeltere hälfe wäbe, drum hani myni Chind au la öppis lehre ...»

Die Posamenterin Emmy Buser:
«Me hets eifach no gly begriffe, das isch au eso gsi, wil men isch ufgwachse debi, het me do scho verschideni Sache so guet gwüßt und wo me nit e Lehr het müese mache, me het das nit chönne, me het nit i d Lehr chönne.»

Tagesrhythmus

Der Posamenter Kurt Gysin-Thommen:
«Am Morgen am sibeni fang i a bis zmitag am zwölfi und denn vom eis bis zobe am sächsi.»

Die Posamenterin Martha Buser-Grieder:
«Früe am halbi sächsi stohni uuf, mängisch au am feufi, wenn i am feufi ufstoh, so gang i no echly go alo bis am sächsi und am sächsi wird Zmorge gchocht und derno chöme d Hüener dra und d Säu wärde gfueret und wemmer Zmorge gha hai, so wird s Gschir gwäsche und nohär gang i wider go alo, derno wäben i bis Zyt isch Zmitag z choche, no em Ässe wird wider s Gschir gwäsche und derno wird wider gwäbe bis am halbi sibeni und denn gang i go Znacht choche.»

Emmy und Emma Buser

Der Posamenter Theodor Wagner

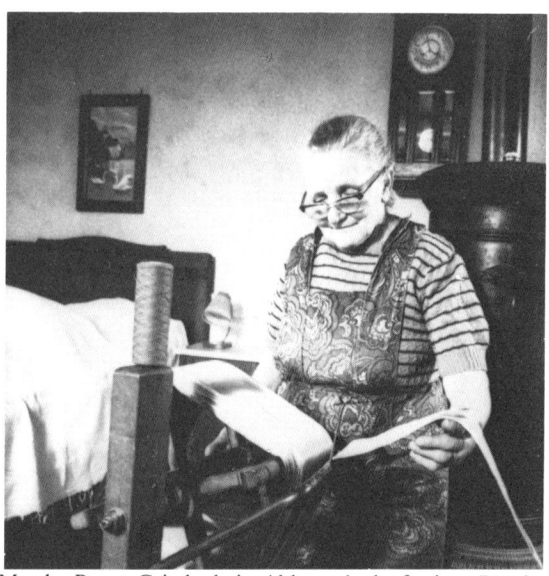

Martha Buser-Grieder beim Abhaspeln der fertigen Bänder

Bilder aus der Heimposamenterei 70

Wohnverhältnisse

Werner Walther, Betriebsleiter und ehemaliger Visiteur:

«Als Visitör isch me nadyrlig in verschideni Wohnige yne ko, in verschideni Wohnverhältnis. Es het Stube gha, wo gsi sind wie gschläggt, aso wunderbari Pasimäntstube. Es het aber au anderi gää, wo eso schregglig usgseh hänn. D Wohnverhältnis aber im allgemeine, ka mer sage, sin etwas gedrängt gsi, aber guet ... Die Wäbstüel sind normalerwys i der schönschte Stube gstande, wil me i de schönschte Stube inne s bescht Liecht gha het und zum Wäbe het me müese guets Liecht ha, aso het praktisch der Wäbstuel der schönschti Platz im Huus ygno. Die Kind oder au die Erwachsene hän sich dementsprächent müese yschränke.

Ernst Walliser in seiner Posamentierstube

Also ganz früener wirds sicher eso gsi sy, das chuum eins vo dene Kinde aleini imene Bett gschlafe het, sondern si sind zu zweit in eim Bett gsi. Die ganz Gleine, die hän si zum Teil i de Schublade gha, eso vo de Kommode. Das heißt, me het znacht die Kommode uusezoge, het dört s Bettli gmacht drin, het drin gschlafe und am andere Morge, wän der Wäbstuel wider gloffen isch und die Kinde zum Teil i d Schuel oder au sunscht de-

Der Betriebsleiter Werner Walther

In der Küche des Posamenters Ernst Walliser

hei um de Wäbstuel ume gange sind, damits Platz gä het, da isch me eifach gange und het die Kommode wider yne gschobe und da demit hän si wider der Platz gha.»

«I der Hauptsach Härdöpfel»

Der Posamenter E. Walliser:
«I mach mer dur d Wuche e chly Teigware und Schnitz oder mach mer öppe wideremol e Härdöpfelsuppe und e Wurscht dry oder so öppis ... Mängisch het me Chnöpfli gmacht drunder, oder wider Härdöpfel. Und ebe Chirsipfäffer, das het me vil gmacht. Zwätschge drunder oder au numme grad Chirsi, oder me het se numme verdämpft, Chirsi und Zwätschge und derno wider Teigware derzue oder Härdöpfel. In der Hauptsach het me Härdöpfel derzue gmacht, wil me die sälber pflanzt het.»

Bilder aus der Heimposamenterei

«Krysezyt» der dreißiger Jahre

Die Posamenterin Emmy Buser:
«Men isch jo chuum derdur cho, so het mer dört e Kryse gha, eso halbi Johr und ganzi Johr, gar nüt zwäbe, wämmer nit no echly buuret hät dernäbe, i glaub, me hät nit emol zläbe gha.»

Posamenterbauer

Der Posamenter Ernst Walliser:
«Früecher... s isch eso en Abwächslig dört gsi, do het me wider echlei buuret und het wider echlei pasimäntet, und öppe emol het me müese pasimänte, daß me het vermöge z buure, und z andermol umgchehrt.»

Die Posamenterin Emmy Buser

Der Bandfabrikant Henri Scholler

Der Posamenter Theodor Wagner:
«Me het halt gmeint, s chääm wider, me het gwartet und gwartet, s isch halt nimme cho, do het me sich müese umstelle uf öppis anders, me het müese schuufle und pickle alls mögligs, i han inere Baumschuel gschafft z Basel, grampet han i au scho.»

Der Posamenter Ernst Walliser:
«I de Krysezyt, do sy ebe die Strooße gmacht worde, aber das isch au wider en Arbet gsi, wo d Lüt uusgnutzt worde sy, s isch grad eso e chly e Sklaverei gsi, me het nit emol dörfe de Chopf dräije, het scho eine grüeft, ‹ee do, schaffe›.»

Die Posamenterin Martha Buser-Grieder:
«Buuret, as me vermöge het z pasimänte oder umgchehrt au, jo s het halt früener alls buuret und alls pasimäntet im ganze Dorf.»

Der Bandfabrikant Henri Scholer:
«J ha scho damals gseh, wie pflichtbewußt die Mensche gschaffet hänn. J ha scho damals gseh, wie si z fride gsi sind, wie si ihri Arbet hänn könne nach freiem Ermässe yteile, wänns schön gsi isch, hänn si könne ufs Fäld go, si hän könne Kirsi günne, wän si ryf gsi sind, si hän au, wän si e Kue gha hänn im Stall, könne wirke und näbeby hänn si ihri Arbet am Wäbstuel gmacht.»

D Heere

Der Posamenter Theodor Wagner:
«Der Stuel, dä ghört de Heere, dä isch nit myn Eige, für dä zahl i der Strom, woner bruucht, aber Zeis kriegt me kein derfür, me mues der Wäbstuel vergäbe i der Stube ha.»

Die Posamenterin Emmy Buser:
«Wemme velicht numme e chly der Uusläufer nit rächt het wölle oder eso oder ei Waar öppe nit gsi

Die Bandfabrikanten Ernst Stumpf, Harold Weber und Henri Scholler

isch, wie si gmeint hai, die sy imstand gsi und hai eim grad gchündt – d Heere – aber suscht sy si eim mit gar nüt entgege cho, gar nie.»

Die Posamenterin Emmy Buser über das Bändelhaspeln:
«Do sy d Heere froh, daß mir das mache – ebe vergäbe, das isch nit i der Ornig, das isch ebe nüt, und wemmer öppis reklamiert, so ghöret sis nume nit; woni einisch gsait ha, ebe s Liecht, das dörfte si doch au zahle, Lampe ghöre doch zum Wäbstuel, do het er si nume uf d Syte dräijt, das het er nit ghöört.»

Die Posamenterin Emma Probst:
«Me het doch vill zwenig für das Uufmache, und das isch au e Chrampf, jä i weiß nit, was überhaupt die Heere dänke vo eim.»

Emma Probst, Heimposamenterin

Der Posamenter Theodor Wagner:
«Me het scho me Lohn, aber d Tüürig nimmt das ewägg, mi nimmts wunder, wieviel daß d Heere au überchömme für die Bändel, jo, daß mir eso weni Lohn hai.»

Der Posamenter Ernst Walliser:
«D Heere sy halt hüt no d Heere, si mache mit em Arbeiter hüt no, was si wai, wenns ene nümme paßt, so hai si eifach kei Arbet, nähme sie en Arbet gar nit aa, ... das wüsse die Heere ganz genau, daß men uf die paar Batze aagwisen isch – das wüsse si ganz genau ... Das stimmt ebe nit, wie si gsait hai, si wette gärn meh zahle, aber d Gwärkschaft well nit, das isch nit wohr, d Gwärkschaft wehrt si derfür, daß der Arbeiter meh sett übercho, aber si bringes nit fertig.»

Die Posamenterin Emmi Buser:
«Früener het niemer keis Wort gsait, d Lüt hai sich nit getrout.»

Die Posamenterin Emma Buser:
«Die hätte d Wäbstüel glaub grad gno.»

Emmi Buser: «Ja das hätte si.»
Emma Buser: «Die hätte se gno und yzoge. Waas het me welle mache, me het kai andere Verdienscht gha.»
Emmi Buser: «Jo ebe, furt het me nümme chönne, imene gwüssen Alter, i d Fabrik.»

Die Posamenterin Marie Gysin:
«D Heere säge halt, jä s isch halt Heimarbeit, chönns dehei mache, si hai keini Uuslage, chönne d Chleider besser uusträäge.»

Die Posamenterin Emmy Buser:
«Aber ebe das sy ebe d Heere, das sy jetzt ebe d Heere, die sy nit vergäbe steirych worde, wo ene s ganz Baselbiet vergäbe gwobe het, Tag und Nacht. Wäge däm sy si rych worde, die hai zunere Zyt 200 Wäbstüel gha z Rünebärg, jetzt sys no 15, und das sy aber die letschte 15, die letschte, mir sy die letschti Generazion. Jetzt chönnet-er dänke, was die öppe verdient hai, numme z Rünebärg, wo si nüt hai müese gee fürs Yzie, fürs Adräije, für nüt.

Emma und Emmy Buser

«De Mittelma» (Visiteur)

Der Visiteur und Webermeister August Schmidt:
«Ja aagstellt bin i vo der Firma und ich bi effektiv der Mittelma zwüsche in, zwüsche de Gschäftsheere und den Arbeiter, und Schwierigkeite gits ja überall, und da muemer immer luege, das mer irgendwie der goldigi Mittelwäg findt. S git irgend Sache, die Lyt sind nit z fride und s git halt au Sache, wo uf der andere Syte sy, und da mues me luege, daß men immer dure kunt und daß mer es guets Verhältnis het, scho mit den Arbeiter, denn kunt mehr au besser dure mitene, und bis jetzt isch also guet gange, i han es guets Verhältnis mit myne Lyt.»

Der Betriebsleiter und ehemaliger Visiteur Werner Walther:
«Früener het mer em Visitör Bändelbamert gsait; der Bändelbamert, das isch e Respäggtperson gsi. Wenn also, seis eine mit em Stägge, gwöhnli sins ja no gloffe z Fueß, säbi Zyt ganz früener, wenn eine mit em Stägge i der Hand in es Dorf ine ko isch, dänn isch das wie es Lauffyr durs ganzi Dorf duure gange. Also Kinder oder denn die Erwachsene hänn das sofort wyter gää, damit d Lyt uf all Fäll am Wäbstuel gsi sind, dänn es het Zyte gää, wo nadyrlig die Lyt de Stuel hänn la laufe und dernäbe sinn si i dr Kuchi go koche oder go Gmües rüste usw. und wän derno e sonen Bändelbamert oder sone Visitör is Huus yne cho isch und der Stuel gloffen isch, ohni das jemand bim Wäbstuel gsi isch, da hets es furchtbars Donnerwätter gää.»

Die Posamenterin Emmy Buser:
«Die sy no cho am Laufstäcke, ganz nobel, as me het chönne meine, es cheem e Bundesrot durs Dorf duure.»

Der Visiteur August Schmidt

Emmy Buser mit ihrem Visiteur August Schmidt

Bilder aus der Heimposamenterei

«Aber deheim isch halt glych schöner z schaffe»

Der Posamenter Theodor Wagner:
«Und Spüeli mues me vergäbe mache; jetz der Taglohn, do chummeni so ungfär uf 15–16 Franke, aber me mues rächt dra sy, es git wider deere, wo numme 10 oder 12 Franke hai.»

Clara und Frieda Schaßmann

Der Fabrikant E. Stumpf:
«I glaub, es isch jederman klar, daß der Heimarbeiter nit der glych Lohn ka beaspruche wie der Fabrikarbeiter, wän i Ihne sag, daß der Heimarbeiter ei Wäbstuel bedient und der Fabrikarbeiter sächs Wäbstüel bediene mues.»

Die Posamenterin Clara Schmaßmann:
«Gwüsi Arbete, Bändelhasple oder so, het mer nüt derfür oder wenn öppis suscht passiert, mues me das au gratis mache. Hingege i der Fabrik het mer für alles derzyt der Lohn, und zwar der Stundelohn.»

«Jä, aber deheim isch halt glych schöner z schaffe.»

«Der Wäbstuel wird eifach abbroche, zämmegschlage»

Werner Walther, Betriebsleiter:
«Und wänn si dänn emol nümme meh könne, jäh nu, dänn gaht mer halt der Wäbstuel hole, dä holt men aber numme, wänn sis wai ... Und dänne wird der Wäbstuel eifach abbroche, zämmegschlage, Gußteili nimmt mer zum Teil mit, tuet si em Altysehändler gää und s Holz, wo die Lüt zum Teil dehei könne verfüüre oder für das oder jenes bruuche, das lat mer ene, me laat ene au der Schruubeschlüssel, wil si dä immer eppe wider könne bruuche, wil si dehei e Güllepumpi oder irgend eppis anders müese repariere.»

1 Arbeiter und Arbeiterinnen der Baumwolldrukkerei Tschudi & Cie in Schwanden um 1890

Alltag der Glarner Tuchdruckereiarbeiter im 19. Jahrhundert

Gret Heer
Urs Kern

1

«Beide Ehegatten haben als Drucker guten Verdienst und Schießer sei mit Fcs 2000 auf dem Landessteuerrodel veranlagt. Bald nach dem den Eheleuten Schießer ab Seite des Ehegerichts durch Urtheil vom 18. Novb:1859 gestatteten getrennt leben, haben dieselben sich wieder vereinigt, im Jahr 1867 abermals getrennt und nochmals ausgesöhnt. Durch seine Trunksucht und sein rohes Benehmen gegen Frau und Kinder habe Schießer dieselben im Juli 1:J: veranlaßt, ihn erneuert zu verlassen. Hierüber constituirt habe die Frau dem Manne vorgeworfen, daß sein älteres Kind vor Furcht vor ihm ergriffen, vom Veitstanze behaftet worden sei. Die Anschuldigung des Mannes habe dahin gelautet, daß seine Frau sich der Hoffarth ergeben, Schulden heimlicher Weise contrahirt, und ihm ihren Verdienst vorenthalten habe.»[1]

Dieses Zitat aus einem Protokoll des glarnerischen Ehegerichts über den Ehekonflikt zwischen einem Tuchdrucker und einer Tuchdruckerin steht am Ende einer historischen Entwicklung, die geprägt ist vom gesellschaftlichen, wirtschaftlichen, kulturellen und politischen Wandel, der typischerweise mit der Fabrikindustrialisierung einhergeht: Es verweist auf eine mobile Gesellschaft, in welcher zeitweiliges Getrenntleben und wieder Zusammenfinden von Ehepartnern juristisch und ökonomisch möglich ist; eine gesellschaftliche Situation, in welcher tradierte Geschlechterrollen von Mann und Frau aufgebrochen werden, wo die Frau durch Lohnarbeit ökonomisch selbständig wird, unabhängig vom Mann Geld verdient, Schulden macht und sich «hoffärtig» herausputzen kann.

Das Glarnerland – ein einziges Fabrikdorf

Ende des 18. Jahrhunderts erwarb noch mehr als ein Drittel der Glarner Bevölkerung sein Einkommen aus Spinnen und Weben in Heimarbeit, ein weiterer Drittel ernährte sich ausschließlich von der Landwirtschaft, und der restliche Teil lebte von Einkünften aus Gewerbe und Handel.[2] Nur vier Fabriken gab es im Jahr 1800 im dichtbesiedelten Bergkanton Glarus. Mit dem kräftigen Wachstum der Fabrikindustrie nach 1820 konzentrierte sich die wirtschaftliche Aktivität mehr

Alltag der Glarner Tuchdruckereiarbeiter

2 Ländliches Glarus um 1790
3 Industrielles Glarus um 1865

Pfarrer Becker: «Spinnereien, Webereien, Färbereien, Druckereien fingen jetzt, seit Anfang der dreißiger Jahre an, das Land zu bedecken. Vielleicht der dritte Theil der glarnerischen Bevölkerung ißt jetzt industrielles Brod. Das Glarnerland ist eine große Fabrikstadt geworden. Fabrike reiht sich an Fabrike.» B. Becker, Ein Wort über die Fabrikindustrie. Mit besonderer Hinsicht auf den Canton Glarus, Basel 1858, S. 17.

2

3

4 Tuchdruckereien

4a Friedr. Streiff & Co., Mollis, um 1825
4b Hefti & Tschudy, Niederurnen, um 1870
4c Barth. Jenny & Cie., Ennenda, um 1855
4d Barth. Jenny & Cie., Ennenda, um 1840
4e J. von Arx, Schwanden, um 1850
4f Jenny & Co., Ennetbühls, um 1865
4g Schindler & Gallatin, Mollis, um 1842

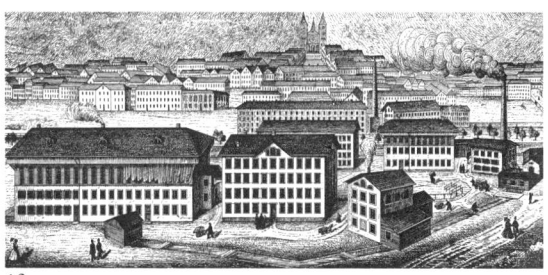

Alltag der Glarner Tuchdruckereiarbeiter 84

5 Arbeiter und Arbeiterinnen aus der Glarner Tuchdruckerei um 1890

6 Druckfabrik Egidius Trümpy im Oberdorf Glarus

5

6

5

und mehr auf dem Talgrund. Die zentrale Produktionsorganisation des Fabriksystems verdrängte bis in die 1840er Jahre die dezentral organisierte Heimindustrie fast gänzlich. Durch diesen Prozeß verloren die im 18. Jahrhundert weit zerstreuten heimindustriellen Gebiete in den höheren Lagen des Glarnerlandes in demographischer wie auch in wirtschaftlicher Hinsicht an Bedeutung. Nach der Mitte des 19. Jahrhunderts arbeitete mehr als die Hälfte aller Beschäftigten in den Textilfabriken, zwei Drittel davon allein in den Tuchdruckereien. Das Glarnerland gehörte in dieser Zeit zu den höchstindustrialisierten Regionen der Welt. Der Schweizer Historiker Walter Bodmer bezeichnete diese Epoche gar als «glarnerisches Wirtschaftswunder».[3]

Die Geschichte der glarnerischen Industrialisierung im 19. Jahrhundert war Thema breiter historischer Studien, wobei sich die Historiker vor allem mit den Leistungen und Wirkungen von sogenannt «großen» Glarnern wie Staatsoberhäuptern oder Wirtschaftskapitänen, mit ideen- und verfassungsgeschichtlichen Fragestellungen wie auch mit politischen Ereignissen befaßten. Es fehlt hingegen an einer Alltagsgeschichte der Fabrikarbeiter, die dieses «glarnerische Wirtschaftswunder» erarbeiteten. Unser Hauptinteresse gilt daher den vielen und vermeintlich Namenlosen, den «kleinen Leuten». Für diese Menschen ergaben sich mit dem Gang in die Fabrik einschneidende Veränderungen in ihrem Leben; es entstanden zwei klar getrennte Lebensbereiche: Arbeitszeit und Freizeit, Arbeitsort und Wohnort. Auch die gemeinschaftliche Arbeit im Familienverband, wie sie in Heimindustrie und Landwirtschaft üblich war, wurde aufgelöst.

Im Zentrum unserer Betrachtung steht die Fabrik, da sie den Brennpunkt des sozialen Wandels bildet. Eine präzise und detailbewußte Beschreibung der täglichen Abläufe im Produktionsprozeß der Fabrik und in der arbeitsfreien Zeit soll uns Aufschluß über Arbeitserfahrung und Lebensgestaltung der Druckereiarbeiter geben. Mit unserer Studie wollen wir einen Beitrag zu einer Sozialgeschichte des Alltags im Industrialisierungsprozeß leisten, in welcher der Fabrikarbeiter als Hauptfigur auftritt. Wir stellen deshalb im folgenden einige Aspekte der Lebenslage und der Lebensweise der breitesten Schicht in der Glarner Bevölkerung, der Fabrikarbeiterschaft, dar.

Die Arbeit des Handdruckers: Pro Minute zwei Schläge

Das Handdrucken kann vereinfachend mit dem Einfärben und Aufdrücken eines Stempels verglichen werden: Die Drucker färben die Model, eine Art hölzerner Stempel, im Farbchassis ein und übertragen damit das darin eingravierte Muster auf das Tuch. Das Farbchassis ist einem großen Stempelkissen vergleichbar.

Das Handdrucken ist arbeitsteilig organisiert. Zuerst drucken die *Vordrucker* die Umrisse des Musters, dann passen die *Rentrierer* einzelne Farben in die vorgedruckten Konturen ein, und zum Schluß drukken die *Bödmer* den großflächigen Grund oder Boden des Dessins. Bevor der Handdrucker mit Drucken beginnen kann, holt er beim «Mödelmaa» beziehungsweise «Mödelmaitli», welche das Modelmagazin verwalten, den ihm vom Druckermeister zugewiesenen Model. Der Drukker selbst oder ein Handlanger transportiert die zu bedruckenden Tuchballen, welche in der Vorappretur für den Druck vorbereitet wurden, aus dem Tüchermagazin in den Drucksaal. Weiter schafft der Drucker oder sein Gehilfe, das Streicherkind, das Farbgefäß und die ihm zugeteilte Druckfarbe aus der Farbküche herbei. Der Vordrucker breitet einen Teil des Tuchballens auf dem Drucktisch aus und legt ein schmales Holzbrett am Ende des Tisches darauf, welches das Tuch festhält und ein Rutschen verhindert. Der Rest des Tuchballens liegt auf einem Schemel an der Stirnseite des Drucktisches. Der Vordrucker faßt mit festem Griff den schweren Holzmodel, taucht ihn in das Farbchassis ein und setzt ihn auf dem Tuch ab. Dann wird mit Schlägen eines hammerähnlichen Schlegels oder auch mit Faustschlägen auf die Rückseite des Models die Farbe gleichmäßig auf das Tuch übertragen. Nach diesem Arbeitsschritt wird der Model vom Tuch abgehoben und wieder in die Farbe getaucht und neben das bereits gedruckte Muster genau anschließend wieder abgesetzt. Das in mehreren solchen Arbeitsschritten gedruckte Muster eines Tüchleins muß so aussehen, als wäre es mit einem einzigen großen Model gedruckt. Der Vordrucker muß den gleichen Model zwei- bis viermal abschlagen, bis beispielsweise ein Mouchoir (Taschentuch) vorgedruckt ist, denn in einen solchen Vordruckmodel ist entweder die Hälfte oder ein Viertel des Musters eingraviert. Diese Arbeit ist körperlich sehr anstrengend, sind doch einige Vordruckmodel bis vierzehn Kilogramm schwer, so daß nur besonders kräftige Drucker imstande sind, längere Zeit damit zu drucken. Neben der physischen Stärke verlangt die Arbeit des Vordruckers auch Geschicklichkeit und Konzentration, denn jeder Fehler wird sichtbar und kann nicht mehr korrigiert werden. Der Model muß sicher geführt werden, der Vordrucker darf weder zittern noch anstoßen. Die Druckfarbe muß gleichmäßig und weder zu dick noch zu dünn aufgetragen werden. Die Arbeit des Vordruckers ist eintönig und zeichnet sich durch ständig sich wiederholende Tätigkeit aus: Ein Vordrucker taucht den Model pro Arbeitstag zwischen 1100- bis 1400mal ins Chassis ein und schlägt ihn dann 1100- bis 1400mal auf das Tuch ab, in der Minute rund zweimal. Maximal übt er diesen Vorgang täglich bis zu 3000mal aus.[4]

Ein Streicherkind steht dem Vordrucker als Hilfskraft zur Seite. Sein Hauptaufgabenbereich ist das Chassis. Nach jedem Eintauchen des Models muß der Streicher neue Farbe ins Chassis nachgießen und mit

7 Handdrucker bei der Arbeit mit Model und Schlegel
8 Vordrucker
9 Handdruckerin mit Streicherkind
Kinder werden noch bis weit ins 19. Jahrhundert wie kleine Erwachsene behandelt: Sie werden gekleidet wie Erwachsene, leisten Arbeit wie Erwachsene, besitzen aber nicht die gleichen Rechte.

10a Historischer Glarner Druck
10b Historischer Glarner Druck
Krapptuch 63 auf 63 cm, schwarze Zeichnung auf rotem Grund mit Weiß, hergestellt durch Beizendruck mit Ausfärben von Alizarin in einem äußerst komplizierten Verfahren in über 20 Arbeitsgängen.

einem Holzbrettchen die Farbe gleichmäßig auf dem Chassistuch verstreichen. Einige Streicher sind so klein, daß sie auf einen Schemel steigen müssen, um die ca. achtzig Zentimeter hohen Chassis überhaupt bedienen zu können. Das ständige Nachgießen und Hin- und Herstreichen der Farbe richtet sich nach dem Arbeitsrhythmus des Druckers und ist daher ebenfalls äußerst monoton. Das Streicherkind wird von den Druckern selbst angestellt und bezahlt, oft ist der Streicher das eigene Kind des Druckers.

Sobald der Vordrucker das auf dem Tisch liegende Tuch bedruckt hat, hängt er diesen Teil über die an der Saaldecke befestigten Trockenrollen zum Antrocknen auf und zieht vom Stoffballen unbedrucktes Tuch auf den Drucktisch nach.

Nachdem die Vordrucker einen Tuchballen, das sogenannte Stück, welches in den 1860er Jahren 71,4 Meter lang und zwischen 40 und 120 Zentimeter breit ist, bedruckt haben, transportiert ein Handlanger das Stück zum Tisch eines Rentrierers. Jeder Rentrierer hat eine bestimmte Farbe aufzudrucken. Der Aufdruck des Rentriermodels muß genau in

9

10a

10b

die vorgedruckten Umrisse des Musters passen und verlangt Geduld und manuelle Geschicklichkeit, weil das Tuch nach dem Vordruck oft verzogen ist. Neben dem Einpassen der Farben besorgen die Rentrierer das Streichen der Farbe selbst. Meist sind es Frauen, welche als Rentrierer arbeiten, manchmal auch jüngere Männer, die sich in einer Art Lehrzeit zum Vordrucker oder Bödmer befinden.

Als letzter Arbeitsschritt des eigentlichen Handdruckprozesses bedruckt der Bödmer den Boden, d.h. den großflächigen Hintergrund des Musters. Im Gegensatz zum Vordrucker und zum Rentrierer braucht sein Model bedeutend mehr Farbe. Der Model muß pro Aufdruck oft mehrmals eingefärbt und abgeschlagen werden.

Nachdem die Handdrucker ihr tägliches Arbeitspensum erfüllt haben, reinigen sie oder ihre Gehilfen die Model und waschen die Chassis aus.

Die Arbeit der Handdrucker verlangt Handfertigkeit und Geduld. Gestalterische Möglichkeiten fehlen: Die Handdrucker müssen die ihnen zugeteilten Anzahl Stücke mit den ihnen zugeteilten Model und Druckfarben Tag für Tag bedrucken. Das gleiche Muster wird manchmal länger als ein Jahr gedruckt, der Handdrucker arbeitet also länger als ein Jahr immer mit dem gleichen Model und der gleichen Druckfarbe am gleichen Drucktisch.

Das Akkordlohnsystem als institutionalisierte Selbstausbeutung

Die Handdrucker arbeiten im Akkordlohnsystem, sie werden pro Anzahl bedruckter Stücke bezahlt. Anfang und Ende des Tuchballens kennzeichnet der Drucker mit einem kleinen hölzernen Stempel, der seine Initialen trägt. Aufgrund dieses Stempels wird einerseits die Anzahl bedruckter Stücke und damit sein Akkordlohn berechnet. Anderseits kann der Fabrikant aufgrund dieses Stempels bei der Warenkontrolle einen Drucker, der ein fehlerhaftes Stück gedruckt hat, identifizieren und ihm Abzüge von seinem Lohn machen. Die Lohnunterschiede unter den Handdruckern sind beträchtlich, so verdienen beispielsweise die männlichen Handdrucker bedeutend mehr als ihre Arbeitskolleginnen (vgl. Graphik 1). Das intensive und hastige Arbeiten der Handdrucker erklärt sich aus dem Akkordlohnsystem. Auch eine vom Rat des Kantons Glarus (legislative Behörde) beauftragte Expertenkommission, welche die gesundheitsschädigenden Auswirkungen des glarnerischen Zeugdrucks untersuchen muß, betont den Zusammenhang zwischen Lohnsystem und Hektik der Arbeitsvorgänge: «Diese sich immer gleichbleibende, sich im Tage hundert Male wiederholende Bewegung vom Drucktisch nach dem Farbkasten, von diesem nach dem Drucktisch, und das mit mechanischer Regelmäßigkeit vollziehende Abklatschen

Graphik 1:
Vierwöchige Verdienste der Handdrucker
bei Barth. Jenny & Cie., 31.10.1868

□ Arbeiter
▨ Arbeiterin

11 Baumwolldruckerinnen aus Ennenda, mit Farbgefäß, um 1900.

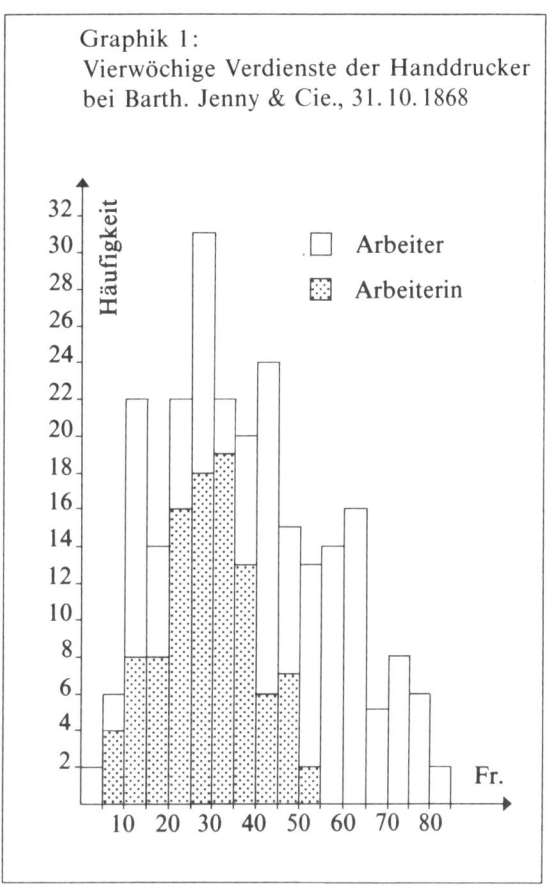

des Models werden mit einer Raschheit und Hast vollzogen, die im ersten Augenblick den unparteiischen Zuschauer förmlich bestürzen. Es erklärt sich diese Eile durch den Umstand, daß die Drucker nach dem Stück bezahlt sind und deshalb möglichst viele Stücke, möglichst rasch fertig machen wollen.»[5]

Hektisches Arbeiten im feucht-heißen Fabriksaal

In einem Fabriksaal arbeiten zwischen fünfzig und achtzig Arbeiter und Arbeiterinnen dicht aufeinandergedrängt bei hoher Temperatur und Luftfeuchtigkeit, jeder an einem Tisch. Auf die Überfüllung der Druckereilokale mit zu vielen Arbeitern und Drucktischen weist die Expertenkommission hin: «Dabei ist hauptsächlich ein Augenmerk auf den in den glarnerischen Druckereien vielfach beobachteten Übelstand zu richten, daß die Arbeiter zu dicht und zu nahe aufeinander stehen, um möglichst viele Drucktische in denselben Lokalen unterbringen zu

Alltag der Glarner Tuchdruckereiarbeiter 92

12 Zwei Rentriererinnen im Gruppenakkord
13 Drucksaal einer Batikdruckerei
14 Drucksaal

Alle drei Aufnahmen stammen aus dem 20. Jahrhundert und zeigen günstigere Arbeitsbedingungen als die im Text beschriebenen.

12

13

14

können, und daß meist zu große Mengen trocknender oder oxydierender Waren über den Köpfen der Arbeiter aufgehängt werden. Zu viele Arbeiter in einem Saale rauben sich faktisch gegenseitig die gute Luft, verschlechtern dieselbe und vermehren die Hitze im Saale, abgesehen davon, daß die Beweglichkeit und die Bequemlichkeit bei der Arbeit wesentlich beeinträchtigt werden.»[6] Die Druckereilokale werden bis zu 33° Celsius aufgeheizt, damit die gedruckten Farben nicht ineinander zerfließen und die nassen, frisch bedruckten Tücher, die über und neben dem Drucktisch aufgehängt sind, rasch antrocknen, bevor sie in die Trockenräume oder zum nächsten Drucker transportiert werden können. Infolge dieser übermäßigen Hitze und wegen der körperlich anstrengenden Arbeit sind die Handdrucker stets im Schweiß gebadet. Wenige Klagen der Glarner Fabrikarbeiter werden so oft vernommen wie die über allzu hohe Temperaturen.[7]

In den Druckereisälen ist es jedoch nicht nur sehr heiß, sondern es herrscht durch das Antrocknen einer großen Zahl frischer bedruckter Tuchbahnen eine schwüle, feucht-heiße Atmosphäre. Die Druckereiarbeiter arbeiten in diesem tropischen Klima meist halbnackt in Unterkleidern, stark schwitzend, äußerst hektisch und intensiv. Neben der hohen Temperatur und dem hohen Feuchtigkeitsgehalt der Luft verschlechtert auch der Staub die Luftqualität. Dieser Staub ist kein gewöhnlicher Zimmerstaub, denn er enthält giftige Farbteilchen, die sich bei der Reibung durch das Hinauf- und Herabziehen der bedruckten Tuchbahnen über die Trockenrollen und bei dem nachfolgenden Zusammenlegen der angetrockneten Tücher ablösen. Zudem belästigen Farbausdünstungen die Augen, die Atmung und die Geruchsorgane der Arbeiter. Speziell die häufig verwendete Essigsäure brennt in den Augen. Einige Lösungsmittel und Farbstoffe, wie beispielsweise Terpentinöl oder Anilinschwarz, sind derart schädlich, daß die Arbeiter erkranken. Sie beklagen sich beim Arzt «über Schlaffheit aller Glieder, Kopflosigkeit, schnelles Außeratemkommen bei raschen Bewegungen, über Kopfschmerz, dumpfen Kopf, selbst halbbetäubten Umstand».[8] Der Glarner Arzt und Fabrikinspektor Schuler stellt fest: «Bei heftiger Affektion begannen sie zu zittern. Sehr gewöhnlich litten sie auch an Brennen der Augen infolge von Conjunctivitis [Bindehautentzündung]. Die Genesung erfolgte erst, wenn sie einige Zeit ihre Arbeit ausgesetzt hatten.»[9]

Manche Farben sind nicht nur als flüchtige oder staubförmige Stoffe gesundheitsschädigend, sondern auch bei direkter Berührung. Die Handdrucker arbeiten ohne Handschuhe, tauchen die Model in das Farbchassis, so daß an ihren Händen oft Farbe haften bleibt. «Mit den so belegten Händen wird nicht nur hie und da der Schweiß aus dem Angesicht gewischt, das Haar von der Stirne gestrichen, an den Augen gerieben, die Nase geschneuzt, sondern es wird mit derselben Hand am Drucktisch während der Arbeit Speise und Trank dem Munde zugeführt.»[10]

Bei seiner Arbeit steht der Handdrucker leicht über den Drucktisch gebückt, damit er den Model präzis auf das Tuch abschlagen kann. Das wuchtige Aufschlagen mit der Faust oder mit dem Klopfer auf die Model erschüttert den ganzen Körper. Diese Arbeitsbewegung erzeugt eine starke Armmuskulatur. Fabrikinspektor Schuler bemerkt, wie sich die Fabrik ihre Menschen formt: «So finden sich ganz gewöhnlich bei unsern Arbeitern schlechte dünne Waden bei sehr entwickelter, stark vortretender Brust- und Armmuskulatur, krumme Haltung, beträchtliche Eindrücke der unteren Thoraxpartie.»[11] Die sich immer wiederholenden Schläge der Holzschlegel auf die Model erzeugen einen fürchterlichen Lärm und «widerhallen in der Fabrik wie das Rollen des Donners».[12]

Elf Stunden täglich, praktisch am gleichen Ort stehend, verbringen die Handdrucker in dieser heißen, feuchten, verstaubten und farbgeschwängerten Luft der Druckereisäle. In den Wintermonaten ist die tägliche Arbeitszeit kürzer, da in den Druckereilokalen kein künstliches Licht verwendet wird. Regelmäßige Rastzeiten an Vor- oder Nachmittagen gibt es nicht, üblich ist jedoch eine Mittagspause von einer Stunde. Den «Hausmütter[n] oder Personen, welche das Kochen besorgen»,[13] wird eine etwas längere Mittagspause von 1¼ bis 1½ Stunden gewährt. Diese eilen dann eine viertel bis eine halbe Stunde früher nach Hause und bereiten rasch das Mittagessen für Mann und Kinder zu. Viele Drucker, speziell die entfernter wohnenden, verzichten aber auf die einstündige Mittagspause und arbeiten fort, bis sie die ihnen zugeteilte Anzahl Stücke bedruckt haben. «Ist dies schon dadurch ein Nachteil, daß es das unsinnig hastige Arbeiten dieser Drucker, das ihrer Gesundheit so ungemein schädlich ist, noch mehr begünstigt und lange Zeit ohne Pause andauern läßt, so hat es noch weit bedenklichere Folgen, durch die Art, wie das Mittagessen eingenommen wird. Man kann vielfach beobachten, wie z. B. das Stück Brod auf den Drucktisch gelegt, von Zeit zu Zeit mit nassen, farbbeschmutzten Händen ergriffen und während der Arbeit genossen wird.»[14] Auch Zwischenverpflegungen werden im Drucksaal eingenommen, eiligst hinuntergeschluckt, und unterdessen wird noch gearbeitet. «In der einen Hand ein Stück Brod, in der andern Hand den Druckmodel, neben dem Farbkasten ein Häfelein mit Kaffee oder ein Glas Wein, u. dgl. mehr sind keine seltenen Erscheinungen.»[15]

Der Alltag der Fabrikarbeiterin

Eine Arbeiterin, die um sechs Uhr in der Druckereifabrik sein muß und mit einem Arbeitsweg von fünfzehn bis dreißig Minuten rechnet, ist gezwungen, zwischen vier Uhr und fünf Uhr früh aufzustehen, um nur das Nötigste im Haushalt zu besorgen. Sie bereitet das Frühstück zu und weckt ihre Familie auf. Das Frühstück der Fabrikarbeiterfamilie setzt sich gewöhnlich aus Bratkartoffeln und fadem Kaffee zusammen, einem Gebräu aus viel Kaffeezusatz und wenig Kaffeebohnen. Meist wird abgerahmte Milch zusammen mit Kaffee aufgekocht. Von diesem Aufguß trinken auch die Kinder. Anstatt Kaffee wird manchmal von den Arbeitern bereits am frühen Morgen auf nüchternen Magen Schnaps getrunken. Mit moralisierendem Unterton bemerkt dazu Fabrikinspektor Schuler: «Und das erste Gläschen blieb im Laufe des Tages selten allein, wie der fuselduftende Atem der Fabrikarbeiter in den frühen Vormittagsstunden lehrt.»[16] Schnaps ist für den Fabrikarbeiter nicht nur ein Rauschmittel, sondern auch ein preisgünstiger Kalorienträger. Zudem gibt Schnaps in der Morgenkälte ein Gefühl von Wärme im Magen.

Die Fabrikarbeiterin muß vielleicht noch ihr Kleinkind wickeln und sich um ihre anderen Kinder kümmern. Dann verläßt sie die Wohnung und bringt auf dem Weg in die Fabrik ihren Säugling zu einer Gaumerin. Die größeren Kinder bleiben bis zu Beginn der Schulstunden sich selbst überlassen. Die glarnerischen Fabrikinspektoren stellen fest:

15 Häusliche Frauenarbeit wird durch industrielle Frauenarbeit ersetzt
Fabrikarbeiterinnen in der Maggi-Fabrik in Kemptthal. Auf der Tafel unter der Uhr steht: «Ordnung – ein Platz für jeden Gegenstand und jeden Gegenstand an seinen Platz»

Die Fabrikarbeiterfrauen haben in der Mittagspause wenig Zeit zum Kochen, bereits vorpräparierte Eßwaren erleichtern ihre Hausarbeiten. In den 1860er Jahren setzt die industrielle Verarbeitung von Nahrungsmitteln ein. Die Maggisuppe als nahrhafte, billige und schnell zubereitete Speise ist für diese Entwicklung ein Beispiel. In der Maggi-Fabrik in Kemptthal sind es Frauen, welche die Suppenpräparate herstellen.

16 Handlangerinnen in der Ausrüsterei

16

«Wie verwahrlost oft Kinder von Fabrikarbeitern den ganzen Tag auf der Gasse herumlaufen müssen und jeder Aufsicht und Pflege entbehren, ist notorisch.»[17]

Ein Glarner Fabrikarbeiter beschreibt den Morgen in einer Fabrikgemeinde folgendermaßen: «Da könnten sie dann wahrnehmen, wie in diesen Ortschaften gewöhnlich schon morgen 4 Uhr alles lebendig ist als wären sie gar nie an keine Ruhe gekommen, – wie es da schon in allen Küchen knistert, als hätten sie das schönste Stück von einem fetten Schafe im Hafen; da könnten sie wahrnehmen, wie ihnen hie und da ein Mütterchen schon um 5 Uhr mit seinem lieben Kinde im Kissen, ohne Unterschied der Witterung, begegnete, um es vielleicht einer gefühl- und sorglosen Wärterin zu überbringen; daß es oft so gut wäre, sie überließe es daheim seinem eigenen Schicksale; da hätten sie Anlaß zu sehen, wie ihnen da und dort schlaftrunkene und gewöhnlich schlecht gekleidete Kinder noch in größter Dunkelheit und von Weitem herkommend, begegnen; – da könnten sie wahrnehmen, wie es nicht selten vorkommt, daß wegen dem Verschlafen einer einzigen Viertelstunde das Frühstück noch in aller Eile gerüstet und vielleicht noch auf den Tisch gebracht wird, aber horch! auf einmal ertönt die Glocke, – was ist nun zu thun? Um ja nicht der oft unbarmherzigen Strafe, durch welche meistens der halbe Taglohn dahin ist ehe zu arbeiten begonnen wird, anheim zu fallen, ist es das sicherste, Alles stehen zu lassen und davon zu eilen.»[18]

Um 10.30 oder um 11.30 Uhr, eine halbe Stunde vor der Mittagspause, eilt die Fabrikarbeiterin nach Hause und bereitet rasch das Mittagessen zu, «denn bald stehen die Ihrigen bereit zum Essen und jammern über Verspätung wenn die Schüssel nicht schon auf dem Tische dampft».[19] Mittags kommen wieder Kartoffeln auf den Tisch, oder die Hausmutter kocht eine wäßrige Brotsuppe, manchmal auch eine fette und nahrhafte Mehl- oder Kartoffelsuppe. Im Sommer gibt es dazu aus dem «Pflanzblätz», dem Gemüsegarten, Spinat und Mangoldkraut, das möglichst fett gekocht wird. Wegen der kurzen Zeit zum Kochen gelangen mehr und mehr industriell vorpräparierte Eßwaren auf den Arbeitertisch, oft wird auch kaltes Essen wie Brot, Käse und wiederum Kaffeeaufguß konsumiert. «Am öftersten erscheinen Mehlspeisen, bei denen sich aber am allermeisten die mangelhafte Kochkunst der Fabrikweiber offenbart. Ein schlecht, weil allzu eilig gewirkter Teig wird in Butter gebacken, die übermäßig erhitzt wurde, um die Speise recht bald fertig zu haben. Innen der rohe Teig, außen eine halbverbrannte Masse, das ist das Backwerk, das der Familie vorgesetzt wird.»[20] Seltener gibt es auch Fleisch, meist Siedfleisch, mit viel wässeriger Suppe.

Eine Stunde später, um 12 oder um 13 Uhr, stehen die Fabrikarbeiter bereits wieder an ihrem Arbeitsplatz in der Druckerei und arbeiten bis zum Einbruch der Dämmerung fort.

Für die Fabrikarbeiterin beginnt dann noch lange nicht die Ruhe- und Entspannungszeit. Daheim erwartet sie eine Menge von Hausarbeiten. Auf dem Weg nach Hause holt sie ihre Kinder bei der Gaumerin ab und kauft das Nötigste ein. Ein Fabrikarbeiter beschreibt das Heimkommen der Fabrikarbeiterin folgendermaßen: «Wie könnten sie wieder nicht selten wahrnehmen wie abgemagerte Weiber heim kommen, kaum vermögend die Thürschwelle zu überschreiten, auf den ersten besten Stuhl hinplatschen und klagen, daß die Beine sie nicht mehr tragen wollen; aber jetzt ist noch keine Zeit zum ruhen, da heißt es gewöhnlich erst in die Küche um das Essen zu rüsten und vor 10 Uhr Abends ist gewiß an keinen Feierabend zu denken.»[21]

Von der Hand in den Mund

Der beschriebene Tagesablauf einer Fabrikarbeiterin ist keine Ausnahmesituation, denn die Erwerbstätigkeit von Frauen ist sehr häufig: Rund die Hälfte der Glarner Fabrikarbeiter rekrutiert sich aus Frauen. Der Fabrikarbeiterhaushalt ist auf das zusätzliche Einkommen der Frau angewiesen, da der Lohn des Mannes allein nicht ausreichen würde, um eine Familie zu ernähren. Beispielsweise betragen die Haushaltskosten einer fünfköpfigen Fabrikarbeiterfamilie für Miete und Nahrung ohne Fleisch, Milch, Obst und grünes Gemüse 1869 rund Fr. 47.— vierwöchentlich. Der für einen Handdrucker übliche Monatslohn von Fr. 40.— bis Fr. 45.— würde also nicht ausreichen, um sich, seine Frau und seine Kinder mit dem Allernotwendigsten zu versorgen.

Monatliches Haushaltsbudget einer fünfköpfigen Glarner Fabrikarbeiterfamilie um 1869

Ausgaben	Bedarf[22]	Preis[23]	Einnahmen	
Miete		10.— Fr.	Druckerlohn	Fr. 40.—
Brot	61,6 kg	20.20 Fr.		bis Fr. 45.—
Kartoffeln	51,4 kg	3.60 Fr.	falls die Ehefrau ebenfalls	
Hülsenfrüchte	4 kg	1.15 Fr.	Arbeiterin ist,	
Mehl/Teigwaren	19,6 kg	7.85 Fr.	Druckerinnenlohn	Fr. 30.—
Käse	0,5 kg	0.70 Fr.		
Fett	1,8 kg	2.90 Fr.		
Kaffee	0,25 kg	0,55 Fr.	bei voller Beschäftigung	Fr. 70.—
Total		46.95 Fr.	zusammen	bis Fr. 75.—

Wichtige Ausgabenposten wie z.B. Milch, Fleisch, grünes Gemüse, Obst, Heizmaterial, Bekleidung und Haushaltseinrichtung sind in diesem Budget wegen fehlender Preisangaben nicht enthalten.

Der oben erwähnte Druckerverdienst von Fr. 40.— bis Fr. 45.— ist aber keineswegs eine sichere Einkommensquelle, auf die der Arbeiter in seinem Budget zählen kann, da die Produktion, und parallel dazu auch der Lohn, in der Tuchdruckerei heftigen Schwankungen unterworfen ist. Beispielsweise beträgt der durchschnittlich an einen Drucker der Firma Barth. Jenny & Cie. ausbezahlte Monatslohn am Zahltag vom 18. März 1871 rund Fr. 30.—, am darauf folgenden Zahltag vom 15. April nur noch Fr. 22.80. Bis zum 8. Juli steigt der Durchschnittslohn dann auf den Jahreshöchstwert von Fr. 45.85 an und sinkt nachher bis zum 23. Dezember auf Fr. 35.— ab.[24]

Nicht nur die konjunkturellen und saisonalen Schwankungen der Druckereiindustrie beeinflussen das Arbeiterbudget, sondern auch der Familienzyklus: Ein junges arbeitsfähiges Druckerpaar ohne Kinder kann sich einen, verglichen mit der übrigen Arbeiterschaft, hohen Lebensstandard leisten. Dieser ökonomisch günstige familiäre Zustand ist aber im fabrikindustriellen Glarnerland selten: Mehr als die Hälfte der Glarner Fabrikarbeiterinnen treten bereits schwanger unter den Traualtar.[25] Mit steigender Kleinkinderzahl verschlechtert sich die ökonomische Lage der Fabrikarbeiterfamilie: Schwangerschaften unterbrechen die Erwerbstätigkeit und damit den Einkommensfluß der Frau, zusätzliche hungrige Mäuler wollen gestopft werden. Erst wenn die Kinder selbst Eigenverdienste nach Hause bringen (seit dem Glarner Fabrikgesetz von 1864 ist die Fabrikarbeit von Kindern unter zwölf Jahren verboten), verbessert sich die ökonomische Lage der Familie. Mit zunehmendem Alter der Eltern steigt deren Anfälligkeit auf Krankheit. Krankheit eines erwerbsfähigen Familienmitglieds wird unter solchen ökonomischen Bedingungen wegen des Verdienstausfalls zur familiären Katastrophe, führt zu Verarmung und Verschuldung der Familie. Auf diesem schwankenden ökonomischen Hintergrund sind solche zeitgenössischen Aussagen zu verstehen wie beispielsweise die Äußerung von Pfarrer Hirzel über den Fabrikarbeiter: «Er lebt von der Hand in den Mund, in schwunghaften Zeiten in flotter, in Zeiten der Stockung in ärmlichster Weise. Ja sogar auch die sparsame, vorsichtige Arbeiterfamilie erübrigt höchstens soviel in den guten Tagen, als in den bösen wieder draufgeht und an ein Vorwärtskommen im Ganzen ist also von ihr fast gar nicht zu hoffen.»[26]

Hierarchie in der Fabrik

Die Handdrucker bilden den Hauptharst der Arbeiterschaft einer Tuchdruckerei: In den 1860er Jahren beträgt ihr Anteil rund 60% der gesamten Belegschaft. Am arbeitsteiligen Produktionsprozeß der Tuchdruckerei sind aber noch weitere Arbeitergruppen mit verschiedenen Tätigkeiten und Qualifikationen beteiligt.

Zu Beginn des Produktionsablaufs entwerfen die Zeichner Muster und Dessins für die zu bedruckenden Baumwolltücher. Für jede Farbe der Musterzeichnung zimmert ein Modelschreiner einen hölzernen Klotz, den sogenannten Modelstock. Die Aufzeichner übertragen jede Farbe des entworfenen Musters jeweils auf einen Modelstock. Dieser Modelstock wird von den Stechern entsprechend der Musterzeichnung gestochen, so daß alle Linien und Flächen, die im Druck in einer bestimmten Farbe erscheinen sollen, erhöht dastehen. Der gestochene Modelstock wird als Model bezeichnet. Aus pflanzlichen und mineralischen Stoffen bereitet der Kolorist die Druckfarben zu. Handlanger bleichen, waschen und kalandrieren (glätten der Tuchbahnen auf der Walzenpresse) in der Vorappretur die rohen Baumwollbahnen, damit der Stoff

17 Tuchdruckerei P. Blumer & Jenny
Die Arbeitsteiligkeit zeigt sich auch in den verschiedenen Gebäuden einer Tuchdruckerei: 1 Druckereilokale, 2 «Heißhänge», 3 Tröcknetürme, 4 Färberei- und Wäschehaus, 5 Magazine, 6 Stecherei, 7 Wärterhäuschen mit Fabrikglocke

17

später die Druckfarbe gleichmäßig aufnimmt. Erst nach diesen Vorarbeiten beginnt der Handdrucker mit seiner Tätigkeit. Nach dem Handdrucken werden die Baumwolltücher je nach Druckverfahren und Färbeprozeß zum Entwickeln und Fixieren der Druckfarben wiederum von Handlangern gedämpft, gebadet, gewaschen und getrocknet. Als letzten Arbeitsschritt schneiden, kräuseln oder fransen Handlangerinnen die Baumwolltücher je nach Produktart und verpacken sie schließlich.

Diese verschiedenen Arbeitergruppen mit ihren unterschiedlichsten Arbeitsaufgaben bilden zusammen keine homogene Gruppe; soziale Differenzierung und gegenseitige Abgrenzung der Angehörigen einzelner Berufe prägen die Fabrikarbeiterschaft der Tuchdruckerei. So sind beispielsweise die Handlanger rechtlich gegenüber den Druckern und Stechern benachteiligt. Vom glarnerischen Fabrikgesetz von 1864, welches den Zwölfstundentag einführt, sind die Handlanger ausgeklammert. Ihr Arbeitstag kann ohne weiteres mehr als zwölf Stunden betragen. Noch das glarnerische Fabrikgesetz von 1872, das den Elfstundentag einführt, gestattet in seinen Ausnahmeklauseln für Handlanger einen

18

längeren Arbeitstag. Auch sind manche Handlanger rechtlich benachteiligte Kantonsfremde im Gegensatz zu den Druckern und Stechern, die meistens das glarnerische Bürgerrecht besitzen und daher über Anteile an Gemeindewäldern und Gemeindeallmenden verfügen.

Der Schwierigkeitsgrad der Arbeitsaufgabe ist ein weiteres Differenzierungsmoment der Fabrikarbeiterschaft. Stecher und Drucker sind eigentliche Facharbeiter, wohingegen die Handlanger nur Hilfsarbeiter sind. Die Stecher durchlaufen eine zwei- bis vierjährige Lehrzeit. Die Handdrucker drucken zuerst einfache Muster, erst nach einer länger dauernden Anlernzeit drucken sie schwierigere Rentrüren, Konturen oder Böden. Die Anlernzeit der Handlanger dagegen ist kurz, und ihre Aufstiegsmöglichkeiten sind beschränkt.

Die soziale Differenzierung der Fabrikarbeiter zeigt sich auch in der unterschiedlichen Entlöhnungsart. Handdrucker und Stecher werden im Akkordlohn bezahlt. Der Handdrucker stellt seine Hilfskraft, den Streicher, selbst ein und bezahlt ihn von seinem Lohn. Er ist in diesem Sinn Kleinstunternehmer. Die Stecher besitzen ihre Produktions-

18 Handlanger und Kolorist in der Farbküche
19 Handlanger an einer Passage
20 Handlanger beim Einfeuchten und Rollen eines Tuchballens

21 Handlanger, der sogenannte «Kuhkoter», an der Kuhkotpassage.
Das Passieren der bedruckten und gefärbten Tuchbahnen durch einen mit Kuhkot gefüllten Trog bleibt bis gegen Ende des 19. Jahrhunderts eine billige und häufig angewandte Methode, um Farbintensität und Leuchtkraft der Druckfarben zu verstärken.

mittel, das Stecherwerkzeug, selbst. Die Handlanger werden im Gegensatz zu den Handdruckern und Stechern im Taglohn entlöhnt. Taglöhner gehörten schon im Mittelalter als Besitzlose zur untersten sozialen Gruppe der feudalen Gesellschaft. Meister und obere Kader, wie Zeichner und Kolorist, werden im Wochen-, Monats-, Quartals- oder Jahreslohn entlöhnt.

Für die innerbetriebliche soziale Differenzierung und Hierarchie sind die Lohnskala und die Lohnverteilung ein gut meßbarer Indikator. In Graphik 2 wird am Beispiel einer der größten Tuchdruckereien im Glarnerland die Verteilung der vierwöchentlich ausbezahlten Löhne der Fabrikarbeiterschaft dargestellt. An einsamer Spitze der Lohnhierarchie stehen der Kolorist und der Chefdessinateur. Diese oberen Kader verdienen in einem Monat ungefähr soviel, wie ein männlicher Drucker aus der von Männern am häufigsten belegten Lohnklasse (Fr. 40.— bis Fr. 45.—) in einem halben Jahr erarbeitet. Mit weitem Abstand folgen in der Lohnrangfolge ein zweiter Dessinateur und der Stechermeister. Unter Fr. 110.— Monatseinkommen beginnt die breit gestreute Verteilung der Arbeiterlöhne. An ihrer Spitze befinden sich neben einigen Stechern und einem weiteren Dessinateur der Druckermeister. In der Einkommensklasse von Fr. 85.— bis Fr. 90.— liegt der Heizer-Untermeister, dank häufiger Überstundenarbeit noch vor seinem fixbesoldeten Vorgesetzten, dem Handlangermeister. Die Lohnhierarchie kann, wie dieses Beispiel zeigt, durchaus im Widerspruch zur Befehlshierarchie stehen. Im Lohnbereich unter Fr. 110.— sind die Lohnabstände noch beträchtlich, beispielsweise würde der Aufstieg eines Druckers aus der stark besetzten Lohnklasse von Fr. 40.— bis Fr. 45.— zum Druckermeister eine Verdoppelung des monatlichen Einkommens bedeuten. Sehr deutlich kommt in der Lohnverteilung die unterschiedliche Bezahlung der Frauen- und der Männerarbeit zur Geltung. Der höchste von einer Frau erreichte Monatslohn ist rund fünfmal tiefer als der höchste Männerlohn. Ist bei den Männern die Lohnskala von Fr. 40.— bis Fr. 45.— am dichtesten besetzt, so ist es bei den Frauen die Lohnskala von Fr. 25.— bis Fr. 30.—. Die Frauen haben auch weit geringere Aufstiegschancen als die Männer. In der Fabrik werden den Frauen die weniger qualifizierten, schlechter bezahlten Arbeiten überlassen. Befehlsträgerin darf eine Frau nur gegenüber anderen Frauen sein, niemals aber gegenüber männlichen Arbeitern.

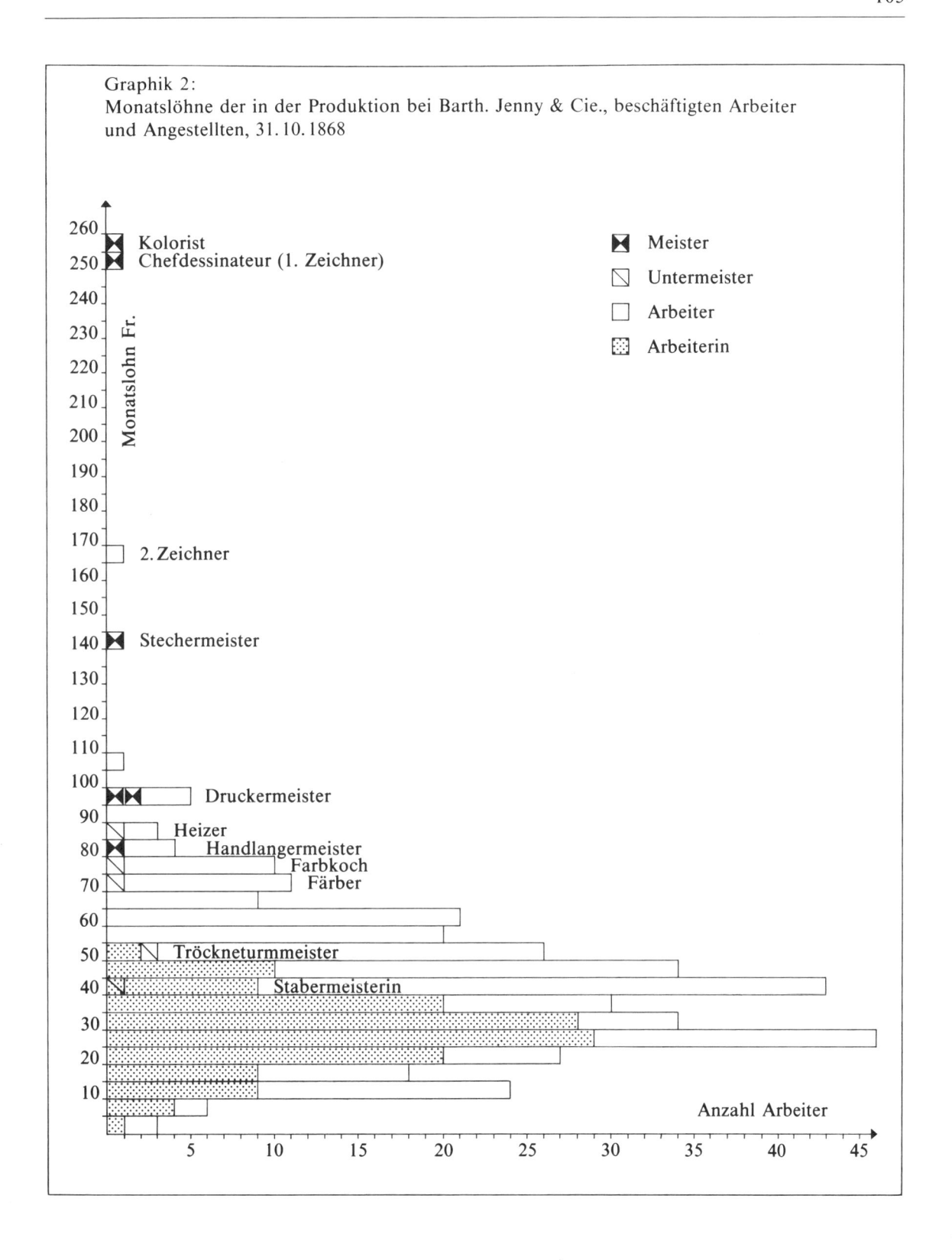

Graphik 2:
Monatslöhne der in der Produktion bei Barth. Jenny & Cie., beschäftigten Arbeiter und Angestellten, 31.10.1868

Alltag der Glarner Tuchdruckereiarbeiter 106

Druckereiunternehmer

Stechermeister

Druckereiarbeiter

22

Disziplinierung und Widerstand

Die Disziplinierung der Arbeiter zur Pünktlichkeit, zur konstanten Arbeitsleistung, zur Einordnung in die Fabrikhierarchie bildet immer wieder Anlaß zu Konflikten. Besonders zu Beginn der Fabrikindustrialisierung lassen sich die Druckereiarbeiter – meist ehemalige Landarbeiter und Heimarbeiter – nur unter großen Widerständen in das straff geführte und geordnete Fabrikleben einzwängen.

Ein typisches Beispiel für den Widerstand der Arbeiter gegen die Fabrikdisziplin ist der erste bekannte Streik im Glarnerland: Druckereiunternehmer Egidius Trümpy ließ 1837 auf dem Fabrikdach eine «Arbeitsglocke» installieren, die Beginn und Ende des Arbeitstages anzeigen sollte. Gegen diese ungewohnte Disziplinierungsmaßnahme wehrten sich die Druckereiarbeiter, indem sie spontan ihre Arbeit niederlegten. Aus der Sicht der Unternehmer spielte sich der Streik in der damals größten glarnerischen Druckereifabrik folgendermaßen ab: «Dieselben [die damaligen Eigentümer der Fabrik um 1837] berichten mir, daß erwähnte Arbeitseinstellung im Jahr 1837 in Scene gesetzt wurde und zwar in Folge Einführung einer Arbeitsglocke, welche sich die Arbeiter nicht gefallen lassen wollten. Die Arbeiter des Etablissements selbst hielten sich bei und nach der Niederlegung der Arbeit ruhig. Dagegen fand der Aufmarsch einer mit Prügeln bewaffneten Arbeiter-Kolonne aus einer anderen Gemeinde statt, welche die Glocke mit Gewalt entfernen wollte. Es wurde im ganzen ca. 14 Tage gefeiert, nach welcher Frist die Arbeiter das Läuten der Glocken sich ohne weiteres gefallen liessen.»[27] Der Widerstand der Druckereiarbeiter gegen diese Disziplinierungsmaßnahme wurde gebrochen, und bald gab es in jedem Fabrikdorf neben den Kirchenglocken auch Fabrikglocken, welche Beginn und Ende des Arbeitstages ein- und ausläuteten.

Im Laufe der Fabrikindustrialisierung hat sich in den glarnerischen Druckereifabriken ein komplexes, hierarchisch gegliedertes System von Befehlsgewalten herausgebildet, welches Arbeitsleistung und Arbeitsdisziplin der Druckereiarbeiter lenkt und überwacht. Zuoberst in der pyramidenähnlichen Betriebshierarchie steht der Fabrikbesitzer. Er delegiert sein Kommando über die Fabrikarbeiter an die Druckermeister, den Stechermeister und an den Handlangermeister. Der Handlangermeister delegiert seine Befehlsgewalt wiederum an Untermeister, an den Färbemeister, an Stabermeisterin, Meister in den Tröckneürmen, Farbkoch und an den Heizermeister. Sämtliche Arbeiter sind diesen Meistern untergeordnet und verpflichtet, «denselben in allem was den Fabrikbetrieb beschlägt ohne Widerrede Folge zu leisten. Beschimpfungen der Vorgesetzten oder thatsächliche Widersetzlichkeit»[28] gegen Anordnungen der Meister werden mit fristloser Entlassung bestraft.

Fabrik-Ordnung

für die

Baumwoll-Druckerei der Firma

Barth. Jenny & Cie. in Ennenda.

§ 1.

Jeder Arbeiter hat bei seinem Eintritt sein Entlassungszeugniss vom letzten Arbeitgeber vorzuweisen.

§ 2.

Sämmtliche Arbeiter haben sich genau zur bestimmten Zeit bei der Arbeit einzufinden. Die regelmässige Arbeit eines Tages dauert 11 Stunden, nämlich: Von Morgens 6 Uhr bis 11 Uhr und von Nachmittags 12 Uhr bis Abends 6 Uhr.

Im Winter findet eine Verkürzung dieser Arbeitszeit statt, nämlich vom 1. November bis Mitte Februar, für welchen Zeitraum die Taglohn-Arbeit Morgens 7 Uhr beginnt und um 5½ Uhr Abends aufhört.

An den Vorabenden von Sonn- und Festtagen wird die Arbeit 1½ Stunden früher eingestellt.

Frauenspersonen, welche ein Hauswesen zu besorgen haben, werden ½ Stunde vor der Mittagspause entlassen.

§ 3.

Kein Arbeiter darf ohne besondere Erlaubniss des Aufsehers oder ohne vorgängige Anzeige seine Arbeit verlassen oder von derselben ausbleiben, Krankheit oder andere dringende Hindernisse vorbehalten.

§ 4.

Die gegenseitige Aufkündungsfrist ist, höhere Gewalt vorbehalten, auf 14 Tage vereinbart und es hat die Kündigung in der Regel am Samstag oder Zahltag zu geschehen. — Beim Austritt wird dem Arbeiter ein Zeugniss seines Verhaltens ertheilt.

§ 5.

Kein Arbeiter darf fremde Personen, Kinder u. s. w. in die Fabrik einführen oder Besuch in der Fabrik empfangen.

§ 6.

Jeder Arbeiter ist verpflichtet, sich der Reinlichkeit und Sorgfalt bei seiner Arbeit und bei den Maschinen, Werkzeugen und Druckmodellen u. s. w., mit denen er umgeht, zu befleissen. Für absichtliche Schädigung der letztern, sowie für ihm anvertrauten Gegenstände ist er persönlich verantwortlich.

§ 7.

Besondere Vorschriften und Verbote bei den einzelnen Arbeitszweigen, welche der Fabrikbesitzer im Interesse der Sicherheit und zur Verhütung von Unfällen als nothwendig erachtet und die sich auf das Ingangsetzen, Handhaben, Reinigen und Oelen der Getriebe und Maschinen, Wartung von Dampfkesseln und von Dampfmaschinen, Auflegen der Treibriemen, Benutzung der Aufzüge u. s. w. beziehen, sind für den Arbeiter ebenso verbindlich wie die allgemeine Fabrikordnung.

Diese Spezialreglemente sind in den betreffenden Lokalen anzuschlagen.

§ 8.

Ein friedliches und anständiges Betragen innerhalb der Fabrik wird den Arbeitern zur strengen Pflicht gemacht.

Streitigkeiten, unsittliche Reden, Störungen der andern Arbeiter u. s. w. werden bestraft.

§ 9.

Ferner werden bestraft:
1) Grobes, widersetzliches Betragen gegen die Aufseher;
2) Verspätungen und Versäumniss;
3) Verunreinigung der Wände und Abtritte;
4) Tabakrauchen und Gebrauch von Zündhölzchen in den Arbeitslokalen.
5) Eigenmächtige Abänderung an den Maschinen, Druckmodellen u. s. w.
6) Vernachlässigung der Betriebsvorschriften und anbefohlenen Vorsichtsmassregeln.

§ 10.

Die Vergehen gegen diese Verordnungen können, abgesehen von etwaigem Schadenersatz, mit Bussen bis auf die Hälfte eines Taglohnes belegt werden, deren Ertrag in die eigene Hülfskasse der Arbeiter fällt.

§ 11.

Lohnabzüge für verdorbene Stoffe oder fehlerhafte Arbeit fallen dem Fabrikbesitzer zu.

§ 12.

Sämmtliche Arbeiter sind den ihnen vorgesetzten Meistern untergeordnet und daher verpflichtet, denselben in Allem, was den Fabrikbetrieb beschlägt, Folge zu leisten. Dagegen sind auch die Aufseher verpflichtet, sich gegen ihre Untergebenen mit Anstand und Gerechtigkeit zu benehmen. Sollte ein Arbeiter in dieser Beziehung Klage zu führen im Falle sein, so hat er sich an die Fabrikbesitzer selbst zu wenden.

§ 13.

Die Aufseher sind angewiesen und verpflichtet, auf pünktliche Befolgung dieser Fabrikordnung zu achten, die Zuwiderhandlungen nach Vorschrift anzuzeigen und zur Strafe zu bringen. — Gegenüber dem Fabrikbesitzer sind sie für getreue Erfüllung ihrer Pflichten persönlich verantwortlich.

§ 14.

Jeder Unfall, der einem Arbeiter begegnet, soll von diesem oder den Mitarbeitern sofort dem Aufseher angezeigt und von Letzterm im Comptoir angemeldet werden.

§ 15.

Die Löhnung wird mit jedem einzelnen Arbeiter vereinbart oder durch Tarife festgestellt. Die Auszahlung des Lohnes erfolgt alle 4 Wochen und es darf am Zahltage nicht mehr als ein Wochenlohn ausstehen bleiben.

§ 16.

Wenn ein Arbeiter ohne die in § 4 vorgeschriebene Kündigung seinen Austritt nimmt, so ist der Arbeitgeber berechtigt, ihm den letzten Wochenlohn für so lange inne zu behalten, bis allfällige Streitigkeiten hierüber im Sinne von Artikel 9 des Fabrikgesetzes endgültig erledigt sein werden.

§ 17.

Der Fabrikbesitzer ist zur augenblicklichen Entlassung des Arbeiters berechtigt, wenn sich dieser zu Ausführung der ihm übertragenen Arbeit unfähig zeigt, sowie wenn er sich das eine oder andere der nachstehenden Vergehen zu Schulden kommen lässt:
1) Diebstahl oder Untreue.
2) Vergehen gegen die Sittlichkeit, oder Betrunkenheit im Fabrikgebäude;
3) Auflehnung gegen die Fabrikordnung.
4) Gewaltthätiges Verhindern der Mitarbeiter an der Arbeit.
5) Absichtliche oder bedeutende Schädigung des anvertrauten Arbeitsgeräthes, oder Stoffes, sowie überhaupt am Eigenthum des Fabrikbesitzers.

Dagegen ist der Arbeiter, zufolge § 9 des Fabrikgesetzes zu einseitigem, sofortigem Austritt befugt, wenn der Fabrikbesitzer eine ungesetzliche oder vertragswidrige Behandlung des Arbeiters verschuldet oder zugelassen hat.

§ 18.

Für die Kranken- und Unterstützungskassen sind die betreffenden Statuten massgebend, insoweit durch dieselben die Arbeiter zum Eintritt verpflichtet werden können.

§ 19.

Frauenspersonen, welche ihrer Niederkunft entgegen gehen, haben die Fabrikarbeit rechtzeitig zu verlassen. Ihr Wiedereintritt ist an den Ausweis geknüpft, dass seit ihrer Niederkunft wenigstens 6 Wochen verflossen sind und dass sie im Ganzen während 8 Wochen nicht mehr in der Fabrik beschäftigt waren.

§ 20.

Kinder und junge Leute haben sich über ihr erfülltes 14tes resp. 18tes Altersjahr durch ein amtliches Zeugniss auszuweisen.

§ 21.

Jedem Arbeiter wird beim Eintritt ein gedrucktes Exemplar der Fabrikordnung eingehändigt und erklärt er sich durch deren Annahme mit dem Inhalt derselben einverstanden.

Ausserdem wird diese Fabrikordnung in den Arbeitssäalen angeschlagen.

Ennenda, 23. März 1878.

Barth. Jenny & Cie.

Ratifizirt von der Standeskommission.

Glarus, den 3. Mai 1878.

(L. S.)

Der Rathsschreiber:
M. Kundert.

24 Die Fabrikarbeiter gründen zum Teil mit Unterstützung der Fabrikanten Kranken- und Alterskassen wie auch Konsumvereine, um die Lebensmittel günstig erwerben zu können. Diese Kassen gingen aus ehemaligen Reisekassen hervor, wie sie im Handwerkermilieu für die umherwandernden Gesellen üblich waren

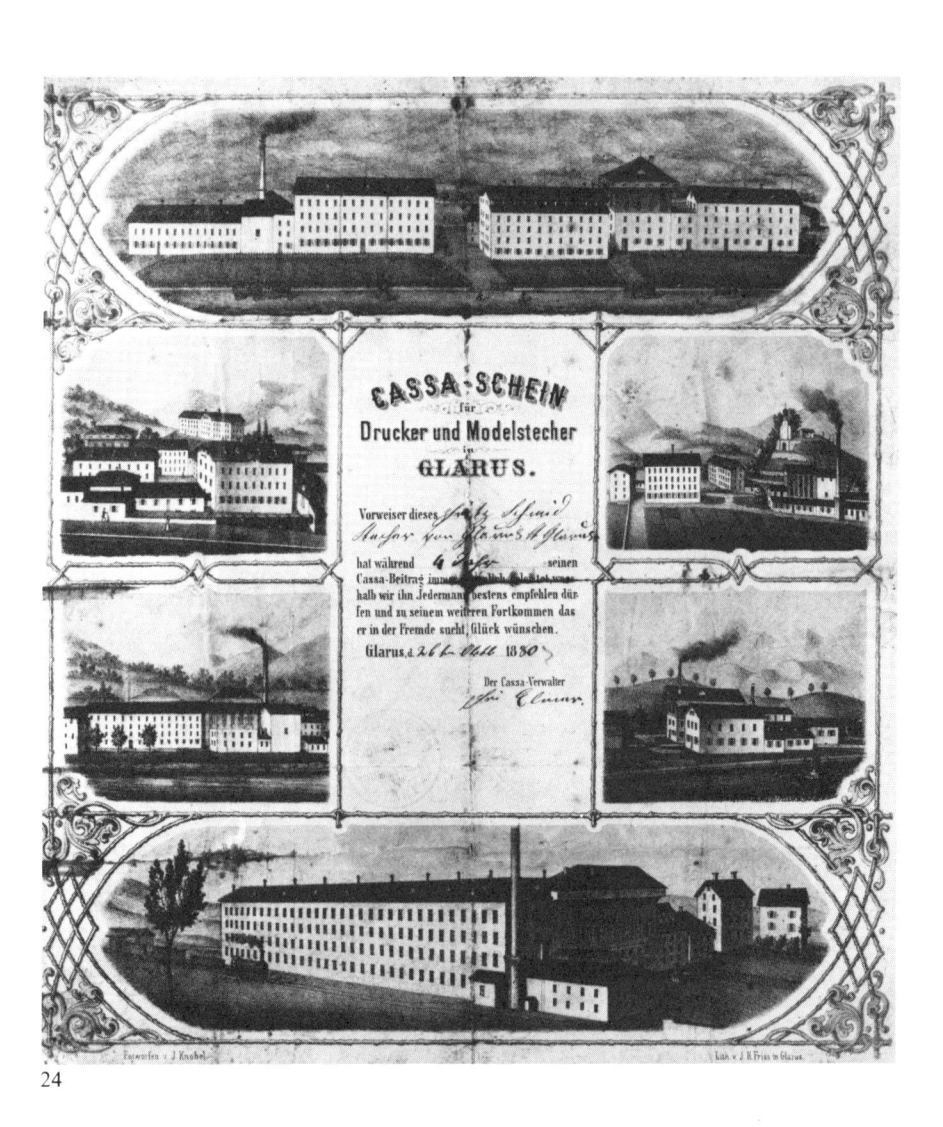

Die Arbeitsleistung der Handlanger steht stärker unter Aufsicht und Kontrolle der Meister als diejenige der Handdrucker und Stecher. Um kleinere Arbeitsgruppen der Handlanger rigoros zu kontrollieren, ist die Aufsicht über sie auf mehrere Meister verteilt. Die Handlanger werden im Taglohn und nach Anzahl Überstunden bezahlt, die Bemessung ihres Lohnes richtet sich nach der Zeit. Es liegt im Interesse des Unternehmers, daß der Handlanger während der bezahlten Arbeitszeit auch intensiv arbeitet und daß er pünktlich am Arbeitsplatz erscheint. Die Arbeitsleistung der Handdrucker und der Stecher wird dagegen durch das Akkordlohnsystem garantiert, deshalb unterstehen sie nur wenigen Meistern. Die Meister besitzen durch die Arbeitsüberwachung und die Arbeitsverteilung an Handlanger, Handdrucker und Stecher eine einflußreiche Stellung, die sie auch außerhalb des Fabrikbetriebes ausnützen: «Ein sehr fataler Nebenerwerb mancher Meister oder Aufseher sind die Wirthschaften oder Kramläden derselben, zu deren Besuch der Arbeiter durch die Abhängigkeit von seinen Vorgesetzten mehr oder minder genöthigt ist.»[29]

Disziplinierungsmittel für Zuspätkommen oder Wegbleiben von der Arbeit sind meist Geldstrafen, aber auch Androhung von Entlassung oder Aussperrung für einige Tage. Eine Buße für Zuspätkommen kann bis zur Hälfte des Taglohns eines Fabrikarbeiters betragen. Die Glarner Unternehmer ergreifen auch gemeinsam disziplinierende Maßnahmen, um die Arbeiter am häufigen Wechseln der Arbeitsstelle zu hindern. Beispielsweise vereinbaren die Fabrikanten des Großtals in den 1860er Jahren, keinen Arbeiter anzustellen, der aus einer anderen Fabrik ohne Kündigung weggelaufen ist.[30]

Das Fabriksystem diszipliniert den Arbeiter; er muß sich in die Betriebshierarchie einordnen, sich der Ordnung der Fabrik unterwerfen und sich anpassen. Die Fabrik formt sich nicht nur physisch ihre Menschen, wie das vorher beschriebene Bild der Handdrucker verdeutlichte, sondern prägt auch ihre Verhaltensweisen: Der Fabrikarbeiter wird zur Pünktlichkeit, zum regelmäßigen Erscheinen am Arbeitsplatz wie auch zur konstanten Arbeitsleistung erzogen.

Sonntags: Lebenslust und Übermut

Am Sonntag entlädt sich die während der Woche aufgestaute Energie und Lebenslust, welche in der Fabrik unterdrückt und diszipliniert wird. «Wenn sie sich müde gearbeitet haben, und am Sonntag ein Glas getrunken, gerathen sie [die Fabrikarbeiter] aneinander, tanzen und stampfen, als wären sie alle wohl ausgeruthe Leute und könnten noch so aus einem Überschuß von Kraft, aus Übermuth und Fülle heraus tanzen und stampfen. Nein sie thun es nicht aus einem Überschuß von Kraft;

sie thun es aus Maschinenkraft, aus Fabrikschwäche heraus, aus Kaffee und Brod manchmal.»[31] Auf diese Weise erklärt der Glarner Pfarrer Becker den lebensintensiven Sonntag der Fabrikarbeiter.

Der Sonntag ist vor allem für die Fabrikarbeiterin nicht nur Zerstreuungs- und Ruhetag: Mütter und ältere Töchter bringen den Sonntagvormittag mit Putzen, Aufräumen, Nähen, Flicken und Waschen zu. Sie erledigen jene Hausarbeiten, für die sie unter der Woche keine Zeit fanden.

Am Sonntagnachmittag gehen die Fabrikarbeiter ins Freie oder ins Wirtshaus. Sie kleiden sich nach neustem Modeschrei, während sie unter der Woche einfachste Kleider tragen. «Blicken wir an Sonn- und Festtagen auf die stark bevölkerten Straßen: so sehen wir fast überall keine Noth, wohl aber große Kleiderpracht und hoffärthiges Wesen. Da überbieten die armen Arbeiter oft im köstlichen Tuch den Reichen, und Frauen und Mädchen, die kein ganzes Hemd auf dem Leibe tragen, spreizen sich wie vornehme Damen, so daß Wohlhabende neben ihnen wie Knechte und Mägde erscheinen... Manchmal aber auch dampft, wenn sie heimkommen der Braten auf dem Tisch, ein Maaß vom Besten steht daneben, und draußen in der Küche sprodelt's und brodelt's lustig, wie in einer Fürstenküche. Warum? Gestern war Zahltag. Geht's nun heute hoch zu, so wird's Morgen umso schmälere Bissen setzen, und wie die Woche mit Wein und Braten begann, wird sie mit Erdäpfel und Wasser enden.»[32] Der Sonntag wird zum eigentlichen Kompensationstag der Fabrikarbeiter: Häusliche Arbeiten, die unter der Woche vernachlässigt wurden, werden erledigt; dem Bedürfnis nach schönen Kleidern wird nachgelebt, während unter der Woche auf die Kleidung keinen Wert gelegt werden kann; ein spezielles Essen wird aufgetischt, meist Fleisch, das unter der Woche selten oder nie auf den Tisch kommt. Auch die während der Werktage vernachlässigte Elternliebe wird am Sonntag nachgeholt. Fabrikinspektor Schuler beschreibt die sonntägliche Kinderliebe in einer Glarner Fabrikarbeiterfamilie folgendermaßen: «Vater und Mutter freuen sich ihres Kindes, aber ganz gewöhnlich ist es dann ihr Abgott. Sie putzen es heraus, sie füttern es mit Süßigkeiten. Nachmittags, wenn der Vater ins Wirtshaus geht, muß das Kind seinen Rappen haben, um sich Leckereien zu kaufen. Oft bekommt das Kind zu trinken, um ja recht stark zu werden! Die Kinder werden so zur Nascherei recht eigentlich gewöhnt.»[33] Die Kleinkinder werden sonntags von ihren Eltern modisch mit Hütchen, Schärpen, Handschuhen und Glanzlederschuhen gekleidet: «Die Köpfe der Kinder werden in Pelz und Wolle verwahrt, wie wenn es auf Nordpolfahrten ginge, während die Füße in dünnsten Modestiefelchen stecken und die Knie vielleicht blau und unbekleidet zwischen Hose und Strumpf hervorgukken.»[34]

Schwangerschaft und Fabrikarbeit

Hochschwangere Frauen hinter den Drucktischen gehören zum Alltagsbild der Fabrikhallen. Die glarnerischen Fabrikinspektoren und auch der sozialkritische Pfarrer Becker klagen diesen Umstand immer wieder an: «Die Weiber stehen oft am Haspel, am Drucktisch bis auf den letzten Tag. Dann gehen sie heim und bringen ein Kind sehr oft zu früh.»[35] Das glarnerische Fabrikgesetz von 1864 hält zwar fest: «Frauenspersonen sollen vor und nach ihrer Niederkunft im ganzen während 6 Wochen nicht arbeiten in der Fabrik.»[36] Diese sechs Wochen werden jedoch von den Frauen oft vor der Entbindung freigenommen, und wenige Tage nach der Geburt arbeiten die Mütter bereits wieder in der Fabrik.[37] Die Zahl der Totgeborenen wie auch die Kindersterblichkeit sind bei den Fabrikarbeitern im Glarnerland sehr bedeutend höher als in den übrigen Bevölkerungsschichten: 8,2% der Geborenen im Zeitraum 1870 bis 1872 kommen tot auf die Welt, und 28,5% der Fabrikkin-

26

der sterben im ersten Altersjahr. Dagegen werden bei den wohlhabenden Schichten im Glarnerland 0,97% der Kinder tot geboren und 12,63% sterben im ersten Altersjahr.[38] «Das neugeborene Kind kommt selten an die Mutterbrust, denn nach zwei bis drei Wochen würde das Säugen doch wieder aufhören müssen, wenn die Mutter ihrer Arbeit nachgeht, wenn sie sogar riskieren muß, eine mit giftigen Farbstoffen besudelte Brust ihrem Sprößling zu reichen.»[39] Aus ökonomischen Gründen sind die Frauen gezwungen, als Schwangere oder Wöchnerinnen in der Fabrik zu arbeiten. «Die Wöchnerinnen [werden] in der Regel nur durch Armuth ... zu früh wieder in die Fabrik getrieben.»[40] «Mehrfach vernehmen wir [die Fabrikinspektoren], daß alle möglichen Mittel, Bitten bei den Fabrikanten um Erlaubnis zum Fortarbeiten, Übertreten in eine andere Fabrik nach der Niederkunft und Vorgaben, man sei von derselben 6 Wochen aus der Fabrik geblieben, versucht werden, um die Gesetzesvorschriften zu umgehen.»[41]

Die Kinder der Fabrikarbeiter

Die Säuglinge der Fabrikarbeiterinnen werden während der Arbeitszeit der Großmutter, einem älteren Geschwister oder einer Gäumerin anvertraut. Die Gäumerin erhält dafür einen Lohn. «Die junge Mutter muß nach wenigen Wochen [nach der Geburt] wieder dem Verdienst nachgehen; vom Stillen des Kindes keine Rede; das schickt sich nicht zur Fabrikarbeit, bei der man den ganzen Tag von zu Hause weg ist und ist auch nicht Sache solcher bleichen, schwachen Müttern. Das Kind wird jemandem übergeben, jemand der zu anderer Arbeit und anderem Erwerb nicht mehr taugt, denn es herrscht die Meinung, wenn man zu nichts mehr etwas werth sei, so sei man doch gut genug zur Verpflegung und Erziehung von Kindern.»[42] Die Gäumerin ist oft sehr alt oder invalid und hat kaum die Kraft, die Kleinkinder zu pflegen und zu versorgen. «Ist die Pflegerin gutmütig, freut sich über das Gedeihen der Pfleglinge, so sucht sie diese Anteilnahme durch möglichstes Vollstopfen und Mästen recht augenfällig zu machen, sie begnügt sich nicht nur Milch zu reichen, da Mehlbrei und Milchsuppe ‹mehr Kraft› geben.»[43] Auch die Eltern verwöhnen das Kleinkind, wenn sie abends nach Hause kommen, und kompensieren die mangelnde Zeit für das Kind mit Süßigkeiten. «Offenbart sich dann noch die Liebe der ihre Kleinen abholenden Eltern im Mitbringen von Süßigkeiten, so ist wirklich alles geschehen, um die Ernährungsweise zu einer möglichst nachtheiligen zu machen.»[44] Manchmal finden die Fabrikarbeiterinnen keinen anderen Ausweg zur Beaufsichtigung des Kleinkindes, als es zur Arbeit mitzunehmen. So bringen die Kleinkinder ganze Tage unter dem Drucktisch zu. In den Fabrikordnungen wird zwar das Mitbringen von Kindern verboten, doch die Frauen finden immer wieder Wege, diese Verbote zu umgehen. «Ein fataler Übelstand ist in manchen Fabriken, daß ganz kleine Kinder hereinkommen und oft halbe Tage darin zubringen. Wie unzuträglich es für dieselben ist, liegt auf der Hand. Die Kinder werden auch von den Fabrikanten ungern gesehen, müssen aber oft aus Rücksicht auf die Eltern geduldet werden, die sonst ebenfalls die Fabrik verlassen würden.»[45]

Die räumliche und zeitliche Trennung durch die Fabrikindustrie in Arbeits- und Wohnstätte, in Arbeitszeit und Freizeit prägt das Kinderleben. Falls beide Elternteile in der Fabrik arbeiten, wächst das Kind zu einem großen Teil der Zeit ohne elterliche Aufsicht auf. So sehen die Kinder ihre Eltern nur kurz während den Mahlzeiten und dann erst wieder abends, wenn die Eltern von der Arbeit müde sind.

Familie im Umbruch

Durch die Fabrikindustrie wird die Familie als Produktionsgemeinschaft, wie sie bei Bauern und Heimarbeitern üblich ist, auseinandergerissen. Neue Formen der Beziehungen zwischen Ehemann und Ehefrau wie auch zwischen Eltern und Kindern ergeben sich, die Autoritätsverhältnisse werden verändert.

Mit der außerhäuslichen Erwerbstätigkeit der Frau ergeben sich Konflikte zwischen den Eheleuten. Die Scheidungsquote ist im industrialisierten Glarnerland, verglichen mit der übrigen Schweiz, relativ groß: In der zweiten Hälfte des 19. Jahrhunderts steht der Kanton Glarus gesamtschweizerisch bezüglich der Scheidungshäufigkeit der einzelnen Kantone an vierter Stelle.[46] In den Scheidungsprozessen von Druckereiarbeitern werfen die Frauen ihren Ehemännern in den meisten Fällen «Trunksucht und Wirtshausleben» vor. Diese Ehefrauen werden von ihren Ehemännern oft physisch mißhandelt und verlassen deshalb die gemeinschaftliche Wohnung. So lautet der typische Anklagepunkt einer Ehefrau gegen ihren Gatten, einen Drucker: «daß der Beklagte sich wiederholter Mißhandlungen und lebensgefährlicher Drohung gegenüber der Klägerin, sowie der habituellen Trunksucht schuldig gemacht.»[47] Die Ehemänner ihrerseits meinen: «Wir gingen auch weniger ins Wirtshaus, wenn wir ein anderes Weib hätten, aber wir haben danach ein Weib.»[48] Häufig beschuldigen die Druckereiarbeiter ihre Frauen vor dem Ehegericht der «Hoffarth», des Schuldenmachens und der Vorenthaltung ihres Verdienstes. Die Rolle der Frau wird durch die Fabrikarbeit verändert: besonders dadurch, daß sie als Fabrikarbeiterin einen eigenen Zahltag unabhängig von ihrem Gatten erhält. Auch in der Landwirtschaft und in der Heimindustrie arbeitet die Frau, doch ist die Arbeit von Mann und Frau gemeinsam, die Frau wird nicht eigenständig entlöhnt. In der Fabrikindustrie pocht jedoch der Mann immer noch auf das Recht über den Verdienst seiner Ehefrau. Der eigene Barverdienst schmälert das Autoritätsverhältnis des Mannes über die Frau und verkleinert ihre Abhängigkeit vom Mann. Ihr Verdienst, der zwar meist kleiner als derjenige des Mannes ist und weniger kontinuierlich fließt, da er bei Schwangerschaft teilweise ausfällt, setzt sie doch in eine stärkere Position gegenüber dem Mann. Die Fabrikarbeiterin besitzt auch ohne Ehemann eine ökonomische Grundlage.

Die außerhäusliche Aktivität der Fabrikarbeiterin eröffnet ihr neue Kontakt- und Kommunikationsmöglichkeiten. «In der Fabrik ist man nicht so allein, wie in dem stillen Heiligthum des Hauses. Da ist man bei vielen Leuten, hört Allerhand, sieht Allerhand.»[49] Dies stellt der Glarner Zeitgenosse Pfarrer Becker fest. Neben der bezahlten Fabrikarbeit verrichten die Fabrikarbeiterinnen auch die unbezahlte Hausarbeit. Dieser Doppelbelastung von Haushalt und Fabrikarbeit

27 Arbeiter und Angestellte der Firma Gebr. Blumer, Druckerei im Wyden, Schwanden, Ende 19. Jahrhundert
Nach Jahrzehnten des wirtschaftlichen Niedergangs ist die Belegschaft zu diesem Zeitpunkt überaltert; üblicherweise betrug der Anteil der Fabrikkinder zwischen 5 und 25 Prozent der gesamten Belegschaft.

sind viele Frauen nicht gewachsen. Die Ehemänner beklagen sich über die Vernachlässigung des Haushalts: «Die Frau besorge das Hauswesen unverständig und nachlässig»,[50] so beschwert sich ein Drucker vor dem Ehegericht über seine berufstätige Ehefrau.

Ähnlich wie der autonome Frauenverdienst die traditionellen Autoritätsverhältnisse zwischen Mann und Frau verändert, so stellt auch der frühe Verdienst der Fabrikkinder die elterliche Autorität in Frage: Die Kinder gewinnen an Unabhängigkeit und Selbstbewußtsein gegenüber ihren Eltern. Sie können sich früher von ihrem Elternhaus lösen und einen eigenen Hausstand gründen.

Durch die Fabrikarbeit von Frau und Kind geraten in der Familie hergebrachte Rollen und Abhängigkeiten ins Wanken, die väterliche Autorität mit ihrer individuellen Befehlsgewalt über Ehefrau und Kinder wird geschmälert. Doch tritt an ihre Stelle die Unterwerfung unter die institutionelle Befehlsgewalt der Fabrik. In der Befehlshierarchie und in der Lohnpyramide der paternalistischen Fabrik werden die hierarchischen Verhältnisse der Familie übernommen: Den Fabrikkindern bleibt der unterste Rang zugewiesen, gefolgt von den Fabrikarbeiterinnen.

1 Topographische Karte von Wild um 1850. Die Karte zeigt die Siedlungsverhältnisse am Aabach um die Jahrhundertmitte; die Standorte der Spinnereien sind durch Kreise gekennzeichnet.

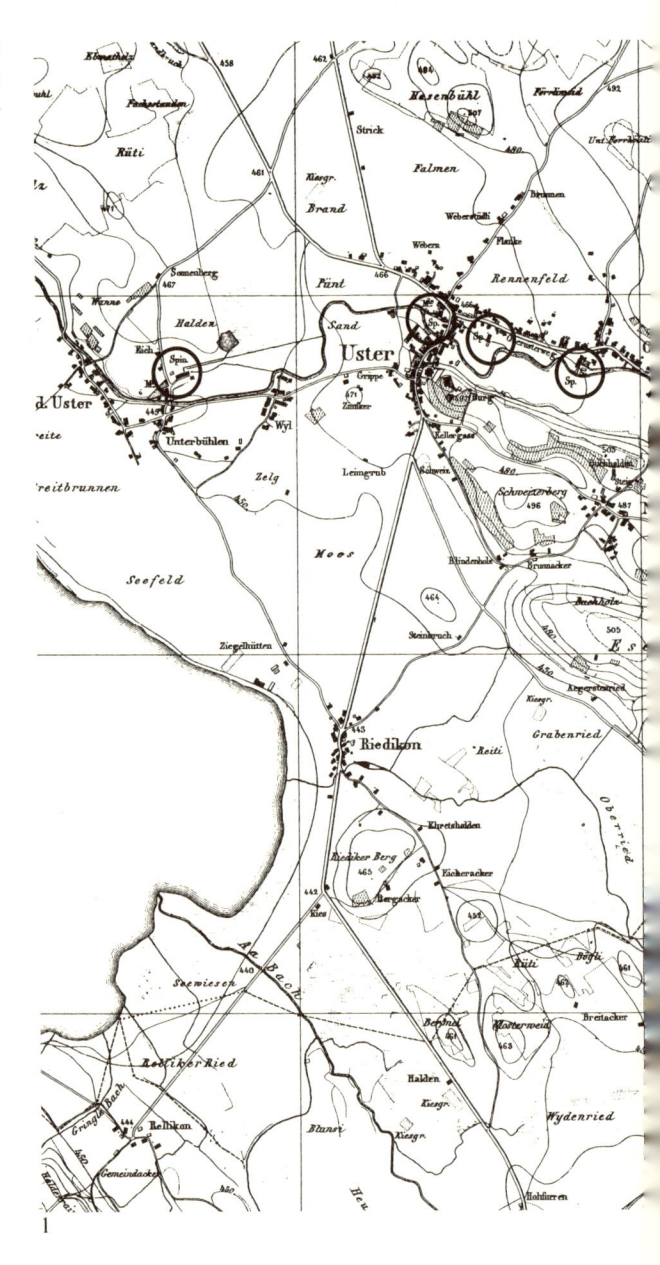

Alltag der «Fabriklerkinder» am «Millionenbach»

Aspekte proletarischer Kindheit und Jugend von Textilarbeitern im 19. Jahrhundert.

Max Lemmenmeier

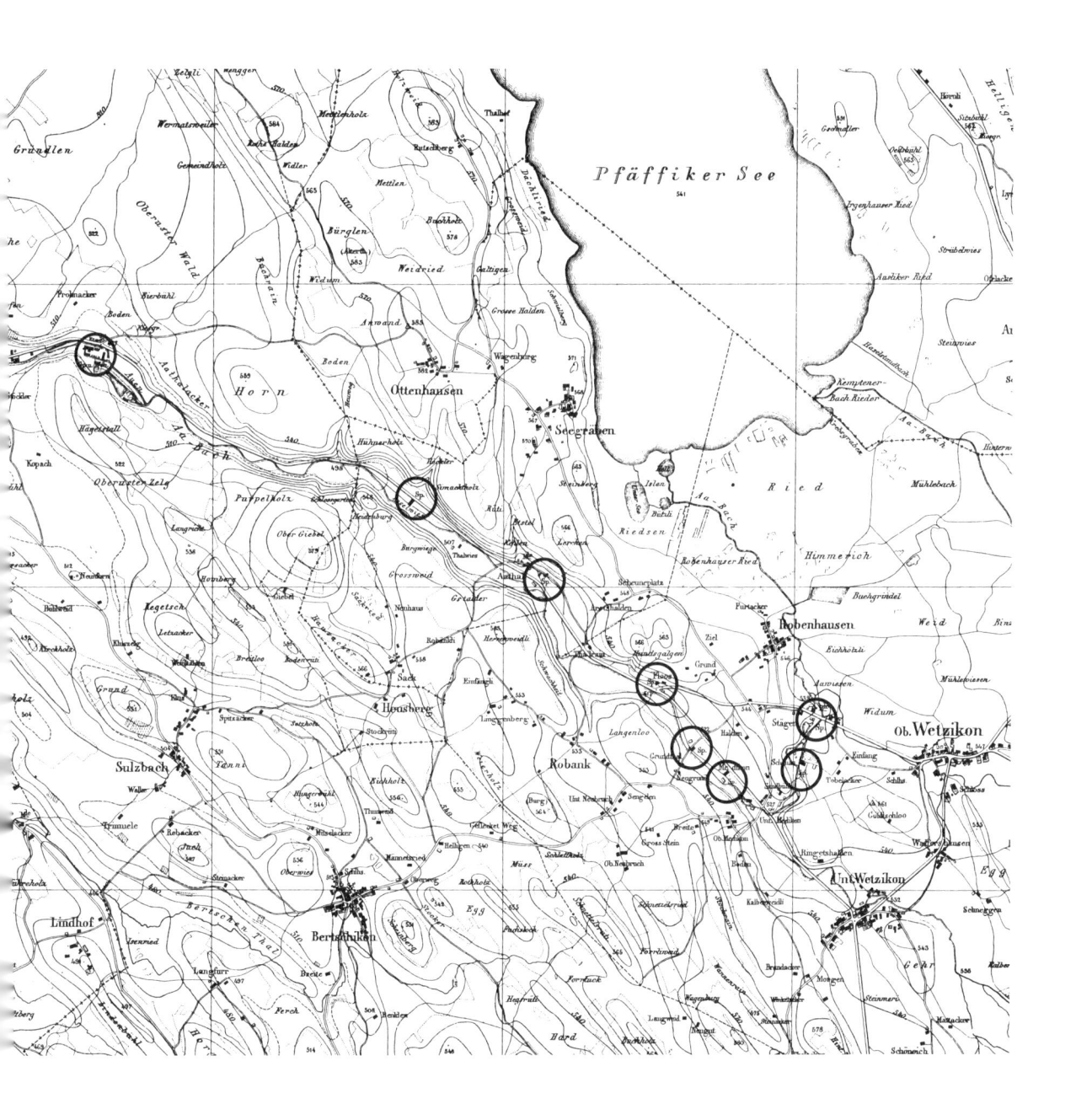

Die folgende Untersuchung leistet einen Beitrag zu einer historischen Rekonstruktion des «sozialen Kindseins» im 19. Jahrhundert. Am Beispiel einer schweizerischen Region sollen im folgenden Ausgestaltung und Wandel proletarischen Kinderlebens in der Industrialisierung analysiert werden. Wir fragen, welchen Bedingungen und Mechanismen die Sozialisation von Arbeiterkindern in Familie und Fabrik unterlag und wie sich ihre Arbeits- und Existenzverhältnisse im Verlaufe fortschreitender Industrialisierung veränderten. Wie weit wurden im Rahmen ökonomischer und sozialer Entwicklungen physische Belastungen, Angst und soziale Diskriminierung abgebaut und individuelle Entfaltungsmöglichkeiten und Lebenschancen proletarischer Kinder erhöht? In welchem Maße schränkten die zunehmende Freisetzung aus dem Arbeitsprozeß und die längere Ausbildungszeit Freiräume und Bedürfnisbefriedigungen ein? Da sich die regionale Fabrikindustrialisierung in einem ehemals heimindustriellen Gebiet vollzog, werden wir teilweise die spezifische Gestalt des Alltags von Fabrikkindern im Unterschied zum Schicksal Heranwachsender in hausindustriellen Familienwirtschaften herausarbeiten. Unsere Untersuchungsregion umfaßt die drei zürcherischen Gemeinden Uster, Seegräben und Wetzikon. Dieses Gebiet am Aabach, der Wasserverbindung zwischen Pfäffikersee und Greifensee, wurde im 19. Jahrhundert durch die mechanische Baumwollspinnerei beherrscht. Wir widmen uns im folgenden vorwiegend der Sozialisation der Kinder in Familien von Spinnereiarbeitern und können unsere Aussagen nur begrenzt für die Situation der gesamten lohnabhängigen Arbeiterklasse verallgemeinern. Ausgangspunkt der Arbeit bildet ein kurzer Abriß der fabrikindustriellen Entwicklung in der untersuchten Region seit dem Ende des 18. Jahrhunderts. Im Ablauf der Lebensaltersphasen werden wir anschließend folgende Themenkreise aufgreifen: Pflege und Betreuung im Säuglingsalter, familiäre Sozialisation, Integration in den fabrikindustriellen Arbeitsprozeß, Tätigkeit und Herrschaftsordnung in der Fabrik, Geselligkeit und Partnerwahl.

Entstehung und Expansion der Fabrikdörfer: Der «Millionenbach»

Bereits im 18. Jahrhundert erfuhren große Teile des Kantons Zürich eine umfangreiche heimindustrielle Entwicklung. 1787 arbeiteten am Aabach rund 60% der Erwerbstätigen in der verlagsmäßig organisierten Baumwollindustrie.[1] Getragen von einem selbstbewußten ländlichen Unternehmertum, setzte seit Beginn des 19. Jahrhunderts eine frühe und strukturbestimmende Fabrikindustrialisierung ein. Um die

2

Jahrhundertmitte nutzten 15 mittlere und große Baumwollspinnereien die Wasserkraft des 8 km langen Flußlaufes. Der Anteil der Fabrikarbeiter an der Gesamtzahl der Erwerbstätigen lag bereits höher als in der ganzen Schweiz um 1910. Die Baumwollfabriken dominierten das Siedlungsbild; die Spinnereiarbeiter prägten die Sozialstruktur der expandierenden Fabrikdörfer.[2]

In der zweiten Hälfte des 19. Jahrhunderts entwickelten sich weitere Industriezweige, wie die Seidenspinnerei, die Baumwollweberei, die Seidenweberei und der Maschinenbau. Die Baumwollspinnereien beherrschten aber nach wie vor das Bild der ländlichen Siedlungen. In den elf Spinnereien am Aabach standen zu Beginn des 20. Jahrhunderts rund 12% aller schweizerischen Baumwollspindeln in Betrieb.

Die ungewöhnliche Häufung von Fabriken entlang einer so kurzen und unscheinbaren Flußstrecke trug dem Aabach im Volksmund die überschwengliche Bezeichnung «Millionenbach» ein.[3] In krassem Gegensatz zum «millionenfachen» Reichtum der Fabrikorte, der sich in einer Vielzahl von großen Fabrikbauten und prachtvollen Fabrikantenvil-

2 Gemeinde Uster, Baumwollspinnerei Kunz, 1824 erbaut.
3 Oberaathal nach einem alten Stich.
4 Spinnerei Heußer-Staub in Uster (Briefkopf).
5 Spinnereigebäude Unteraathal.

Alltag der «Fabriklerkinder» am «Millionenbach» 124

6 Siegfriedkarte 1881: Die Spinnereibetriebe sind durch Kreise gekennzeichnet.
7 Flugbild von Oberuster 1922. Links oben am äußersten Ende des Bildes erkennt man die Spinnerei Heußer-Staub (ehemals Kunz), dann folgt eine Reihe von Arbeiterwohnhäusern (sogenannter Eisenbahnzug), darunter links eine Seidenweberei, rechts daneben die Baumwollspinnerei Huber.

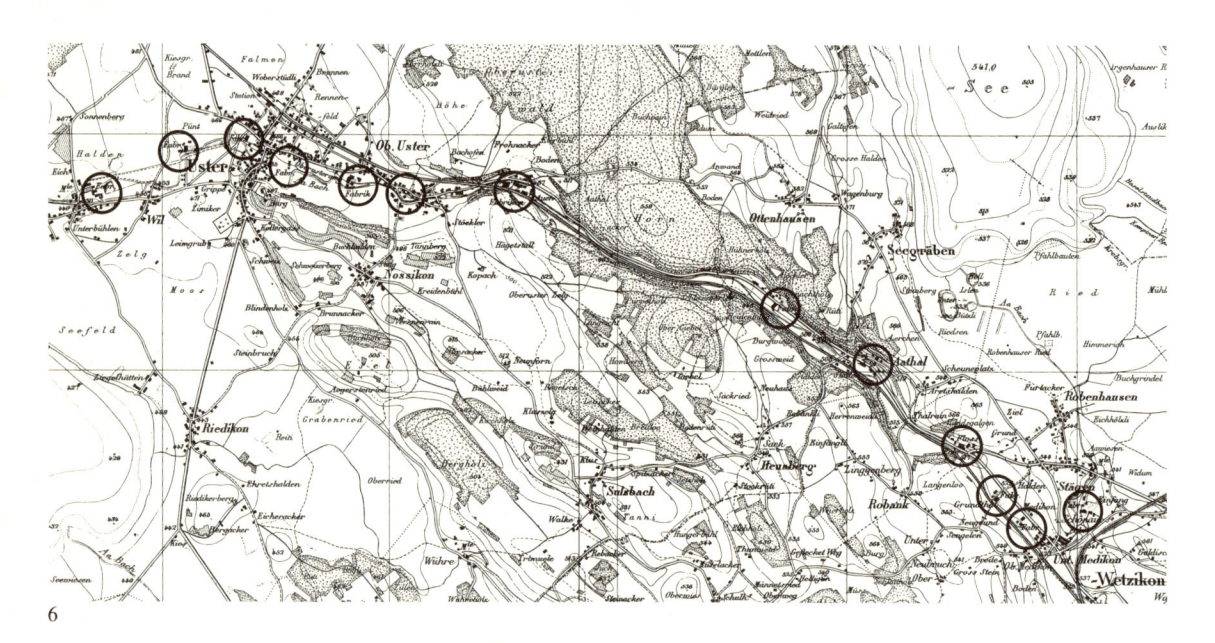

Fabriken am Aabach: «A l'est de Zurich, Wald, Uster, sont des centres importants de fabrication; le ruisseau de l'Aa, qui n'a guère plus de 3 mètres en largeur et qui n'a pas même 100 mètres de chute, au lac de Pfäffikon au Greifensee, sur une longueur totale d'environ 8 kilomètres, est si bien utilisé par les trente usines de ses bords qu'on a lui donné en langage populaire le nom de ‹ruisseau des Milions›.» (Elisé Reclus, Nouvelle Géographie universelle III, Paris 1884, S. 106).
Fabriken:
8 Kunz, Oberuster 1832,
9 Zangger, Uster 1825.

8

9

len wohlgefällig zur Schau stellte, standen die Arbeits- und Lebensverhältnisse der lohnabhängigen Fabrikproletarier. Löhne am Existenzminimum, überlange Arbeitszeit abwechselnd mit Arbeitslosigkeit, fehlende soziale Sicherung und gesellschaftliche Deklassierung kennzeichneten den Alltag der Spinnereiarbeiter im 19. Jahrhundert. Untrennbar mit der Not der Eltern verknüpft war das Los der Kinder.

Geburt und Frühkindheit: Viele starben

Das Elend der Spinnereiarbeiterkinder begann mit ihrer Geburt. Während des gesamten 19. Jahrhunderts erzwang die kärgliche materielle Existenz der «Fabriklerfamilien» die regelmäßige Lohnarbeit beider Elternteile. Noch um 1900 arbeiteten am «Millionenbach» über 50% der Spinnereiarbeiterfrauen 11 Stunden in der Fabrik.[3a] Um die Pflege von Kleinkindern trotz mütterlicher Erwerbsarbeit zu gewährlei-

Unternehmervillen am «Millionenbach».
Villen der Spinnereifabrikanten:
10 Zangger (1874).
11 Heußer-Staub (1917).

12 Eintragung ins Geburtsregister Uster vom 31.5.1877. Am Rande ist das Todesdatum des Kindes eingetragen.

sten, schlugen die Arbeiterfamilien in der Regel zwei unterschiedliche Lösungswege ein.

Eine erste Möglichkeit bot der Rückgriff auf die bis zu Beginn des 20. Jahrhunderts weit verbreiteten heimindustriellen Beschäftigungen (Seidenweben, Spulen, Stückputzen usw.). So berichtet der Fabrikdichter Brandenberger: «Notgedrängt wegen anwachsender Familie, versuchte ich im Frühjahr 1868 meiner Frau in meiner Heimatgemeinde das Handweben zu erlernen, damit sie bei den Kindern zu Hause bleiben könne.»[4] Durch die familienwirtschaftliche Einheit von Arbeiten und Wohnen konnte die Arbeiterfrau sowohl das Kleinkind einigermaßen versorgen als auch den notwendigen Beitrag zum familiären Gesamteinkommen leisten.

In den meisten anderen Fällen gingen die werdenden Mütter bis kurz vor ihrer Niederkunft in die Fabrik. «Sogleich nach dem Wochenbette» kehrten sie wieder an den angestammten Arbeitsplatz zurück.[5] Die Betreuung des Neugeborenen übernahm entweder eine im selben Haushalt wohnende verwandte Person (Großmutter, Tante usw.) oder eine dort beschäftigte Magd. Zum Teil brachten die Arbeiterfrauen ihre Kleinen auch gegen ein bescheidenes Kostgeld bei Pflegeeltern unter.[6] Als Folge der kurzfristigen Wiederaufnahme außerhäuslicher Fabrikarbeit wurde die im bäuerlich-heimgewerblichen Milieu des 18. Jahrhunderts übliche Stillzeit von 6–12 Monaten rigoros verkürzt.[7] Nach der raschen Entwöhnung von der Brust verwendete man Milch und schwerverdauliche Mehlbreie als Nahrung.[8] Armut und große Arbeitsbelastung der Mütter, rasche Entwöhnung und ungeeignete Ernährung der Säuglinge – Otto Rühle nannte es den Tod aus der Milchflasche – wirkten sich verheerend auf die Lebenschancen der Neugeborenen aus.[9] Vor 1880 starben in den Spinnereiarbeiterfamilien aus der Gemeinde Uster 23% der lebendgeborenen Kinder bereits im ersten Lebensjahr wieder.[10] Im Vergleich zu anderen Bevölkerungsschichten waren die Überlebenschancen der Spinnerkinder sehr viel schlechter. In ländlichen Gebieten der Schweiz lag die Säuglingssterblichkeit in den 1870er Jahren bei 14%.[11] Bis gegen Ende des 19. Jahrhunderts starb jedes vierte Arbeiterkind, aber nur jedes siebte Kind wohlhabender Eltern, bevor es sein erstes Lebensjahr vollendet hatte.[12] Einschränkend muß allerdings festgestellt werden, daß die durchschnittliche Säuglingssterblichkeit der gesamten Bevölkerung in der Schweiz wie auch im übrigen Europa bis ins letzte Viertel des 19. Jahrhunderts hohe Werte erreichte. Bedingt durch ungenügende medizinische Kenntnisse, unzureichende Hygiene und schlechte Ernährung, starben im Durchschnitt 18–20% (heute 1%) der Säuglinge im ersten Lebensjahr wieder.[13]

Angesichts dieser Tatsache hob der Ustermer Arzt Dr. Werdmüller die hohe Kindersterblichkeit «als *den* Krebsschaden» des Fabriklebens hervor. Die Ursache dafür sah er in der «von Geburt vernachlässigten Erziehung» der Heranwachsenden.[14] Die «Vernachlässigung» der Kleinkinder ergab sich weniger aus fehlenden emotionalen Eltern-Kind-Beziehungen oder aus mangelnder elterlicher Betreuungsbereitschaft als vielmehr aus der ökonomischen Zwangslage. Solange die Einkommenssituation einen längerfristigen Verzicht auf Fraueneinkommen verunmöglichte, konnte die Spinnerfamilie die Pflege der Kleinkinder nur unter erschwerten Bedingungen selbst übernehmen. Private und staatliche Einrichtungen, wie Kinderkrippen, welche die aus der elterlichen Berufstätigkeit entstehende Versorgungslücke hätten schließen können, fehlten bis zu Beginn des 20. Jahrhunderts. Die Übertragung von Erziehungsaufgaben an familienfremde Personen – eine im ländlich-dörflichen Milieu für uneheliche, elternlose oder verwahrloste Kinder übliche Maßnahme – dokumentiert ausgeprägt den Willen der Arbeiterfamilien, die Aufzucht der Nachkommen trotz Elendsdruck im Rahmen gesellschaftlich vorgegebener Ersatzmöglichkeiten zu sichern.[15] Dieses Verhalten konstrastierte aber in hohem Maße mit Familienvorstellungen, wie sie sich in der bürgerlichen Oberschicht seit dem 18. Jahrhundert ausgebildet hatten. Für sie stellten die Liebe der Ehegatten und die Erziehung der Kinder Sinn und Zweck der Familie dar, wobei im Rahmen geschlechtsspezifischer Arbeitsteilung Haushaltführung und Kinderbetreuung der Frau zugewiesen wurden. Unter diesen Vorzeichen unterlag die in Arbeiterfamilien übliche Erwerbstätigkeit der Mütter und die dadurch bedingte Delegierung von Erziehungsaufgaben an andere Personen einer wachsenden Kritik bürgerlicher Beobachter, die darin eine augenscheinliche Vernachlässigung der Kinder sahen. Am «Millionenbach» bemühte sich der familienbewußte Pfarrherr von Uster fleißig, die «Spinnfabrikler» auf ihre Pflichtvergessenheit hinzuweisen: Neben einer allgemeinen Ermahnung «wurden aber auch beiden Gatten ihre Elternpflichten nahegelegt, welche sie aus geiziger Sparsamkeit vernachlässigen – ihre Kinder sind von ihnen in Bertschikon verkostgeldet – und sie aufgefordert, dieselben zu sich zu nehmen».[15a] Die Unterbringung in einer Pflegefamilie entsprach wohl weniger elterlichem Geiz als dem Bestreben, die Pflege der Kinder trotz angestrengter Lohnarbeit zu sichern.

Besonders erbärmlich gestaltete sich das Schicksal der außerehelich geborenen Kinder alleinstehender Arbeiterinnen. In der bürgerlichen Gesellschaft des 19. Jahrhunderts unterlagen die ledigen Mütter einer extremen sozialen Ächtung. Der sittenstrenge protestantische Pfarrer von Uster pflegte sie in seinen Protokollen regelmäßig als «Huren», «Dirnen» oder «Erzdirnen» zu bezeichnen. Bis in die 1830er Jahre taufte er die unehelichen Kinder nicht am Sonntag, sondern an einem Wochentag außerhalb des Gottesdienstes.[16] Neben die soziale Diskriminierung trat für die ledigen Spinnereiarbeiterinnen ein beinahe unlösbares ökonomisches Problem: Die Löhne in der Baumwollspinnerei, die danach fixiert waren, «was der Mensch notwendig zu seinem Lebensunterhalte braucht», reichten nicht aus, um das Kostgeld für das Kind zu erübrigen. Der unerträgliche wirtschaftliche, soziale und psychische Druck, der auf den Müttern lastete, führte zu einer hohen Sterblichkeit der Kinder. Von 12 zwischen 1835 und 1845 vor dem Bezirksgericht Uster abgewickelten Vaterschaftsprozessen von «Fabriklerinnen» erledigte sich die Hälfte durch den Tod des Kindes. In äußerster Verzweiflung trieben Not und Angst vor Schande zu Kindsaussetzung und Kindstötung. 1868 wurde die 44jährige Spinnereiarbeiterin Rosina Stoll wegen Kindsmordes zum Tode verurteilt: Sie hatte im August 1866 in der Gebäranstalt Zürich ein uneheliches Kind zur Welt gebracht. Während sie unmittelbar nach der Geburt wieder in die Spinnerei Adliswil eintrat, verkostgeldete sie ihr Kind in der Gemeinde Elgg. «Von nun an war sie auf beständiger Reise, bald in Elgg, wohin sie die Sorge um die Ernährung ihres Kindes trieb und das sie endlich in Adliswil unterbrachte. Die Verpflegungskosten überstiegen jedoch die Einnahmen und sie wurde gezwungen, ihr Kind wieder zu holen.» ... «Auf dem Weg nach Zürich», «verlassen von Jedermann», «ohne Vater für ihr Kind», «lange den Kampf der inneren Mutterliebe mit der Noth und dem kalten Hunger kämpfend», warf sie das halbjährige Kind «in die Wellen der hochgehenden Sihl.»[17]

Seit den 1880er Jahren trat eine langsame Verbesserung in den Lebensverhältnissen der Neugeborenen ein. In den Spinnerfamilien aus der Gemeinde Uster sank die Säuglingssterblichkeit auf 13%.[18] Im selben Zeitabschnitt 1880 bis 1910 starben in der ganzen Schweiz bzw. im Kanton Zürich rund 13–16% aller Lebendgeborenen im ersten Lebensjahr.[19] Das langsame Absinken der Säuglingssterblichkeit in den ländlichen Arbeiterfamilien, das weitgehend mit dem in ganz Westeuropa beobachteten Rückgang einherging, beruhte im wesentlichen auf zwei komplexen gesellschaftlichen Veränderungsprozessen:

1. Seit den 1870er Jahren wurden Infrastruktur und medizinische Versorgung langsam ausgebaut. Gleichzeitig setzte ein breiter, vorwiegend von Ärzten getragener Propagandafeldzug gegen die hohe Säuglingssterblichkeit ein. In einer umfangreichen Broschürenliteratur wur-

Alltag der «Fabriklerkinder» am «Millionenbach»

Kinderkrippen zur Betreuung der Kleinkinder während der Arbeitsabwesenheit der Mutter entstanden im ländlichen Bereich von Uster erst zu Beginn des 20. Jahrhunderts.

13 Die Kinderkrippe der Spinnerei Heußer-Staub wurde 1921 erbaut.

14 Bild aus einer Kinderkrippe in der Basler Vorstadt (1920).

15 Arbeiterinnen- und Kinderschicksal in der
«guten alten» Zeit.

> — Schwurgericht in Zürich. Sophie Messikommer, geb. Strehler von Wermatsweil, Fabrikarbeiterin in Sack-Seegräben, ist angeklagt, den 6. November 1872 vorsätzlich auf dem Abtritte ihrer Wohnung ihr uneheliches Kind dadurch getödtet zu haben, daß sie sich während der Geburt absichtlich in die Lage versetzte, daß dasselbe in den Jauchetrog fallen mußte, oder daß sie dasselbe in mit dem Geburtsafte verbundenen Zustande der Erregung, nachdem es geboren war und lebte, durch das Abtrittrohr in den Jauchetrog hinunterwarf, so daß es dort ertrank oder erstickte. Die Messikommer, welche in ihrem ganzen Wesen einen schlechten Eindruck machte, erklärte sich nicht schuldig. Die Geschwornen hingegen bejahten die Frage auf Kindsmord und der Gerichtshof verurtheilte die Beklagte zu 3 Jahren Zuchthaus und den Gerichtskosten.

15

den die Kenntnisse über richtige hygienische, ernährungsphysiologische und medizinische Betreuung der Säuglinge in der Bevölkerung verbreitet.[20] Durch die weite Rezeption elementarsten Wissens, auch in der Arbeiterbevölkerung, gingen Krankheits- und Todeshäufigkeit allmählich zurück.

2. Das erste gesamtschweizerische Arbeiterschutzgesetz, das hart umkämpfte Fabrikgesetz von 1877, verbot die Fabrikarbeit von Wöchnerinnen für insgesamt 8 Wochen vor und nach der Geburt. Der Wiedereintritt konnte frühestens 6 Wochen nach der Niederkunft erfolgen. Obwohl diese Gesetzesbestimmung infolge mangelhafter Kontrolle und ungenügender ökonomischer Absicherung (unzureichende Krankenversicherung) oft umgangen wurde, verhinderte sie längerfristig den Wiedereintritt von Arbeiterinnen unmittelbar nach der Geburt. Soweit es die langsam ansteigenden Reallöhne gestatteten, übernahmen die Arbeiterfrauen selbst Pflege und Erziehung der Kleinen. In der Gemeinde Uster widmeten sich um 1900 60% aller Frauen von Spinnereiarbeitern, welche Kinder unter 6 Jahren (Vorschulalter) versorgen mußten, ausschließlich dem Haushalt und der Kindererziehung. 16% gingen neben ihren Hausgeschäften einer heimindustriellen Tätigkeit nach. Nur noch ein Viertel arbeitete in der Fabrik und überließ die Betreuung der Kleinen anderen Personen.[21] Das Ausscheiden aus der Fabrik beschränkte sich aber auch jetzt nur auf die Säuglings- und Kleinkinderzeit. Sobald die Heranwachsenden einigermaßen sich selbst überlassen werden konnten, erzwang die angespannte ökonomische Lage wieder mütterliche Erwerbsarbeit. Mit der vorübergehenden Herauslösung der «Spinnfabriklerin» aus dem Produktionsprozeß glich sich die Sozialisation der Arbei-

16 In einem breit angelegten Propagandafeldzug wurden am Ende des 19. Jahrhunderts die grundlegenden Kenntnisse über die ausreichende medizinische, hygienische und ernährungsphysiologische Betreuung der Kleinkinder verbreitet. Die vorliegende Broschüre des Zürcher Arztes Gustav Custer erschien in mehreren Auflagen und wurde in großem Stile durch Behörden und Organisationen verteilt.

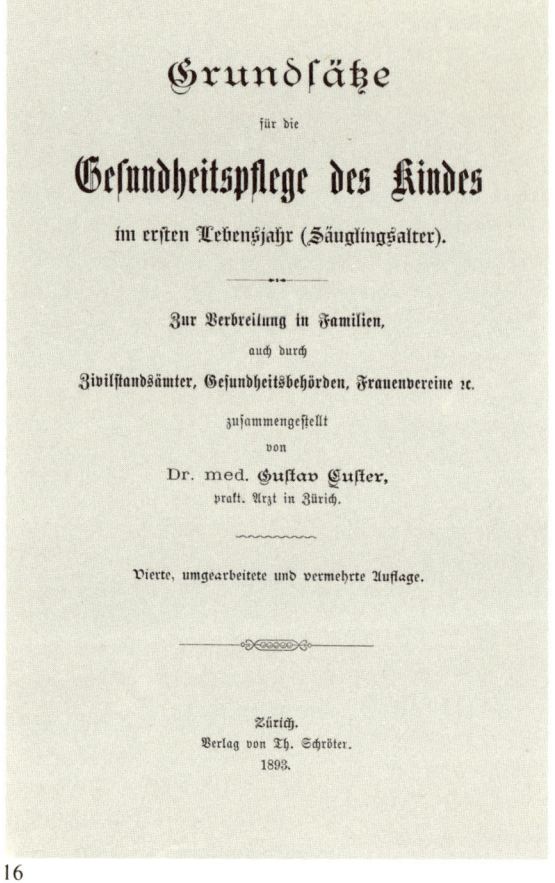

terkinder zunehmend an bürgerliche Vorbilder an. Ihre Erziehung erfolgte in der angestammten Kleinfamilie und oblag zusammen mit der Haushaltführung ausschließlich den Müttern. Väter und familienfremde Personen traten als Erzieher in den Hintergrund.

Sozialisation in Familie und dörflicher Umwelt

Die 11- bis 13stündige außerhäusliche Lohnarbeit beider Elternteile ermöglichte es den Spinnereiarbeiterfamilien nur begrenzt, die notwendigen Sozialisations- und Erziehungsaufgaben zu übernehmen. Die Kinder waren zum Teil schon frühzeitig mit familienfremden Bezugspersonen konfrontiert, zu denen sie oft eine enge emotionale Beziehung eingingen. In der Fabrikarbeiterfamilie Küng z.B. hingen die Heranwachsenden ausgeprägt an der angestellten Hausmagd, welche während der Arbeitsabwesenheit der Mutter den Haushalt führte.[22] Eine ähnliche, «strenge» und «mütterlich-gute» Betreuungsfunktion konnten die älteren Geschwister übernehmen, denen die Eltern zugleich ein hohes Maß an Verantwortung übertrugen.[23]

Oft fehlte aber ein so weitreichender Ersatz für die elterlichen Erziehungsdefizite. Geschwister, verwandte und fremde Pflegepersonen begnügten sich mit einem Mindestmaß an Aufsicht. Kinder ab dem 4. oder 5. Lebensjahr waren während der langen Arbeitsabwesenheit der Eltern oft «sich selbst überlassen».[24] Die Absenz einer intensiven Erziehung erzwang eine frühentwickelte Eigenständigkeit der Arbeiterkinder. Verstärkt wurde die relative Unabhängigkeit, die bürgerliche Zeitgenossen meist als «sittliche Verwahrlosung», «Frechheit» oder «Verwilderung» beschrieben, durch den frühen Eintritt in die Fabrik und die große Bedeutung der Arbeitsleistung für die Familienökonomie.[25] Trotz einer gewissen Lockerung blieben Familienzusammenhalt und elterliche Autorität aber intakt. Stabile gefühlsmäßige Bindungen kennzeichneten das Verhältnis von Eltern und Kindern. Ein wichtiger Teil der familialen Beziehungen verlagerte sich, bedingt durch die lange Arbeitszeit, in die Spinnfabrik. Bei «Küngs» schlich der «Jüngste» regelmäßig in die Fabrik: «Nirgends war Fritzli so gerne, wie an der Seite seiner Mutter. Wenn sie hier bei der Arbeit noch so wenig Zeit für ihn hatte, wenn es noch so ratterte von diesen Tausenden von Rädern (...): der Fabrikduft der Kleider seiner Mutter war dem Buben Zeichen ihrer Nähe.»[26] Die Fabrik wurde zur Erziehungs- und Wohnstätte, wo die Kinder die Arbeitswelt ihrer Eltern kennenlernten und sich – nicht zuletzt mit stillschweigender Duldung der interessierten Unternehmer – frühzeitig mit den Maschinen vertraut machten.[27] Allerdings war dieser «Wohnstubenersatz» als Aufenthalts- und Spielort nicht ungefährlich. 1871 verunglückte ein siebenjähriges Kind (die Fabrikarbeit von Kindern unter 10 Jahren war seit 1859 gesetzlich verboten) in der Spinnerei Rüti tödlich, und 1872 kam «der 7jährige Knabe des Aufsehers Morf» in «der Spinnerei Bußenhausen-Pfäffikon dem Getriebe zu nahe und verlor dadurch den rechten Arm».[28]

Drei Elemente prägten im wesentlichen die Sozialisation in der «Fabriklerfamilie»: 1. Die enge emotionale Beziehung der Kinder zur Mutter, deren Zuwendung und Aufopferung in Arbeiterbiographien immer wieder betont wird; 2. der harte, auf Gewalt und Schlägen beruhende Erziehungsstil der Väter; 3. die große Bedeutung, die der Arbeitsleistung der Kinder zu Hause und in der Fabrik für das Überleben der Familie zukam.

1. Obwohl die Arbeitermütter nicht jene ausgeprägte Erziehungsfunktion ausüben konnten, wie sie Frauen in bürgerlichen Haushalten als sinngebende Rolle zugewiesen wurde, bemühten sie sich, soweit es die Arbeitsbelastung in Haushalt und Fabrik zuließ, ihren Kindern Zuwendung und Verständnis entgegenzubringen. In der Textilarbeiterfamilie Küng, die zuerst in Wald und später am «Millionenbach» arbeitete,

17 Otto Kunz schildert in seinem Buch ausführlich, wie der kleine Fritzli regelmäßig bei seiner Mutter in der Fabrik weilt.
18 Die Fabrikordnung der Spinnerei Gujer von 1908 verbot ausdrücklich den Zutritt von kleinen Kindern und machte die Angehörigen für allfällige Unfälle verantwortlich.

Nirgends war Fritzli so gerne wie an der Seite seiner Mutter. Wenn sie hier bei der Arbeit noch so wenig Zeit für ihn hatte, wenn es noch so ratterte von diesen Tausenden von Rädern und noch so klatschte von den Hunderten von Webstuhlpeitschen, und wenn es noch so stank von Öl und feuchter Luft und schweißigen Kleidern: der Fabrikduft der Kleider seiner Mutter war dem Buben Zeichen ihrer Nähe. Ihre Nähe hieß Geborgensein. Für Bäbeli war es Mutterglück, ein Mutterglück, das ja sonst fast nur Entsagung, Pflichterfüllung, Leid und Ertragen war. Aber das Büblein, das am Boden oder auf den Drähtlikistlein hockte, brachte mit seinem Gesichtlein, seinem Wesen, seinen Liedlein ihre eigene Jugend mit an den Webstuhl. Alle Männer und Frauen ringsum hatten ein liebes Wort und einen freundlichen Blick für den kleinen Mutterhock und halfen gerne, ihn verborgen zu halten, auch der Meister.

17

Fabrikordnung

Und Reglement zur Verhütung von Unglücksfällen für die Arbeiter in den Spinnereien der Firma Jul. Gujer & Cie in Uster.

Pflichten des Arbeiters.
§ 2
Der Arbeiter ist verpflichtet: (...)
e. keine fremden Arbeiter in die Fabrik einzuführen und ohne Erlaubnis der Aufseher keine Besuche darin zu empfangen. Kleinen Kindern ist der Eintritt in die Fabrik ganz besonders untersagt und werden die betreffenden Angehörigen hiefür verantwortlich gemacht ...

18

ging die Mutter mit geradezu aufopfernder Liebe auf ihre sieben Kinder ein, und diese waren stets «alle so glücklich, wenn ihre Mutter mit den Liedern ihrer Jugend jenes Glück (das Glück eigener Jugendzeit, der Verf.) zurückrufen konnte».[29] In der «Fabriklerfamilie» Kreis trug die Mutter den Sohn selten zu Bette, «ohne mit ihm zu beten und dann eine kleine Geschichte zu erzählen oder ein hübsches Gedicht vorzutragen».[30] Umgekehrt besaßen die Heranwachsenden trotz Armut und Entbehrungen enge gefühlsmäßige Bindungen an ihre hart arbeitenden

Mütter. In einem Bericht des Waisenamtes Uster zu Beginn des 20. Jahrhunderts wurde über das Zusammenleben in einer Spinnerfamilie festgestellt: «Die durch die Abwesenheit der Mutter und Kinder in der Fabrik unrationelle Verpflegung des jüngsten Kindes Martha, veranlaßte mich, solches versuchsweise über die Ferienzeit einer bekannten Familie in Verpflegung zu geben.» Wegen Heimweh mußte das Kind wieder nach Hause genommen werden. «Die Kinder sind an die Mutter sehr anhänglich.»[31] Auch wenn die ökonomischen Notwendigkeiten den Raum für emotionale Zuwendung erheblich einschränkten, fand sie im Rahmen familiärer Sozialisation durchaus ihren Platz.

2. Die körperliche Züchtigung bildete im 19. Jahrhundert eine weit verbreitete, auch durch protestantische Religion und Ethik legitimierte Erziehungsmethode, mit der Eltern aus allen Bevölkerungsschichten ihre Kinder disziplinierten. Sie war in Heimarbeiterfamilien ebenso anzutreffen wie in großbürgerlichen Haushalten. Die autoritäre Durchsetzung äußerer Normen mit physischen Bestrafungsmitteln gehörte auch zu den alltäglichen Erfahrungen der Arbeiterkinder in Elternhaus, Schule und Fabrik. 1839 bemerkten die in der Spinnerei arbeitenden Eheleute Meier, daß ihre 16jährige Tochter regelmäßig Garn entwendete. «Sie haben darauf ihre Tochter mit Schlägen gezüchtigt und die Sache verschwiegen, um sie nicht in Schande zu bringen.»[32] Bei «Küngs» hielt Vater Schang auf «eine strenge Erziehungsmethode». Er glaubte «nicht anders als hart und unerbittlich sein zu dürfen», und die «schroffe Unerbittlichkeit» des Vaters zählte zusammen mit der materiellen Armut zu den bittersten Erfahrungen der Kinder. Aber auch zu den «Erziehungsgrundsätzen» der ältesten Tochter Lydia, die in Abwesenheit der Mutter die Buben «mit der Strenge des Vaters» erzog, gehörte ein «etwas schrofferer Befehlston und der Teppichklopfer».[33]

Die körperliche Mißhandlung der Kinder war über die unmittelbare Disziplinierung hinaus auch Ausdruck der elenden und verzweifelten Lage: 1872 hatte Johann Wickli, ein «armer Spinner und geplagter Familienvater», die Absicht, sein zweieinhalb Monate altes Kind zur Pflege bei einer Verwandten unterzubringen. Auf der Reise in die sanktgallische Gemeinde Rapperswil wollte er in Rüti (ZH) den Zug besteigen. «Das Kind schrie heftig. Auf dem Wege zum Bahnhof schüttelte er es heftig, damit es schweige. Umsonst. Im Wartsaal angekommen, schüttelte er es heftiger. Jetzt wurde es nach zwei Atemzügen still.» Das Kind starb an den Folgen der erlittenen Mißhandlungen.[34] Untragbare soziale Belastungen der fabrikarbeitenden Eltern entluden sich in physischer Gewalt gegen ihre Kinder, die bis zur direkten Bedrohung von Gesundheit und Leben der schwachen Geschöpfe führen konnte.

3. Bei der armseligen Lage der Spinnereiarbeiter hatten die Kinder schon frühzeitig zum Überleben der Familie beizutragen. Einerseits traten sie, sobald es die Gesetze gestatteten, in die Fabrik ein, um mit ih-

19 Kosthaus Sonnenberg Niederuster. Arbeiterwohnhaus der Spinnerei Kunz, bereits in den 1830er Jahren erbaut.

rem Verdienst einen Beitrag zum Familieneinkommen zu leisten. Anderseits wurden sie von den Eltern zu familiären Arbeitsleistungen im breitesten Sinne herangezogen. Dazu gehörten etwa Waschen, Putzen, Gartenarbeit, das Zusammentragen von Brennholz und das Sammeln von Waldfrüchten. Seit den 1860er Jahren entstanden am Aabach in unmittelbarer Nähe der Spinnfabriken eine große Zahl von Arbeiterwohnhäusern. Kosthäuser dienten in erster Linie zur Unterbringung der wachsenden Zahl von ortsfremden Arbeitskräften, welche die Unternehmer durch das Angebot von günstigen Wohnungen an den Betrieb zu binden hofften. Jede Kosthauswohnung verfügte über ein grösseres Stück Pflanzland, dem für die Ernährung der Familie eine wichtige Rolle zukam. Die Kinder mußten regelmäßig bei der Gartenarbeit helfen oder auch den anfallenden Straßenmist für eine gute Düngung «zusammenkratzen».[35] Das Sammeln von Holz war ebenfalls Sache der Jugendlichen, denn wer unter den Kosthausbewohnern hätte Holz zukaufen müssen, «wäre als minderwertig abgetan worden».[36] Bei der Beschaffung von Brennholz konnte es leicht zu einem Zusammenstoß mit der

Zusammenstellung und Beschreibung der Arbeiterwohnungen in den 1870er Jahren in den Gemeinden Uster und Seegräben (Aathal)

In dem gewerbreichen Zürcher Fabrikort Uster haben nach einer Zusammenstellung, welche wir dem Herrn Ständerath Boller verdanken, folgende Fabrikanten Arbeiterwohnungen errichtet:
Firmen:

Herr Trümpler & Gysi (Baumwollspinnerei u. Weberei)	16 Wohnungen
„ Caspar Huber (Baumwollspinnerei)	4 „
„ J. U. Boller (Baumwollspinnerei) 4 und 4 im Bau	8 „
„ Heinrich Zangger (Baumwollspinnerei)	8 „
„ G. Bachmann (Baumwollspinnerei) 13 und 3 im Bau	16 „
Baumwollspinnerei u. Zwirnerei Niederuster (Escher)	11 „
„ Heinrich Zollinger (Zwirnerei)	2 „
Spinnerei und mechanische Werkstätte Niederuster	5 „
„ Andr. Bindschedler (Floretspinnerei) 16 Doppel-, =	32 „
Summa	102 Wohnungen

Herr J. Schellenberg aus Aathal theilt uns mit, daß er 4 Häuser mit Arbeiterwohnungen besitzt.

1 Haus enthält 3 Wohnungen, die aus Stube (mit Platz für 2 Webstühle), Küche, 3 Kammern, Keller, Dachboden, Jauchetrog und Ziegenstall bestehen und zu denen je ¾ Juchart Pflanzland gehören. Miethzins 120 Fr.)

Die kleinern Wohnungen sind von Wittwen mit ihren Kindern bewohnt, die in der Spinnerei beschäftigt sind und für Bearbeitung des Pflanzlandes weniger geeignet sind. Die großen Haushaltungen benutzen die Ziegenställe und fahren ganz gut dabei, weil ihnen der Dünger zur Bebauung des Pflanzlandes sehr zu Statten kommt.

(Böhmert, Viktor, Arbeiterverhältnisse und Fabrikeinrichtungen. Bericht, erstattet im Auftrage der eidgenössischen Generalcommission für die Wiener Weltausstellung, Bd. I, Zürich 1873, S. 242/254.)

---

bestehenden Rechtsordnung kommen. Hin und wieder verurteilte das Bezirksgericht Uster «Fabriklerkinder» wegen Holzfrevels. So erhielt z. B. die 13jährige Tochter eines Fabrikaufsehers 1889 eine Buße von Fr. 10.–, weil sie aus dem Oberustermer Wald «Wellen» Holz entwendet und nach Hause geschafft hatte.[37]

Wie wir oben gezeigt haben, prägten Arbeit (zu Hause und in der Fabrik) und mit Gewalt durchgesetzter Gehorsam in starkem Maße die Sozialisation der Kinder in Fabriklerfamilien. Arbeitsmoral und absoluter Gehorsam bildeten wesentliche Bestandteile der protestantischen Religion und Ethik. Bereits mit der Entwicklung der Verlagsindustrie seit dem 17. Jahrhundert versuchte die zürcherische Obrigkeit bei den Heimarbeitern ein protestantisches Arbeitsethos heranzubilden, das den Menschen nicht nur zur Arbeit treibt, wenn er Hunger hat, sondern ihn darin einem inneren Zwange gehorchen läßt. In den Heimarbeiterfamilien des 18. Jahrhunderts gehörte die Arbeit zur christlichen Lebensführung und wurde zum brauchmäßigen Zwang, dem sich keiner entziehen konnte. Die ländlichen Fabrikarbeiter, die herkunftsmäßig aus demselben protestantischen Milieu stammten, hielten ihre Kinder genauso wie sich selbst zur Arbeit an, denn Müßiggang war vor allem auch für Kinder «aller Laster Anfang». In Uster wehrten sich die Spinnereiarbeiter 1838 gegen eine Beschränkung der Kinderarbeit unter anderem auch mit dem Argument: «Wissen wir aus Erfahrung, daß leichte Arbeit für die Kinder nützlich ist, und daß bei der Arbeit am wenigsten Böses geschieht, und auch keinerlei Gefahr vorhanden ist.»[38] Arbeitsethos wurde den Fabriklerkindern schon frühzeitig durch eine entsprechende Erziehung eingepflanzt. Zur «pädagogischen Richtlinie» der Fabrikweberin Barbara gehörte es, «jede ehrbare und brav getane Arbeit der Buben anzuerkennen», und sie sorgte dafür, daß es die Kinder glücklich machte, «mit ihr zu arbeiten», d.h. im Haushalt zu helfen und Beeren und Holz zu sammeln.[39] Auf diese Weise lernten die Heranwachsenden, daß Arbeit durch Anerkennung und Zuwendung belohnt wurde und daß ihr im Leben eine positive, beherrschende Stellung zukam. Arbeit und Gehorsam bildeten auch jene Wertvorstellungen, die den Kindern in Schule, Fabrik und religiöser Unterweisung als Grundlage eines rechtschaffenen, gottgefälligen und erfolgreichen Arbeiterlebens eingetrichtert wurden.

Durch die ersten Arbeiterschutzgesetze blieben die Kinder im Verlaufe des 19. Jahrhunderts eine zunehmend längere Phase ihres Lebens vom Arbeitsprozeß ausgeschlossen. Trotz arbeitserzieherischer Mithilfe im Haushalt erweiterten sich dadurch ihre Chancen für Spiel, zweckfreies Erleben und Entdecken, «so daß sie den Weg freibekamen ins Jugendparadies, das selbst für die ärmsten Kinder eines war».[40] Die Heranwachsenden erforschten die Umgebung, streiften im Wald umher, spielten am Fabrikkanal und knüpften Freundschaften zu Gleichaltrigen.[41]

Während in den Heimarbeiterfamilien meist das ins dörfliche Siedlungsbild integrierte Haus und dessen Umgebung als «Spiel- und Erfahrungsraum» dienten, wurde nach der Jahrhundertmitte immer mehr das mehrstöckige Arbeiterwohnhaus außerhalb des Dorfes und in der Nähe der Fabrik zum «Erlebnisfeld». Die Jugendlichen, die zuvor noch in regelmäßigem Verkehr mit anderen Kindern des Ortes langsam in die dörfliche Gemeinschaft hineinwuchsen, erfuhren nun immer stärker die soziale Diskriminierung als «Kosthäusler», als dörfliche Außenseiter. Von den Dorfbewohnern der Gemeinden Seegräben und Wetzikon wurden die Kosthaussiedlungen abschätzig «Klein Aargau» oder «s chly Aarau» genannt, weil viele kantonsfremde Arbeitskräfte aus dem Aargau dort lebten.[42] Die Welt des Kosthauses trennte die Kinder erfahrbar von der Welt des Dorfes.[43] In dieser Umgebung wuchsen die Kinder weitgehend unter ihresgleichen auf. Hier verbanden sie erste Freundschaften, übten sie Solidarität beim gemeinsamen Holzlesen bzw. beim Holzklauen, suchten besondere Vorteile für den eigenen Haushalt beim Mistsammeln und Beerensuchen und erlebten erste Abenteuer.[44]

20 «Klein Aargau» in Aathal (Gemeinde Seegräben): Arbeiterwohnhäuser in unmittelbarer Nähe der Spinnfabrik.

20

Die Arbeiterwohnhäuser waren aber nicht nur Erlebnisraum gemeinsamer sozialer Lage und Solidarität. Die Kinder lernten auch die Verhältnisse in anderen Arbeiterfamilien kennen. Soziale Vergleichsprozesse ermöglichten ihnen, die eigene Familie als Teil der «Kosthauswelt» zu begreifen und einzuordnen. Vater Küng z. B. grenzte sich Zeit seines Lebens gegen andere «Fabrikler» ab; «er wollte nicht versinken in der Masse der Armen, Namenlosen, Hoffnungslosen, Willenlosen, Geknechteten», und seine Tochter Lydia «stritt vor ihm um das Recht der Buben, besser gekleidet zu sein als andere Kosthausbuben; sie trug die Stirn hoch, wenn sie mit ihren Buben ausging».[45] Gemeinsame soziale Lage, aber auch soziale Abgrenzung und Distanz untereinander – verstärkt durch die religiösen und nationalen Unterschiede zugezogener Fabrikspinner – prägten die Erfahrungen der Jugendlichen.

Noch in anderer Hinsicht erlebten die «Fabriklerkinder» soziale Nähe und Distanz. In den ländlichen Industriegebieten am Aabach bildeten Fabrik, Kanalanlagen, Arbeiterwohnhäuser und Fabrikantenvilla seit der Jahrhundertmitte ein einheitliches Siedlungssystem. Das pracht-

21 Anlage der Baumwollspinnerei Bachmann in Uster um 1900:
Der für das ländliche Textilindustriegebiet typische Gesamtkomplex umfaßt ein Fabrikgebäude, das Fabrikantenwohnhaus, ein Arbeiterwohnhaus (Kosthaus), ein Badhaus, ein Maschinenhaus und eine Gartenanlage. Die gesamte Anlage ist in das Kanal- und Wehrsystem der Fabrik integriert.

Ansicht der Fabrikanlage um 1900; Grundriß der Gesamtanlage, Bestand um 1880–1890. – 1 Fabrik, 2 Wohnhaus, 3 Badhaus, 4 Kosthaus, 5 Maschinenhaus, 6 Elektrizitätswerk, 7 Ehemalige Sägerei (bis 1900), 8 Turbinenhaus, 9 Aabach, 10 Weiher, 11 Kanal, 12 Untere Farb.

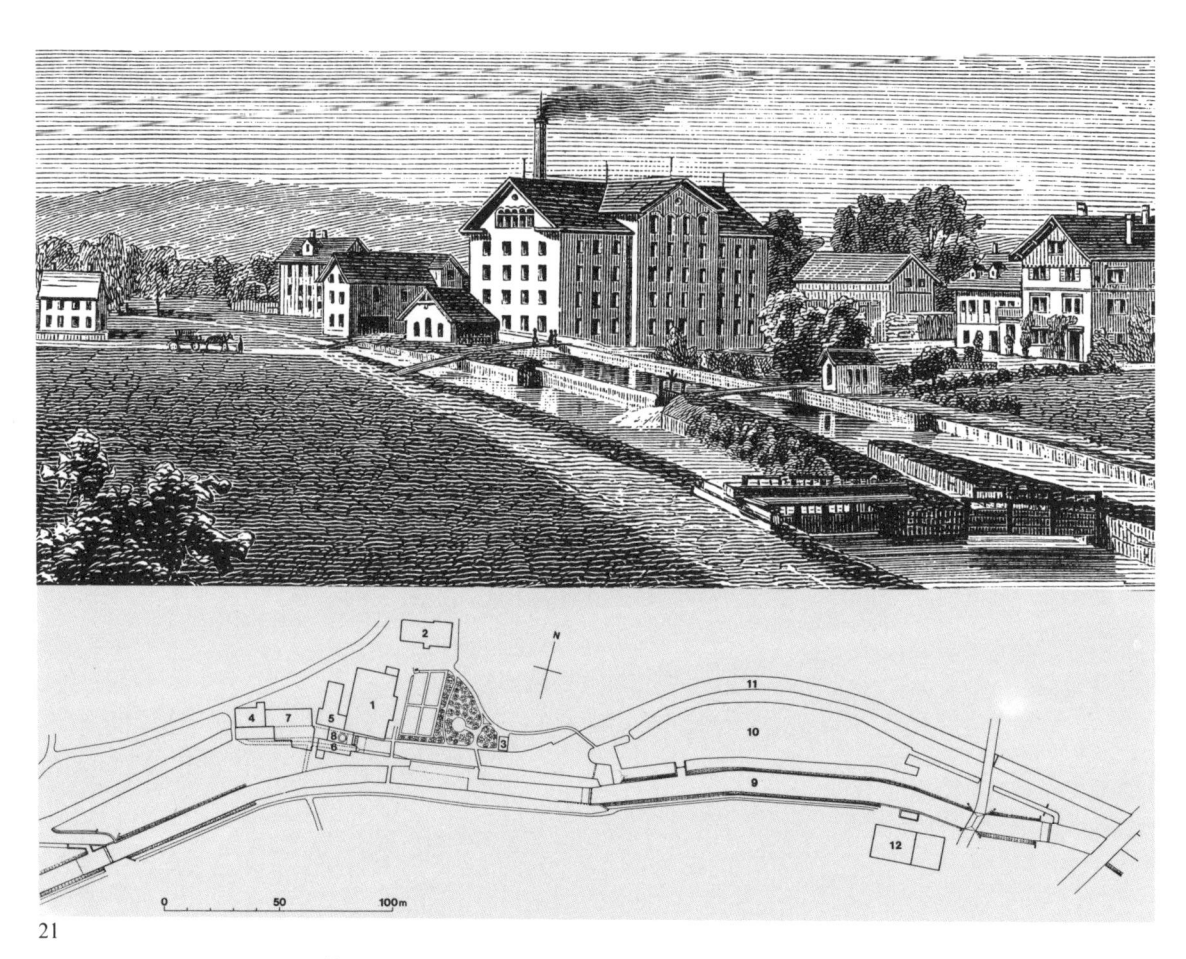

voll ausgebaute «Herrenhaus» stand meist in nächster Nähe der ärmlichen Kosthäuser.[46] Zwar wurden die Heranwachsenden dadurch unmittelbar mit dem Reichtum und dem Wohlstand der Unternehmer konfrontiert, der in krassem Widerspruch zur eigenen Situation stand. Aber durch die räumliche Nähe und den bewußt gepflegten Patriarchalismus standen die ländlichen Falbrikanten in ständigem sozialem Kontakt mit den Arbeitern und ihren Kindern. Die Jugendlichen erfuhren die tägliche gütige Herablassung der für sie sorgenden Fabrikherren und lernten

22 Fabrikanlage der Baumwollspinnerei und -weberei Trümpler in Oberuster (1920):

Das Bild zeigt ebenfalls den typischen Herrschaftsbereich eines Spinnereiunternehmers. Im Zentrum steht die Fabrikanlage von 1836. Im Hintergrund links liegt ein großes Kosthaus. Das Unternehmerwohnhaus jenseits der Straße dominiert von der Anhöhe den gesamten Fabrikbereich (1825). Neben dem Fabrikantenwohnhaus rechts befindet sich der zum Haushalt gehörende Gutsbetrieb. Im Vordergrund liegen Weiheranlagen und Zulaufkanal.

22

früh, die gegebenen Herrschaftsverhältnisse zu akzeptieren. In der von Otto Kunz geschilderten Spinnerei am «Millionenbach» eilten die «Kleinen aus den Fabriklerfamilien halb schüchtern, halb freudig herbei», um dem Herrn «die Hand zu strecken», und er hatte «Zeit für ein freundliches Wort». Das Herrenhaus stand den Buben in der Beerenzeit zum Verkauf der Waldfrüchte offen, und «eine der liebenswürdigen Frauen öffnete auf das Schellen der Hausglocke mit aufmunternden Worten auch für die ärmsten Buben».[47] Dies galt für die Heranwachsenden als Symptom dafür, daß «Vater und Mutter und sie selber» «im Notfall eher gehört werden». Die Arbeiterkinder erfuhren die Unternehmer trotz Armut und harter Arbeitsbedingungen als treu sorgende Väter, welche durch bescheidene Legate und freundliche Worte ihre Loyalität erwarben. Diese Kindheitserlebnisse von Güte und Verständnis bildeten einen wichtigen Bestandteil für das Akzeptieren der fabrikindustriellen Herrschafts- und Ausbeutungsverhältnisse und für die geringe Bereitschaft zu gewerkschaftlichem Zusammenschluß.

Berufswahl: Fabrikarbeit seit Generationen

Die Heimarbeiterfamilie des 18. und beginnenden 19. Jahrhunderts war zu ihrer Existenzsicherung auf die frühzeitige Mitarbeit der Kinder angewiesen. Die Heranwachsenden wurden in der Regel «schon im 7. und 8. Lebensjahr ans Spinn- und Spuhlrad» gebannt, wo sie täglich ein Mindestmaß an Arbeit, den sogenannten «Rast», verrichten mußten.[48]

Auch die ersten mechanischen Baumwollspinnereien beschäftigten in großem Ausmaße Kinder und Jugendliche, da die Bedienung der neuen Maschinen größtenteils nur geringe Anforderungen an Kraft und Geschicklichkeit stellten. 1855 betrug der Anteil von Personen unter 16 Jahren in den Spinnereien am Aabach rund 30%.[49] Die niedrigen Einkommen der Spinnerfamilien machten das frühe Mitverdienen der Kinder ebenso notwendig wie in hausindustriellen Familienwirtschaften. Spätestens im Alter von 10 Jahren wurden die Kinder in die Spinnerei geschickt, wo sie oft zusammen mit ihren Eltern arbeiteten.

In der Heimindustrie erfolgte die Ausbeutung der kindlichen Arbeitskraft im väterlichen Haushalt und unter elterlicher Gewalt. Die kapitalistische Fabrikindustrialisierung mit ihrer Trennung von Arbeits- und Wohnort löste die Kinder aus dem familiären Produktionsverband und unterwarf sie außerhäuslicher Erwerbsarbeit unter der Aufsicht von Fremdpersonen. Während die Kinderarbeit im Bauern- oder Heimarbeiterhaushalt bis gegen Ende des 19. Jahrhunderts nur wenig kritisiert wurde, nahmen bildungsbürgerliche Kreise die Fabrikarbeit, welche nach ihrer Ansicht elterliche Erziehung und Autorität gefährdete, schon früh als soziales Problem wahr. In einem langsamen Prozeß entstanden im Verlaufe des 19. Jahrhunderts – meist gegen den Widerstand der betroffenen Spinnereiarbeiter, welche darin eine Gefährdung ihrer Existenz erblickten – die ersten staatlichen Kinderschutzgesetze. Erfolgte die Aufnahme einer Fabrikarbeit zu Beginn des Jahrhunderts meist im 9. oder 10. Lebensjahr, so hob die kantonale Regelung von 1859 die Altersgrenze (von Ausnahmen abgesehen) auf 12 Jahre und das eidgenössische Fabrikgesetz 1877 auf 14 Jahre. Im letzten Viertel des 19. Jahrhunderts waren Kinder eine beinahe doppelt so lange Lebenszeit vom Pro-

23 Kinderarbeit am Spulrad in der Heimindustrie.
24 Kinderarbeit in einer Baumwollspinnerei in Carolina (USA, 1908).

duktionsprozeß ausgeschlossen wie zu Beginn. Die Kinderschutzgesetze schufen die institutionellen Voraussetzungen für eine «zweite Kindheit».[50]

Mit der Einschränkung der Kinderarbeit wurde es den Heranwachsenden aus Fabriklerfamilien in zunehmendem Maße möglich, eine begrenzte Schulbildung zu genießen. Anstelle der Fabrik trat die Schule als gesellschaftliche Sozialisationsinstanz in den Vordergrund. Im Kanton Zürich wurde 1832 der Besuch von 6 Jahren Alltagsschule und 3 Jahren Repetierschule obligatorisch erklärt. Schulbesuch und Lernerfolg scheiterten weitgehend an der frühen Fabrikarbeit. Für die 10jährigen «Maschinenkinder» gingen Schule und Arbeit nebeneinander her: «Man denke sich Kinder, die von 5–8 in der Fabrik gearbeitet, von 8–11 in die Schule gehen, nach der Schule gleich wieder in die Fabrik bis zum späten Feierabend (9 Uhr).»[51] In ihren schulischen Leistungen blieben die Arbeiterkinder stark zurück. So schrieb Pfarrer Werdmüller von Uster 1834: «Kinder, die nicht recht schreiben, nichts auswendig hersagen, nicht lesen können, sind sicher durch die Fabrik verderbt worden.»[52] Schrittweise schränkten die staatlichen Eingriffe die extreme Doppelbelastung durch Schule und Fabrik ein und ermöglichten den Proletarierkindern den ungehinderten Besuch der Grundschule bis zum 14. Altersjahr.

An der ökonomischen Zwangssituation der Spinnerfamilien änderten die staatlichen Polizeigesetze aber wenig. Sobald es die Rechtssetzungen zuließen – meist auch schon früher –, mußten die Arbeiterkinder den Gang zur Fabrik antreten: «Hat eine Textilarbeiterfamilie arbeitsfähige Kinder, so erheischt es der Kampf ums Dasein, diese mit 14 Jahren in die Fabrik zu schicken. Hier muß sich das Kind wohl oder übel an die Arbeitszeit gewöhnen und wächst darin auf.»[53] An eine längere Schulbildung (z. B. Sekundarschule) war wegen der zusätzlichen Ausbildungskosten gar nicht zu denken, denn «Fabriklerbuben gehören in die siebte und achte Klasse: die Fabrikherren brauchen Aufstecker, Ansetzer, Spinner, Schlichter und Weber».[54]

Zwei Faktoren verstärkten neben materieller Not den Zwang der Kinder, wie ihre Eltern in der Spinnfabrik zu arbeiten:

1. Viele Tätigkeiten in der mechanischen Garnherstellung konnten leicht und ohne längere Anlernzeit von Kindern ausgeführt werden. Die Unternehmer waren deshalb bestrebt, möglichst vielköpfige Arbeiterfamilien zu beschäftigen. Zeitungsinserate zeigen dies eindrücklich: «Gesucht: Eine Arbeiterfamilie mit Kindern in eine Spinnerei gegen guten Lohn.» / «Arbeitergesuch für Baumwollspinnerei: Ein tüchtiger guter Spinner findet unter günstigen Bedingungen sofort dauernde Beschäftigung. Einem solchen mit zahlreicher Familie, die ebenfalls in der Spinnerei verwendet werden könnte, würde der Vorzug gegeben.»[55] Da sich die Chancen der Eltern auf dem Arbeitsmarkt mit einer Schar arbeitsfä-

25 Stellenangebote für Spinnerfamilien im Anzeiger von Uster 1859–1891.

Gesucht:
In der Spinnerei **Rieth** bei Illnau finden etliche tüchtige Hasplerinnen, sowie einige Ansetzer und Aufstecker bei gutem Lohn dauernde Beschäftigung. 2)

Gesucht:
Zwei Hasplerinnen und eine Laminoirarbeiterin finden Beschäftigung in einer hiesigen Spinnerei.

Arbeitergesuch.
In eine kleinere Spinnerei wird gesucht: Ein solider kräftiger Handspinner, der auf grobe Nummern gut eingeübt ist. Hoher Lohn wird zugesichert. Einem solchen mit Familie, die ebenfalls genügend Arbeit hätte, würde der Vorzug gegeben. Offerten unter Chiffre W. H. 268 befördert die Annoncenexpedition von **Haasenstein & Vogler** in Zürich. (H-2146-Z) 2)

Einige zahlreiche Arbeiterfamilien, welche nebenbei Landwirthschaft betreiben können, finden dauernde Beschäftigung bei gutem Lohn und schöner Wohnung in einer **Baumwollspinnerei des Kantons Thurgau**. Umzug gratis. Adresse auf Anfragen sub. Z. S. 693. an die Annoncen Expedition **Haasenstein und Vogler in Zürich.** (H-4828a-Z) 3)

Gesuch.
Ein guter Spinner mit Familie erhält gegen guten Lohn Arbeit und Logis.

Spinnerei-Arbeiter-Gesuch.
In der **Baumwollspinnerei a./d. Steinach bei St. Gallen** (hintere Spinnerei von St. Georgen) finden 2–3 tüchtige Spinner für Handstühle in feinern Nummern bei gutem Lohn sofort dauernde Arbeit; es würden auch zwei Familien für anderweitige Fabrikarbeit eingestellt. (H - 803 - C) 3)

Arbeiter-Gesuch.
Zwei zahlreiche Arbeiterfamilien, namentlich mit arbeitsfähigen Kindern, finden gute Aufnahme in einer Feinspinnerei. Zu erfragen bei der Expedition d. Bl. 2)

Gesucht:
In eine hiesige **Feinspinnerei** eine solide, Ordnung liebende Familie mit arbeitsfähigen Kindern. Schöne und billige Wohnung nebst Pflanzland ganz in der Nähe der Fabrik.
Auskunftsverzeichniß Nr. 207. 2

Arbeitergesuch.
Eine größere Arbeiterfamilie findet in einer Spinnerei lohnende Beschäftigung.
Eine schöne und billige Wohnung nebst allfälligem Pflanzland kann gegeben werden. Zu erfragen bei der Expedition dieses Blattes. 2)

Arbeitergesuch.
Deckelputzer, Spinner, Ansetzer, Anstecker und Haspler finden bei gutem Lohn in einer Spinnerei Beschäftigung. Zu erfragen bei der Expedition dieses Blattes. 2)

Gesucht:
In einer größern Spinnerei ein tüchtiger Kardenschleifer und zwei Deckelputzer. Wer nähere Auskunft gibt, sagt die Expedition d. Bl. 2)

higer Nachkommen erhöhten, war es naheliegend, daß die ganze Familie gemeinsam in derselben Fabrik arbeitete.

2. Seit den 1860er Jahren bauten die Spinnereiunternehmer am Aabach eine Vielzahl günstiger Arbeiterwohnungen, «um ihrem Etablissement einen Stamm solider Arbeiterfamilien zu sichern». Je nach Anzahl der in der Fabrik arbeitenden Familienmitglieder reduzierte sich in der Regel der Mietzins, «ja manche Unternehmer geben die Wohnungen ganz unentgeltlich an solche Familien, wo Ältern und mehrere Kinder in der Fabrik thätig sind».[56] Da die Zahl der arbeitenden Köpfe sowohl für die Einmietung in eine solche Wohnung als auch für die Höhe des Mietzinses eine Rolle spielte, mußten andere Berufswünsche zwangsläufig in den Hintergrund treten. 1900 arbeiteten in der Gemeinde Uster 52% der noch im elterlichen Haushalt wohnenden Jugendlichen über 14 Jahren ebenfalls in der Spinnerei.[57] Die Arbeit in der Textilfabrik vererbte sich über Generationen hinweg.[58]

Zur Wirklichkeit der «Fabriklerfamilie» gehörte die Notwendigkeit der Kinderarbeit. Die Eltern mußten die Erfüllung von Verdienstarbeit durchsetzen, nicht aus Grausamkeit, sondern aus Armut. Es war selbstverständlich, im beruflichen Bereich über die Kinder zu bestimmen. Wünsche und Zielvorstellungen der Jugendlichen hatten hinter den Forderungen der Eltern zurückzutreten. Meist genügte der Hinweis auf die Wichtigkeit des Verdienstes für die Familie oder eine eingehende Schilderung der eigenen, noch viel härteren Jugendzeit, um die Heranwachsenden zur Fabrikarbeit zu bewegen. Das Versprechen, später eine Berufslehre absolvieren zu können oder bessere Nahrung und Kleidung zu erhalten, sollte als zusätzlicher Anreiz dienen.[59] Reichte die argumentative Überzeugung oder Überredung nicht aus, setzten die Eltern mit Zwang, wenn nötig mit physischer Gewalt, die Aufnahme der Verdienstarbeit durch: 1845 erhängte sich im Abort der Spinnerei Kunz ein 16 Jahre alter Arbeiter. Zum Tode des Jugendlichen stellte der Stillstand von Uster fest, er sei «sehr ungern» in die Fabrik gegangen, «aber vom Vater dazu gezwungen worden».[60]

Der frühe Eintritt in die Spinnerei bildete für die Arbeiterkinder eine ambivalente Erfahrung. Einerseits erlebten sie, wie ihre proletarische Klassenlage die Realisierung eigener Berufswünsche beeinträchtigte. Lydia, die Tochter von Fabrikschlosser Küng, hoffte, am Ende ihrer Schulzeit den Beruf einer Telegraphistin erlernen zu können: «Es war ein schöner Traum, für ein Fabriklerkind zu schön.»[61] Anderseits waren die Jugendlichen stolz, ihren Eltern «schon etwas verdienen zu können». Elterliche Anerkennung und Wertschätzung konnten die Erfahrung sozialer Benachteiligung durchaus positiv umdeuten. Für die meisten «Fabriklerkinder» war es selbstverständlich, frühzeitig mitzuverdienen: «Seit Generation ist ja oft die Fabrikarbeit in ihren Familien zu Haus und darum auch für sie Tradition geworden.»[62] Durch die

26 Stillstandsprotokoll Uster. Hier schrieb der Pfarrer eingehend alle wichtigen, das Sittenleben des Dorfes betreffenden Dinge nieder; so auch den Selbstmord in der Fabrik.

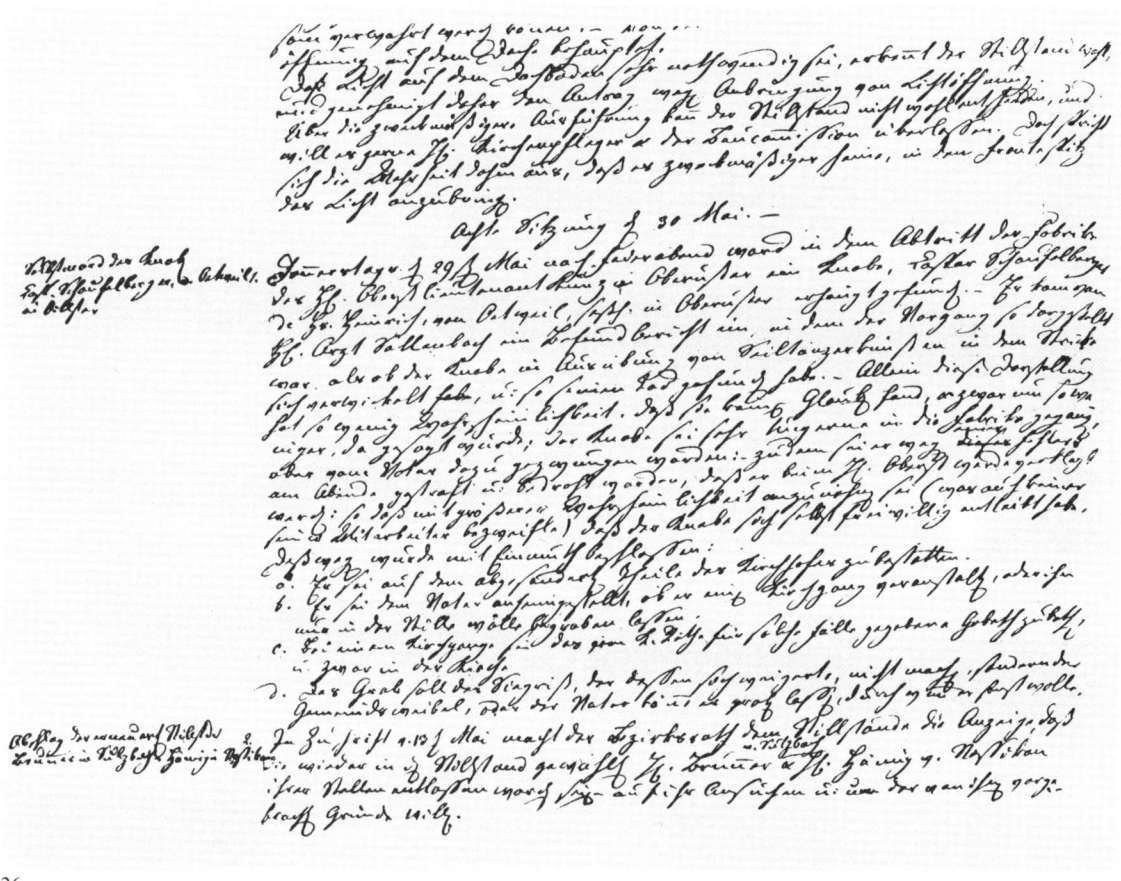

26

große Bedeutung ihres Arbeitslohnes für die Familie erlebten sie, daß sie gebraucht wurden und daß ihre Tätigkeit sinnvoll war. Ihre Leistung ermöglichte in vielen Fällen das Überleben der Familie.

Die Aufnahme einer Fabrikarbeit bedeutete für die Jugendlichen eine extreme körperliche und psychische Belastung. Nur schwer gewöhnten sie sich an die 11- bis 14stündige Arbeitszeit und die oft brutalen Herrschaftsverhältnisse in der Spinnfabrik. Erschöpfung und gesundheitliche Schäden, von der erhöhten Unfallgefahr für die Jugendli-

27 Junger Seidenbeuteltuchweber aus Walzenhausen (AR). Die Arbeit am Webstuhl erfolgte in der hausindustriellen Produktion im Webkeller oder in der Wohnstube. Dadurch ergaben sich für die Heranwachsenden kaum Kontaktmöglichkeiten zu Gleichaltrigen.

28 Kinderarbeit in einer Baumwollspinnerei in Georgia (USA, 1909–1913).

27

chen ganz zu schweigen, kennzeichneten ihre Arbeitssituation. Umgekehrt ergaben sich durch die Arbeit in der Spinnerei, besonders im Vergleich zur hausindustriellen Handweberei, aber auch Kontakt- und Kommunikationsmöglichkeiten zu Gleichaltrigen. Dieses menschliche Beziehungsgeflecht konnte die Härte des Erwerbslebens in mancher Hinsicht mildern. So erzählt ein Arbeitersohn, der als Spuljunge in die mechanische Weberei geschickt wurde: «Mir wäre offen gestanden die Spinnerei lieber gewesen, wo meine Schulkameraden arbeiteten und oft lustige Stücklein davon erzählten, obwohl sie hie und da den vierfachen Strick zu spüren bekamen, der an jeder Saaltüre aufgehängt war, und mit dem der strenge Herr Direktor den jugendlichen Mutwillen in Schranken hielt.»[63]

28

Die Tätigkeit in der Fabrik

Der Produktionsprozeß in der mechanischen Baumwollspinnerei erfolgte im 19. Jahrhundert in fünf Stufen: Reinigen und Lockern der Baumwolle; Kardieren; Strecken; Vorspinnen und Feinspinnen. Bei sämtlichen Arbeitsabläufen fanden in unterschiedlichem Ausmaße minderjährige Arbeitskräfte Verwendung. Bis zur verstärkten Mechanisierung in den 1830er Jahren bildeten die Vorbereitungsarbeiten für den Spinnprozeß ein wichtiges Tätigkeitsfeld für Kinder. Das Schlagen und Erlesen der Baumwolle (Reinigung), die Speisung der Karden und das Aufwinden der Baumwollbänder für das Vorspinnen waren meist Kinderarbeit.[64] Der überwiegende Teil der Jugendlichen arbeitete aber als Hilfskraft an den Feinspinnmaschinen.

Der wichtigste im 19. Jahrhundert für das Feinspinnen eingesetzte Maschinentyp war die Mule (Halbselfactor und Selfactor bildeten lediglich automatisierte Weiterentwicklungen). Die Mule-Maschine bestand aus einem Gestell mit einem Aufsteckrahmen, auf welchem man die

Alltag der «Fabriklerkinder» am «Millionenbach» 150

29 Handkarde von Arkwright 1775/80.
30 «Mule-Jenny»-Spinnmaschine von Samuel Crompton 1779.

31 Ein Spinner bei der anstrengenden Arbeit am Halbselfaktor (in der Baumwollspinnerei Schuler, Wetzikon). 1 Aufsteckgatter für die Vorgarnspulen; 2 Zylinderbank mit Streckwerken; 3 Draht (Aufwinder) zur Führung des Garns bei der Kötzerbildung auf den Spindeln; 4 Handkurbel für die Steuerung der Wageneinfahrt; 5 Spindelbank; 6 Kniepolster zum Anschieben des Wagens bei der Einfahrt, das große Kraft erforderte; 7 Wagen.

29 30

Spulen mit dem Vorgespinnst anbrachte. Die Fäden passierten ein Streckwerk mit den entsprechenden Walzenpaaren und liefen dann auf die Spindeln, die sich auf einem beweglichen Wagen befanden. Durch das Ausfahren des Wagens und die Drehbewegungen der Spindeln wurden die Fäden gestreckt und gedreht. Anschließend folgte das Aufwinden des gesponnenen Garns auf die Kötzer zusammen mit der Rückwärtsbewegung des Wagens. Die Ausfahrt des Wagens sowie die Drehbewegungen der Spindeln erfolgten durch mechanischen Antrieb. Die Einfahrt des Wagens und das Aufwinden des Garns nahm der Spinner bei der Handmule noch durch Handarbeit vor. Beim Halbselfactor wurde auch die Einfahrt des Wagens durch die Transmission angetrieben, während beim Selfactor alle Bewegungsabläufe selbsttätig geschahen und der Arbeiter nur noch gewisse Nachregulierungen einzelner Mechanismen vorzunehmen hatte.[65]

Neben dem erwachsenen Spinner, dessen Tätigkeit bis zur Einführung des Selfactors sehr viel Geschick und Kraft erforderte, benötigte die Mule Aufstecker und Ansetzer (Anknüpfer) zu ihrer Bedienung. Die

31

«Knüpfkinder» mußten die während des Spinnprozesses gerissenen Fäden zusammenknüpfen (andrehen), die leeren Vorgarnspulen durch volle ersetzen, die vollgelaufenen Garnkötzer abnehmen und die Maschinen reinigen und ölen. In den Spinnereien am Aabach lag der Anteil der Aufstecker und Anknüpfer an der Belegschaft bis zur Einführung des Selfactors bei 30–40%. Danach ging er auf rund 20% zurück.[66] Die meisten Jugendlichen begannen ihre «Fabriklaufbahn» als Aufstecker. Als solche hatten sie die Vorgarnspulen zu erneuern sowie bei der Abnahme der vollen Garnkötzer und bei der Putzarbeit zu helfen.[67] Erst nach einer gewissen Anlernzeit stiegen sie zum Ansetzer auf, der die gerissenen Fäden anknüpfte. Im Alter von 18 bis 20 Jahren übernahmen die männlichen Ansetzer allmählich die Position des Spinners, und die Mädchen wechselten zu den Streckwerken oder in die Hasplerei. Das Knüpfen der Fäden konnte nur bei eingefahrenem Wagen geschehen, da die Ansetzer – beim Selfactor auch die Spinner – das Fadenende des Kötzers mit dem Faden, der vom Streckwerk kam, vereinigen (andrehen) mußten. Bei der Mule erfolgten in der Regel pro Minute drei Wa-

32 Arbeit an der Mule-Maschine in der englischen Baumwollspinnerei.
Der Arbeitsablauf wird auf diesem Bild aber nicht richtig dargestellt. Der Spinner arbeitet an der linken Mule, die gerade mit der Ausfahrt des Wagens beginnt. Dort hat er aber gar nichts zu tun, weil der Wagen bei der Ausfahrt durch die Transmission ohne Hilfe des Arbeiters angetrieben wird. In diesem Moment sollte er auf der anderen Seite stehen, um die beginnende Einfahrt des Wagens vorzunehmen. Die Knüpfer drehen die Fäden an, während der Wagen ganz ausgefahren ist. Dies ist aber gar nicht möglich, da die Arme des Kindes nicht ausreichen, um die 1,5 m entfernten, von den Streckwerken kommenden Fadenenden zu ergreifen und mit den Enden auf der Spindel zu vereinigen. Das Putzen unter der Maschine bei ausgefahrenem Wagen ist sehr gefährlich und unlogisch. Das Putz-

32

genausfahrten. In diesem Rhythmus mußte das Kind regelmäßig an den eingefahrenen Wagen herantreten, um im Rückwärtsgehen das Knüpfen vorzunehmen. Da die Länge einer Wagenausfahrt 1,5 m betrug, legte der Knüpfer, der zudem mit einem zweiten Kind die ganze Breite der Maschine (rund 14 m) zu beobachten hatte, während der 11- bis 14stündigen Arbeitszeit mehrere Kilometer zurück (rund 0,5 km pro Stunde).[68] Die hohe Belastung für die Heranwachsenden bestand in der «steten aufrechten Haltung», dem «in beständigem Hin- und Hergehen zurückgelegten Weg und der erforderlichen steten Aufmerksamkeit auf die Maschinerie».[69] Die Leistung der Maschine war um so geringer, je mehr Fäden nicht geknüpft und leere Vorgarnspulen nicht erneuert wurden. Ebenso mußte das Abnehmen der vollen Garnspulen und das Bereitmachen der Maschine zum Spinnen möglichst rasch erfolgen. Da der Spinner im Akkord (Bezahlung nach Quantum/Garnqualität) entlöhnt wurde, unterwarf er Aufstecker und Andreher einer scharfen Kontrolle und anhaltendem Leistungszwang. Umgekehrt verlangte die Maschine auch ein kooperatives Zusammenarbeiten von erwachsenem Spinner kind müßte beim Einfahren des Wagens unter der Maschine durchkriechen und auf die andere Seite ausweichen. Besser wäre es, dem Wagen folgend die Arbeit vorzunehmen.

Nächste Seite:
33 Fabrikordnung der Baumwollspinnerei und -weberei Trümpler und Gysi in Oberuster.

und jugendlichen Hilfskräften, um ein erfolgreiches Arbeiten zu gewährleisten, was die Position der Jungen wiederum stärkte.

Ebenfalls zu den häufigen Kinderarbeiten gehörte das Putzen und Ölen der Maschine. Ein ehemaliger Arbeiter der Spinnerei Windisch berichtet, wie er als 14jähriger diese «unappetitlichste und gesundheitsschädlichste Arbeit» ausführen mußte: «Die einen von uns wurden angewiesen, die Spindeln der Selfaktorstühle zu ölen, andere die Kehrichtkisten zu erlesen und ihren Inhalt zu sortieren.» (...) «Beim Putzen des abgestellten Selfaktors (eine gründliche Reinigung war alle 4 Wochen notwendig) mußten wir unter die Maschine schlüpfen, um auf dem Rücken liegend die Reinigungsarbeiten auszuführen. Unter den Maschinen konnte der Leib sich nur mit Mühe regen, oft kamen Stirn und Nase in schmerzhafte Berührung mit dem harten Metall der Maschinen.»[70]

Die fabrikindustrielle Herrschaftsordnung: Züchtigung mit dem «Hagenschwanz»

Die frühindustrielle Fabrikproduktion war durch eine herrschaftlich-autoritäre Struktur gekennzeichnet, deren Gliederung, Kompetenzzumessung und Regeln der Unternehmer als Produktionsmittelbesitzer festlegte. Ein ausgeklügeltes Straf- und Belohnungssystem sorgte für die Aufrechterhaltung der Herrschaft und die Disziplinierung der Lohnabhängigen. Besonders ausgeprägt lastete die fabrikindustrielle Herrschaftsordnung auf den jungen Arbeitern. Einerseits standen sie in der fabrikinternen Hierarchie auf der untersten Stufe, anderseits waren das Strafsystem und der industrielle Arbeitsprozeß neu für sie. Die Knüpfkinder unterlagen durch die Form des Arbeitsprozesses der Aufsicht und dem Leistungsdruck des Spinners. Die meisten Fabrikordnungen, die von ihren Arbeitern «pünktlichste Subordination, Sicheinfinden zur bestimmten Zeit, Treue, Fleiß, Gehorsam, ein sittsames stilles Betragen, Reinlichkeit und Sorgfalt im Gebrauch der Maschinen und Werkstätten»[71] verlangten, übertrugen den Erwachsenen zusätzliche Aufsichtsrechte über die Jugendlichen. Die Spinnerei Trümpler und Gysi bestimmte: «Die Spinner und überhaupt die ältern Arbeiter haben auf die

Regl
für sämmtliche Arbeiter in der Fabrik, Werkstätte und dem

§. 1.

Jeder eintretende Arbeiter unterzieht sich mit seinem Eintritt allen in diesem Reglement enthaltenen Bestimmungen, und wenn er kein hiesiger Gemeindsgenosse ist, soll er bei seinem Eintritte in die Fabrik, in Folge gesetzlicher Vorschrift, seinen Abschied, Heimathschein und Taufschein vorweisen, und diese letztern nachher an die Behörde abgeben.

§. 2.

Die Arbeiter sollen alle genau nach bestimmter Zeit bei der ihnen durch den Aufseher angewiesenen Arbeit sich einfinden, treu, fleißig und gehorsam sein, und die einem Jeden anvertrauten Maschinen und Arbeitsplätze äußerst reinlich halten, und dafür Sorge tragen.

§. 3.

Es soll Keiner ohne besondere Erlaubniß der Aufseher, weder für kürzere noch für längere Zeit, seine Arbeit verlassen oder von derselben ausbleiben, wenn nicht Krankheitsumstände oder andere dringende Hindernisse ihn davon abhalten.

§. 4.

Es wird ein Decompte errichtet, der beim Austritt eines Arbeiters bezahlt wird, wenn Letzterer sich keines Schadenersatzes schuldig gemacht, und zu gehöriger Zeit seine Entlassung verlangt hat.

§. 5.

Ein jeder Arbeiter, wenn er aus der Fabrik weg will, muß 14 Tage vor seinem Austritt die Arbeit dem Chef der Fabrik oder, in dessen Abwesenheit, dem Aufseher aufgekündet haben, und zwar an einem Zahltage. Nur unter dieser Bedingung wird ihm ein Abschied als Zeugniß seines Verhaltens ertheilt, und der Decompte ausbezahlt. Die gleiche Verpflichtung soll auch gegen die Arbeiter erfüllt werden, jedoch in der Meinung und mit dem Vorbehalt, an diese Zeit nicht gebunden zu sein, wenn sich Einer gegen einen der wichtigsten Puncte des Reglements verfehlt.

§. 6.

Kein Arbeiter darf ohne Erlaubniß Jemand in die Fabrik einführen, und eben so wenig einer ihm nachfragenden Person, die in der Spinnerei nicht angestellt ist, Bescheid geben, noch Säcke, Zeinen, Körbe und dergleichen mit sich bringen. Bei Vermissung von Effecten oder obwaltendem Zweifel haben sich Alle der Untersuchung ohne weiters zu unterziehen.

§. 7.

Die sämmtlichen Arbeiter sind verpflichtet, sich sowohl in als außer der Fabrik eines eingezogenen, sittsamen und wohlanständigen Betragens zu befleißen, und zu dem Ende hin bei Strafe zu vermeiden:

    a) das Tabakrauchen in der Fabrik;
    b) allen Gesang von unsittlichen Liedern;
    c) sitten- und ordnungswidrige Geschwätze und Geberden;
    d) Fluchen und Schwören, Schimpf- und Scheltworte;
    e) Lärmmachen auf dem Wege zu und von der Fabrik;
    f) Schädigung an Häusern, Gärten, Wiesen und andern Gütern, an Bäumen, Zäunen, Brunnen und dergleichen;
    g) Zänkereien unter sich selbst und Reiz zu Aergerniß und Verdruß.

§. 8.

Untreue Arbeiter werden dem resp. Richter zur Bestrafung überliefert, und unter keinen Umständen mehr in der Fabrik angestellt. Wer Spuren oder sogar Mitwissen von der Entwendung eines noch so geringen Gegenstandes hat, und es nicht gleich anzeigt, wird als Mitschuldiger bestraft. Jeder Mißbrauch und alles Ordnungswidrige soll gleich bei der Entdeckung am gehörigen Orte gelaidet werden, da es in der Pflicht jedes Arbeiters liegt, den Nutzen seines Prinzipals nach Möglichkeit zu fördern und den Schaden abzuwenden.

ement

übrigen Gewerbe der Herren Trümpler & Gysi in Oberuster.

§. 9.

Wer am Zahltag mehr Arbeitszeit angibt, als er wirklich gearbeitet hat, oder wer durch Irrthum zu viel erhaltenes Geld nicht wieder unaufgefordert zurückerstattet, wird, bei Entdeckung, strenge bestraft.

§. 10.

Den sämmtlichen Arbeitern wird alles Ernstes empfohlen, mit den Lichtern sorgfältig umzugehen, und solche nie brennend von der bestimmten Stelle wegzunehmen. Sollte aber, ungeachtet aller Sorgfalt, Feuersgefahr entstehen, so haben sich die Kinder gleich zu entfernen, und gänzlich aus der Fabrik wegzubegeben; die größern Arbeiter sind verpflichtet, die ihnen angewiesene Hülfsleistung nach den vorhandenen Verordnungen aufs Angelegenste zu verrichten.

§. 11.

Kein Arbeiter soll, ohne bestimmt habenden Auftrag, einheizen; Denjenigen aber, denen Solches anvertraut ist, wird die größte Vorsicht in allen sich dahin beziehenden Fällen anempfohlen.

§. 12.

Wenn nach beendigter Arbeit die Lichter ausgelöscht sind, und das Feuer in den Oefen bestens besorgt ist, so sind die Aufseher verpflichtet, in den Jedem angewiesenen Zimmern nachzusehen, ob Fenster und Thüren, wo es nöthig ist, beschlossen, und ob wegen Feuer und Licht gänzliche Sicherheit sei.

§. 13.

Es soll sich jeder Arbeiter angelegen sein lassen, gute, untadelhafte Arbeit zu liefern, und dieselbe genau nach Vorschrift zu verfertigen. Jedes eigenmächtige Abändern, Stellen und Richten der Werke ist, bei starker Buße, untersagt, hingegen jeder Arbeiter verpflichtet, alles Schadhafte und Reparatur Bedürftige sogleich einem dazu Verordneten anzuzeigen. Wer durch übertriebene Gewalt, Unvorsichtigkeit oder Ungeschicklichkeit Etwas zerbricht oder fehlerhafte Arbeit liefert, kann, nach Umständen, um Schadenersatz belangt werden.

§. 14.

Sämmtliche Arbeiter, ohne Ausnahme, sind den ihnen zugegebenen Aufsehern untergeordnet, und daher verpflichtet, ihnen in allen Vorschriften ohne Widerrede Folge zu leisten. Wenn der Eine oder der Andere gegen Einen der Letztern gegründete Klage führen zu können glaubt, so soll er diese in der Schreibstube eingeben.

§. 15.

Die Spinner und überhaupt alle ältern Arbeiter haben auf die minderjährigen Kinder und Lehrjungen in jeder Hinsicht ein wachsames Auge zu halten, und sie, wenn es nöthig, zur Ordnung zu weisen. Da dieselben ihrer Aufsicht zum Theil anvertraut sind, so werden sie für alles Ungebührliche, das während ihrem Beisein vorgehen sollte, hauptsächlich zur Verantwortung gezogen werden.

§. 16.

Diejenigen, welche sich gegen dieses Reglement so verfehlen, daß keine richterliche Dazwischenkunft eintreten muß, haben die Strafe eines dem Umstand angemessenen Abzuges an ihrem Lohne zu gewärtigen.

§. 17.

Die Aufseher sind angewiesen und verpflichtet, auf pünctliche Befolgung dieses Reglements zu achten, und die Fehlbaren nach Vorschrift desselben zu verzeichnen. Die Aufseher sind für ihre Handlungen dem Chef verantwortlich.

Oberuster, den 1. Juni 1838. **Die Eigenthümer der Fabrik:**

34 Auspeitschen eines Kindes in einer englischen Wollspinnerei um 1850.

34

minderjährigen Kinder und Lehrjungen in jeder Hinsicht ein wachsames Auge zu halten, und sie, wenn es nöthig, zur Ordnung zu weisen. Da dieselben ihrer Aufsicht zum Theil anvertraut sind, so werden sie für alles Ungebührliche, das während ihrem Beisein vorgehen sollte, hauptsächlich zur Verantwortung gezogen werden.»[72]

Die Stellung der jungen Arbeiter auf der untersten Stufe der Fabrikhierarchie äußerte sich auch darin, daß sie alle zusätzlichen und unangenehmen Tätigkeiten im Auftrag der Erwachsenen zu übernehmen hatten. So «verständigten» sich Spinner und Ansetzer, um nicht Zeit und Lohn zu verlieren, «daß das Reinigen der Maschinen durch die Ansetzer nach dem Mittagessen stattfinde, was bloß 10–15 Minuten erfordere».[73] Die Mittagszeit der Jugendlichen betrug dadurch nur noch rund 30–45 Minuten, was gegen das eidgenössische Fabrikgesetz verstieß.

Zur alltäglichen Disziplinierung von Fabrikkindern durch Unternehmer, Aufseher und erwachsene Arbeiter gehörte bis weit in die zweite Hälfte des 19. Jahrhunderts hinein die körperliche Züchtigung. 1835 klagte der 16jährige, in der Spinnerei Kunz arbeitende Heinrich Senn, der blutend beim Gemeindeammannamt erschien, daß er von Aufseher Schneider «mit einem sogenannten Hagenschwanz Schläge auf die Arme, Beine und den Leib erhalten habe, von demselben am Hals angepackt und an einen Cylinderstuhl zurückgestoßen worden sei».[74] Der Aufseher Heinrich Ostertag gab 1843 vor Gericht zu, dem 10jährigen Salomon Mettler eine Ohrfeige verpaßt zu haben. Der Knabe habe dagegen aufbegehrt, «worauf er ihm mit der Faust einen Streich ins Maul gegeben».[75] In der Baumwollspinnerei Frei in Niederuster legte der Unternehmer und Kantonsrat 1837 gleich selbst Hand an: «Herr Frei kommt in den Spinnsaal und findet den Zollinger auf dem Tambour liegen. Da durch ihn auch andere außer Tätigkeit gesetzt wurden, so nahm ihn Herr Frei bei den Haaren und riß ihn herunter. Zollinger wollte nun fortgehen, Herr Frei nahm ihn beim Rocke und gab ihm mit der flachen Hand ein paar Schläge.»[76]

Das Schlagen der Kinder beschränkte sich keineswegs auf einige Einzelfälle, sondern bildete in der Fabrik die gängige Disziplinierungsmethode. Staat und Gerichte schützten das Verprügeln von Minderjährigen ausdrücklich: Das Zürcher Obergericht hielt 1835 in einem Grundsatzurteil fest, daß «wenn die Beschaffenheit solcher Etablissements, so die der in denselben arbeitenden minderjährigen Personen berücksichtigt wird, es keinem Zweifel unterliegen kann, daß dem Inhaber einer solchen Fabrik und den von diesem angestellten Aufsehern ein gewisses Züchtigungsrecht zustehen muß».[77]

Urteil des Obergerichts des Kantons Zürich über körperliche Züchtigung in Fabriken.

V. Urtheil des Bezirksgerichtes Uster
vom 2. Weinmonat
und des Obergerichtes vom 26. Wintermonat 1835.

In Sachen
des Heinrich Senn aus dem Fischenthal, seßhaft im Sonnenberg bei Niederuster, Damnificaten;
des Caspar Schneider von Riedikon, Gemeinde Uster, Aufsehers in der Spinnerei des Hrn. Oberstlieutenant Kunz in Niederuster, 29 Jahre alt, verheirathet, Vaters von 2 Kindern;
des Jakob Schneider von daselbst, 23 Jahre alt, verheirathet, Vater eines Kindes, Spinners in gleicher Fabrike, und
des Hrn. Oberstlieutenant Heinrich Kunz von Oberuster, 42 Jahre alt, unverheirathet, sämmtlich Inculpaten,
betreffend Mißhandlung und Körperverletzung,
hat das Bezirksgericht
Da sich aus den Acten ergeben:

A. Am Abend des 30. Mai d.J. sei der 16 Jahre alte Heinrich Senn blutend beim Gemeindammannamte Uster erschienen, und habe demselben geklagt, daß er ungefähr vor einer Stunde von dem Aufseher Caspar Schneider in der Fabrik des Hrn. Oberstlieutenant Kunz mit einem sogenannten Hagenschwanz Schläge auf die Arme und Beine und den Leib erhalten habe, von demselben am Hals angepackt und an einen Zylinderstuhl zurückgestoßen worden sei. (...)

D. Kaspar Schneider anerkenne, dem Senn einige Streiche mit dem Farrenschwanz gegeben zu haben; die Veranlassung sei darin bestanden: Da der bei der Fabrik vorbeigegangene Arzt Sallenbach ihm habe anzeigen lassen, daß Senn auf ihn gespeit und Wasser geschüttet habe, auch ihm überdieß noch zur Kenntniß gekommen sei, Senn habe einem vorbeigehenden Manne einen alten Schuh nachgeworfen, habe er darüber den Senn vernommen, der aber alles frech geläugnet habe. Nachdem er ihm mit dem Farrenschwanz gedroht, wenn er die Wahrheit nicht eingestehe, habe er, Senn, ihn angefallen, beim Hemdkragen angepackt, denselben zerrissen und ihn bei der Nase angegriffen, daß er geblutet habe, worauf Senn habe zurücktreten wollen, und dabei an eine Wagenstraße gefallen sei, seinen Kopf an ein Vögelein am Zylinderbank angeschlagen und sich dadurch am hintern Theile des Kopfes eine kleine Verwundung zugezogen, dann aber mehrere Putzwalzen gegen ihn geworfen habe, wovon sein herbeigekommener Bruder, Jakob Schneider, den Senn habe abhalten wollen. Auf dieses habe der demselben im Zorn einige Hiebe mit dem Farrenschwanz gegeben, den er aus Auftrag des Hrn. Oberstlieutenant Kunz gegen minderjährige Arbeiter, die ruchlos und unverbesserlich seien, anzuwenden und dieselben nach Gutbefinden zu strafen habe, unter welche Klasse Senn gehöre, was sich auch noch daraus ergebe, daß die Mutter des Senn ihm, Schneider, Tags vorher geklagt habe, er bringe seinen Lohn nicht ganz nach Hause, er verprasse davon; daher man ihm denselben nicht geben, sondern ihn abstrafen soll. Die Verletzungen des Senn rühren daher, daß sein Vater denselben am nämlichen 30. Mai mit einer Kuderkarde geschlagen habe.

In Folge der von Caspar Schneider und Hrn. Kunz gegen dieses Urtheil ergriffenen Berufung
  hat sodann das Obergericht,
   in Erwägung:
1. Daß der objective Thatbestand einer in Folge von Mißhandlung Statt gehabten sehr bedeutenden Körperverletzung durch den Befund des Bezirksarztes als hergestellt erscheint; –
2. Daß auch, abgesehen von den Aussagen der einvernommenen Zeugen, Schneider der Urheberschaft sowohl durch die Angaben des Damnificaten als durch sein eigenes Geständniß überwiesen ist; –
3. Daß jedoch das Benehmen des Damnificaten, so wie der Umstand, daß Schneider nur das ihm übertragene Züchtigungsrecht ausübte, in mildernde Berücksichtigung fällt; –
4. Daß dem Hrn. Kunz eine Theilnahme an der fraglichen Mißhandlung nicht zur Last fällt, da er nach den Acten dabei nicht mitgewirkt hat, sein dießfälliger Auftrag an die Aufseher aber lediglich die Herstellung der in einer Fabrike erforderlichen Ordnung beabsichtigte und daher als völlig gerechtfertigt erscheint, weil, wenn die Beschaffenheit solcher Etablissements, so wie der in denselben arbeitenden minderjährigen Personen berücksichtigt wird, es keinem Zweifel unterliegen kann, daß dem Inhaber einer solchen Fabrik und den von diesem angestellten Aufsehern ein gewisses Züchtigungsrecht zustehen muß: –
  mit Einmuth gefunden:
Schneider sei der Mißhandlung, verbunden mit Körperverletzung unter wesentlich mildernden Umständen schuldig, Hr. Kunz der Theilnahme an diesem Vergehen nicht schuldig;

  und hierauf mit Einmuth,
nur hinsichtlich des Betrages der dem Schneider aufzulegenden Buße durch Stimmenmehrheit,
   erkennt:
1. Sei Herr Kunz freigesprochen; –
2. Sei Schneider zu einer Buße von 40 Frk. verurtheilt; –
3. Habe derselbe die erst- und zweitinstanzlichen Proceßkosten, die bezirksärztlichen und die Zeugengebühren, so wie die dem Damnificaten schon in erster Instanz gesprochene Entschädigung von 12 Frk. zu bezahlen; –
4. Sei dieses Urtheil dem Staatsanwalte und dem Bezirksgerichte Uster, lezterm unter Rücksendung der Acten, mitzutheilen.

(Monatschronik der Zürcherischen Rechtspflege oder Mittheilung der wichtigsten Urteile und Beschlüsse des Obergerichts und anderer Gerichte des Cantons Zürich, und der von denselben angewandten Grundsätze, sammt einer Übersicht ihrer sämtlichen behandelten Geschäfte, Bd. 6 [1836], Zürich 1836, S. 470ff.)

Die Herauslösung der Heranwachsenden aus dem familienwirtschaftlichen Produktionsverband und ihre Integration in den fabrikindustriellen Arbeitsprozeß bewirkte auch, daß physische Gewalt gegen Kinder im Bereich der Produktion «öffentlich» wurde, zu Kritik Anlaß gab und allmählich eingeschränkt wurde. Während körperliche Strafen im familiären Kontext – von Ausnahmen abgesehen – als notwendig und gerechtfertigt galten, stellte man ihre Anwendung durch familienfremde Personen, wie Unternehmer und Aufseher, sehr bald in Frage.

Die zahlreichen Gerichtsfälle zeigen, dass die Eltern sich gegen die körperliche Mißhandlung ihrer Kinder zur Wehr setzten, weil sie dies als einen Eingriff in nur ihnen zustehende Rechte betrachteten oder mit dem angewendeten Maß der Prügel nicht einverstanden waren. Immer stärker wurden Schläge als Disziplinierungsmittel zumindest in der Fabrik abgelehnt. 1856 hielt der Gemeinderat von Uster in einer Eingabe an den Regierungsrat «körperliche Züchtigungen», besonders «gegen jüngere Arbeiter», «die früher an der Tagesordnung waren», für inhuman.[78] Das Fabrikgesetz von 1859 («Gesetz des Kantons Zürich betreffend die Verhältnisse der Fabrikarbeiter») verbot die körperliche Mißhandlung von Kindern. Trotzdem ergab die erste Inspektion der zürcherischen Fabriken von 1860, daß «körperliche Züchtigungen» durch «Spinner und Aufseher» noch «immer häufig» vorkamen.[79]

Die Fabrikdisziplin mit ihren Bußen und Züchtigungen lastete schwer auf den Spinnerkindern. Angst, Scham und Demütigung gehörten zu ihren alltäglichen Erfahrungen. Der ehemalige Spinnereiarbeiter aus Windisch schildert sein erstes Bußenerlebnis folgendermaßen: «Schluchzend trat ich abends in unsere Wohnung, und gab den Meinen Bericht von der über mich verhängten Buße, mein Los bejammernd, in die Fabrik gehen zu müssen.»[80]

Geselligkeit und Partnerwahl

Trotz Fabrikordnung und hoher Arbeitsbelastung gehörten zum Fabrikleben der Heranwachsenden auch Geselligkeits-, Erlebnis- und Abenteuermomente. In den Spinnereien und auf dem nächtlichen Heimweg ergaben sich eine Vielzahl von Möglichkeiten zu jugendlichen Streichen, Liebesabenteuern und nächtlichem Unfug. Hier entlud sich der aufgestaute Übermut und behauptete sich Widerstand gegen die harte Fabrikdisziplin. Der 16jährige Heinrich Senn z. B. fand während der Arbeit genug Zeit, um dem an der Fabrik vorbeigehenden Arzt Sallenbach Wasser auf den Kopf zu leeren und einem anderen Passanten einen alten Schuh nachzuwerfen.[81] Auch die angegebenen Bußgründe in der Firma Trümpler geben eine breite Palette von bestraftem jugendlichem Schabernack: «Unfug und Beleidigungen», «Unanständiges Rufen in den Hof», «Obst im Zimmer herumwerfen», «Neckereien» usw.[82]

Besonders spannungsgeladen gestaltete sich der nächtliche Heimweg nach der anstrengenden Fabrikarbeit. «Ehrbare Leute» wurden «durch die groben, zottigen Reden, das Schimpfen und Zanken auf der Straße von den aus der Maschine kommenden Kindern geärgert und beunruhigt».[83] Das Bezirksgericht Uster verurteilte 1844 vier «Fabrikler» im Alter von 17 bis 21 Jahren wegen Eigentumsbeschädigung, weil sie nachts 10 Uhr «übermäßig gelärmt», bei einem Haus die «Fenster-

Alltag der «Fabriklerkinder» am «Millionenbach»

35

36

35 Arbeit von Mädchen an Ringspinnmaschinen, die zu Beginn des 20. Jahrhunderts den Selfactor allmählich ablösten.
36 Arbeit an Ringspinnmaschinen.

bollen» weggezogen und Trauben aus der Reblaube entwendet hatten.[84]
Durch die lange Arbeitszeit verlagerte sich ein großer Teil des geselligen Lebens in die Spinnerei. Die Fabrik wurde für die Heranwachsenden zum Kommunikations-, Nachrichten- und Kontaktzentrum. Viele der prüden Pfarrherren sahen in den Spinnfabriken keine «guten Sittenschulen der Jugend», «weil die Gespräche und Lieder der Arbeiter, besonders wenn die beiden Geschlechter in einem Zimmer sich aufhalten, durch ihre Garstigkeit die Wohlanständigkeit verletzen».[85] Im Spinnereibetrieb ergaben sich vielfältige Möglichkeiten, um Beziehungen zum anderen Geschlecht zu knüpfen. Trotz Lärm, hoher Arbeitsbelastung und Fabrikdisziplin fand z. B. der in der Spinnerei Kunz als «Lampist» beschäftigte Jakob Bachofen, der 1846 wegen der Vaterschaftsklage einer in derselben Fabrik tätigen Arbeiterin vor Gericht stand, regelmäßig Zeit, um mit den dort arbeitenden 14- bis 16jährigen Mädchen «zu reden», zu «scherzen» und «freundschaftlich zu tun».[86] Erste Kontakte, die während der Arbeitszeit gesponnen wurden, fanden außerhalb der Arbeit ihre Fortsetzung in der herkömmlichen, brauchmäßigen Form der Eheeinleitung, dem nächtlichen «z' Licht»-Gehen. Der junge Spinner Heinrich Heß schilderte seine Beziehung zu einer Arbeiterin aus derselben Fabrik mit folgenden Worten: «Wir sind durch Redensarten miteinander bekannt geworden und ich ging an ein Sonntag nacht zu ihr in ihr Haus und blieb dort etwa zwei Stunden: (...) ich rief ihr als sie im Bett lag. Es war etwa 12 Uhr als sie mir aufthat.»[87]
Durch den täglichen Kontakt, sei es bei der langen Arbeitszeit in der Fabrik, sei es im Arbeiterwohnhaus oder beim Wohnungs- und Kostgeber, entstanden Freundschaften und Liebschaften: «Seit Anfang März seien sie miteinander bekannt geworden durch Zusammenleben im Kosthaus bei Küfer Wohlwend»; der Beklagte sei einmal «aus der Fabrik mit ihr heimgekommen»; «sie arbeiteten nebeneinander und lernten sich kennen»; «sie beide waren bei einer Familie Kübler in Niederuster in Kost und Logis. Es habe sich bald in Folge des täglichen Verkehrs ein freundschaftliches Verhältnis entsponnen».[88] In dieser arbeits- und wohnbedingten Gemeinschaft der Gleichaltrigen lernten die jungen «Fabrikler» ihre zukünftigen Ehepartner kennen. In der Gemeinde Uster heirateten zwischen 1876 und 1890 über 50% der heran-

37

wachsenden Fabrikarbeiter eine Partnerin, die ebenfalls in der Textilfabrik arbeitete.[89]

Die Fabrik war für die jungen Spinnereiarbeiter mehr als nur eine Produktionsstätte, sie umfasste mehr als nur harte kräftezehrende Arbeit. Der Betrieb verkörperte ein soziales Gebilde, in das die jungen «Fabrikler» hineinwuchsen, in das sie durch ein vielfältiges Netz von Beziehungen eingebettet waren und innerhalb dessen sich auch die Partnerwahl vollzog, die den Übertritt in eine neue Lebensphase markierte.

Rückblickend läßt sich festhalten: Bis gegen Ende des 19. Jahrhunderts starben überdurchschnittlich viele «Fabriklerkinder» bereits in den ersten Lebensmonaten, weil ökonomische Not, außerhäusliche Mütterarbeit und mangelnde hygienisch-medizinische Kenntnisse eine ausreichende Pflege und Betreuung nur begrenzt zuließen. Dank Mutterschutz, Ausbau der medizinischen Versorgung, Verbesserung der Säuglingspflege, Anhebung der Einkommen und Einrichtung von Kinderkrippen usw. sank die Säuglingssterblichkeit in den Arbeiterfamilien seit

37 Kinderarbeit in einer Baumwollspinnerei in North Carolina (USA, 1911).

den 1880er Jahren langsam ab und glich sich dem gesamtschweizerischen Durchschnitt an.

Das wirtschaftliche Elend der Eltern zwang die Arbeiterkinder schon früh zur regelmäßigen außerhäuslichen Verdienstarbeit. Als Folge der kapitalistischen Fabrikindustrialisierung erfolgten Ausbeutung, Erziehung und Disziplinierung der Heranwachsenden nicht mehr im familienwirtschaftlichen Produktions- und Versorgungsverband, sondern wurden in Fabrik und Schule vergesellschaftet. Die industrielle Kinderarbeit außerhalb der Familie und z.T. auch die Anwendung physischer Gewalt als Disziplinierungsmittel unterlagen in zunehmendem Maße der öffentlichen Kritik und wurden nach und nach eingeschränkt. Der Erwerb notwendiger Qualifikationen wurde aus der Produktion ausgelagert und besonderen Institutionen, vorab der Schule, übertragen. Beschränkung der Kinderarbeit und Ausbau der Schule befreiten die «Fabriklerkinder» im Verlaufe des 19. Jahrhunderts allmählich von extremer physischer Arbeitsbelastung, bauten körperliche Züchtigungserfahrungen ab und schufen institutionelle Voraussetzungen für begrenzte Selbstentfaltung und Berufsbildung. Ihre soziale und bildungsmäßige Diskriminierung, die sich aus der proletarischen Klassenlage ergab, wurde dadurch aber nicht beseitigt.

Umgekehrt bedeutete die Ausklammerung aus dem Produktionsbereich, im 19. Jahrhundert als Fortschritt in der Erziehung durchgesetzt, längerfristig eine Verbannung der Heranwachsenden in eigentliche Kinder- und Jugendgettos. In völliger Abgeschiedenheit von der gesellschaftlichen Produktion wachsen Kinder heute «spielend und lernend» in Familie und Schule auf. An gesellschaftlich wichtigen Arbeitsabläufen und Entscheidungen partizipieren sie kaum. Nach Aussagen von Erziehungswissenschaftlern sind sie in diesem Schonraum «auf sich selbst gestellt», «nicht kooperativ integriert», «sie erleben, daß sie von niemandem wirklich gebraucht werden und daß sie niemandem verantwortlich sind», und «sie können nur unter Zwang» und «im Rahmen vorgegebener Ziele» tätig werden.[90] Bei aller Armut, Ausbeutung und sozialer Diskriminierung erlebten die «Fabriklerkinder» im 19. Jahrhundert, wie sinnvoll und funktional wichtig ihre Tätigkeit für die Existenzsicherung der Familie war. Dafür erfuhren sie in hohem Maße elterliche Wertschätzung und Anerkennung. Trotz Monotonie, Fremdbestimmung und hoher Arbeitsbelastung enthielt ihre Arbeit in der Fabrik zusammen mit Erwachsenen produktorientierte, kooperative Momente. Der ökonomisch notwendige Fabrikverdienst stärkte ihre Position gegenüber ihren Eltern und beließ sie nicht in langer, ausbildungsbedingter Elternabhängigkeit und gesellschaftlicher Geringschätzung. Es sollen hier keineswegs frühkapitalistische Lebensverhältnisse idealisiert und der Rückkehr zu materieller Not und hartem Existenzkampf das Wort geredet werden. Im Gegenteil, die Untersuchung sollte gerade verdeutlicht haben, daß eine ausreichende Befriedigung materieller Grundbedürfnisse für Lebenschancen und Selbstentfaltung der jungen Menschen eine unabdingbare Voraussetzung ist. Kinderarbeit als Lohnarbeit ist in jedem Falle abzulehnen. Aber es drängt sich angesichts der wachsenden Jugendprobleme die Frage auf, ob Kinder und Jugendliche in Erziehung und Gesellschaft nicht vermehrt die Möglichkeit erhalten sollten, Aufgaben und Arbeiten zu planen, zu übernehmen und kooperativ zu lösen, die sie selbst innerhalb ihres Lebensbereiches für sinnvoll halten. Dabei kann es nicht einfach um das Ausführen von irgendwelchen Arbeiten oder das Lösen von geschickten pädagogischen Aufgaben gehen. Selbstbestimmung, Kooperation und Einsicht in die Wichtigkeit des gewählten Arbeitsgebietes sollten im Zentrum stehen. Solche Beispiele ergebnisorientierten, kooperativ gelösten Erlebens und Lernens könnten die von Schulkindern selbst durchgeführte Ernährung und Versorgung, die Aktion gegen eine geplante Straße oder ein selbsterbautes und -verwaltetes Jugendhaus sein.

1 Luzern um 1870: Der Bau der ersten Hotels am rechten Seeufer markiert den Beginn und ersten Höhepunkt der Entwicklung der Fremdenindustrie. Von links nach rechts: Englischer Hof (1855), Schweizerhof (1846/54/55), Luzernerhof (1865). Am rechten Bildrand im Bau: Hotel National.

Die Welt der Luzerner Hotelangestellten

Paul Huber
Hansruedi Brunner

1

Die Welt der Luzerner Hotelangestellten 169

Im Jahre 1868 weilte Königin Viktoria für einen Monat in Luzern. Nicht, daß es dieses Besuchs noch bedurft hätte, um Luzern zu einem bedeutenden Fremdenort zu machen; schon zu viele «Celebritäten» waren hier abgestiegen. Aber der königliche Besuch gab dem Fremdenverkehrsplatz Schweiz und im besonderen Luzern eine Art «höhere Weihe»; solcherart durch die internationale Crème geadelte Gegenden wurden noch vermehrt «Sammelplätze der gern gesehenen Zugvögel». Die Werbewirksamkeit millionenfach kolportierter Nichtigkeiten, mangels anderer Sensationen in die Welt gesetzter und natürlich dementierter Attentatsversuche, Spekulationen über die politischen Hintergründe des Zusammentreffens so vieler «Nobilitäten» in Luzern oder die königliche Wohltätigkeit gegenüber städtischen und kantonalen Vereinen wurde von den Hoteliers schon damals nicht unterschätzt. Man konnte auch auf die Zugkraft der künftig in den Gemächern der königlichen Familie hängenden Serienbilder des Luzerner Landschaftsmalers Zelger hoffen, die von der Königin als Weihnachtsgeschenke bestellt worden waren. Dies nicht zuletzt deshalb, weil die eigenen Werbeanstrengungen noch auf ziemlich bescheidenem Niveau standen.

Luzerner Tagblatt, 19. 8. 1869:
– Aus Paris schreibt man unterm 12. d.: Das Zusammentreffen so vieler politischer Notabilitäten in Luzern gibt natürlich zu den verschiedensten Vermuthungen Anlaß, und so schreibt man dem beabsichtigten Ausflug des Königs von Holland nach dem Vierwaldstättersee eine politische Bedeutung zu. Lord Lyons will auch dahin. Aus Pesth wird geschrieben, daß auch der ungarische Minister-Präsident Graf Andrassy die Absicht habe, in der Schweiz von den Anstrengungen der letzten Monate auszuruhen, und da von ihm bekannt ist, daß er persönlich mit Lord Stanley befreundet, wird er wohl einer Begegnung mit dem englischen Staatsmanne nicht aus dem Wege gehen. Alle diese Vermuthungen sind wohl nichts, als Humbug. Gewisse politische Spürnasen wittern hinter den harmlosesten Zufälligkeiten Dinge, die nur in ihrem spekulativen Schädel spucken.

Viele Faktoren trugen dazu bei, daß sich der Fremdenverkehr im 19. Jahrhundert quantitativ und qualitativ veränderte; im Soge dieser Entwicklung gelangte auch Luzern zu internationaler Bedeutung, insbesondere nachdem die anfänglich bevorzugten «Sea-side resorts» wie

2 Promenade vor dem Hotel Schweizerhof.

3 Etablissements der Luxusklasse: Hotel National, Kursaal und Hotel Palace (v.l.n.r.).
Der planmäßige Aus- und Umbau der Stadt begann in dem zum Fremdenquartier ausersehenen Quartier Hof. Repräsentative Bauten und breite Boulevards sollten eine wohlhabende Bevölkerung anziehen und den Fremdenverkehr «heben».

2

Brighton, Blackpool, Spa immer mehr von Personen «geringerer Qualität» überschwemmt wurden. Die internationalen «Trendsetter» wichen in andere Fremden- und Kurorte aus – unter anderen auch nach Luzern. Es wurde fashionable, in Luzern «auf dem öffentlichen Spaziergange, den die Großen dieser Welt beschritten», gesehen zu werden und – so mokierte sich weiter das englische Magazin «All the year round» – «etwas zur internationalen Chignon-Schau beizutragen».[1] Hier auf der Luzerner Seepromenade war man noch unter sich, nachdem sie durch behördlichen Erlaß von Kindermägden mit Kinderwagen, von Südfrüchtehändlern und lästigen Weibern gesäubert war.

Ja, der Gast wurde König, und der König wurde Gast; Luzern paßte sich der exklusiven Kundschaft an: Zwischen 1845 und 1875 entstanden fast ausschließlich Hotels der Luxusklasse, zunächst durch Einzelunternehmer, die ihre Hypotheken durch Vermittlung einheimischer und auswärtiger Banken in Basler und Zürcher Finanzkreisen unterbrachten, später dann in der Form von Aktiengesellschaften. Hotels allein reichten allerdings nicht aus, um die Ansprüche der Gäste zu befriedigen. Auch genügte es nicht, daß die ansässige Bevölkerung dahin gebracht werde, «ihre althergebrachte Art zu wohnen und zu essen, die ihr gut genug erscheint, um der Fremden willen aufzugeben»,[2] wie Stradner sich ausdrückte. Es bedurfte großer und vielfältiger Anstrengungen des wachsenden Touristenortes, um die Standortvoraussetzungen Luzerns für die ebenso verwöhnten wie kaufkräftigen Gäste attraktiver zu gestalten. Nicht nur die Fremdenindustrie selbst hatte daran teil, sondern auch städtische und kantonale Institutionen.

3

Bekanntmachung.

Gemäß Schlußnahme des Stadtrathes vom 17. August 1882 ist **alles Hausiren mit Verkaufsgegenständen jeder Art in nachbenannten Promenaden und öffentlichen Anlagen der Stadt Luzern untersagt,** nämlich:

a. in der Promenade vom rechtsufrigen Ausgang der Seebrücke bis zum Englischen Hof;
b. in der Promenade vor dem Schweizerhof;
c. in der Promenade und den gesammten Anlagen beim Hotel National und zwar vom Zeitungskiosk bis zum Ablagerungsplatz hinaus;
d. in den Anlagen beim Löwendenkmal.

Zuwiderhandelnde verfallen in eine **Geldbuße bis auf Fr. 30.**

Luzern, den 17. August 1882.

Das Polizeiamt der Stadt Luzern.

4

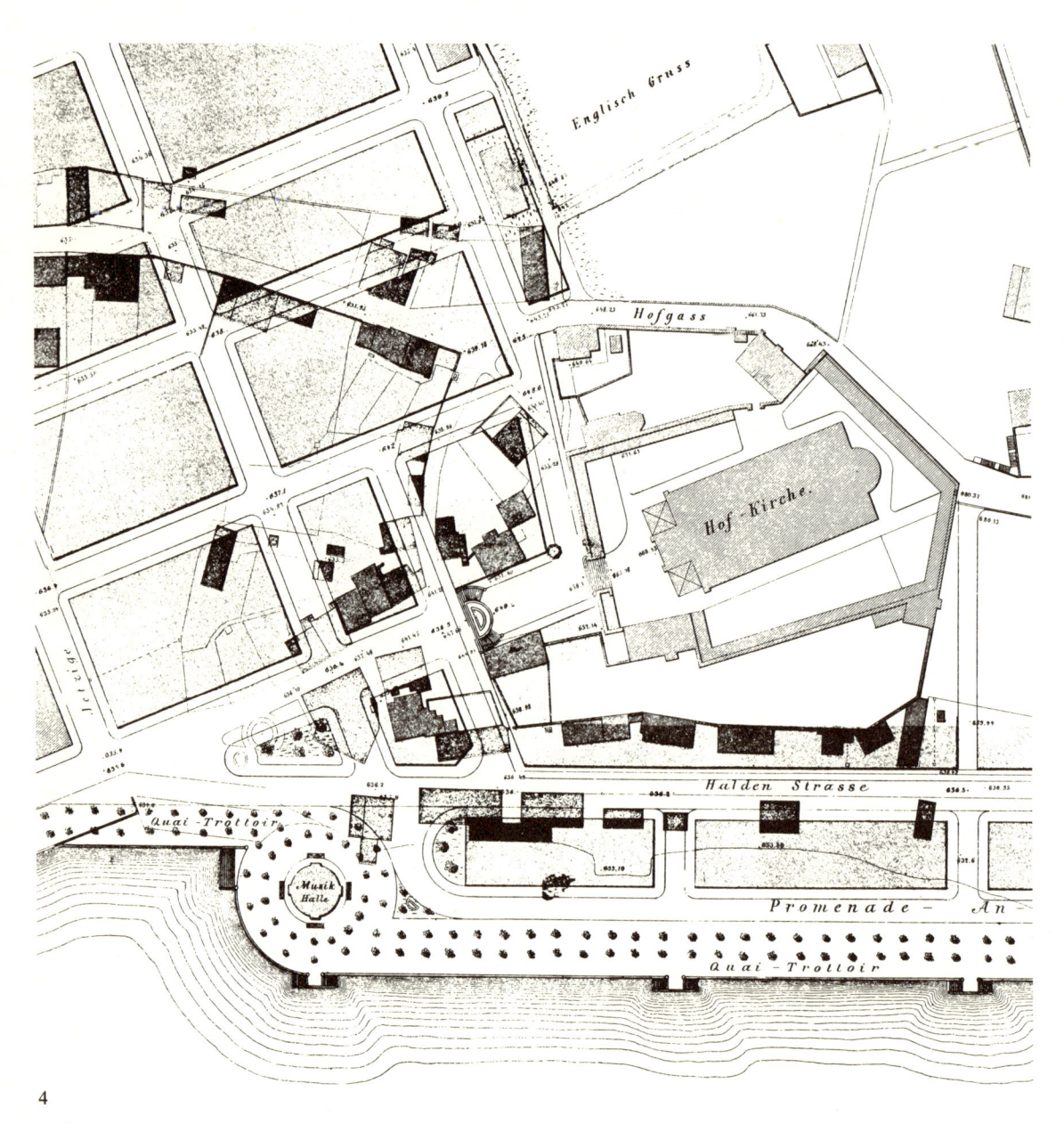

Planerisch wurde zunächst der landschaftlich reizvollste Teil der Stadt ausgeschieden, mit Quaianlagen und breiten Boulevards erschlossen, Vorschriften wurden erlassen, die eine repräsentative Überbauung sicherstellen. Große Investitionen mußten zur Sanierung alter Stadtteile und für eine ausreichende Trinkwasserversorgung getätigt werden. Die Verbesserung und Neuanlage von Straßen, beispielsweise die Fremdenverkehrsverbindung über den Brünig nach Interlaken, sowie die massive Beteiligung an der Finanzierung von Eisenbahnen erforderten Millio-

4 Bebauungsplan für das Quartier Hof; Großparzellen und breite, geometrisch angelegte Straßen verdrängen alte Bauten und Verbindungswege.

5 Umbau des Hofquartiers; bereits steht das Hotel Luzernerhof, unmittelbar davor die Parzellen, auf denen der Stadthof und das Verwaltungsgebäude der Gotthardbahngesellschaft zu stehen kommen.

nen. Dutzende von Reglementen und Erlassen verfolgten das Ziel, den Fremden den Aufenthalt angenehmer zu machen, während umgekehrt die Einheimischen alte Gewohnheiten aufgeben hatten. Fliegende Händler, Werber, Schiffsvermieter, Droschkenkutscher und Dienstmänner kamen in der Ausübung ihrer Tätigkeit früher oder später unter obrigkeitliche Kontrolle, damit sichergestellt war, daß durch Auswüchse nicht etwa der Ruf der Fremdenstadt leide.

Im Gegensatz zur Klientel der ersten Jahrhunderthälfte, die sich auf ihrer «Tour» auch einmal mit einem einfachen Nachtlager und weniger raffinierter Küche zufriedengab, erwartete die neue Kundschaft, den gewohnten Lebensstandard fortführen zu können: Die alteingesessenen kleinen Gasthöfe kamen dadurch in Zugzwang. Die Detailgeschäfte aller Branchen mußten Sortiment und Auslagen dem Geschmack des feinen Publikums anpassen. Es genügte ferner nicht mehr, daß die Verkäuferinnen zuvorkommend und sachkundig bedienten; sie sollten, wie eine Untersuchung aus dem Jahre 1905 belegt, zudem noch hübsch sein und eine oder mehrere Fremdsprachen beherrschen.

«So war es damals» – Erinnerungen eines Heimwehluzerners im Luzerner Tagblatt; 2. Folge, 20.2.1980:

Onkel Joseph führte an der Kapellgasse ein gut gehendes Weißwarengeschäft. Unter den Honoratioren hatte er einige Stammgäste. Sie hatten immer besondere Wünsche, die der gute Onkel alle sehr genau kannte und die die Tante, die das «Atelier», in dem zwei bis drei fleißige Näherinnen arbeiteten, stets zur Zufriedenheit der Kunden erfüllte. Die allerbesten Kunden aber stammten aus dem Ausland und wohnten allesamt in den renommierten Hotels der Stadt, wo sie oft ganze Suiten belegten. Es waren blaublütige Prinzessinnen und Gräfinnen von deutschem oder russischem Adel, die oft ganze Nachmittage im Laden herumsaßen und in märchenhaft riesigen Haufen von spitzenbesäten Tag- und Nachthemden und in der seidenen Unterwäsche wühlten. Nie verlor mein redseliger Onkel die Geduld, denn er wußte aus Erfahrung, daß schließlich immer ein gutes Geschäft herausschaute. Es kam oft vor, daß die «hohen Herrschaften» ganze Wagenladungen bestellten, die der Onkel dann ins Hotel National oder ins Hotel Schweizerhof oder sonst in eine feudale Absteige brachte.

Der Ausbau einer diversifizierten Dienstleistungsinfrastruktur war im Bemühen um die Gunst der Fremden unerläßlich, seien es Wanderwege oder Wechselstuben, seien es Museen oder Unterhaltungsetablissemente. Immer wieder Neues und Exklusiveres bis hin zur Luftschiffhalle oder zum hochdotierten Pferderennen mußte geschaffen werden, um im Gespräch zu bleiben und in der immer aufwendigeren Werbung als Lockmittel dienen zu können. Der Vielfalt dieser Einrichtungen stand eine ebenso große Vielfalt der Trägerschaften gegenüber: Einzelpersonen (Dienstmänner, Führer, Werber, Photographen, Schiffs- und Zimmervermieter, Kutscher), einfache und Aktiengesellschaften (Bergbahnen, Grand-Hotels, Dampfschiffgesellschaften, Casino, Rollschuhbahn), gemischtwirtschaftliche Unternehmungen (Luftschiffgenossenschaft Aero), Vereine (Sportvereine, Kriegs- und Friedensmuseum, Verschönerungsverein).

Die Gästezahl stieg, wie sich aus der Entwicklung der Statistik über die Ankünfte fremder Gäste in Luzern unschwer herauslesen läßt, vermochte aber mit der noch schneller ansteigenden Bettenzahl nicht

6 Droschkenkutscher vor dem Luzerner Bahnhof.
7 Luftschiffhalle der von Hotelierkreisen getragenen Genossenschaft «Aero»; Luftschiff-Ausflüge über der Luzerner Seebucht sollten die Attraktivität des Fremdenplatzes Luzern steigern.

6

7

Schritt zu halten. Während sich die Zahl der abgestiegenen Gäste von 1892 bis 1913 etwas mehr als verdoppelte, vergrößerte sich die Zahl der Hotelbetten etwa um das Dreifache; dabei ist nicht berücksichtigt, daß die durchschnittliche Aufenthaltsdauer der Reisenden immer kürzer wurde. Diese massive Auseinanderentwicklung von Angebot und Nachfrage, verbunden mit der unflexiblen Struktur des Hotelwesens, verschärfte den Konkurrenzkampf zwischen den einzelnen Unternehmen am Platze und zwischen den einzelnen Kurorten.

Immer häufiger wurden Hotels erstellt, die dank bescheidenerem Ausbaustandard je Hotelbett mit wesentlich geringeren Fixkosten für Zinsaufwand, Abschreibungen auf Immobilien und Inventar und – dank Rationalisierung – tieferem Betriebsaufwand rechnen konnten. Mit den tieferen Preisen wurden neue Gästeschichten erschlossen, und so wurde die Basis zum Massentourismus gelegt. Die Zahl der Schweizer Gäste nahm zu. Dumpingpreise neu einsteigender Hotelunternehmer konnten zwar vom städtischen Hotelierverein durch Preisabsprachen für die verschiedenen Hotelkategorien verhindert werden, die Preise aber pendelten sich unter dem Druck kostengünstiger wirtschaftender Hotels tief unter dem Niveau ein, das langfristig für eine gesunde Entwicklung vieler Hotelbetriebe notwendig gewesen wäre. Gurtner berechnete anhand statistischer Unterlagen aus dem Jahre 1912, daß gesamtschweizerisch eine um etwa 1/5 höhere Frequenz und eine Steigerung der Einnahmen um mehr als 13% notwendig gewesen wäre, um die effektiven Kosten der Hotelbetriebe zu decken: «...wenn die Preispolitik im Hotelgewerbe wirklich auf die Erwirtschaftung der notwendigen Reserven gerichtet gewesen wäre, so hätten wir vor dem Kriege in der Schweiz eine durchschnittlich ungefähr 20% höhere Preislage im Hotelgewerbe gehabt.»[3] Kurz, die Krise des Hotelgewerbes war – zwar noch verdeckt – bereits einige Jahre vor dem endgültigen Kollaps im Ersten Weltkrieg akut.

Der Überlebenskampf zwang zu schärferer Kalkulation, neuen Managementmethoden und neuen Modellen der betrieblichen Organisation. Dadurch wurden auch die Lebens- und Arbeitsverhältnisse des Hotelpersonals tangiert.

Diesen «dienstbaren Geistern» der Fremdenindustrie gilt im folgenden das Interesse. Viele von ihnen gehörten wie die Gäste zu den internationalen Zugvögeln, doch nicht wie diese luxusgewohnt, sondern mit ihrer Arbeitsleistung mithelfend, den erwarteten Luxus zu garantieren. Wer sind sie? Wie sieht ihre Arbeit und ihr Leben aus?

Anzahl und Zusammensetzung der Hotelangestellten[4]

Genaue Zahlen über die in Luzern tätigen Hotelangestellten sind nicht in Erfahrung zu bringen. Man schätzt, daß die Zahl der in Hotels Beschäftigten von 1854 bis 1860 von 140 auf 360 angestiegen sein könnte, wobei mit einem Faktor von einem Angestellten auf 2,8 Betten gerechnet wird.[5] Zuverlässige Angaben über die Gesamtzahl der in Gasthöfen, Wirtschaften, alkoholfreien Restaurants und Kaffeewirtschaften arbeitenden Personen liefern die Eidgenössischen Volkszählungen. Nach ihren Angaben stieg diese Zahl von 773 im Jahre 1888 auf 1345 im Jahre 1900 und schließlich auf 1732 im Jahre 1910.

Nicht in diesen Zahlen enthalten sind «Kostgeberei» und «Zimmervermietung». Diesen Erwerbszweigen widmeten sich im Jahre 1900 102 und im Jahr 1910 175 – vor allem weibliche – Personen. Die quantitative Bedeutung des gastgewerblichen Personals innerhalb des sozialen Gefüges der Stadt Luzern wird deutlich, wenn man andere Städte zum Vergleich heranzieht.

Anteil der in Gasthöfen, Wirtschaften, alkoholfreien Restaurants und Kaffeewirtschaften beschäftigten Personen in neun Schweizer Städten 1900 (in Prozent der Wohnbevölkerung)

Stadt		Stadt	
Luzern	4,60%	Biel	2,25%
Zürich	2,89%	Winterthur	2,11%
Genf	2,85%	Basel	1,86%
St. Gallen	2,52%	Neuenburg	1,77%
Chur	2,35%		

Das für die Volkszählungen maßgebende Stichdatum vom 1. Dezember befand sich allerdings weit außerhalb der Luzerner Fremdensaison. Günstiger lag der Zeitpunkt der Eidgenössischen Betriebszählung vom 9. August 1905, die für Luzern 3070 Beschäftigte im Gastwirtschaftswesen ermittelte. Auch wenn man in Rechnung stellt, daß der Luzerner Fremdenverkehr zwischen 1900 und 1905 weiter zugenommen hatte, zeigt der Vergleich 1. Dezember/9. August deutlich die Saisonabhängigkeit der Hotelarbeit. Diese Tatsache bestimmte das Lebensschicksal des einzelnen Hotelangestellten und prägte die Bevölkerungs- und Beschäftigungsstruktur der Stadt Luzern. Von den 3070 Beschäftigten im Jahr 1905 waren 1680 (55%) weiblichen Geschlechts. Die besondere Lage der weiblichen Hotelangestellten wird weiter unten näher dargestellt. Die Volkszählungen unterschieden zwar die Arbeitskräfte nach Geschlecht, nicht aber nach der geographischen Herkunft. Die Entstehung der Hotelangestelltenorganisation «Union Helvetia» war ein deutliches Zeichen dafür, daß die schweizerischen Hotelangestellten die

Die Welt der Luzerner Hotelangestellten

8 1889 schufen sich die schweizerischen Hotelangestellten ihre Standesorganisation, die «Union Helvetia», die ihren Sitz in Luzern hatte.

Konkurrenz der Ausländer als existentielle Bedrohung empfanden. Nach ersten Vereinigungsversuchen um die Mitte der achtziger Jahre wurde die «Union Helvetia» im Jahr 1889 vor allem als Abwehrorganisation gegen die Überfremdung im Hotelgewerbe endgültig gegründet. Ihr Hauptsitz war und blieb in Luzern. Nach einer Zusammenstellung des schweizerischen Hoteliervereins arbeiteten 1894 in der Schweiz 24000 Personen im Hotelfach; davon waren 5000 Ausländer.[6] Wir können annehmen, daß dieses Zahlenverhältnis in Luzern nicht wesentlich anders aussah. Wenn man nur die männlichen Angestellten in Betracht zieht, verändert sich allerdings das Bild entscheidend zuungunsten der Schweizer. Hermann Bieder, Generalsekretär der Union Helvetia von 1892 bis 1916, schätzte, daß sich um die Jahrhundertwende die schweizerischen und die ausländischen Hotelangestellten ungefähr die Waage hielten.[7] Das weibliche Personal stammte somit zum großen Teil aus der Schweiz.

Während die Portierstellen fast ausschließlich von Schweizern besetzt wurden, überwogen bei den besser ausgebildeten und höher angesehenen Köchen und Kellnern die Ausländer. Nach Bieder kamen die Köche vor allem aus Frankreich und Italien, die Kellner aus Deutschland und Italien. Ein Schweizer Kellner beklagte sich 1907, in Luzern seien nicht ein Prozent der Kellner Landsleute. Das einheimische Personal fühlte sich im eigenen Land als «Hetzwild» und hängte den Beruf deshalb lieber an den Nagel.[8] Vor dem Ersten Weltkrieg setzte sich das ausländische Berufspersonal (Köche und Kellner) zu 55% aus Deutschen, zu 25% aus Italienern und zu 10 bis 12% aus Franzosen zusammen.[9]

Immer wieder versuchte die «Union Helvetia» den Schweizern vermehrt zu Koch- und Kellnerstellen zu verhelfen. Solange aber die deutschen Köche mit weniger Lohn zufrieden waren als ihre Schweizer Kollegen, blieben diese Bemühungen ohne großen Erfolg. Die Union Helvetia stellt fest, eine Schweizer Köchin verlange oft bis zu 150 Franken im Monat, der deutsche «Bierkoch» aber nur 60 bis 80 Franken. Wichtig sei ihm, daß er überhaupt in die Schweiz hineinkomme, weil er hier am meisten lerne.[10] Einer Notiz von Bieder ist jedoch zu entnehmen, daß der Anteil der Schweizer im Luzerner Hotelgewerbe nach 1900 eher im Ansteigen begriffen war. Es war jetzt nicht mehr so, daß die Luzerner Hotels mehr Ausländer als Schweizer einstellten.

Löhne und Einkommen

Wenn von Löhnen, Arbeitsbedingungen und Lebensverhältnissen des gastgewerblichen Personals gesprochen wird, muß vorausgeschickt werden, daß die Hotelangestellten nicht als homogene Gruppe in Erscheinung traten. Zur Bestimmung des Stellenvermittlungstarifs erstellte die «Union Helvetia» 1898 eine Liste, die einen Blick auf die soziale und ökonomische Hierarchie der Hotelangestellten erlaubt:[11]

Kategorie	Tarif	Kategorie	Tarif
1. Kategorie Direktor, Geschäftsführer, Gerant	30 Fr.	4. Kategorie a) Aide de cuisine, Patissier	8–10 Fr.
2. Kategorie Sekretär, Chef de réception, Oberkellner, Obersaalkellner, Concierge, Chef de cuisine	20 Fr.	b) Kellermeister, Badmeister	8 Fr.
		c) Buffetdame, Oberkellnerin, 1. Lingère	8 Fr.
		d) Portier d'étage, Portier, Liftmann	5 Fr.
3. Kategorie a) Zimmerkellner, Restaurantkellner, Aide de cuisine, Koch, Patissier, Conducteur	12 Fr.	e) Zimmermädchen 1. und 2. Ranges	5 Fr.
		f) Restaurationskellnerin, Saaltochter	4 Fr.
		5. Kategorie Saalkellner	4 Fr.
b) Gouvernante	10 Fr.	6. Kategorie Zimmermädchen, Glätterin, Kaffeeköchin, Casserolier, Unterportier, Officier, Kellerbursch, Volontär, Lehrling und alle übrigen Unterkategorien der Hotelbranche	2–4 Fr.

Die weiter unten dargestellten außergewöhnlichen Arbeits- und Anstellungsbedingungen im Hotelfach wirkten sich bestimmend auf Größe und Art der Löhne und Einkommen aus. Als Grundlage für die Behandlung des Lohnproblems der Hotelangestellten seien im folgenden einige fixe Löhne genannt, wie sie zwischen 1898 und 1910 im innerschweizerischen Raum gemäß den Stellenangeboten in der Verbandszeitung «Union Helvetia» bezahlt wurden. Eine deutliche Lohnentwicklung ist in dieser Zeit im Hotelgewerbe nicht sichtbar. Nach einem Leitartikel in der «Union Helvetia» im Jahr 1910 waren die fixen Löhne seit 1885 für Trinkgeldempfänger gar nicht und für Köche, Glätterinnen und Putzerinnen nur ganz wenig angestiegen.

Bei der Beurteilung der Lohnansätze ist zu bedenken, daß fast alle Stellen für eine vier- bis höchstens fünfmonatige Saison ausgeschrieben wurden. Die folgende Tabelle nennt die jeweils festgestellten Maximalwerte.

9 Das Personal des Hotels Carlton-Tivoli.

9

Stelle	Monats-lohn	Saisongehalt (4 Monate)	Stelle	Monats-lohn	Saisongehalt (4 Monate)
Chef de cuisine	375 Fr.	1500 Fr.	Office-Gouvernante	60 Fr.	240 Fr.
Chef de réception	300 Fr.	1200 Fr.	1. Glätterin	60 Fr.	240 Fr.
Saucier	250 Fr.	1000 Fr.	Nachtportier	60 Fr.	240 Fr.
Rôtissier	250 Fr.	1000 Fr.	Saalkellner	50 Fr.	200 Fr.
Koch	200 Fr.	800 Fr.	Kaffeeköchin	50 Fr.	200 Fr.
Sekretär	200 Fr.	800 Fr.	Lingère	40 Fr.	160 Fr.
Pâtissier	150 Fr.	600 Fr.	1. Kellnerin	40 Fr.	160 Fr.
Chefköchin	150 Fr.	600 Fr.	Oberportier	35 Fr.	140 Fr.
Oberkellner	100 Fr.	400 Fr.	Saaltochter	35 Fr.	140 Fr.
Zimmerkellner	100 Fr.	400 Fr.	Kellerbursche	30 Fr.	120 Fr.
1. Restaurationskellner	80 Fr.	320 Fr.	Küchenmädchen	30 Fr.	120 Fr.
Commis de cuisine	80 Fr.	320 Fr.	Officemädchen	25 Fr.	100 Fr.
Aide-Pâtissier	80 Fr.	320 Fr.	Etagenportier	25 Fr.	100 Fr.
Bäcker	75 Fr.	300 Fr.	Restauranttochter	20 Fr.	80 Fr.
Kellermeister	70 Fr.	280 Fr.	Zimmermädchen	20 Fr.	80 Fr.
2. Restaurationskellner	70 Fr.	280 Fr.			

Während das Küchen- und Büropersonal und viele weibliche Angestellte wie Gouvernanten und Buffetdamen nur von den fixen Löhnen und von der freien Unterkunft und Verpflegung lebten, bestand bei Kellnern und Portiers ein Teil des Einkommens aus Trinkgeldern. Bis in die untersten Lohnkategorien fanden sich fixbesoldete Angestellte ohne Trinkgeldanspruch. Das subalterne Küchenpersonal mußte sich mit durchschnittlich 50 bis 70 Franken Monatslohn bescheiden.[12] Küchenmädchen arbeiteten oft für ein Gehalt von 20 Franken im Monat!

Selbst wenn man davon ausgehen kann, daß die Hotelangestellten – nicht aber deren Familien – in der Regel freie Kost und Unterkunft genossen und theoretisch in der Wintersaison noch einmal soviel verdienen konnten wie im Sommer, hielten die Löhne der fixbesoldeten unteren Hotelchargen den Vergleich mit anderen Gehältern nicht aus. Nur die bestbezahlten Küchenchefs und höheren administrativen Hotelangestellten mit Jahresstelle lebten in einigermaßen gesicherten bis guten finanziellen Verhältnissen. 1900 wurden in der «Union Helvetia» Jahresstellen für Küchenchefs mit Löhnen bis zu 3000 Franken angeboten. Die große Mehrheit des Hotelpersonals mußte sich aber mit einem Fixum zufriedengeben, das zum Leben nicht ausreichte. Die Abhängigkeit vom Trinkgeld war deshalb eines der Hauptmerkmale der wirtschaftlich-sozialen Lage vieler Hotelangestellter. Immer wieder erhoben sich zwar in der «Union Helvetia» kritische Stimmen gegen das Trinkgeldsystem. Der Almosencharakter der Trinkgelder, die Gewöhnung an Trinkgeldbettel, die Erziehung zur Unterwürfigkeit wurden angeprangert. Die Hotelbesitzer mußten den Vorwurf hören, nur die Rechte des Arbeitgebers in Anspruch zu nehmen, ohne dessen Pflichten zu erfüllen. Die offiziellen Stellen des Verbandes erklärten jedoch, am System könne nichts geändert werden. Man wollte zwar um höhere fixe Löhne kämpfen, glaubte aber nicht, auf die Trinkgelder verzichten zu können.

Der Umfang des Trinkgeldeinkommens war naturgemäß sehr unterschiedlich und unberechenbar, was die ökonomische Unsicherheit des Hotelangestelltenstandes noch verschärfte. Es lassen sich denn auch kaum zuverlässige Angaben über das Trinkgeldeinkommen machen. Im Jahr 1900 kassierte eine Kellnerin im Zürcher Bahnhofbuffet neben einem monatlichen Fixum von 60 Franken täglich 7 bis 8 Franken Trinkgeld.[13] Dies ergab einen Monatsverdienst von 250 Franken, was beinahe dem Einkommen eines gutsituierten Beamten entsprach. In einem Prozeß gegen einen privaten Stellenvermittler wurden ganz andere Zahlen genannt. Der angeklagte «Privatplaceur» gab zu Protokoll, ein Kellner könne bei 40 Franken Monatslohn zusätzlich mehr als 100 Franken an Trinkgeldern einnehmen.[14] Die beigezogenen Experten, der Luzerner Hotelier Zimmerli-Glaser und der in Luzern wohnhafte frühere St. Galler Hotelier Humbel, schätzten jedoch den Trinkgeldbetrag lediglich auf 20 bis 30 Franken im Monat ein. Nach diesem Ansatz hätte der Kellner pro Monat um die 70 Franken und in einer viermonatigen Saison 280 Franken verdient.

Die Höhe der Trinkgelder hing natürlich auch vom Geschäftsgang und von der Bettenzahl des Hotels ab. Der «Merkur», das Organ des schweizerischen Verbandes reisender Kaufleute, empfahl den Verbandsmitgliedern folgende Trinkgeldpraxis:[15]

Concierge: 50 Rp. pro Tag	Zimmermädchen:
Zimmerkellner: 30–40 Rp. pro Tag	50 Rp. für den ganzen Aufenthalt
Portier: 50 Rp. am 1. Tag, dann 30 Rp. pro Tag	Liftmann: 25 Rp. für den ganzen Aufenthalt

Im Gegensatz zu den Hotelbesitzern waren demnach die unteren Angestelltenchargen – besonders die Portiers, die den Gepäckdienst versahen – an einer raschen Rotation der Gäste interessiert.

Im täglichen Kampf um das Trinkgeld spielte sich eine soziale Hackordnung ein, in der sich die Hierarchie des Hotelpersonals spiegelte. So behielt sich in vielen Häusern der Oberkellner das Recht vor, Rechnungen zu servieren und die entsprechenden Trinkgelder zu kassieren. Der Portier dagegen stand nicht nur am unteren Rand der sozialen Stufenleiter, er war auch der letzte, der dem abreisenden Hotelgast die hohle Hand hinhalten durfte und deshalb oft nicht mehr viel bekam. Um so schwerer fiel ins Gewicht, daß viele Portiers und andere niedere Angestelltenkategorien oft überhaupt kein Fixum bezogen und ganz auf die Trinkgelder angewiesen waren. Zudem findet man in der «Union Helvetia» häufig die Erwähnung, daß unbesoldete Angestellte aus ihren Trinkgeldeinnahmen noch Gehilfen – zum Beispiel Unterportiers – entlöhnen mußten. Nicht selten hatte der Koch sein Messer, der Concierge seine Livrée und der Portier sein Putzzeug, ja sogar ein Fahrrad selber zu stellen. Der Überschuss an Arbeitskräften in den unteren Chargen des Hotelgewerbes konnte sich auch so auswirken, daß der Hotelier nicht nur keinen Lohn bezahlte, sondern für die Stelle sogar noch einen «Tribut» verlangte.

Gegen Ende des alten und zu Beginn des neuen Jahrhunderts verschlimmerte sich die Lage der Trinkgeldbezüger im Hotelgewerbe. Die soziale Öffnung des Fremdenpublikums nach unten und das Aufkommen von Gesellschaftsreisen ließen die Trinkgelder immer spärlicher fließen, ohne daß die fixen Löhne angestiegen wären. Aber auch bei vornehmen Gästen war der Hotelangestellte seines Trinkgeldes nie sicher. Nicht selten ließen Bedienstete hoher Herrschaften, die mit der Trinkgeldabgabe betraut waren, zumindest einen Teil des Geldes in ihrer eigenen Tasche verschwinden. Besonders die Portiers beklagten sich über

Trinkgeldunterschlagungen aller Art. Wenn beispielsweise eine Gruppe von Radfahrern, die immer mehr zum Bild der Luzerner Fremdenwelt gehörten, dem Portier den Auftrag gaben, die Fahrräder über die Mittagszeit reinigen zu *lassen*, glaubten sich die Radfahrer damit der moralischen Trinkgeldpflicht entledigt, weil sie ja nicht wissen konnten, wer die Arbeit nun eigentlich verrichtet hatte.[16]

Tiefe Preise bei optimaler Bedienung waren das Rezept der Patrons im Kampf um den Hotelgast. Zu leiden hatten unter dieser Maxime die unteren Kategorien der Hotelangestellten, die sich für wenig Lohn in großer Zahl zu den freien Stellen drängten. Eine Folge dieser Situation war das «Volontärwesen», das nach Bieder in zunehmendem Maße um sich griff. Die Volontäre waren unbezahlte und ungelernte Arbeitskräfte, denen man als Entschädigung eine Art Lehrzeit versprach. Bieder taxierte dieses System als Ausbeutung und konstatierte, daß in vielen Speisesälen ausschließlich Volontäre arbeiteten, die überhaupt nichts voneinander lernen könnten. Volontär-Portiers mußten sogar die Uniform auf eigene Rechnung anschaffen, mit der sie am Bahnhof ihr Hotel repräsentierten.

Ein lediger Hotelangestellter konnte sich bei freier Kost und Unterkunft mit einem minimalen Arbeitseinkommen knapp über Wasser halten, ein Familienvater jedoch nicht. Viele Hotelangestellte versuchten deshalb, weitere Einnahmequellen zu erschließen. 1907 berichtete die «Union Helvetia», der Luzerner Küchenchef Josef Strebel vom Hotel Victoria wolle seinen Beruf gesundheitshalber aufgeben und werde sich in Zukunft «ganz seinem Zigarettengeschäft widmen».[17] Der Entlebucher Anton Fallegger, der bis zu seinem siebenunddreißigsten Altersjahr als Hotelangestellter in Europa umhergezogen war, wollte nach seiner Heirat in Luzern eine Hotelstelle annehmen und nebenher im Handelsgeschäft seiner Frau an der Zürichstraße mithelfen.[18] Auch Eduard Leimgruber, der spätere Besitzer des Hotels Schiller, betrieb während seiner Angestelltenjahre in den Hotels Monopol und Beau Rivage in Luzern ein Zigarren- und Tabakgeschäft.[19]

Als Nebeneinkünfte kamen auch Provisionen in Betracht, die die Hotelangestellten von Ärzten, Zahnärzten, Apothekern und Geschäftsleuten für Vermittlerdienste erhielten. In der «Union Helvetia» erschienen regelmäßig Inserate von Geschäftsleuten, die sich «speziell den Herren Hotelangestellten» empfehlen. Der Luzerner Photograph Emil Goetz versprach, die Hotelangestellten «billig und rasch» zu bedienen, wobei er sich gleichzeitig als Spezialist für «Groupes de Touristes» anpries. In ähnlicher Absicht gewährte das Uhrengeschäft Häfliger in Luzern den Hotelangestellten auf alle Artikel zehn Prozent Rabatt.

Es scheint, daß die Luzerner Hotelangestellten beim Aufspüren kleiner Vergünstigungen und Nebenverdienste recht geschickt und phantasievoll waren. Für einiges Aufsehen sorgte die Behauptung eines

Großstadtrates im Jahr 1909, Luzerner Portiers verkauften den Fremden serienmäßig Tramabonnements, die sie bei der Abreise der Gäste meist als Geschenk zurückerhielten. Diese Praxis schädige das städtische Tram, weil die Fremden sonst die teureren Einzelfahrkarten lösten.[20] Die «Union Helvetia» dementierte diesen systematischen Abonnementenhandel entschieden.

Die finanzielle Unsicherheit im Leben der Hotelangestellten wurde durch die oft willkürlichen Anstellungsbedingungen verschärft. In vielen Fällen schlossen Arbeitgeber und Arbeitnehmer überhaupt keinen Vertrag ab. Die Abmachungen erfolgten mündlich oder telephonisch, was beim häufigen Überangebot an Arbeitskräften – besonders in unteren Chargen – nur den Angestellten schaden konnte. Ebenso problematisch war die Anstellung «für die Sommersaison». Der Angestellte wußte oft bis zum letzten Moment nicht, ob er nun Mitte Mai oder erst Mitte Juni seine Stelle antreten konnte. Das Ende der Saison wurde von der Witterung bestimmt. Reisten die Gäste ab, waren die Patrons auf die Dienste des Personals nicht mehr angewiesen. Aber auch ein unverhofft langer Sommer konnte den Hotelangestellten im Hinblick auf die auswärtige Wintersaison in Verlegenheit bringen, war doch sein Saisonvertrag unbefristet. Daß neue Besitzer oder Direktoren oft das ganze Personal auswechselten, gehörte ebenfalls zu den Risiken und Abhängigkeiten des Hotelangestelltenstandes.

Das Lehrlingswesen

Während die Portiers, Zimmermädchen, Saaltöchter, Küchenmädchen und Küchenburschen, Liftmänner und Wäscherinnen ihren Dienst als Un- oder Angelernte versahen, gab es schon vor der Jahrhundertwende für Köche und Kellner die Institution der Berufslehre, die aber keinen gesetzlichen Regelungen unterworfen war. Die Arbeitgeber hatten hinsichtlich Lehrzeit, Lehrgeld und Lehrstoff durchaus freie Hand.

Hermann Bieder sprach sich 1896 für eine zweijährige Lehrzeit und fünfhundert Franken Lehrgeld aus. Gute Hotels verlangten jedoch bis neunhundert Franken. Bei den fragwürdigen Erwerbschancen im Hotelfach konnten sich viele Interessenten, die ja meist aus unteren sozialen Schichten stammten, eine Lehre finanziell gar nicht leisten. Die «Union Helvetia» bedauerte immer wieder, daß sich die jungen Leute sofort auf die Portierstellen warfen, die zwar spärlichen, aber sofortigen Verdienst versprachen. Um 1900 hatte sich die ein- bis zweijährige Lehrzeit für Köche und Kellner manchenorts eingespielt. Je nach Betriebsklima und Betriebsverhältnissen dürfte dabei der Patron oder der Lehrling mehr profitiert haben. Jedenfalls hörte man 1908 aus Kellnerkreisen den Vorschlag, die Lehrzeit sei von zwölf auf sechs Monate zu verkürzen, weil in vielen Betrieben offenbar niemand Zeit oder Talent hatte, den Lehrlingen etwas beizubringen.[21] Die Lehrlinge seien nur kostenlose Arbeitskräfte, die erst noch Lehrgeld bezahlten. Es sei ja bekannt, daß eine Kellnerlehre aus drei Phasen bestehe, erstens aus dem Stellenantritt, zweitens aus dem Frackanziehen und drittens aus dem Ersetzen eines Saalkellners für ein Jahr.

Die Frage der Lehrzeit war kontrovers. Es ertönten in der «Union Helvetia» auch positive Stimmen, die gerade in den schwierigen Zeiten vor dem Ersten Weltkrieg den Sinn einer guten Berufslehre priesen. Aber auch Bieder, der die Luzerner Verhältnisse aus eigener täglicher Anschauung kannte, sah die Schattenseiten. Er bemängelte, daß die Kochlehrlinge zu allen möglichen berufsfremden Arbeiten herangezogen würden. Er sprach auch von Lehrlingen, die den ganzen Tag mit dem Korb am Arm in der Stadt herumgeschickt oder gar zum Heuabladen mißbraucht wurden.[22] Daß nicht nur Ganzjahresbetriebe, sondern auch Saisonhotels Lehrlinge einstellten, die in den wenigen, aber hektischen Betriebswochen kaum viel lernen konnten, gehörte ebenfalls zu den Fragwürdigkeiten des Lehrlingswesens im Hotelfach.

In den kritischen Jahren vor dem Ersten Weltkrieg war es überdies für die jungen Leute gar nicht einfach, eine Lehrstelle zu erhalten, weil viele Hoteliers lieber ausländische Volontäre verpflichteten, die auch nichts kosteten, aber ihr Metier besser verstanden. Rudolf Baumann, Generalsekretär der «Union Helvetia» seit 1916, stellte für die Zeit des Weltkrieges fest, daß die meisten Köche und Kellner eine zweijährige Lehrzeit hinter sich hatten. Das Büropersonal jedoch verfügte nach Baumann in der Regel über keine Berufsausbildung. Diese «Vernachlässigung der kaufmännischen Verwaltung» mußte sich gerade in der Hotelkrise des Ersten Weltkrieges schlecht auszahlen.[23]

Fremdsprachenkenntnis und Auslandaufenthalte

Obwohl die Hotelarbeit von ständiger existentieller Unsicherheit begleitet war und der großen Mehrheit der Angestellten wenig Aussichten auf guten Verdienst bot, waren die Ansprüche an das Personal keineswegs gering. Auch untergeordnete Stellen erforderten einige Fremdsprachenkenntnisse, und an eine Karriere konnte nur denken, wer die deutsche, englische und französische Sprache leidlich beherrschte. Das bedeutete, daß für den ehrgeizigen Hotelangestellten Fremdsprachenaufenthalte in England und Frankreich unerläßlich waren. Die «Union Helvetia» schlug ihren jungen Mitgliedern vor, mit achtzehn bis zwanzig Jahren nach England zu reisen, zuerst in einem Privathaus Anstellung zu suchen, wo sie bei Tisch servieren lernten, und anschließend in ein Hotel einzutreten, sobald die Englischkenntnisse

10 Der Sprach- und Korrespondenzunterricht an der Schweizerischen Hotelfachschule (1909). Ohne englische und französische Sprachkenntnisse ist an einen beruflichen Aufstieg nicht zu denken.

10

ausreichten. Der Englandaufenthalt sollte etwa eineinhalb Jahre dauern. Die «Union Helvetia» warnte allerdings vor den «bestrickenden Gefahren» in der Fremde. Der junge Schweizer mußte nämlich auf wochenlange Stellenlosigkeit gefaßt sein. Für diesen Fall brauchte er aber Geld, denn in einer englischen Pension mußte er etwa fünfundzwanzig Franken wöchentlich für Unterkunft und Verpflegung rechnen. So war für den Einstieg in die Hotellaufbahn bereits eine erste soziale Selektion getroffen. Wer über kein Bargeld verfügte, mit dem er sich notfalls einige

Zeit über Wasser halten konnte, durfte gar nicht an das Abenteuer England denken. Für ihn war der Weg nach oben verbaut und die Portierstelle bereits das Ende der beruflichen Karriere.

Ausbildungs- und Sprachaufenthalte in fremden Ländern gehörten nicht nur für die Angestellten, sondern erst recht für die Luzerner Hotelierssöhne zum notwendigen Rüstzeug für eine erfolgreiche Tätigkeit in der Vaterstadt. Hermann Häfeli-Balber, der Besitzer des Hotels «Schwanen», ließ seinen Sohn Hermann in erstrangigen Hotels in Zürich, Heidelberg, Berlin, Paris, Rom, Nizza und Schottland ausbilden. Der junge Häfeli schaute dabei nicht nur den jeweiligen Direktoren über die Schulter, sondern durchlief alle Stadien vom Kochlehrling über den Kellner zum Hotelsekretär und Chef de réception. Nur Portierdienste mußte der zukünftige Hotelier anscheinend nicht verrichten.

Auch Adolf Hauser vom Hotel «Schweizerhof» schickte seine heranwachsenden Söhne in die Welt hinaus. Die internationalen Verbindungen des Vaters öffneten den Söhnen die Tür zu hervorragenden Hotels in verschiedenen Kontinenten. Willy Hauser genoß seine Ausbildung in Italien und England; Oskar Hauser – nach Schulen in Luzern, Institutsjahren in Lausanne und Sprachaufenthalt in England – bereitete sich in Paris, Neapel, Ägypten und Amerika auf seine Rolle als führender Luzerner Hotelier vor.[24] Albert Riedweg, der nach der Jahrhundertwende zu den renommiertesten und politisch einflußreichsten Luzerner Hotelbesitzern zählte, entstammte einer ländlichen Hoteliersfamilie. Sein Vater war Eigentümer des «Kurhotels Menzberg» im Luzerner Hinterland. Riedweg absolvierte seine Lehr- und Wanderjahre in verschiedenen Schweizer Hotels, in England und in Italien, bevor er in Luzern das Hotel «Victoria» und später das Hotel «Cécile» erwarb.[25]

Militärdienst als berufliches Problem

Inserate wie «Junger Koch, militärfrei, sucht Saisonstelle» erschienen in der Verbandszeitung der Hotelangestellten häufig; sie beleuchten eines der vielen Probleme, denen sich das gastgewerbliche Personal durch seine außerordentliche Berufssituation gegenübersah. Die Rekrutenschulen und Wiederholungskurse, zu denen oft mitten in der Fremdensaison aufgeboten wurde, bedeuteten für die Hotelangestellten – besonders für Köche und Kellner – eine erhebliche Beeinträchtigung ihrer Berufschancen. Für viele Arbeitgeber war die Dienstpflicht Grund genug, dienstfreie oder ausländische Köche und Kellner einzustellen. Dies konnte dazu führen, daß Hotelangestellte bei der Bewerbung ihre Dienstpflicht verheimlichten und nachträglich versuchten, sich vom fälligen militärischen Kurs dispensieren zu lassen. War das Dispensationsgesuch erfolglos, mußte der Hotelangestellte wegen falscher Angaben seine Entlassung gewärtigen. Im günstigsten Fall konnte der Soldat seine Stelle im Hotel ohne Lohnanspruch behalten. Oft mußte er aber seinen Stellvertreter aus der eigenen Tasche bezahlen.

Die «Union Helvetia» versuchte 1906 den Bundesrat zu bewegen, militärische Schulen und Kurse grundsätzlich auf eine «zweckdienlichere» Zeit zu verlegen, was die Landesregierung immerhin zur Erklärung veranlaßte, auch die Interessen der Hotelangestellten sollten berücksichtigt werden. Bieder beklagte sich aber 1911, daß viele kantonale Militärbehörden nach wie vor «eine unverständliche Rücksichtslosigkeit an den Tag legen».[26] Allerdings ließen sich viele Hotelangestellte nicht mehr so leicht abweisen und bestanden «hartnäckig» auf der Berücksichtigung ihrer speziellen Lage.

Während des Weltkrieges spitzten sich die beruflichen Probleme und Sorgen der dienstpflichtigen Hotelangestellten noch zu. Generalsekretär Baumann bedauerte, daß «gerade in den beschäftigungs- und verdienstreicheren Sommermonaten zugleich auch der Truppenbestand groß zu sein pflegt».[27] Er räumte jedoch ein, daß die militärischen Behörden dank der Bemühungen der «Union Helvetia» allmählich zu einer großzügigeren Urlaubspraxis für Hotelangestellte übergegangen seien.

Winter- und Zwischensaison

Der Wunsch des Hotelpersonals, den Militärdienst außerhalb der Fremdensaison leisten zu können, leitet über zur Frage, wie der Luzerner Hotelangestellte sein Leben gestaltete, während die Hotels ihre Pforten geschlossen hielten. Grundsätzlich standen ihm zwei Möglichkeiten offen: entweder verdiente er sich seinen Lebensunterhalt mit irgendeiner anderen Tätigkeit, oder er suchte eine Winterstelle. Die Winterstellen waren jedoch derart gesucht, daß dieser Weg nur einem kleinen Teil der Interessenten offen gewesen sein dürfte. Die «Union Helvetia» meldete 1903 nicht ohne Resignation, das Gros bleibe zu Hause und müsse «notgedrungen feiern».[28]

Wer über den Winter im Gastgewerbe bleiben wollte, bemühte sich durch direkte Bewerbungsschreiben, durch Vermittlung eines Placierungsbüros oder durch persönliche Beziehungen um einen Hotelplatz. Viele Hotelangestellte reisten aufs Geratewohl nach dem Süden, nach Paris oder London, wovon die Standesorganisation aber dringend abriet.[29] Ziele der Berufswanderung waren vor allem Italien und Südfrankreich, aber auch Kairo, Algier, die Kanarischen Inseln, Korsika, Spanien und sogar Amerika und Südafrika. Im Sommer kamen auch England, Belgien, die Niederlande, Deutschland und das Tirol in Betracht. Laut «Union Helvetia» zog im Winter ein großer Teil der Hotelangestellten in die französische und die italienische Schweiz, während in Südfrankreich und Italien nur die besser Qualifizierten eine Chance hatten. Schlecht ausgebildetes Personal konnte nur mit größter Mühe Winterstellen finden. Um sich ihren Arbeitsplatz für die kommende Saison zu sichern, schlossen viele Hotelangestellte zwei oder mehrere Winterverträge ab. Dies hatte aber den unerwünschten Effekt, daß die Hoteliers im Süden in zunehmendem Maße darauf verzichteten, Verträge im voraus abzuschließen, und lieber einheimische Bewerber verpflichteten.

Auch höhere Hotelfunktionäre wurden von der Saisonwanderung nicht verschont. Der Direktor des Hotels «National» in Luzern, Ernest Strainchamps, wirkte zu Beginn des 20. Jahrhunderts im Winter jeweils als Direktor im «Grand Hotel Royal» in San Remo.[30] Es konnte sogar vorkommen, daß ein Luzerner Oberkellner – Xaver Furrer vom Hotel «Beau Rivage» – im Winter als Direktor des Hotels «Royal» in Cannes fungierte.[31]

Regelmäßig wurde in der «Union Helvetia» über die Saisonarbeitslosigkeit als Geißel des Hotelgewerbes geklagt. Ein arbeitsloser Hotelangestellter, der in der Stadt keine Angehörigen oder Freunde besaß, hatte keine andere Wahl, als während der Stellensuche für teures Geld in einem Hotel zu logieren. Bieder kritisierte, daß unbeschäftigte Hotelangestellte in den Hotels herumlungerten, die Lebensgewohnheiten der Gäste annahmen und dann innert kurzer Zeit kein Geld mehr hatten. Solche Leute liefen natürlich Gefahr, auf die schiefe Bahn zu geraten. Ein stellenloser, im Hotel wohnender Luzerner Portier wurde 1907 zu sechzehn Monaten Zuchthaus verurteilt, weil er in einem Hotelzimmer ein Kassenbuch gestohlen und dreihundert Franken abgehoben hatte.[32]

Zu einem besonderen Problem gestaltete sich immer die Übergangszeit zwischen Sommer- und Wintersaison. Die «Union Helvetia» empfahl den Angestellten, die im Frühling aus dem Süden zurückkehrten, die gefährliche Stadt zu meiden und in der «freien Natur zu bummeln, statt auf dem Straßenpflaster».[33] Damit die Hotelangestellten die gefährlichen Zwischensaisonwochen materiell und moralisch unbeschadet überstehen konnten, beschrieb die «Union Helvetia» mit blumigen Worten die Reize einer Fußwanderung von der Winter- an die Sommerstelle: «Wie genußreich muß das sein.»[34]

Der Merkwürdigkeit halber sei erwähnt, daß die Hotellerie der Region Luzern eine Winterstelle besonderer Art anzubieten hatte, nämlich den Hotelwächter auf «Pilatus Kulm». Die Familie des Hotelwächters Hans Huber besaß in Alpnach am Fuß des Pilatus ein Landgütchen, das die Mutter im Sommer mit den fünf Kindern bewirtschaftete. Der Vater arbeitete als Bahn- und Stationswärter bei der Pilatusbahn und wohnte auf der hochgelegenen Aemsigenalp. Im Oktober reiste der Vater mit den Ersparnissen des Sommers nach Luzern, um sich für den Winter auf Pilatus-Kulm einzudecken. Mit kondensierter Milch, Konserven, Kartoffeln, Käse, Makkaroni, Polenta als Brotersatz, Wein und einigen Fässern Most konnte er dem langen Winter auf über 2000 Metern Höhe einigermaßen getrost entgegenblicken. Am 15. Oktober stellte das Hotel den Betrieb ein. Während Direktion, Personal und die letzten Gäste zu Tal fuhren, nistete sich der Hotelwächter mit seiner Frau und den drei jüngeren, noch nicht schulpflichtigen Kindern für sieben einsame Monate auf hoher Warte im Hotel ein. Haus und Hof und die größeren Kinder wurden unterdessen einem Bruder anvertraut. Der Wächter hatte während des Winters Muße, Schäden an den Gebäuden auszubessern. Zudem war er dafür besorgt, daß nicht ungebetene Gäste, die den beschwerlichen Aufstieg nicht scheuten, das Hotel heimsuchten.[35]

Berufsziel: «Etablieren»

Ein wesentlicher Unterschied zwischen industriellen Arbeitnehmern und Hotelangestellten besteht in den realen Aufstiegschancen und im subjektiven Bewußtsein, den Sprung vom Angestellten zum Patron unter günstigen Umständen eines Tages schaffen zu können.[36] Dieses berufliche Strukturmerkmal erschwerte in starkem Maße die gewerkschaftliche Organisierung des Hotelpersonals. Tatsächlich geht aus den orientierenden und belehrenden Aufsätzen in der Verbandszeitung «Union Helvetia» immer wieder hervor, daß das «Etablieren» das erklärte Ziel jeder Hotelangestelltenlaufbahn war.

Wer sich vom Angestellten zum Besitzer emporarbeiten konnte, hatte meist eine lange Stufenleiter innerhalb des Hotels erklimmen müssen. In allen Bereichen des Hotelfachs existierte eine strenge Hierarchie der Funktionen, welche Einkommen, Ansehen, Einflußmöglichkeiten und Selbsteinschätzung der Angestellten bestimmte. Der Aufstieg in der Küche verlief etwa über die Stufen Kommis, Hilfskoch und Pâtissier zum Chefkoch. Der Kellner begann meist als Saalkellner, wurde dann Kommis (Zuträger im Restaurant oder auf der Etage), Demi-Chef, Chef des rang und Chef d'étage oder Saal-Oberkellner, Chef de restaurant und Restaurant-Oberkellner. Der ehrgeizige und geschickte Portier durchlief die Stufen Kommissionär, Chasseur (Torhüter), Unterportier und Liftmann, Etagenportier, Conducteur (Bahn- und Gepäckdienst), um schließlich zum Concierge aufzusteigen.

Der Wunsch, sich zum Hotelbesitzer emporzuschwingen, konnte neben dem Streben nach Wohlstand und Sozialprestige noch andere Ursachen haben. Ein Angestellter argumentierte in einem Artikel in der «Union Helvetia» unmittelbar aus der Erlebnis- und Erfahrungswelt des Personals:[37] Im fortgeschrittenen Alter seien die Dienste der Hotelangestellten erstens gar nicht mehr gefragt, und zweitens überstiegen die körperlichen Anforderungen des Berufs die schwindenden Kräfte. Daher bleibe einem alternden Hotelangestellten praktisch keine andere Wahl, als den Schritt vom Arbeitnehmer zum Patron zu wagen oder sich aus dem Hotelleben zurückzuziehen.

Die «Union Helvetia» warnte allerdings wiederholt vor dem «Etablieren». Die von Angestellten gekauften Häuser erwiesen sich oft als baufällig. Der finanzielle Aufwand für die Instandstellung überstieg dann vielfach die Möglichkeiten des frischgebackenen Hoteliers. Konkurs und Rückfall in die Unselbständigkeit waren die Folgen. Vor allem in guten Jahren wollten sich viele Angestellte selbständig machen, obwohl gerade dann die Kaufpreise wegen der besseren Rendite hoch standen. Der zukünftige Patron mußte sich auch vor den «Courtiers» hüten, die Hotelverkäufe vermittelten und den unerfahrenen Käufer zu übervorteilen suchten. Ähnliche Probleme zeigten sich bei den meisten Wirtschaften, wo nach Meinung der «Union Helvetia» Brauereien beteiligt waren, die den Besitzer verpflichteten, das Bier bei ihnen zu beziehen und auch den Preis festsetzten.

Aus Inseraten und Kurzmeldungen in der «Union Helvetia» geht hervor, daß die verschiedensten Angestelltenkategorien als Sprungbrett zum Etablieren in Frage kamen. Einige Beispiele aus der Stadt Luzern seien angeführt. 1905 kaufte der Oberkellner Haas das Hotel «Jura». Auch J. Vollenweider war Oberkellner, bevor er 1893 die «Deutsche Bierhalle» übernahm. Josef Küttel besaß zuerst ein Hotel in Küßnacht, wurde Chef de cuisine und schließlich Hotelier «Zum weißen Kreuz» in Luzern. Nachdem er siebzehn Jahre lang als Küchenchef im Hotel «Balance» gearbeitet hatte, übernahm J. Fenner 1909 das Hotel «Einhorn». Selbst vom Portier führte ein Weg zum Hotelier oder mindestens zum Pächter. Simon Meyer, früher Portier im Hotel «Rütli», hatte das Restaurant «Simon» gepachtet. Anton Disler begann als Portier in Basel und Luzern, heiratete die Tochter des Wirts zum «Rütli» und übernahm dieses Hotel, nachdem er bereits das Gasthaus «Metzgern» besessen hatte. Ganz unten mußten auch Gottfried Zehnder, früher Concierge im Hotel «Gotthard», später Besitzer des Hotels «Germania», und Josef Kost beginnen. Kost stammte aus Gisikon bei Luzern, war Gärtner, dann Bedienter in Lausanne, Maître d'hôtel in Paris, Dampfschiffwirt in Luzern und schließlich Besitzer der Pension «Neu-Schweizerhaus» und gleichzeitig Direktor des Hotels «du Louvre» in Cannes. Gerade für jene Hoteliers, die sich den Weg zur beruflichen Selbständigkeit selber bahnen und die notwendige weltmännische Gewandtheit zuerst aneignen mußten, waren Lehrjahre im Ausland wichtig. Jean Haeckys Aufstieg vom Kochlehrling zum angesehenen Besitzer des Hotels «Balance» führte über die Stationen Österreich, Frankreich, England, Italien und Rußland.

Glück und berufliche Tüchtigkeit waren wohl die Voraussetzungen für einen erfolgreichen Sprung vom Angestellten zum Hotelier. Trotz

11 Auch er möchte sich wohl einmal «etablieren».

11

der außerordentlich labilen Existenzbedingungen und Erwerbschancen im Hotelfach erlaubte auch das frühe 20. Jahrhundert in Einzelfällen geradezu märchenhafte soziale Aufstiege, wie das Leben von Jean Müller zeigt, der es vom armen Waisenkind zum Ehrenmitglied des Luzerner Hoteliervereins brachte. Müller wuchs in Merligen am Thunersee als ältestes von sieben Geschwistern auf, verlor in frühester Kindheit den Vater, begann als Officebursche in Interlaken, stieg in Lausanne zum Concierge auf und wirkte später fünfzehn Jahre lang ununterbrochen im Winter im Hotel «Beausite» in Cannes und im Sommer im «Luzernerhof». Diese Kontinuität war im Berufsleben eines Hotelangestellten keineswegs selbstverständlich und erforderte wohl ein besonderes Maß an Zuverlässigkeit und tüchtiger Arbeit. Der jahrelange regelmäßige Verdienst ermöglichte es Müller, 1910 das Hotel «Diana» in Luzern zu erwerben. Als Vorstandsmitglied des Hoteliervereins und verschiedener Kommissionen übte Müller auf den Gang der Luzerner Hotellerie in den ersten Jahrzehnten des 20. Jahrhunderts entscheidenden Einfluß aus.[38]

Heiratschancen

In einem ausführlichen Artikel über die Lage des schweizerischen Hotelpersonals hielt Bieder im Jahre 1900 fest, der Angestellte führe ein Nomadenleben und könne – wenn überhaupt – erst spät ans Heiraten denken.[39] Eingehender beschäftigte sich Hans Inseli, ein regelmäßiger Leitartikler der «Union Helvetia», mit der Heiratsfrage.[40] Der Hotelangestellte müsse sich im klaren sein, ob er Karriere machen wolle oder nicht. Wer berufliche Aspirationen hege, hatte ledig zu sein. «Wer vorzeitig heiratet, sollte nicht länger dem Gedanken leben, dann gleichwohl höhere Stellungen erringen zu können.»

Da der Hotelangestellte – gerade wenn er aufsteigen wollte – in jeder Hinsicht beweglich sein mußte und mit seinem Lohn oft keine Familie ernähren konnte, waren diese Warnungen ernst zu nehmen. Eine Hotelangestelltenehe brachte meist große Probleme mit sich. Wenn der Ehemann seine Frau nicht während der Saison allein zu Hause lassen wollte, mußte er versuchen, ihr an seinem Arbeitsort eine Stelle zu verschaffen. Die Chancen eines Ehepaares, das in der «Union Helvetia» über ein Inserat je eine Stelle als Portier und als Zimmermädchen in einem größeren Haus suchte, waren in Anbetracht des Arbeitskräfteüberschusses in den unteren Chargen denkbar gering. Nach Inseli nahmen viele Hotelangestellten ihre Frauen an den Arbeitsort mit und mieteten sie in einer billigen Pension ein. Ein untergeordneter Angestellter konnte sich diesen Luxus über längere Zeit nicht leisten, erst recht nicht, wenn sich Nachwuchs einstellte. Die «Union Helvetia» verbrämte das Zwangszölibat des unteren Hotelpersonals mit allerhand moralischer und ideologischer Rechtfertigung. Das hohe Gut der Freiheit und Entsagung sollte den Angestellten mit seinem Schicksal versöhnen. «Ja, nur die Entsagung macht den Menschen wahrhaft groß und glücklich.»[41]

Inseli hatte im übrigen recht klare Vorstellungen, wer heiraten durfte und wer nicht. Ein Direktor sollte verheiratet sein, «weil gute Stellen verheiratete Männer erfordern». Küchenchef, Oberkellner und Concierge konnten in sicherer Jahresstellung oder mit zwei guten Saisonverträgen «im vorgerückten Alter» ans Heiraten denken. Chef de réception und Sekretär blieben besser ledig, denn sie hatten einen kleinen Lohn und wollten aufsteigen. Von Portiers, Liftmännern, Küchenburschen und dergleichen war nicht die Rede. Vermutlich stand für den Autor außer Frage, daß diese Leute weder Zeit noch Geld hatten, eine Familie zu gründen.

Mit dem Aufstieg in der Angestelltenhierarchie ergab sich also eher die Möglichkeit und das moralische Recht, eine Ehe einzugehen. Für den etablierten Hotelier galt es als selbstverständlich, daß er Familienoberhaupt war. So etablierten sich viele Hotelangestellte, damit sie endlich heiraten konnten; andere wiederum heirateten, weil sie sich etablieren wollten.

Eine Umfrage der «Union Helvetia» unter ihren Mitgliedern im Jahr 1917 ergab, daß von 1720 organisierten Hotelangestellten 77 Prozent ledig waren. Von 288 Ehepaaren zwischen sechsundzwanzig und vierzig Jahren, die ja oft monatelang getrennt leben mußten, hatten 28,5 Prozent keine Kinder.

Auch für Inseli waren heiraten und etablieren «zwei unzertrennbare Begriffe», und er sah immer die Gefahr, daß sich der Angestellte zu früh in dieses doppelte Wagnis stürzte. Inseli versuchte deshalb, den jungen Angestellten die Ungebundenheit ihres Lebens schmackhaft zu machen und sie von ihrer Einsamkeit abzulenken, indem er ihnen empfahl: «Bleibe frei, solange du kannst.»[42]

Ein Schweizer Portier erzählte 1898 in der «Union Helvetia», vielerorts wolle man von einem verheirateten Hotelportier nichts wissen, weil ihn das in seinem Vierundzwanzigstundendienst stören könnte. Anderseits sollte er aber verheiratet sein, um gegenüber dem weiblichen Personal die nötige Autorität zu bewahren.[43] Diese Schilderung hört sich originell an; sie beleuchtet aber einen Ausschnitt aus der problematischen und widersprüchlichen Lebenssituation der unteren Hotelangestellten, aus der es für die Mehrheit keinen erfolgversprechenden Ausweg gab.

Freizeitgestaltung

Solange sich kein luzernisches Wirtschaftsgesetz um die gastgewerblichen Angestellten kümmerte, konnte von einer geregelten Arbeitszeit im Hotelbetrieb keine Rede sein. Besonders die Portiers mußten in vielen Fällen zu jeder Tages- und Nachtzeit auf dem Posten sein. Ein Portier klagte 1896, er arbeite jeden Tag neunzehn bis zwanzig Stunden.[44] Da sich viele Hoteliers den Nachtportier ersparten, konnte der Dienst aber auch runde vierundzwanzig Stunden dauern.

Trotz dieser überlangen Arbeitszeiten stellt sich die Frage, wie die Hotelangestellten ihre karg bemessene Freizeit verbrachten.

Die Schlafzimmer ließen oft eine erfrischende Nachtruhe nicht zu. Zimmermädchen, die zu viert in einem Badezimmer auf Matratzen schliefen, Portiers, die in ihrer Loge in einem Bettkasten ruhten, der bei Tagesanbruch ungelüftet mit einem Deckel geschlossen wurde, oder die nachts im Durchzug des Hausganges ein zusammenlegbares Bett aufstellten, gehörten zum Bild des Schweizer Hotelangestellten um 1900. Luzern dürfte hier kaum eine Ausnahme gemacht haben, obwohl die «Union Helvetia» 1895 rühmte, in Luzern seien die Hotelangestellten «anerkannterweise durchwegs» gut gehalten.[45] Die unzureichenden

Schlafräume bargen gesundheitliche Gefahren, die den Zeitgenossen durchaus bekannt waren. Bieder nannte die Tuberkulose die «Hotelkrankheit» und wies auf die wunden Punkte hin: schlecht durchlüftete Schlafräume, die mit zahlreichen Kollegen geteilt werden mußten, selten ausgewechselte Bettwäsche, unregelmäßige Arbeitszeiten, das hastige Essen, die ständige Unrast, der Mangel an Ruhe und frischer Luft. Manches deutet darauf hin, daß die Lebenserwartung des Hotelpersonals unterdurchschnittlich war. In diese Richtung wies ein Nachruf auf einen Hotelangestellten aus Luzern, der mit fünfundfünfzig Jahren starb: «Nicht alt ist er geworden, aber alt fürs Hotelfach.»[46]

In den Stoßzeiten der Touristensaison konnte sich das Personal sogar während der Essenszeiten nicht mehr erholen. Ein Hotelangestellter schilderte 1912 die Eßgewohnheit in seinem Milieu. Vor der Saison sei das Essen in Ordnung; in der Hochsaison aber, wenn die Arbeit am strengsten sei, komme man kaum zum Essen, und die Küchenchefs hätten keine Zeit, auch für die Angestellten anständig zu kochen. Es mangle hier an der Solidarität der Küchenchefs. Zum Frühstück bekomme man «vielleicht verbrannten Kaffee, mittags schön weich gekochtes Suppenfleisch und wenn es gut geht, noch Kartoffeln dazu... Das Nachtessen zu beschreiben, unterlasse ich lieber.»[47]

Immer wieder stößt man auf Klagen über die Einsamkeit der Hotelangestellten. Die Familienangehörigen wohnten oft weit weg, die Heiratschancen waren gering, freundschaftliche Bande lösten sich nach der Saison zwangsläufig auf. Gerade deshalb war aber eine «Saisonfreundschaft» so wichtig, weil der aus dem Familienleben herausgerissene Jüngling sonst «unbeholfen, fremd und verlassen dastünde». Mit Saisonfreundschaft meinte das Feuilleton in der «Union Helvetia» offenbar nicht Beziehungen zum andern Geschlecht. Die «Union Helvetia» als Fachverband der Hotelangestellten konnte die Isolation zumindest ein wenig mildern. Die Sektion Luzern steigerte ihre Mitgliederzahl zwischen 1896 und 1902 von 120 auf 335. Außerhalb der eigentlichen Verbandsarbeit bemühte sie sich, den Angestellten gesellige Anlässe mit Spaziergängen und heiterer Zerstreuung zu bieten. Die im Verein organisierten Hotelangestellten nahmen solche Gelegenheiten dankbar wahr und marschierten jeweils in größerer Zahl zu diesen Veranstaltungen auf. 1909 beteiligten sich am Weihnachtsfest der Sektion Luzern 106 Personen, am Abschiedsfest im Herbst deren 220. Selbst die regulären Sektionsversammlungen konnten oft Dutzende von Mitgliedern mobilisieren, was in Anbetracht der langen Arbeitszeiten und der eher schwach entwickelten Solidarität nicht selbstverständlich war und ein deutliches Licht auf das Bedürfnis nach zwischenmenschlichen Kontakten warf. Wenn im Schoße der Sektion Luzern ein «gemütliches Festchen» gefeiert wurde, ging es nie ohne Tanz, Gesang und allerlei komische und dramatische Unterhaltung ab. An einem einzigen Abend wurden da «Pfarrer Kneipp», «Adam», «Die Gerichtsverhandlung» und «Das Wachsfigurenkabinett» zum besten gegeben sowie ein «naturgetreuer Elephant» und eine Riesendame vorgeführt.

Bei aller Unbeschwertheit erforderten solche Produktionen Vorbereitungszeit, die sich die Hotelangestellten an ihren nächtlichen Ruhestunden absparen mußten. Das Tagblatt rühmte, die Akteure hätten jeweils nachts um elf Uhr nach vierzehn bis sechzehnstündiger Arbeit geprobt. Bereits 1896 ist auch von einem Gesangsklub der Sektion Luzern die Rede.

Bemerkenswert ist, daß die Angestellten bei diesen Anlässen meist nicht unter sich waren. Neben der Prominenz aus der in Luzern ansässigen Verbandsspitze erschienen oft auch Hoteliers – zum Beispiel Hauser vom «Schweizerhof» –, von denen man hoffte, daß sie sich mit einem Beitrag in die Sektionskasse schadlos halten würden. Trotz der im allgemeinen wohlwollenden Haltung der Hoteliers blieb das Gemeinschaftsleben der Angestellten vom eigentlichen Hotelbetrieb streng getrennt. 1905 lud die Sektion Luzern der «Union Helvetia» zu einer «feuchtfröhlichen Zusammenkunft» in den ersten Stock des Kursaales ein und ermahnte die Teilnehmer, nicht durch das Portal, sondern durch den Garten einzutreten.[48]

Die Sektion konnte einem Teil der Luzerner Hotelangestellten jenes Stück Heimat vermitteln, das im Hotel selber nicht immer zu finden war. Die Mehrheit des Personals gehörte aber der «Union Helvetia» nicht an und hatte es deshalb noch schwerer, der Isolation zu entfliehen. 1909 forderte eine Stimme aus Angestelltenkreisen, es seien in den Hotels Gesellschaftszimmer für das Personal einzurichten, damit sich die Angestellten in ihren freien Stunden irgendwo «wirklich daheim fühlen könnten».[49] In den Schlafzimmern war manchmal «kaum Platz zum Stehen». Dem Personal blieb kaum eine andere Wahl, als in der Freizeit das Wirtshaus aufzusuchen.

Es weist nichts auf ein außerordentliches Alkoholproblem bei den Hotelangestellten hin. Dafür waren der Druck und die zeitliche Arbeitsbelastung wohl in der Regel zu groß. Am ehesten scheinen die Portiers der Alkoholgefahr ausgesetzt gewesen zu sein. Ein Leitartikel in der «Union Helvetia» unter dem Titel «Moralische Gefahren des Bahnhofdienstes»[50] erwähnte im Jahr 1902, daß die Bahnhofportiers oft lange Wartezeiten zu überbrücken hätten oder von gutgelaunten Reisenden zu einem Glas Bier oder Wein eingeladen würden. Das beste sei immer noch grundsätzliche Abstinenz. Die Abstinenzfrage beschäftigte schon ein Jahr früher die Leser der «Union Helvetia». Ein Leserbrief, der von einem Portier geschrieben oder einem Portier in den Mund gelegt wurde, wandte sich vehement gegen den Aufruf zur Abstinenz. Der Leser fragte, wo man denn die Kraft zur Ausübung seiner Pflicht und der schweren körperlichen Arbeit hernehmen sollte. Unter dem Zepter der Abstinenz könne man nicht von morgens vier Uhr bis nachts um elf Uhr oder oft noch länger angestrengt arbeiten. Wer als Portier am «dritten Tisch im Souterrain» sitze, könnte sich nicht auf Abstinenz verlegen.[51]

Die unmittelbare Nähe der Hotelgäste beeinflußte die Lebens- und Freizeitgestaltung der Angestellten. Im Bestreben, das Personal vor den Einflüssen des mondänen Fremdenbetriebes abzuschirmen, trafen sich die Interessen der Hoteliers und der «Union Helvetia». Aber auch bestmögliche Absonderung des Personals außerhalb der Arbeitszeit und Schaffung von Freizeitorganisationen vermochte die prägende Wirkung des anderen, vornehmen Lebens nicht entscheidend abzuschwächen. Es blieb der «Union Helvetia» nichts anderes übrig, als immer wieder vor den Verführungen zu warnen, abschreckende Beispiele zu zitieren und die Folgen unstandesgemäßen Lebenswandels in den schwärzesten Farben auszumalen. 1903 wurde aus Luzern berichtet, es wimmle hier am Ende der Saison geradezu von Hotelangestellten, die man nur mit besonderer Menschenkenntnis von den Gästen unterscheiden könne.[52] Viele Angestellte erlagen der Versuchung, den «vielen Gigerl» in den Hotels alles nachzuahmen. Man beobachtete da Leute aus dem Personal mit gelbpolierten Schuhen, «mit funkelnagelneuen Glanzlederstiefeln, einem weißen Gilet und einer schönen Automobilkappe dazu». Diesen Angestellten fehlte nichts mehr «als das Monocle im Auge!».

Hans Inseli schrieb 1904 von einfachen Burschen, die sich «lordmäßig oder gigerlhaft kleiden, den Speisesaal besuchen und spielen, mit den Nachtfaltern Bekanntschaft machen und mit Sportswetten sich abgeben».[53] Kritisiert wurden auch Zimmermädchen, die Hüte trugen, welche mehr als 50 Franken gekostet hatten. Voller Besorgnis gab die Union Helvetia den leichtsinnigen Angestellten die Folgen solch unüberlegten Treibens zu bedenken: Nach zwei Wochen Stellenlosigkeit am Ende der Saison seien alle Ersparnisse dahin. Außerdem würde der Patron den Lohn kürzen, wenn an jeder Hand seines Angestellten «echte und unechte Brillanten glänzen», weil er glaube, der Angestellte habe eine bessere Saison gehabt als er selber.[54]

Probleme der weiblichen Hotelangestellten

Die Betriebszählung vom 9. August 1905 notierte in der Stadt Luzern 4942 weibliche Arbeitskräfte. Von diesen waren 1680 (34 Prozent) in gastgewerblichen Betrieben beschäftigt. Am 1. Dezember 1910 waren von den 1723 im Gastgewerbe tätigen Personen 967 (56 Prozent) weiblichen Geschlechts. Die große Mehrheit der weiblichen Hotelangestellten kam nicht über die unterste Stufe der Hotellaufbahn hinaus. Damit verminderten sich aber auch die Chancen, Ganzjahresstellen zu finden. Nach Bieder standen den weiblichen Hotelangestellten nach der Saison zwei Möglichkeiten offen. Sofern die wirtschaftliche Lage der Familie es erlaubte, blieben die Mädchen im Winter zu Hause und warteten die neue Saison ab. Die meisten stammten aber aus unteren sozialen Schichten und mußten daher versuchen, in Wirtschaften, Cafés, Privathäusern, Wäschereien und Glättereien Arbeit zu finden.

Die Bemühungen des Schweizerischen Gemeinnützigen Frauenvereins, den Mädchen den Weg zum Küchenchef zu öffnen, stießen bei der «Union Helvetia», die eine reine Männerorganisation war, und wohl auch bei den meisten Hoteliers auf keine Gegenliebe. Als Köchin konnte man sich die Frau durchaus vorstellen, nicht aber als Küchenchef. Die Zahl der Hotelköchinnen hielt sich jedoch in engen Grenzen. Ein Luzerner Hotelier vermutete in einem Artikel in der «Union Helvetia», viele Mädchen fänden die Arbeit als Kellnerin oder Zimmermädchen «lustiger» und als Kindermädchen oder Bürofräulein «nobler».[55] Vor allem aber sahen sich die Frauen in der Hotelküche der Konkurrenz der Männer gegenüber. Zudem war die Ausbildung zur Köchin mit zeitlichem und finanziellem Aufwand verbunden. Die aus unteren Schichten stammenden Mädchen mußten aber in der Regel sofort verdienen. Nach Ansicht einer Berner Kellnerin hatte ein armes Mädchen, das seine Familie finanziell unterstützte, keine große Auswahl: bei Buchhalterinnen und Kinderfräuleins war die Zahl der Bewerberinnen zu groß, Schneiderinnen und Ladentöchter brauchten eine Lehrzeit, und als Dienstmädchen verdiente man nur 15 bis 20 Franken im Monat.[56]

Im Jahre 1905 publizierte die «Union Helvetia» eine Umfrage über die Arbeitsverhältnisse der Kellnerinnen im Kanton Freiburg.[57] Wir übernehmen einige Zahlen aus dieser Enquête in der Annahme, daß die Arbeitsbedingungen in Luzern vor dem Wirtschaftsgesetz von 1910 nicht wesentlich anders waren, obwohl sich Luzern viel stärker auf den internationalen Tourismus ausrichtete. Möglicherweise zeigten sich die vornehmeren Luzerner Hotelgäste den Trinkgeldempfängern gegenüber etwas großzügiger. Die Arbeitszeiten dürften aber in der hektischen Luzerner Saison nicht weniger lang gewesen sein.

Arbeitsverhältnisse von Kellnerinnen im Kanton Freiburg 1905

Arbeitszeit:		Freizeit (83 Kellnerinnen):	
83 Kellnerinnen	15½ bis 18½ Stunden durchschnittlich 17 Stunden	2 Kellnerinnen	1 Tag pro Woche
		49	½ Tag pro Woche
		7	½ Tag pro zwei Wochen
		2	½ Tag pro Monat
		1	Ein Ausgang alle 5 bis 6 Wochen
		3	½ Tag pro 3 bis 4 Monate
		1	3 Tage pro Jahr
		4	«so oft sie darum fragen»
		14	nie

Fixer Lohn (84 Kellnerinnen):

4 Kellnerinnen	kein fixer Lohn
2	15 Fr. pro Monat
2	18 Fr. pro Monat
26	20 Fr. pro Monat
3	22 Fr. pro Monat
29	25 Fr. pro Monat
16	mehr als 25 Fr. pro Monat
2	bis 32 Fr. pro Monat

Trinkgeld (79 Kellnerinnen):

12 Kellnerinnen	nichts
4	«sozusagen nichts»
37	1–10 Fr. pro Monat
12	11–20 Fr. pro Monat
11	20–30 Fr. pro Monat
3	mehr als 30 Fr. pro Monat

Fixum plus Trinkgeld (79 Kellnerinnen):

10 Kellnerinnen	bis 20 Fr. pro Monat
25	25–30 Fr. pro Monat
26	31–40 Fr. pro Monat
8	41–50 Fr. pro Monat
10	mehr als 50 Fr. pro Monat

Selbst wenn man beim Gesamtlohn die Höchstansätze berücksichtigt, verdienten 69 Kellnerinnen nur etwa 35 Franken im Monat. Dies entsprach ungefähr den Zahlen aus dem Raum Innerschweiz. Nur 10 Kellnerinnen bezogen mehr als 50 Franken. Dieses Geld reichte nicht aus, wenn das Elternhaus unterstützt und Ersparnisse für den Winter angelegt werden mußten. Zudem hatte manche Kellnerin zu wenig Zeit, um allen ihren Pflichten nachzukommen. Sie mußte deshalb noch Officeburschen und Putzfrauen zu Hilfe rufen und selbst entlöhnen.

Der Erlebnisbericht einer Kellnerin aus dem nahen Kanton Bern gibt einen Eindruck von der subjektiven Einschätzung der sozialen Lage und vom Selbstverständnis der weiblichen Hotelangestellten.[58] Die Kellnerin litt darunter, daß man die weiblichen Hotel- und Wirtshausangestellten «moralisch zum Lumpenproletariat» zählte. Die Redensart «Kellnerin gibt schlechte Hausfrau» erschwerte die spätere Integration in die gewünschte Rolle als Hausfrau und Mutter und trieb die Hotelangestellten erst recht in eine Scheinwelt, die ihrer sozialen Herkunft, ihrer ökonomischen Lage und ihren Zukunftshoffnungen widersprach.

Offenbar unterschieden sich viele Hotelangestellte von anderen Mädchen durch Schmuck, Kleidung und Frisur und ließen sich dadurch in ein moralisches Zwielicht drängen. Die anderen bewunderten zwar neidisch die goldene Uhr und das Bracelet der Kellnerin, aber immer unter dem Vorbehalt: «Wie die zu dem kam, möchte ich nicht dazu kommen.»

Daß die Hotelangestellten exklusive Kleinigkeiten besaßen und zur Schau stellten, die für andere Mädchen unerreichbar oder zumindest ungewohnt waren, hing auch mit der Art der Bezahlung zuammen. Die

Trinkgelder flossen oft nicht als bares Geld, sondern in Form von «Schokolade, Früchten, Kuchen, Seife, Kölnisch Wasser, Drops, Limonadepulver». Gerade weil aber die Hotelangestellten durch ihren Beruf mit anderen Denk- und Verhaltensnormen in Berührung kamen und diese zum Teil adaptierten, schaute ihnen die Umwelt ganz besonders auf die Finger und verlangte Anpassung und Unterordnung unter den gängigen Moral- und Verhaltenskodex. Manches schickte sich für Kellnerinnen nicht, was einer «Ladentochter, Modistin oder Bureaulistin» nachgesehen wurde, zum Beispiel eine elegante Toilette, Radfahren, Spaziergänge in Herrenbegleitung. Zwischen Kellnerin und Dienstmädchen bestand eine «unsichtbare Wand»; in einem Heim, wo alle Dienenden aufgenommen wurden, mußten sich die Kellnerinnen immer mit schiefen Augen ansehen lassen.

«Das Weib gehört in erster Linie an den Herd, und das Weib muß Religion haben.» Diese unmißverständliche Forderung stellte ein Vortragsredner an einer Versammlung des Vereins katholischer weiblicher Angestellter und Arbeiterinnen von Luzern und Umgebung im Jahr 1905.[59]

Es kennzeichnet die schwierige Situation der weiblichen Hotelangestellten, daß sie am allerwenigsten in diese gesellschaftlich sanktionierte Rollenvorstellung hineinpaßten. Die Meinung war weit verbreitet, daß Mädchen, die durch «Frivolität im Äußeren und Innern» auffielen, selber schuld waren, wenn sie ledig bleiben mußten, denn – so stellte das «Vaterland» 1890 fest – die Männer wollten eben keine solchen Frauen.[60] Ungewollt sahen sich also die weiblichen Hotelangestellten in eine Außenseiterposition gedrängt, die sie vielleicht im katholischen, traditionsgebundenen Luzern noch stärker zu spüren bekamen als in anderen Fremdenverkehrszentren.

Für das weibliche Hotelpersonal in Luzern war ein Entrinnen aus der sozialen und persönlichen Isolation noch problematischer als für die Männer. Die «Union Helvetia» gewährte den Frauen zwar Rechtsbeistand und half bei der Stellensuche, weigerte sich aber, weibliche Mitglieder aufzunehmen. Für einen autonomen Kellnerinnenverein, wie er sich einmal in Zürich im Jahr 1909 konstituierte, fehlte in Luzern die politische Basis.

Politisches Bewußtsein und Standespolitik

Hermann Bieder, der Generalsekretär der «Union Helvetia», sah sich immer wieder genötigt, die politische Stoßrichtung seiner Organisation zu formulieren, um Angriffe von verschiedenen Seiten zu parieren. Der Hotelangestelltenverband verstand sich zwar eindeutig als Interessenvertretung der Arbeitnehmer und stieg für deren Anliegen auch unermüdlich und mit Härte in die Arena, vermied aber nach Möglichkeit eine Konfliktpolitik. Den ideologisch-politisch betont zurückhaltenden bis indifferenten Kurs rechtfertigte Bieder mit dem mittelständisch-kleinbürgerlichen Selbstbewußtsein des Hotelangestellten, der «ein Mittelding zwischen Arbeiter und Prinzipal» war und «schon von Natur aus» den Drang zum Selbständigwerden in sich spürte.[61] Von einem Einmünden der «Union Helvetia» in die Arbeiterbewegung wollte Bieder nichts wissen; linke Tendenzen wehrte er konsequent ab.

Der Luzerner Linken war die politische Linie der «Union Helvetia» zu lau. Nach Bieder gingen von der Redaktion des «Demokraten» und dem Luzerner Arbeitersekretariat zwei – allerdings erfolglose – Versuche aus, einen sozialistisch ausgerichteten Portierfachverein zu gründen. Einen in Schaffhausen entstandenen linken schweizerischen Portierverband lehnte Bieder zwar nicht ausdrücklich ab, wollte aber auch nichts damit zu tun haben. Da er, der auf der liberalen Bank im Grossen Stadtrat und im Großen Rat saß, gerade auf die Verhältnisse in Luzern einen großen persönlichen Einfluß ausübte, hätte eine sozialistisch orientierte Hotelangestelltenorganisation hier zweifellos keine Zukunft gehabt.

Um Aufsplitterungstendenzen aufzufangen, betonte Bieder ebenso die einigende Kraft des nationalen Gedankens, wie er die zersetzende Idee des Klassenkampfes verurteilte. Standesunterschiede zwischen dem Casserolier und dem Direktor wollte er nicht gelten lassen, und klassenkämpferisches Gedankengut hörte er aus jenen Stimmen, die verlangten, die etablierten ehemaligen Hotelangestellten hätten in der «Union Helvetia» nichts mehr zu suchen. Unter der autoritären Führung Bieders konnten sich andere politische Strömungen in der «Union Helvetia» nicht durchsetzen. Es ist deshalb schwer zu beurteilen, in welchem Maß seine Linie von der Basis mitgetragen wurde. Die spezifischen Arbeits- und Lebensbedingungen im Hotelgewerbe – Unrast und Berufswanderung, Aufstiegshoffnungen und Isolation – erschweren ja die politische Meinungs- oder gar Fraktionsbildung ganz erheblich.

Mit seiner Politik – die allerdings in Sachfragen hart und konsequent sein konnte – sicherte sich Bieder das mehr oder minder spürbare Wohlwollen der Hoteliers. Dies mochte sich etwa darin äußern, daß die Gebrüder Hauser vom Schweizerhof der Sektion Luzern im April 1911 2000 Franken schenkten. 1905 verdankte die Sektion Luzern Spenden von 420 Franken für die Kranken- und Invalidenkasse, die vorwiegend aus Luzerner Hotelierkreisen kamen. Die Verbandszeitung revanchierte sich hin und wieder mit freundlichen Berichten und Nekrologen. Der Luzerner Hotelier Franz Helfenstein wurde als guter Patron geschildert. Seine Angestellten mußten sich jeweils beeilen, wenn sie nicht von ihrem Prinzipal zuerst gegrüßt werden wollten.[62] Es war sogar möglich, daß im Vorstand der Sektion Luzern der «Union Helvetia» Arbeitgeber

Einsitz nahmen. 1899 bestand die Leitung der Sektion aus zwei Oberkellnern (als Präsident und Vizepräsident), einem Cuisinier, einem Liftmann, einem weiteren Angestellten und dem Wirt zu Pfistern.

Die Zusammensetzung des zuständigen Gewerbegerichts beweist, daß die Hotelangestelltenorganisation auf der wirtschafts- und sozialpolitischen Szene in Luzern durchschlagkräftiger war als andere Arbeitnehmerfachvereine. Seit der Schaffung der Gewerbegerichte 1892 wurden die beiden den Arbeitnehmern vorbehaltenen Sitze immer von Vertretern der «Union Helvetia» besetzt, obwohl in derselben Gruppe noch die Metzger, Bäcker, Konditoren, Bierbrauer, Gewürzmüller und Teigwarengeschäfte eingeteilt waren.

Da es hier nicht darum geht, die Organisationsgeschichte der «Union Helvetia» darzustellen, müssen hier wenige Hinweise genügen auf standespolitische Fragen, die das Leben der Hotelangestellten auch in Luzern direkt berührten! Grundsätzlich steckte sich die «Union Helvetia» folgende sozial- und standespolitische Ziele:
a) Gegenseitige Unterstützung in Krankheit, Sterbefällen sowie in Fällen unverschuldeter Not.
b) Geistige und moralische Hebung und Veredlung der Standesgenossen durch gegenseitige Belehrung.
c) Förderung der unentgeltlichen Stellenvermittlung.
d) Einrichtung von Lokalitäten, um den Berufsgenossen einen in moralischer und ökonomischer Hinsicht wünschenswerten Aufenthalt zu bieten.

Es entsprach den sozialpolitischen Bemühungen der Zeit, daß sich die «Union Helvetia» um den Aufbau eines vereinseigenen obligatorischen Versicherungssystems bemühte, das ansatzweise eine gewisse soziale Verbesserung im Hotelgewerbe erreichen sollte. 1895 erhielt ein erkranktes Mitglied je nach Dauer der Mitgliedschaft während drei bis sechs Monaten jeden Tag 2 Franken ausbezahlt. Um 1910 konnte ein Kranker während maximal eines Jahres bis gegen 1000 Franken beziehen. Die Altersinvalidenversicherung bezahlte anfänglich eine Jahresrente, die der doppelten Monatszahl der Vereinsmitgliedschaft entsprach. Für zwölfmonatige Mitgliedschaft ergab dies eine Rente von 24 Franken im Jahr, bei zwanzig Jahren 480 Franken. Das Sterbegeld als dritte Komponente der Sozialversicherung stieg zwischen 1895 und 1910 von höchstens 100 Franken auf höchstens 250 Franken. Die Versicherungskosten wurden in erster Linie durch die Mitgliederbeiträge gedeckt, die man 1890 auf monatlich 2 Franken pro Mitglied festsetzte. Um 1910 entbrannte in der «Union Helvetia» eine Diskussion um die Einführung einer allgemeinen Altersrente. Die Verbandsspitze sprach sich jedoch aus finanziellen Gründen gegen dieses Projekt aus.

Neben dem Aufbau der Versicherungskassen kämpfte die «Union Helvetia» in ihrer ersten Phase bis zum Weltkrieg vor allem für mehr Ruhezeit, gegen das sogenannte «Schwarzbuch» und gegen das private Stellenvermittlungswesen. Die Forderung nach verlängerten Ruhezeiten konnte in den Verhandlungen mit dem Hotelierverein nicht durchgesetzt werden. Der Vorstand des Schweizerischen Hoteliervereins erklärte der «Union Helvetia» 1893, an «eine einheitliche Norm für die Gewährung von Ruhetagen»[63] sei bei der Verschiedenartigkeit der Hotelbetriebe nicht zu denken. Der Hotelierverein sprach sich jedoch dafür aus, daß den Angestellten von Jahresgeschäften alle vierzehn Tage ein freier Nachmittag zugestanden wurde. Die «Union Helvetia» hatte bedeutend mehr verlangt. Es blieb ihr deshalb nichts anderes übrig, als auf die Revision der kantonalen Wirtschaftsgesetze zu hoffen und zu drängen.

Das «Schwarzbuch» war gemäß der «Union Helvetia» eine Idee, die in Luzerner Hotelierkreisen geboren worden war. Es handelte sich dabei um eine schwarze Liste, die jeweils im Organ des Schweizerischen Hoteliervereins erschien und Namen von Angestellten enthielt, die den Arbeitgebern in irgendeiner Weise unliebsam aufgefallen waren. Die «Union Helvetia» kämpfte zumindest publizistisch vehement gegen diese Einrichtung, die die Berufschancen der einmal Gebrandmarkten erheblich einschränkte. Bieder fragte verärgert, ob man denn in China lebe oder ob die Hotelangestellten Menschen minderen Rechts oder Geschöpfe sechster Ordnung seien.[64] Unter dem Titel «Das geheimnisvolle Schwarzbuch» erschien in der «Union Helvetia» 1897 ein Bericht über den achtzehnjährigen deutschen Kellner Kraneis, der angeblich seit vielen Wochen auf der schwarzen Liste stand, ohne daß jemand wußte, was er verbrochen hatte. «Den Schweizern wird inskünftig der Schlotter in die Beine fahren, wenn sie den Namen Kraneis nur tönen hören.»[65] Obwohl der Hotelierverein 1897 den Namen «Schwarzbuch» in «Informationsbuch» umänderte, blieb die Institution offenbar bestehen. Auch nach 1900 hörten in der «Union Helvetia» die Klagen über diesen Gegenstand nicht auf. Mit besonderer Schärfe wurde der Kampf gegen die privaten Stellenvermittlungsinstitute, die sogenannte Placierungsbüros, geführt, weil in dieser Frage für die Hotelangestellten materiell tatsächlich viel auf dem Spiel stand. Private Placierungsbüros konnten für eine Saisonstelle bis zu 100 Franken Vermittlungsgebühr verlangen. In langen, nicht immer erfolgreichen Prozessen ging die «Union Helvetia» gegen die Privatplaceure vor. Besser scheint sich aber die verbandseigene Stellenvermittlung bewährt zu haben. Mitglieder wurden unentgeltlich plaziert, Nichtmitglieder bezahlten je nach Stelle und Funktion 2 bis 30 Franken. Nach Angaben der «Union Helvetia» war man damit um zwei Drittel billiger als die privaten Büros. Allerdings erlebte die «Union Helvetia» bei ihrer Stellenvermittlungstätigkeit auch Enttäuschungen, wenn zum Beispiel ein Portier seine von der Standesorganisation vermit-

12 1909 eröffnete die «Union Helvetia» in Luzern
die Schweizerische Hotelfachschule.

12

telte Stelle umgehend in der Stadt für 5 Franken einem Kollegen verkaufte.[66] Trotz aller Anstrengungen der «Union Helvetia» schossen in den neunziger Jahren die Placierungsbüros in Luzern wie Pilze aus dem Boden. Von 1890 bis 1898 stieg ihre Zahl von neun auf fünfzehn. Zu Bieders Entsetzen warfen sich selbst frühere Hotelangestellte auf dieses blühende Geschäft. Ein ehemaliger Portier soll in Luzern 1898 ein Placierungsbüro und einen Gemüseladen eröffnet haben.

Für einmal war es Luzern, das mit gesetzlichen Regelungen über das Placierungswesen in der Schweiz Schrittmacherdienste leistete. Schon 1881 erließ der Regierungsrat eine Verordnung betreffend die Placierungsbüros, die vom Vermittler eine jährlich zu erneuernde Bewilligung, einen guten Leumund und eine genaue Geschäftskontrolle forderte. Die Taxen waren jedoch nicht limitiert. 1898 erfolgte eine Revision der Verordnung. Die Einschreibgebühren wurden nun auf 50 Rappen bis 2 Franken und die Vermittlungstaxen auf 4 bis 8 Franken festgesetzt. Vorschüsse und Pfänder durften nicht mehr verlangt werden, und jedes Büro wurde einmal jährlich kontrolliert. Damit gehörten die golde-

Die Welt der Luzerner Hotelangestellten 206

13 Gemischter Kochkurs in voller Tätigkeit.
14 Servieren will gelernt sein.

13

14

nen Zeiten der privaten Placierungsbüros der Vergangenheit an. Im ersten Jahrzehnt des 20. Jahrhunderts reduzierte sich die Zahl der privaten Institute auf sechs bis acht.[67] Neben den verschärften gesetzlichen Bestimmungen sorgte auch die zunehmende Vermittlungstätigkeit anderer Berufsorganisationen für den Abstieg der Privatplaceure.

Das Wirtschaftsgesetz von 1910

Während die luzernischen Wirtschaftsgesetze von 1864 und 1883 die gastgewerblichen Angestellten mit keinem Wort erwähnten, enthielt das Gesetz vom 16. Februar 1910 erstmals Bestimmungen zum Schutz der Arbeitnehmer. Wohl existierte sei 1895 ein Arbeiterinnenschutzgesetz, das – zumindest theoretisch – auch für die weiblichen Hotelangestellten galt. In der Praxis wurde dieses Gesetz aber jahrelang nur sehr mangelhaft angewandt und von den Behörden meist im Interesse der Hoteliers interpretiert. Am 2. März 1908 wurde im Luzerner Großen Rat eine aus städtischen Kreisen initiierte Motion erheblich erklärt, die gesetzliche Erlasse zum Schutz der Hotel- und Gastwirtschaftsangestellten verlangte. Auch ein Arbeitgebervertreter wie Großrat Willy Hauser-Döpfner vom Hotel «Schweizerhof» begrüßte die Motion, wünschte aber ein Vernehmlassungsverfahren unter den Hoteliers und Wirten. Der Regierungsrat argumentierte in seiner zustimmenden Botschaft in erster Linie damit, daß andere Länder und Kantone bereits solche Schutzbestimmungen eingeführt hätten. Er empfahl, sich vor allem an den Basler Wirtschaftsgesetzen von 1887 und 1905 zu orientieren.

Das Gesetz, das am 6. April 1910 in Kraft trat, war längst fällig, und es erwuchs ihm deshalb auch keine ernsthafte Opposition. Einige Bestimmungen waren allerdings so formuliert, daß dem Interpretationsspielraum der Arbeitgeber kaum Grenzen gesetzt waren. Die Prinzipale waren gehalten, ihren Angestellten «keine übermäßige Arbeit» zuzumuten und sie «gesund und ausreichend» zu verköstigen. Die Schlafräume sollten von den Behörden kontrolliert werden. Präziser waren die Vorschriften über Arbeits- und Ruhezeiten. Die tägliche Ruhezeit mußte acht Stunden, in bewilligten Ausnahmefällen sieben Stunden betragen. Für Jugendliche unter achtzehn Jahren schrieb das Gesetz neun Stunden vor. An Sonn- und Feiertagen waren zwei Stunden für den Kirchgang freizustellen. Das Personal hatte Anspruch auf eine wöchentliche Freizeit von sechs zusammenhängenden Stunden oder von zweimal vier oder dreimal drei Stunden zur Tageszeit. Außerdem gewährte das Gesetz jeden Monat einen Ruhetag, wobei höchstens sechs Ruhetage zusammengezogen werden konnten. Kellner mußten mindestens sechzehn, Kellnerinnen mindestens achtzehn Jahre alt sein. Dies galt aber nicht für Lehrlinge, Familienangehörige und Aushilfskräfte. Für andere Funktionen innerhalb des gastgewerblichen Betriebs waren keine Altersgrenzen fixiert.

Die «Union Helvetia» begrüßte das neue Gesetz freudig. Bieder erklärte sich sehr zufrieden und glaubte, daß dieses Gesetz für andere Kantone vorbildlich sein werde. Daß es in einer freundlichen Atmosphäre und «ohne Klassenkampf» entstehen konnte, stellte er mit besonderer Befriedigung fest.[68]

Die Lage der Hotelangestellten während des Ersten Weltkrieges

Das Wirtschaftsgesetz von 1910 konnte selbstverständlich nicht verhindern, daß auch das Luzerner Gastgewerbepersonal in der großen Hotelkrise des Ersten Weltkrieges in Not und noch größere Abhängigkeit geriet. Gesetzliche Kündigungsfristen wurden nicht eingehalten. Der Trinkgeldertrag ging zurück. Es herrschte ein Überangebot an meist schlecht qualifizierten Arbeitskräften, die sich um die immer spärlicher werdenden Stellen rissen. Wer nicht entlassen wurde oder als Koch und Kellner in England Arbeit suchte, mußte krasse Lohneinbußen in Kauf nehmen. In den ersten Kriegsmonaten waren die Ausgaben der «Union Helvetia» voll von Klagen über die Verschlechterung der Arbeitssituation: Ein Küchenchef, der zehn Jahre im selben Hotel für 300 Franken im Monat gearbeitet hatte, mußte sich nun mit 75 Franken begnügen; ein verheirateter Hotelkondukteur erhielt nach achtjähriger Arbeit im gleichen Betrieb plötzlich keinen Lohn mehr;[69] ein Portier registrierte während einer Woche nur 20 bis 75 Rappen Einnahmen im Tag. Gegen das Versprechen ihres Arbeitgebers, daß sie die Stelle im Winter behalten könne, mußte sich eine Luzerner Hotelangestellte schriftlich mit einer Lohnreduktion von 10 Franken einverstanden erklären. Als sie Ende August trotzdem ohne Kündigung entlassen wurde, schützte das Luzerner Gewerbegericht ihre Klage.[70]

Auch höhere Hotelangestellte und Direktoren bekamen die Krise zu spüren. Fritz Vogel, Direktor des Hotels «Helvetia», das in der Krise seine Pforten schließen mußte, fand später als Buchhalter in einem Luzener Uhrengeschäft Arbeit.[71] Der Besitzer des Hotels «Schiller», Eduard Leimgruber, fuhr nach Ausbruch des Krieges jeden Tag mit dem Rad nach dem fast dreißig Kilometer entfernten Wauwil, um Torf zu stechen, während seine Frau das Hotel weiterführte.[72] Auch die langen Militärdienstleistungen bedeuteten für die Hotelangestellten ein hartes Opfer. Neben dem Verdienstausfall mußten sie – mehr als ihre dienstfreien Kollegen – mit dem Verlust der Arbeitsstelle rechnen.

Die Folgen der Krise waren eine zunehmende Berufsflucht und ein langfristiger Umschichtungsprozeß im Hotelpersonal. Bieder wies darauf hin, daß die Hotelangestellten in weiten Kreisen der Wirtschaft und der Gesellschaft dem Vorurteil ausgesetzt waren, nicht seriös arbeiten zu können. Dieses psychologische Moment erschwerte das Umsteigen in andere Berufe erst recht und verschlimmerte die ohnehin problematische soziale Lage der meisten Hotelangestellten in der großen konjunkturellen und strukturellen Krise des Ersten Weltkrieges.

Kaufleute und Techniker –
Qualifikation, Arbeitserfahrung, Bewußtsein und Organisation 1870–1920[1]

Mario König
Hannes Siegrist

1

2

**Kaufleute und Techniker als Angestellte –
berufliche Ansprüche und ihre Grenzen**

Kaufleute und Techniker in unselbständiger Stellung gelten heute nach allgemeinem Verständnis als Angestellte. Sie gehören damit zu jener besonderen Schicht von Arbeitnehmern, die in allen Industrieländern seit dem Ende des 19. Jahrhunderts enorm angewachsen ist und sich zu einer sozial, wirtschaftlich, politisch und kulturell sehr bedeutsamen Erscheinung entwickelt hat. Wie kam es aber dazu, daß die Angehörigen höchst unterschiedlicher Berufsgruppen überhaupt begannen, sich gemeinsam als «Angestellte» zu begreifen und ein Stück weit in ihrem Denken, in ihren Organisationen und ihrer politischen Haltung zu einer Angestelltenschaft zusammenwuchsen? Welche Einflüsse förderten die Herausbildung einer relativ einheitlichen Angestelltenschaft mit gemeinsamen Organisationen und ähnlichen gesellschaftlichen und sozialpolitischen Vorstellungen? Gab es längerfristig überhaupt eine solche fortdauernde Tendenz zur Vereinheitlichung? Oder gewann unter bestimmten Voraussetzungen auch die gegenseitige Absonderung, das berufliche Sonderbewußtsein wieder an Boden? Wie bildete sich schließlich die in der Schweiz – trotz heutiger Tendenzen zur Lockerung – so deutliche Trennung zwischen Angestellten und Arbeitern heraus?

Wir untersuchen diese Fragen am Beispiel von zwei besonders wichtigen und typischen Gruppen der modernen Angestelltenschaft, den kaufmännischen Angestellten (Teil 1) und den Technikern – heute Ingenieure HTL genannt (Teil 2). Besonders interessieren uns dabei Qualifikation und Arbeitserfahrung mit ihren Auswirkungen auf das berufliche Denken und die Entstehung von Berufsorganisationen. Was für typische Merkmale, welche Unterschiede und Gemeinsamkeiten kennzeichnen die beiden Gruppen?

Betrachtet man besser qualifizierte Berufe, so stößt man immer wieder auf die Erscheinung, daß die Berufsangehörigen aus ihrer besonderen Ausbildung und Stellung im Arbeitsprozeß ganz spezielle Ansprüche ableiten. Sie erwarten eine relativ selbständige Tätigkeit mit geringer Kontrolle von außen, betonen ihr fachliches systematisches Wissen und den Wert ihrer Arbeit für die Allgemeinheit und leiten daraus ganz selbstverständlich den Anspruch auf materielle und soziale Privilegien ab. Damit einher geht typischerweise eine scharfe Abgrenzung von allen anderen Berufsgruppen. Wir bezeichnen eine solche Einstellung, die besonders ausgeprägt bei «freien Berufen» mit akademischer Ausbildung (Ärzten, Rechtsanwälten u.a.) zu finden ist, als professionalistisch.[2]

Professionalistische Ansprüche geraten nun allerdings bei jenen, die als abhängige Angestellte in Büros oder Betrieben arbeiten, immer wieder in Konflikt mit Tendenzen, die man unter dem Stichwort Arbeitsteilung und Bürokratisierung zusammenfassen kann; d.h. mit dem Zwang zur Einordnung in ein arbeitsteiliges, hierarchisches System, in dem die Tätigkeit des einzelnen spezialisiert ist, Kompetenzen, Pflichten und Arbeitsabläufe genau vorgeschrieben sind. Für Techniker und Kaufleute stellte sich spätestens nach der Jahrhundertwende die Frage, ob sie aufgrund ihrer besonderen Ausbildung eine gewisse Privilegierung aufrechterhalten oder gar ausbauen konnten oder ob derartige Ansprüche, durch Abhängigkeit, Arbeitsteilung und Bürokratisierung unterminiert, unerfüllt blieben und sie als gewöhnliche Arbeitnehmer betrachtet und behandelt wurden.

Vom Prinzipalgehilfen zum kaufmännischen Angestellten

Kaufmännische Angestellte gab es keineswegs erst seit der industriellen Revolution des 19. Jahrhunderts. Seit langem schon beschäftigten selbständige Kaufleute Gehilfen, die in Laden, Magazin und Kontor tätig waren. Im vergangenen Jahrhundert sprach man von Schreibern und Kontoristen, Commis oder Handlungsgehilfen, wenn man Angehörige dieser Berufsgruppe bezeichnen wollte. «Kontorist» oder «Schreiber» gedachten die jungen Leute, die soeben die übliche mehrjährige Lehrzeit abgeschlossen hatten, allerdings kaum zu bleiben. Sie sahen sich als angehende «Kaufleute», die auf die Gründung eines eigenen Geschäftes oder doch zumindest eine «Vertrauensstellung» an der Seite des Prinzipals hofften. Tatsächlich schien der wirtschaftliche Aufschwung seit den 1850er Jahren dem Unternehmungslustigen (und Kreditwürdigen) zahlreiche Chancen zu bieten. Im Gefolge dieser wirtschaftlichen Entwicklung nahm auch die Zahl der Angestellten zu, die nun nicht mehr ausschließlich im Handel, sondern auch in der aufstrebenden Fabrikindustrie sowie in den neu gegründeten Banken und Versicherungen der größeren Städte Beschäftigung fanden. Noch bis gegen Ende des Jahrhunderts blieben diese Angestellten allerdings eine kleine Gruppe, die nicht mehr als wenige Prozent der Beschäftigten in Industrie und Handel umfaßte.

Was für Erfahrungen in Lehre und Beruf machten diese mehrheitlich jungen Commis im letzten Viertel des vergangenen Jahrhunderts? Was für Voraussetzungen brauchte es, um «Kaufmann» zu werden? Welches Bild boten praktische Tätigkeit und Arbeitssituation, Arbeitsteilung, Kooperation und hierarchische Stellung? Wie entwickelten sich

> **„Die Büreaustunden des Sonntags für den Kaufmann."**
>
> Diese Preisarbeit des Unterzeichneten wird **Ende diess** im Druck erscheinen und den w. Subskribenten sofort zugesandt werden. Weitere Abdrücke können, so lange der Vorrath reicht, à 50 Cts. pro Brochure gegen Postmarken von mir bezogen werden, oder gegen Postnachnahme von 60 Cts., Porto inbegriffen.
>
> **Rud. Schmid** in **Zürich,**
> Schipfe Nr. 4, III. Stock.

> Solide Handelslehrlinge finden bürgerliche
> ## Kost und Logis
> in guter Familie
> Auskunft wird ertheilt im Glasladen an der Laternengasse.

3

das berufliche Selbstverständnis und die gesellschaftliche Orientierung unter dem Einfluß dieser Bedingungen?

Angehende Kaufleute stammten mehrheitlich aus (klein-)bürgerlichen Verhältnissen, im 20. Jahrhundert dann aber zunehmend auch aus bessergestellten Arbeiterfamilien. Eine abgeschlossene Sekundarschulbildung war wichtig, wollte man eine gute Lehrstelle in einem der angesehenen Finanzinstitute oder einem Grosshandelshaus finden. Der persönlichen Empfehlung, zum Beispiel durch einen Verwandten in der Firma, kam noch große Bedeutung zu. Wer dagegen eine schlechtere Schulbildung hatte oder auf Kost und Logis angewiesen war, der mußte mit einer Lehrstelle in einem Detailgeschäft vorliebnehmen, um dort «die Handlung zu erlernen», wie man sich ausdrückte.[3] Diese altertümliche, vor allem auf dem Land noch bestehende Form der Hausgemeinschaft mit dem Prinzipal, der eine umfassende Kontrolle über seine Lehrlinge und Gehilfen ausübte, verschwand allerdings gegen Ende des vergangenen Jahrhunderts zunehmend.

Lehrzeit auf dem Land 1877 – Patriarchalische Idyllen

Nun stand ich im Laden und schaute neugierig und verwundert überall herum. Da hatte es alle möglichen für die bäuerliche Bevölkerung nötigen Waren: Wollstoffe für Frauen- und Männeranzüge, weiße und farbige Baumwolltücher, Garne, Spezereien, Zigarren, Tabake; auf Gestellen, in Glasschränken, in den Schaufenstern sah ich Hunderte von kleinen Haushaltungsartikeln; es war das größte Geschäft im Ägerital und genoß ein gutes Ansehen...

Ich hatte bereits ausgepackt, als im Treppenhaus eine Glocke das Zeichen zum Nachtessen gab.

Oben am Tisch saß der Prinzipal, neben ihm seine Frau, an den Seiten zwei meiner Kollegen, dann der Färbermeister und der Stallknecht. Ich erhielt meinen Platz unten am Tisch, neben der Tür; die Ladenmädchen aßen allein im Laden. Sämtliche Angestellten wohnten im Hause. Während dem Essen wurde sehr wenig gesprochen; wenn nicht der Prinzipal oder seine Frau ein Gespräch einleiteten, so schwiegen alle.

Am nächsten Morgen begann meine Tätigkeit. Als ich um 5 Uhr in den Laden hinunterkam, war der Prinzipal schon auf dem Bureau. Er zeigte mir, wie man die hohen, hölzernen Schiebläden vor den Schaufenstern öffne; darauf mußte ich das Trottoir dem Hause entlang, die Vorhalle, die steinernen Treppen, den Hausgang und die Kellertreppe wischen. Hernach führte er mich in das Tuch- und Garnmagazin, sowie in das Bureau meiner künftigen Kollegen; auch für die Reinhaltung dieser Räume hatte ich zu sorgen.

... Im Bureau der Kommis sagte er, daß die beiden Herren die meiste Zeit im Jahre mit Stoff- und Garnmustern auf Reisen seien; einer besuche Privatkundschaft, der andere Detailgeschäfte. Da sei ein Stehpult für mich; es werde hie und da etwas zu schreiben geben. Nach einer stillen Pause nahm er wieder das Wort und sprach: «Jetzt noch etwas! Wenn du siehst, daß ein Angestellter etwas Unrechtes tut, oder wenn du hörst, daß unpassende oder unanständige Reden geführt werden, so zeige es mir an.»

Nach diesen Instruktionen, die ich zu halten versprach, erschien das Bureau- und Ladenpersonal. Der Prinzipal nahm den Hut und entfernte sich...

Einer von den beiden Reisekommis gab mir ein Kopierbuch und zeigte mir, wie ich darin die Briefe registrieren müsse. Als ich am Stehpult arbeitete, betrachtete ich die Kollegen, die an einem Doppelpult eifrig schrieben; beide waren gut gekleidet, einer trug glänzende Manschettenknöpfe und auf der weißen Hemdenbrust ein Knöpflein, das wie Gold schimmerte. So fein gekleidete Herren werden wohl nichts Unrechtes tun und nichts Unanständiges reden, dachte ich, da werde es kaum etwas für den Prinzipal anzuzeigen geben.
(Johann Herzog, Mein Lebensgang, Bd. 2, Chur 1928, S. 59–61.)

Der angehende Lehrling trat ganz zuunterst in der Unternehmenshierarchie ein. «Zwischen den Lehrlingen der verschiedenen Stufen bestanden Abgründe von Rangunterschieden, kein Wunder, daß man sich siezte», erinnert sich der Absolvent einer Banklehre in Schaffhausen.[4] Der Erwerb der spezifischen beruflichen Fertigkeiten im Lauf der Ausbildungszeit folgte dem bekannten, für diesen Ausbildungstyp charakteristischen Muster. Der Lehrling begann mit einfachsten Verrichtungen, war stets auch billige Arbeitskraft und hatte sich Stufe um Stufe emporzuarbeiten bis zu den eigentlich «kaufmännischen» Tätigkeiten. Ebenso wichtig wie die Vermittlung von Kenntnissen und Fähigkeiten war die Gewöhnung an diszipliniertes Arbeiten und Unterordnung. Dort, wo der Lehrling nicht einfach Ausbeutungsobjekt war, erlebte er den langsamen Aufstieg zu selbständigerer und besser angesehener Arbeit, die schließlich vielleicht sogar bei Jahresende mit einer kleinen Gratifikation honoriert wurde.

Der erste Lohn – Banklehre in Porrentruy 1893

Der Sylvesterabend war nahe. Da hieß es, daß wir alle beim Prinzipal zum Nachtessen eingeladen seien. Auch unsern Jahreslohn würden wir in Empfang nehmen – Wieviel mochte es sein? Ich freute mich unbändig auf diesen ersten, selbstverdienten Lohn. Nun war ich ja acht Monate schon im Geschäft. So zirka 50 Fr. hoffte ich zu erhalten, um eine neue Kleidung, evtl. auch ein Paar Schuhe kaufen zu können. Das Nachtessen mit Flaschenwein mundete gut – nur war mir das Kommende (der Lohnempfang) wichtiger. Da – noch einige Lobreden und Ermahnungsworte an alle. – Und jetzt übergab mir der Prinzipal ein funkelnagelneues Schweizergoldstück à 20 Fr. Dies war also mein erstes selbstverdientes Jahressalär... Aber es freute mich doch und ich steckte es glücklich in meine Tasche.

(G. Lütschg-Blesi, Banklehrling im Welschland vor 40 Jahren, in: Schweiz. Kaufm. Zentralblatt Nr. 34 und 35, 1935.)

Neben der oft langen Arbeitszeit bemühten sich die Lehrlinge, ihre Fremdsprachenkenntnisse zu verbessern, die damals noch als der eigentliche Schlüssel zum beruflichen Erfolg galten. Hilfestellung boten dabei die Sprachkurse der «Vereine junger Kaufleute», die seit den 1860er Jahren in den größeren Zentren von Handel und Industrie entstanden waren. Erst seit der Jahrhundertwende, mit den neuen Lehrlingsgesetzen, wurde der Schulbesuch zunehmend obligatorisch.

Mit dem offiziellen Lehrabschluß war die Lern- und Ausbildungsphase des jungen Commis, der häufig nur noch kurze Zeit im Lehrgeschäft verblieb, keineswegs beendet. Als Bestandteil einer vollständigen kaufmännischen Ausbildung galt ein Aufenthalt im Ausland oder doch zumindest im anderssprachigen Landesteil, womit man gleichermaßen die Verbesserung der Sprachkenntnisse, die zusätzliche berufliche Erfahrung in fremder Umwelt und schließlich die damit verbundene «Erweiterung des Horizonts» anstrebte. Allein die Stellenvermittlung des Kaufmännischen Vereins vermittelte vor dem Ersten Weltkrieg jährlich um die tausend junge Schweizer Commis ins Ausland. In der Deutschschweiz zeigte man sich reisefreudiger als im Welschland. Bevorzugte Ziele waren Frankreich, England und Italien, wobei sich regional unterschiedliche Zielrichtungen herausbildeten, die mit den Absatzmärkten der lokalen Exportbranchen und der geographischen Lage zusammenhingen. An den wichtigsten Zielorten der jungen Commis bildeten sich eigentliche Zirkel, bald auch Vereinigungen, getragen von bereits länger ansässigen oder permanent ausgewanderten Schweizer Kaufleuten, die den Neuankömmlingen ein soziales Auffangnetz anboten. Rasch integriert in solche Gruppen, verbrachten die jungen Schweizer ihre Freizeit zumeist im Kreise von Landsleuten.

Annoncen.

C. M. Ebell's Buchhandlung in Zürich, Tiefenhof Nro. 12 an der Bahnhofstrasse, erlaubt sich, ihr reichhaltiges Lager aus dem Gebiete der

Handelswissenschaft

bestens zu empfehlen.

Auf die „Kaufmännischen Unterrichtsstunden", „Welthandel" etc. nehme ich auch ferner Abonnements entgegen.

Die für die **verschiedenen Sprachkurse** gebräuchlichen **Lehrbücher** und **Dictionnaires** halte ich stets vorräthig.

Im Verlage von J. Huber in Frauenfeld ist soeben erschienen und in allen Buchhandlungen vorräthig:

Die Lehre vom Wechsel und Konto-Korrent.

Zum Gebrauche in **Real- und Handelsschulen**, sowie zum Selbststudium für den angehenden Kaufmann.

Von **Albert Walter**, Lehrer der Mathematik und Buchführung am Realgymnasium in Winterthur.

8° eleg. brosch. Preis Fr. 2. 40 Cts.

Ein Kollege des Verfassers, der an einer andern Anstalt den Unterricht in den gleichen Fächern ertheilt, spricht sich in einem Briefe an den Verleger über obiges Buch folgendermassen aus:

„Ich bin so frei, Ihnen meine Freunde zu äussern über Ihren neuesten Verlagsartikel: „Die Lehre vom Wechsel und Konto-Korrent" des Herrn A. Walter. Dem Buch merkt mans in Dutzenden einzelner Stellen an, dass es aus der Unterrichtspraxis hervorgegangen ist. Es wird mir für meinen Unterricht sehr lieb sein."

Kaufmännischer Verein Zürich.

Nächsten Mittwoch den 4. Dezember, Abends 8 Uhr: Vortrag von Herrn Prof. Dr. Gottfried Kinkel, über:

Land und Leute in England.

Zahlreiches und pünktliches Erscheinen erwartet Der Vorstand.

Druck und Expedition von J. Herzog in Zürich.

Stelle-Gesuch.

Ein junger, strebsamer Mann mit der einfachen und doppelten Buchhaltung vertraut, der deutschen und theilweise der französischen Korrespondenz mächtig, sucht auf Anfang Januar oder Februar Anstellung im Ausland, am liebsten in einem Waarengeschäfte, wo er Gelegenheit hätte, sich in der französischen Sprache noch zu vervollkommnen.

Gef. Offerten unter Chiffre **J. R. Nr. 5** an die Expedition dieses Blattes.

Die sicherste Grundlage des **Stenographie unterrichts**, das beliebte

Hülfsbüchlein

VI. Auflage,

ist gegen Nachnahme von 60 Rp. direkt zu beziehen von dem Verfasser, **J. Konrad Däniker**, Lehrer der Kurzschrift an der Hochschule, Pelikanstrasse 7, Zürich.

Stelle-Gesuch.

Ein thätiger, junger Mann aus guter Familie, der seine dreijährige Lehrzeit in einem Seidenstoff-Fabrikations-Geschäfte in Zürich durchgemacht hat, ein Jahr auf einem Bank-Institut arbeitete, sucht auf Anfang Februar eine seinen Kenntnissen entsprechende Stelle in einem Stoffgeschäfte oder Rohseidenhause in Lyon oder in Italien.

Derselbe ist der deutschen und französischen Sprache mächtig, besitzt Kenntnisse der italienischen und englischen Sprache, führt eine gute Handschrift und ist mit allen Komptoir-Arbeiten vertraut. Gute Empfehlungen stehen zur Seite. Gefl. Offerten unter Chiffre **P. P. Nr. 275** an die Expedition dieses Blattes.

4

Schweizer Commis in Paris 1890

Am folgenden Morgen war der erste Gang in jenes Geschäft, das zu damaliger Zeit jeder neu angekommene Schweizer sofort aufsuchte: in einem Hutladen erwarb ich einen Zylinder. Das war die Mode; sie hielt sich viele Jahre. ...

Des Sonntags rückten wir Schweizer gewöhnlich zusammen aus. Im Massengewoge der Zylinder schwebten unsere Zylinder mit. ...

Besucht wurden häufig die Museen von Louvre, Luxembourg, Cluny. Besonders interessierten mich die Archives.

Auch dem damals in großer Blüte gestandenen Moulin rouge, wo ein gewaltiger, durch spitzenreiche Unterkleider gekennzeichneter Tanzbetrieb herrschte, sowie dem Moulin de la Galette zu oberst auf dem Montmartre, wo eine mächtige Halle von einem starken Tanzorchester beherrscht war, wurde etwa ein Besuch gemacht...

Die besonders vornehme Kunst brachte die Bühne. Die Preise freilich auferlegten uns, bei dem mageren Portemonnaie, einige Einschränkung. So bekam man für Fr. 5.– in der großen Oper einen eigenen Platz oben im Olymp, wo nur ein kleiner Teil der Bühne sichtbar war.... Die Werke, die ich damals sah, waren gegeben: natürlich Faust und Lohengrin.

(A. Streuli, Erinnerungen aus der Jugendzeit 1868–1890, Zürich 1944, S. 89, 101 f., 104.)

Winke für junge Schweizerkaufleute

welche nach Paris kommen wollen

```
Le Cercle Commercial Suisse à Paris,
90, Rue Lafayette,
fondé en 1881 d'après le modèle des Sociétés de Jeunes
Commerçants en Suisse, offre de grands avantages pour l'étude
des langues française, anglaise, italienne, espagnole, aux
jeunes compatriotes arrivant à Paris. — Les cours sont
dirigés par d'excellents professeurs. — Conférences. — Vie
amicale. — Réunions musicales-déclamatoires. — Excursions.
```

6

Vom Cercle Commercial Suisse in Paris preisgekrönte Arbeit
des Herrn Robert BIENZ

5

Gemeinsam strebte man nach dem Erwerb bürgerlicher Bildungsgüter, besuchte Museen, Kirchen und sonstige «anerkannte Sehenswürdigkeiten».[5]

Soziale Kontakte und Hilfe bei der Stellenvermittlung waren tatsächlich nützlich, ebenso wie eine gewisse ersparte oder von daheim mitgebrachte finanzielle Reserve für den Fall einer längeren Stellenlosigkeit. Gerade diese Kosten eines längeren Auslandaufenthaltes dürften viele junge Commis ohne finanzielle Unterstützung von seiten ihrer Familie an einem solchen Unternehmen gehindert haben. Auch andere Motive, etwa ein vorteilhaftes Stellenangebot, mochten den jungen Kaufmann davon abhalten, die Prestige erbringende Auslandsreise zu unternehmen. Im übrigen trug diese regelmäßige Abwanderung junger Commis ins Ausland dazu bei, den Schweizer Stellenmarkt zu entlasten.

Wie sah nun die Arbeitssituation des angehenden Angestellten zu Ende des 19. Jahrhunderts aus? Was für berufliche Erfahrungen machte er, wie wirkten diese auf seine Einstellung? – Zentrales Merkmal kaufmännischer Verwaltungen in Industrie und Handel jener Zeit war deren bescheidene Größe. Die Zahl bedeutender Industrieunternehmen, die einen aufwendigen Verwaltungsapparat hätten unterhalten können, war sehr klein: 1888 beschäftigten in der ganzen Schweiz nur 23 Industriebetriebe über 500 Arbeiter, nur eine Handvoll zählte über 1000 Personen; entsprechend niedrig war auch der relative Anteil des kaufmännischen Personals.[6] Lediglich einzelne Industrieunternehmen sowie die wichtigsten Banken und Versicherungen in den wachsenden städtischen Zentren wiesen bereits in den 1880er Jahren bis zu einigen Dutzend Angestellte auf. Die Schweizerische Kreditanstalt in Zürich mit 66 Angestellten im Jahre 1882 dürfte in dieser Hinsicht an der Spitze gelegen sein.

Die geringe Größe der meisten Büros bedingte einen ständigen persönlichen Kontakt zwischen Prinzipal und Angestellten. «Alles spielte sich ... in meiner Gegenwart ab, denn ich saß (1876/79) meinem Chef vis-à-vis an einem Doppelpult», bemerkt H. Spörry zu seiner Lehrzeit im Rohseidenhandel.[7] Auch in bereits etwas größeren Unternehmen, wie etwa der Chemischen Fabrik Schweizerhall (1894), war solche räumliche Nähe nichts Ungewöhnliches.

«Eigenartig war, daß sich der ganze Bürobetrieb in einem einzigen Raum abwickelte. Es ist mir dies alles noch deutlich vor Augen. In der Mitte thronte ein großes vierplätziges Stehpult für meinen Onkel, sowie für die Herren Hagemann, Naef und Jundt. Hinter diesem ‹Vierplätzer› befanden sich die Buchhaltung und die Kasse. Am Ausgang gegen das Magazin waren die anderen Angestellten placiert. Ein kleiner separater Raum diente als Empfangszimmer. Auch hatten wir nur ein einziges Telephon und nur eine Schreibmaschine. Man kann sich heute einen solchen Bürobetrieb kaum mehr vorstellen. Am Morgen früh bei Bürobeginn kamen die Agenten und gaben die neuesten Notierungen ab für Leinöl, Terpentinöl, Petroleum, Zucker und andere Artikel. Die Geschäfte wurden öffentlich diskutiert, und so konnte sich jedermann, wenn er gute Ohren hatte, über den Geschäftsgang orientieren. Nur ganz wichtige Besprechungen wurden im Separatzimmer meines Onkels abgehalten. Interessant war es, wenn die Herren Hagemann und Naef, welche die auswärtige Kundschaft besuchten, von ihren Reiseerlebnissen erzählten. Besonders für die hinter ihnen sitzenden Lehrlinge bedeutete dies eine angenehme Abwechslung.»[8]

Der Angestellte sah sich in dieser Umgebung einer ständigen und persönlichen Kontrolle durch seinen Chef ausgesetzt, was – je nach Eigenart des Prinzipals – als bedrückende Abhängigkeit erfahren werden konnte.

Der geringen Zahl kaufmännischer Angestellter in den meisten Unternehmen entsprach ein noch relativ wenig entwickelter Stand der Arbeitsteilung. Die qualifizierten Tätigkeiten wurden zum Teil vom Prinzipal selber erledigt, so daß dem Angestellten eher die Routinearbeiten, diese aber unter Umständen in großer Vielfalt und steter Abwechslung, zufielen. So beschreibt etwa Johann Herzog, der 1882 als 23 jähriger Commis in eine Jacquardweberei in Bischofszell eintrat, seine Arbeit wie folgt:

«Die Fabrik beschäftigte gegen 200 Arbeiter. Es wurden fabriziert: Baumwoll-Satin, Damaste, Schale und leichte Vorhangstoffe für den Export nach außereuropäischen Ländern. Täglich gingen große Kisten ein, die Webgarne von verschiedenen Spinnereien enthielten; ich mußte das Abladen, Abwägen und Einlagern überwachen und die Garne kontrollieren.

Nebst den Büroarbeiten fiel mir noch die Aufgabe zu, jeden Tag zwei- bis dreimal einen Gang zu machen durch die drei Websäle, Zettlerei, Schlichterei, den Kesselraum und die mechanische Werkstätte, um zu sehen, ob jeder Arbeiter und Webermeister auf seinem Posten stehe. Alle zwei Wochen erhielten die Arbeiter ihren Lohn. Am Morgen des Zahltages mußte ich auf der Bank das nötige Geld in Banknoten, Gold, Silber und Nickel abheben, das ich in einem Zwilchsack auf der Schulter durch die Stadt zur Fabrik trug...

Die Arbeitslöhne eines jeden Webers und Tagelöhners wurden auf einen Zettel geschrieben und das Geld darein gewickelt. Vor dem Einpacken des abgezählten Geldes machte man eine Stichprobe mit der in den Büchern eingetragenen Totallohnsumme; es durfte daher nach dem Einpacken der Löhne weder Geld übrig bleiben noch solches fehlen, sonst mußten die Geldtäschchen wieder geöffnet werden, um den Fehler herauszusuchen.»[9]

Der Umfang der zu erledigenden Korrespondenz- und Buchhaltungsarbeiten war offensichtlich so gering bzw. wurde wohl zum wichtigeren Teil vom Prinzipal persönlich erledigt, daß der Commis noch Aufgaben in der Materialkontrolle, im Magazin, in der Beaufsichtigung der Werkstätten und sogar als Ausläufer übernahm. Dies alles war möglich trotz einer für die damalige Zeit ungewöhnlich günstigen Arbeitszeit von nur acht Stunden!

Einen differenzierteren Stand der Arbeitsteilung, wie er in größeren Industrieunternehmen, aber auch in Banken und Versicherungen bereits erreicht war, repräsentiert das Beispiel des Chemieunternehmens Geigy in Basel um 1890. In dem alten Geschäftsgebäude, angrenzend an den Fabrikhof, waren zu dieser Zeit 19 kaufmännische Angestellte und fünf Lehrlinge tätig. Die Verwaltung gliederte sich in mehrere Arbeitsbereiche – Spedition, Einkaufs- und Verkaufsabteilung, Finanzen sowie Buchhaltung und Fakturen –, die ihrerseits jeweils auf zwei bis fünf Personen mit unterschiedlicher Qualifikation und Kompetenz aufgeteilt waren. Die einzelnen Abteilungen genossen sehr unterschiedliches Anse-

Kaufleute und Techniker 222

7 Fabrikanlagen und Büro der Firma Johann Rudolf Geigy und Cie. in Basel um 1900.

A Farbholzmühle
B Bureaugebäude
C Lager
D Gallussäurelokal und Kreuzbeerenextraktion
E Extraktionsbetrieb
F Versuchsfärberei
G Bureaugebäude
H Kesselhaus
I Werkstätte
J Carminfabrikation
K Laboratorien
L Wasserturm
M Sumachextraktion
N Farbholzlager

hen: An der Spitze stand der eigentlich kaufmännische Bereich von Verkauf und Finanzen, den Schluß bildeten die interne Verwaltung (Buchhaltung, Fakturen) und die Spedition. Im Büro der Finanzabteilung etwa befanden sich fünf Personen: «In diesem Departement thronte hinter einer das Zimmer zu einem Drittel einnehmenden Glasverschalung Herr Überegger, welcher die Haupt- und Geheimbücher führte und im besonderen auch für die Gehälter zu sorgen hatte. Er erhielt als Erster aus dem ‹Cabinet› die eingehende Post, die oft ziemlich lange bei ihm liegen blieb, bevor solche in den ersten Stock zu Herrn Kübler gelangte. Es waren hier weiter tätig: Herr Hägler ... als Journalführer, Herr Zweifel an der Kasse, der Lehrling und ... Bureaudiener Dilger», dem eigentliche Hilfsarbeiten wie «Ordnen und Klassieren der erledigten Briefe» sowie die «Bedienung der Kopierpresse (von Hand)» zufielen.[10]

Als angesehenste Abteilung des Hauses, als «eigentliche Schlüsselstellung», galt die Verkaufsabteilung. Geleitet von Prokurist Kübler, der neben der Korrespondenz mit Lyon, Krefeld und New York «in der Hauptsache die Verkaufskalkulationen» besorgte, gehörten der Abteilung drei weitere Korrespondenten sowie zwei Lehrlinge an, die sich auf zwei Büroräume verteilten. Die einzelnen Angestellten bearbeiteten weitgehend unabhängig voneinander bestimmte Länder und Regionen und spezialisierten sich auf den Verkehr mit den jeweiligen Vertretern und Agenturen an den wichtigsten Absatzplätzen. Sie erledigten zum Teil auch die Reinschrift ihrer Entwürfe persönlich, doch wurde hier im Ansatz bereits eine weitergehende Arbeitsteilung praktiziert, indem den Lehrlingen die Ausführung solcher Arbeiten oder die Ausformulierung von Entwürfen übertragen wurde. Die Lehrlinge erwarben auf diese Art zugleich die spezifischen Fertigkeiten, die in dieser Berufsrolle erwartet wurden: neben der Beherrschung der «Schön- und Schnellschrift» sowie des üblichen Korrespondenzstils nicht zuletzt den geschickten Umgang mit dem Radiermesser.[11]

Die attraktivste Seite der Tätigkeit dieser Korrespondenten war eine gewisse Selbständigkeit in der Arbeitsausführung und -einteilung. An einer zentralen Schaltstelle zwischen dem unternehmensinternen Kommunikationsnetz und der Außenwelt situiert, hatte der Korrespondent eine Bewegungsfreiheit, die ihn von einem großen Teil der übrigen Angestellten abhob. Dazu zählte etwa der Kontakt mit den Werkstätten, der im allgemeinen zu Fuß hergestellt wurde, da das einzige Telefon vorwiegend der Geschäftsleitung diente. Trotz Zuständigkeit des Abteilungsleiters unternahmen auch die übrigen Korrespondenten öfters den «Spaziergang ins Rosental», wo die synthetischen Farben fabriziert wurden. Exakte schriftliche Anweisungen und Kompetenzumschreibungen fehlten weitgehend. Einzelne Korrespondenten wurden zudem von der Firma gelegentlich auf Kundenbesuch ins Ausland geschickt. Die Tätigkeit der Korrespondenten war also auch in diesem entwickelten Arbeitssystem noch recht umfassend und umschloß Tätigkeiten, die zukünftig teils Hilfs- und Routineangestellten zufallen sollten, wie zum Beispiel die reinen Abschreibearbeiten, teils leitenden Angestellten reserviert wurden, wie etwa der persönliche Kontakt zu den technischen Angestellten in der Werkleitung. Noch freier in ihrer Arbeitsgestaltung waren einzig die Vertreter der Verkaufsorganisation, mit denen die Korrespondenten in regelmäßigem schriftlichem Kontakt standen.

Kaufleute und Techniker 224

8, 9 Unter den Augen des Prinzipals –
die Welt des Büros vor 1914.

In starkem Kontrast zu dieser Abteilung, welche die «auswärtigen Beziehungen» des Unternehmens kontrollierte, standen die internen Dienste der Buchhaltung und des Orderbüros (Fakturen). In der Buchhaltung arbeiteten drei Angestellte, wovon zwei die Eintragungen «in dicke, schwere Kontokorrentbücher besorgten», während der dritte die Bücher über die auswärtigen Lager zu führen und die Abrechnungen für die Vertreter herauszuschreiben hatte. Monotoner noch gestaltete sich der Arbeitsablauf in der «Orderabteilung».

Arbeitsstreß im «Orderbureau» – Die Firma Geigy 1890

Im andern hintern Eckzimmer im Südwesten gegen den Fabrikhof zu und durch eine Türe mit der Stube der Herren Kübler, Gysin und Heidlauff verbunden, amtete das Orderbureau mit den Herren Birkenmeyer, David und Brügger. Birkenmeyer, Junggeselle, der damals seine Wohnstätte im Hotel Krafft aufgeschlagen hatte und eifriges Mitglied des Deutschen Liederkranzes war, ist ein Sonderling gewesen, mit dem nicht immer gut Kirschen essen war, was im besondern oft sein Kollege Brügger zu spüren bekam, dessen Nerven übrigens stets angespannt waren...

Das tägliche Pensum dieser Orderabteilung kann wie folgt beschrieben werden: Herr Birkenmeyer erhielt die eingegangenen Originalbestellungen von Herrn Kübler oder Herrn Gysin ausgehändigt, wobei er solche zunächst in besondere Orderbücher, je nach Objekt für Farbstoffe oder Extrakte, handschriftlich mit Tinte einzutragen hatte, aus welchen alsdann die sogenannten Packzettel für die Betriebe, ebenfalls mit Feder und Tinte, herausgeschrieben wurden. Herr Birkenmeyer durfte sich rühmen, über eine fließende, überaus klare Handschrift zu verfügen, so daß sich oft seine «Exportpackzettel» wie lithographiert präsentierten.

Herr David, der ruhige und stille, dabei vergnügliche Kollege, betreute die dicken, schweren Kundenbücher und das ebenso umfangreiche wie unhandliche Memorial, und war neben Brügger oft der Letzte, der das Bureau verließ, denn die viele Detailarbeit, besonders an Stoßtagen, erheischte Aufräumung, wenn am folgenden Vormittag die Buchhaltung ihre Zeit nicht mit Zeitunglesen ausfüllen sollte.

Der erwähnte Herr Brügger hatte jahraus, jahrein täglich von Hand sämtliche Rechnungen aus den Packzetteln aufzustellen, ausgerechnet gemeinsam mit Herrn David, der solche ins dicke Memorial eintrug, und oft konnte Brügger vor lauter Schreibkrampf nicht sofort mehr weiter schreiben. Das war besonders der Fall an Tagen, an welchen die New Yorker Fakturen fällig waren.

(W. Heitz, Erinnerungen aus den Jahren 1890–1930, Basel. o. J., S. 15–17.)

Im Gegensatz zu den ‹Einzelarbeitern› der Korrespondenz waren die Angestellten hier in ein viel stärker arbeitsteilig organisiertes Teilsystem des Unternehmens eingespannt und standen unter ständigem Druck, den Daten- und Informationsfluß aus den vor- in die nachgelagerten Abteilungen aufrechtzuerhalten. Häufige Überstunden, intensive, eintönige und dennoch höchste Konzentration verlangende Arbeit: Wen überrascht es, daß die Nerven des einen «stets angespannt waren», während der andere als «Sonderling» galt. Die angestauten Spannungen kamen in regelmäßigen lautstarken Zusammenstößen zwischen den Angestellten zum Ausbruch.

Diese Illustrationen aus der Angestelltenarbeit gegen Ende des vergangenen Jahrhunderts mögen hier genügen. Betrachtet man die Arbeitsorganisation eines Unternehmens von der Art der Firma Geigy, so fällt auf, wie hoch der Anteil schematischer Verwaltungsarbeiten war, die mit den kaufmännischen Außenbeziehungen nur in sehr vermitteltem Zusammenhang standen. Rund ein Drittel der Angestellten sowie die Lehrlinge befaßten sich vorwiegend mit Routinearbeiten. Diese Situation läßt sich durchaus verallgemeinern. An der Spitze der kaufmännischen Prestigehierarchie stand eine Minderheit sehr qualifizierter und beruflich erfahrener Angestellter mit einer Vertrauensstellung in Korrespondenz, Einkauf, Verkauf oder Buchhaltung. Diese Angestellten verstanden sich als «Kaufleute» und pflegten einen gewissen Berufsstolz. Trotz beruflicher Spezialisierung umfaßte ihre Arbeit noch Nebenelemente, die erst später als reine Hilfs- und Routinefunktionen abgelöst werden sollten. Unterhalb dieser Gruppe der Arrivierten fand sich die Masse ebenfalls qualifizierter, aber jüngerer, weniger erfahrener und weniger selbständig tätiger Commis, deren Tätigkeit zu einem großen Teil aus Routine bestand. Die Hoffnung auf Verbesserung der Stellung und Aufstieg in die privilegierte Gruppe, sei es im Unternehmen, sei es durch Stellenwechsel, bestimmte die Erwartungen dieser Angestellten. Zuunterst schließlich in der Bürohierarchie standen angelernte Hilfskräfte, Bürodiener, Schreiber u.ä. sowie vereinzelte beruflich gescheiterte ältere Angestellte; in den achtziger Jahren setzte bereits ganz langsam die kommende Umwälzung dieser Gruppe ein, indem vereinzelte Unternehmen begannen, für Routinearbeiten angelernte Frauen einzustellen.

Gemeinsam war all diesen Angestellten in sehr unterschiedlicher Lage die Orientierung nach oben, an den erfolgreichen Mitgliedern ihres «Berufsstandes», welche als Leitbilder das Selbstverständnis der ganzen Gruppe prägten. Nach unten dagegen, gegenüber der Arbeiterschaft (auch der beruflich qualifizierten), setzte man sich deutlich ab. In der Freizeit traf sich der junge Commis eher mit seinesgleichen als mit gleichaltrigen Arbeitern oder suchte auch den Kontakt zur studentischen Jugend. In kleineren Ortschaften dagegen strebte man eher nach Anschluß bei den Kreisen des lokalen Kleinbürgertums, den Kaufleu-

---
In eine kleine, gemüthliche Tischgesellschaft, bestehend aus Mitgliedern des K. V. Z., würden noch einige Herren aufgenommen. Pensionspreis (Mittags- und Abendtisch) Fr. 50 per Monat. — Kräftige und gesunde Kost! Sehr empfehlenswerth! **Gerechtigkeitsgasse Nro. 4, II., Selnau, Zürich.**
---

ten, Gewerbetreibenden und Angehörigen der freien Berufe. Immer noch bestanden reale Chancen, daß ein Angestellter ein eigenes Geschäft eröffnen und damit selber in den Kreis des selbständigen Kleinbürgertums aufsteigen konnte. Das benötigte Startkapital war relativ bescheiden, wenn auch meist zu groß, um allein aus dem eigenen Gehalt erspart werden zu können. Familiäre Beziehungen oder ein kapitalkräftiger Teilhaber waren dann vonnöten. Als selbständiger Agent und Vertreter vermochte man am ehesten auch mit geringen Mitteln zu starten: Hier kam es eher auf Branchenkenntnisse und Beziehungen als auf das Startkapital an.

«Ich gründe eine Firma» – vom Angestellten zum Agenturinhaber

Nachdem ich die Reiserei in dieser Branche in mich aufgenommen hatte und sah, daß ich hier hundert Jahre im Geschäft tätig sein müßte, um im günstigsten Falle auf 500 Franken Monatslohn zu kommen, faßte ich den Entschluß, mich selbständig zu machen und ein Agenturgeschäft zu beginnen. Ich wandte mich an große Butter-Exporteure in Deutschland, Italien, Frankreich und Österreich ... und nachdem ich mir einige gute Vertretungen gesichert hatte, begab ich mich zu meinem alten Prinzipal. Ich erklärte ihm meine Absichten ... Er meinte, daß meine Idee vielleicht ganz gut sein könnte, und erklärte sich auch bereit, mir seine Karte anzuvertrauen; alles klappte somit, und am 1. Oktober 1901 begann ich ... mein Geschäft mit einem Kapital von 350 Franken. ... Von diesem Gelde kaufte ich mir das Nötigste für mein Bureau, ein Pult, ganz kleiner Zweisitzer, sogenannte Occasion; meine Mutter und ich gingen nachts ihn kaufen, er kostete 16 Franken. Anschaffen mußte ich noch Kopierpresse, Kopierbuch, Briefwaage, Briefpapier und Kuverts. Dann kam noch das Teuerste, ich mußte das Telephon haben: ein Agent ohne Telephon ist nicht zu denken.

(A. Blum, 40 Jahre Kaufmann, Zürich 1930, S. 93 ff.)

Große Unternehmen gingen allerdings selten aus solchen Versuchen hervor, die ebensogut ein verlustreiches Ende nehmen konnten. Die wirklichen Karrieren, das zeigte sich mehr und mehr, waren immer seltener auf diesem Wege zu machen; dagegen entstand in den Spitzenpositionen der neuen Aktiengesellschaften, in Großindustrie, Banken und Versicherungen, allmählich ein hochbezahltes Management. Hier waren die neuen und zukunftsträchtigen Karrierechancen zu suchen. Den wenigen, die hier den Zutritt schafften, eröffnete sich unter Umständen ein Aufstieg bis ins unternehmerische Großbürgertum.

Damit sind bereits Tendenzen der Folgezeit angesprochen. Mit dem wirtschaftlichen Aufschwung, der in den 1890er Jahren einsetzte, wurden Unternehmensstruktur und Arbeitsorganisation kaufmännischer Verwaltungen einem tiefgreifenden Wandel unterworfen. Zentrale Antriebskraft dieses Wandels, der erst nach 1920 von einer neuen Phase der Konsolidierung abgelöst wurde, war die Vergrößerung der Betriebe und Unternehmungen und die Erhöhung des relativen Anteils der Angestellten an den Beschäftigten. Hatten 1888 erst 23 Fabrikbetriebe mehr als

Kaufleute und Techniker   228

11 Die neuen Großverwaltungen –
Gebäude der Basler Versicherungs-Gesellschaft
gegen Feuerschaden 1913.

11

500 Beschäftigte gezählt, so waren es 1911 58 und nach dem Ersten Weltkrieg rund 80.[12] Besonders rasant erfolgte die Herausbildung kaufmännischer Großbetriebe in der Bank- und Versicherungsbranche: Betriebe mit mehr als 50 Beschäftigten erfaßten 1905 bereits 23,9% des Bankpersonals und 34,7% des Versicherungspersonals; bis in die zwanziger Jahre stieg dieser Anteil auf 59,4% bzw. 48,6%.[13] Auch in der Industrie entstand bis gegen Ende des Ersten Weltkrieges ein neuartiger Typus kaufmännischer Großverwaltung, wie es ihn bis dahin in der

Schweiz nicht gegeben hatte. Gewiß handelte es sich nur um eine Minderheit kaufmännischer Angestellter, die in solchen Riesenverwaltungen mit mehreren hundert Kaufleuten beschäftigt waren; die großen Unternehmen wurden jedoch zu Pionieren der Arbeitsteilung und Rationalisierung im kaufmännischen Büro und setzten hier ganz neue Maßstäbe, denen sich auch kleinere Betriebe anzupassen hatten.

Was bedeutete dies nun für die Arbeitssituation kaufmännischer Angestellter? Was für Änderungen ergaben sich in dem Bild, das soeben gezeichnet wurde? Wie reagierten die Betroffenen auf diesen Wandel? – Mit der Vergrößerung der Verwaltungen wurden die ursprünglichen Ein-Mann-Bereiche im Kontor (Korrespondenz, Buchhaltung, Kasse usw.) zunehmend auf mehrere Personen verteilt, es entwickelte sich ein arbeitsteiliges, hierarchisches System. Deutlicher als bisher wurden qualifizierte und Routinearbeiten voneinander geschieden. Die Kontrollbedürfnisse der Geschäftsleitung gegenüber der größer und unübersichtlicher werdenden Verwaltung bewirkten, daß den einzelnen Abteilungen und Büros nun ein Chef vorgesetzt wurde, der gewisse Funktionen auf sich konzentrierte: Er überwachte die Tätigkeit seiner Untergebenen, wies die Arbeit zu und besaß allein den direkten Zugang zur nächsthöheren Instanz.

Arbeitsteilung und Funktionshierarchie im wachsenden Kontor – das Korrespondenzbüro der Georg Fischer AG 1902

G. Zündel. Laut Vertrag 1. kaufm. Angestellter & Collectivprocurist. Er schreibt diejenigen deutschen & französischen Briefe, die Schwierigkeiten bieten, controllirt sämmtliche ausgehenden Correspondenzen ... Ihm sind laut Vertrag sämmtliche kaufm. Angestellten unterstellt, er besorgt die Arbeitsvertheilung, überwacht die glatte, rasche Abwicklung aller laufenden kaufmännischen Arbeiten, ... erledigt nach Rücksprache mit seinem Chef und der technischen Leitung die Preisanfragen, hält alles Pendente im Auge, so auch die resultatlos gebliebenen Offertbriefe, um nach einiger Zeit auf dieselben zurückzukommen und überwacht resp. besorgt die nöthig erscheinenden Auskünfte über die Kunden. ... Er referiert seinem Chef, welchen er vertritt, über alles Wesentliche, das sich in der Abwesenheit des Letzteren auf kaufmännischem Gebiet ereignet hat ... Er empfängt die sehr zahlreichen Reisenden, ... besorgt eintretenden Falls das Reclamewesen, überwacht das Telephon...

Max Sigrist. Correspondent für Deutsch & Französisch, jedoch mit Ausschluß der eigentlich schwierigen Briefe & aller derjenigen, welche rein buchhalterischen Characters sind.

Hans Brändli. Besorgt die leichtere deutsche Correspondenz (spez. die Aufgabe der Liefertermine), die Vervielfältigungen, die Spedition der Briefe und überwacht die Copiatur.

Frl. Joh. Müller. Besorgt das Telephon (in erster Linie), das Copieren der Briefe & Facturen und hilft daneben in der Buchhaltung ...

Frl. Ad. Fehr. Besorgt die Registratur der Briefe und Copien und die Francatur der abgehenden Correspondenz und führt daher die Portocasse.

Jac. Ith. Holt die Post, besorgt rasche Gänge, hilft den Frl. Müller & Fehr in ihren Obliegenheiten (diese 3 jungen Leute sollen sich gegenseitig aushelfen bei der Arbeit) und adressirt und frankiert die abgehenden Postpakete.

(+GF+ Werkarchiv, 2 P/2.)

Im Zentrum des erweiterten Funktionssystems stand nach wie vor der qualifizierte männliche Angestellte, der nun allerdings Nebentätigkeiten an reine Hilfskräfte oder jüngere Commis abtrat und zu stärkerer Spezialisierung in seinem Arbeitsbereich gezwungen war. Aus dem umfassender tätigen Kaufmann ging so allmählich der modernere Typus des «Sachbearbeiters» hervor, der im Gegensatz zu seinem Vorgänger viel stärker in einen hierarchisch gegliederten Arbeitszusammenhang eingeordnet war. Vom reinen Routineangestellten, der ihm vielfach als Gehilfe unterstellt war, unterschieden ihn sein weiterhin breiterer Aufgabenbereich, die dazu erforderlichen Vorkenntnisse und eine längere Einarbeitungszeit.

Am unteren Ende der Autoritäts- und Funktionsleiter schließlich finden wir in wachsender Zahl reine Hilfs- und Routineangestellte. Ihre Aufgabe bestand nicht nur in der Entlastung qualifizierter Angestellter von Nebentätigkeiten, sie rückten auch in ganz neue Bereiche ein, die bis anhin noch kaum existiert hatten. Dazu zählen vor allem das betriebliche Rechnungswesen und die Kalkulation. Größere Industrieunternehmen mit komplizierten und vielfältigen Produkten, wie etwa Maschinenfabriken oder Gießereien, kämpften bereits seit längerem mit den Problemen einer genauen Erfassung der wirklichen Kosten. Der heftige Konkurrenzkampf und die scharfe Krise von 1901/02, die viele Unternehmen in ernste Schwierigkeiten gebracht hatte, zwangen zu einer Reorganisation dieses Bereiches. Eine straffere Lenkung der Produktion, kombiniert mit verwaltungstechnischen Neuerungen, wie etwa der Ersetzung schwerfälliger und unübersichtlicher Bücher durch Karteikarten, sollten den effizienten Fluß von Informationen und Produkten durch Verwaltung und Werkstätten sichern. Damit wuchs nun auch der Bedarf an administrativem Personal, teils in den Betrieben selbst, teils in der zentralen Unternehmensverwaltung. Entsprechend dem Charakter der meisten Arbeiten (Zählen, Rechnen, Eintragen, Abschreiben usw.) handelte es sich zu einem erheblichen Teil um Hilfsangestellte, die mit der Führung einer immer größeren Zahl von Büchern und Karteien beschäftigt waren.

«Schreibknechte» – Die Arbeitgeberzeitung über das kaufmännische Hilfspersonal

Immer neue Tausende, junge Leute und Mädchen, drängen sich jedes Frühjahr nach der Entlassung aus der Schulpflicht zu den Lehrstellen in den Bureaus und den Anstalten, die auf der Schnellbleiche die notwendigsten Kenntnisse für eine bescheidene «Anstellung»: Maschinenschreiben, Stenographie und etwas Buchhaltung, vermitteln. Treten dann so vorgebildete «Kaufleute» ins praktische Leben ein, so sind sie allerdings meist gleich gut in einem Warenhaus wie in einer Maschinenfabrik oder Bierbrauerei zu verwenden; d.h. sie werden in der Regel die ihnen diktierten Briefe mehr oder weniger fehlerlos abschreiben und die Bücher leidlich in Ordnung halten. Vom Gange des Geschäftes aber, in dem sie tätig sind, von seinen Existenzbedingungen und Entwicklungsmöglichkeiten besitzen sie in 9 Fällen von 10 keine Ahnung, weil ihnen alle und jede Branchenkenntnis abgeht. Sie spielen, genau betrachtet, im Handelsgewerbe die gleiche Rolle wie die Handlanger in der Industrie: in jedem Spezialzweig sind sie verwendbar, aber überall nur zu den untergeordnetsten Arbeiten. Sie sind, genau genommen, «Schreibknechte». Es ist daher nicht verwunderlich, daß die Bezahlung dieser «Auchkaufleute» – entsprechend dem Überangebot an solchen Arbeitskräften – meist sehr zu wünschen übrig läßt. Aber – wer nicht hören will, muß fühlen.
(Schweizerische Arbeitgeber-Zeitung 24.4. 1915, S.65.)

Wie setzte sich diese wachsende Gruppe zusammen? Lehrlinge, junge Commis oder auch angelernte Arbeitskräfte, darunter häufig ehemalige Arbeiter, übernahmen wie bisher solche Hilfsarbeiten, die zum Teil als Durchgangsstation für Berufsanfänger gelten konnten. Zunehmend aber griffen nun die Arbeitgeber in Industrie und Handel auf wenig qualifizierte und schlecht entlöhnte weibliche Angestellte zurück, deren Zahl in der Folge rasch anwuchs. Von kaum 4000 oder 12% im Jahre 1900 verdreifachte sich die Zahl der weiblichen Büroangestellten auf fast 12000 oder mehr als 20% 1910, um sich bis 1920 nochmals fast zu verdoppeln auf 21400 oder 29,5% des gesamten kaufmännischen Büropersonals in Industrie und Handel.[14] Im Gegensatz zu jungen männlichen Commis, die vielfach ähnlich untergeordnete Arbeiten verrichteten, hatten diese Frauen fast keine Aufstiegschancen, so daß es zu einer eigentlichen Unterschichtung des kaufmännischen Arbeitssystems kam. «In Großbetrieben vollends haben die Frauen dem Mann fast durchwegs die monotonen mechanischen Arbeiten abgenommen», erklärte der Zentralsekretär des SKV bereits 1908.[15] Dies war gewiß übertrieben,

13

14

Soll ich eine Schreib‑Maschine kaufen?

Wegweiser

für

Kaufleute und Private

von

G. Hunziker.

ZURICH
Verlag: Art. Institut Orell Füssli.

15

Remington-Schreibmaschinen-Lehrkursus.

Um den vielen Nachfragen nach guten Maschinenschreibern, speziell **Remington**, gerecht zu werden, habe ich mich entschlossen in meinen grossen Räumlichkeiten an der **Selnaustrasse 52** einen

Schreibmaschinen-Lehrkursus

zu eröffnen. Es wird **Einzel-Unterricht** erteilt, also kein Klassenunterricht und lernt jeder Schüler nach meinem bewährten System sehr schnell. Es ist jedem Schüler ausserdem freigestellt, zu jeder beliebigen Zeit den Unterricht zu nehmen, was für auswärts Wohnende von grösstem Werte ist.

☞ **Der Lehrkursus ist gratis.** ☜

Hans Häderli,

Generalvertreter der **Remington Sholes Schreibmaschine**,
Selnaustr. 52, Tramhaltestelle Wilhelmseck, Zürich.

13 Der Fortschritt um 1900 –
Bürofräulein und Schreibmaschinen.

charakterisiert aber doch die Tendenz der Entwicklung. Für die männlichen Angestellten entstanden hier auf längere Sicht neue Privilegien, auch wenn zunächst die Sorgen über die weibliche Konkurrenz und «Lohndrückerei» im Vordergrund standen.

Nach einer verbreiteten Vorstellung verbindet sich die Hilfs- und Routinearbeit im Büro, vor allem aber die Zunahme der Frauenarbeit mit der Einführung von Büromaschinen. So war in den USA gegen 1879 die erste brauchbare Schreibmaschine entwickelt worden und hatte bereits in den achtziger Jahren rasanten Absatz gefunden.[16] In der Schweiz allerdings verlief dieser Prozeß langsamer. Große Unternehmen hatten zwar nach 1890 erste Maschinen angeschafft, die im allgemeinen von Frauen bedient wurden, wirklich durchsetzen konnte sich die Schreibmaschine jedoch erst in den Jahren vor dem Ersten Weltkrieg.

Die erste «Dactylographin» bei Geigy 1896

Das Jahr 1896 darf insofern ... erwähnt werden, als damals die erste Dactylographin in der Person von Fräulein Dora Föhr, und mit ihr selbstverständlich die erste Schreibmaschine, ihren Einzug in die Firma gehalten hat. Frl. Föhr hatte allerdings in erster Linie für den außerordentlich vielbeschäftigten Herrn K. Koechlin zu arbeiten. Nach Verlauf von etwa drei Jahren trat dieselbe infolge Verheiratung nach Zürich aus, und an ihre Stelle trat ihre Schwester, Frl. Mathilde Föhr. Auch Frl. Mathilde Föhr war längere Zeit hindurch das einzige Schreibmaschinenfräulein im Geschäft.
(W. Heitz, Erinnerungen aus den Jahren 1890–1930, Basel o. J., S. 30.)

Im konservativen Bundeshaus in Bern zum Beispiel zögerte man bis 1905 mit der Anschaffung der ersten Schreibmaschine. Daneben fehlte es noch fast völlig an brauchbaren Rechen- und Schreibmaschinen für Rechnungswesen und Buchhaltung, wo nach wie vor alles von Hand eingetragen und immer wieder abgeschrieben werden mußte. Noch 1920 wurde geschätzt, daß in der Buchhaltung drei Viertel der Arbeitszeit allein für Übertragungs- und Vergleichsarbeiten benötigt wurden. Die Maschinisierung der Buchhaltungen erfolgte erst in den zwanziger und dreißiger Jahren.

Die Vergrößerung der Verwaltungen stellte die Unternehmensleitungen vor neue Probleme der Kontrolle und Überwachung. Die Kontrolle des Angestellten im kleinen Kontor erfolgte vielfach eng genug, stets jedoch persönlich und eher informell und zufällig als systematisch. In wachsenden Unternehmen griff man nun aber zunehmend auf bürokratische Methoden zurück. Tätigkeiten und Abläufe, die bisher nach alter Gewohnheit und informell geregelt worden waren, wurden nun schriftlich fixiert, Kompetenzen genau umschrieben, der Dienstweg innerhalb der Hierarchie klar definiert. Eigentliche Büroordnungen entstanden, ergänzt durch einen steten Fluß schriftlicher Anweisungen von oben nach unten. Die Direktionen aber, an der Spitze solcher Verwaltungsapparate, entzogen sich je länger desto mehr dem Blickfeld des gewöhnlichen Angestellten.

Der Kontakt zum Prinzipal – von der informellen Regelung zum Dienstweg

Aus einem Zirkular der Schweizerischen Rückversicherung in Zürich, 1879 (16 Angestellte)

In allen Angelegenheiten, wo Jemand Anlaß zu einer Klage hat oder sich Rath holen will, möge er sich offen und vertrauensvoll an den Unterzeichneten wenden, dem das Wohl jedes Einzelnen angelegen ist.
Wasels, Direktor

Aus einem Zirkular von 1898 (68 Angestellte)

Wir ersuchen davon Kenntnis zu nehmen, daß etwaige Wünsche, Mittheilungen usw., die für die Direction bestimmt sind, derselben durch die betreffenden Bureau-Chefs zu unterbreiten sind und nicht durch directes persönliches Besprechen.
(Archiv der Schweizerischen Rückversicherung, Zürich; Personal 4.0.)

Die «Anonymität», ein Greuel für den qualifizierten Angestellten mit seinen Erwartungen einer individuellen Behandlung, griff um sich. Dies mußte um so unangenehmer empfunden werden, als zugleich der traditionell autoritäre Führungsstil fortlebte. Bürochefs und Abteilungsleiter führten meist ein strenges Regiment. Vielfach bezeugt und beklagt von Untergebenen wird der kalte und barsche Umgangston, der die Verkehrsformen von oben nach unten bestimmte. Keineswegs so selten waren die Fälle, in denen leitende Angestellte ein despotisches Regime entfalteten, in dem Beschimpfungen, Anbrüllen, ja Tätlichkeiten gegenüber Angestellten nichts Außergewöhnliches waren. Solchen Beziehungsformen entsprachen anderseits Duckmäusertum und Unterwürfigkeit. «So schroff Zündel seinen Untergebenen gegenüber war, so servil war er vor seinen Vorgesetzten», erinnert sich ein Betroffener an seinen ehemaligen Vorgesetzten im Korrespondenzbüro der Georg Fischer AG.[17] Auflehnung gegen solche Behandlung mußte unweigerlich zum Verlust der Arbeitsstelle führen. Zahlreiche, vor allem jüngere Angestellte praktizierten denn auch einen häufigen Stellenwechsel in der Hoffnung, die persönliche, finanzielle und die Arbeitssituation zu verbessern.

Zusammenfassend können wir also feststellen, daß sich die Lage kaufmännischer Angestellter beträchtlich gewandelt hatte. Die alten Hoffnungen, zum qualifizierten, selbständig disponierenden «Kaufmann» an der Seite des Prinzipals aufzusteigen, erfüllten sich nur noch

16 Die industrielle Großverwaltung –
Bürosaal bei Maggi Kempthal um 1920.

für eine Minderheit. Die Masse auch der gelernten Angestellten gelangte kaum über eine Sachbearbeiterposition hinaus. Eine bedeutende – und wachsende – Minderheit sah sich eingespannt in bürokratisch organisierte, rasch expandierende Verwaltungsapparate, deren Leiter auf «kaufmännische» Initiative und selbständiges Handeln geringen Wert legten, um so mehr aber rasches und williges Funktionieren erwarteten. «Äußerst fleißig, flink und ebenso sauber und pünktlich» hatte der Angestellte zu sein, «sein Betragen» zudem «ein Musterhaftes», wie es im

Zeugnis eines jungen Versicherungscommis lobend heißt.[18] Monotone Arbeit, autoritäre und unpersönliche Behandlung sowie geringe Entlöhnung, dies alles waren Erfahrungen, die junge Angestellte ihre Position als abhängige Arbeitnehmer spüren ließen, die sie der Erfahrungswelt der Fabrikarbeiter objektiv näherbrachten.

Was aber bedeutete diese Entwicklung für das Selbstverständnis kaufmännischer Angestellter und ihr Bild in der öffentlichen Meinung? Die alte Vorstellung vom geschulten und berufsstolzen «Mitarbeiter», die stets auch ein Stück Wunschvorstellung gewesen war, wurde nun kräftig erschüttert. Der Commis erschien immer mehr als «kleiner Mann», den ein breiter Graben von Lebensstil und Erfahrungshorizont leitender Angestellter und Manager trennte, die nun die Funktionen «professioneller» Kaufleute in ihren Händen konzentrierten.

**Der kleine Mann im Kampf ums Dasein –
Petition an die Direktion der Schweizerischen Rückversicherung 1906**

Hochgeehrter Herr Direktor!

Die Unterzeichneten erlauben sich hiermit, folgendes Gesuch zur gefl. Prüfung und Berücksichtigung ganz ergebenst zu überreichen.

Nicht unbekannt dürfte es Ihnen, sehr geehrter Herr Direktor, sein, daß die Lebenshaltung in den letzten Jahren eine sehr bedeutende Verteuerung erfahren hat. Die Mietzinsen sind beträchtlich in die Höhe gegangen, die notwendigsten Lebensmittel werden immer teurer, sodaß es dem kleinen Beamten sehr schwer wird, seinen Etat im Gleichgewicht zu erhalten... Kohlen, ein nicht unbedeutender Posten im Haushalte des kleinen Mannes, sind hier ca. 300% teurer als in den Kohlen fördernden Staaten.

Die ergebenst Unterzeichneten sind der festen Überzeugung und haben das Vertrauen in die bewährte Leitung unseres Institutes, daß sich die Möglichkeit finden wird, auch uns durch Bewilligung einer den Verhältnissen Rechnung tragenden Gehaltsaufbesserung den Kampf ums Dasein zu erleichtern, umsomehr, als die Lebensverteuerung nicht nur die Verheirateten unter uns trifft, sondern auch auf die Ledigen nicht ohne Einfluß bleibt; hier findet sie in erhöhten Zimmer- und Pensionspreisen ihren Ausdruck.

Indem wir, sehr geehrter Herr Direktor, unser ergebenes Gesuch wiederholt einer geneigten Prüfung und Berücksichtigung wärmstens empfehlen, versichern wir Sie unserer vorzüglichsten Hochachtung.

Die Beamten der Schweizerischen Rückversicherungs-Gesellschaft

(Archiv der Schweiz. Rückversicherung, Zürich; Personal 4.0.)

«Direktor und Commis sind zwei verschiedene Dinge, Welten, so weit voneinander entfernt wie Erde und Sonne», spottete der schriftstellernde Commis Robert Walser, der die Figur des «kleinen Angestellten» ironisierend zeichnet.[19] In jenen Jahren vor dem Ersten Weltkrieg setzte sich der Begriff des «Angestellten» immer mehr durch, dem jegliches Pathos, wie es bei «Arbeiter» (oder gar «Proletarier») anklingt, abging. Mit Verunsicherung reagierten viele Angestellte auf diese Wandlungen, denen ihre Berufsgruppe unterworfen wurde. Zwischen den beruflichen Erwartungen und der Realität tat sich eine Kluft auf, die schwer zu überbrücken war.

Wo aber war materieller und geistiger Rückhalt zu finden? Hier konnte einzig die Organisation weiterhelfen! So wurden denn die Jahre vor dem Ersten Weltkrieg zur Phase des großen Aufschwungs kaufmännischer Berufsorganisation, welche die Interessen und Bedürfnisse der Angestellten aufgriff, formulierte und behutsam im eigenen Sinne steuerte. In der Schweiz existierte bereits eine lange Tradition kaufmännischer Organisationsansätze, die auch während des nun, nach 1890, einsetzenden Aufschwungs prägend fortwirkte.[20] Die nach 1860 entstehenden «Vereine junger Kaufleute» reflektierten in Programm und Tätigkeit die damalige Situation junger Commis, das heißt, sie erstrebten vor allem eine Verbesserung der ungeregelten Ausbildungssituation. Die betriebliche Lehre allein vermochte nicht mehr den gestiegenen Ansprüchen zu genügen, und so fanden sich junge Commis aller Branchen zur gemeinsamen Abhaltung von Sprachkursen zusammen. «Förderung der kommerziellen und allgemeinen Bildung der jungen Handelsbeflissenen der Schweiz. Einigung derselben durch die Pflege freundschaftlicher Beziehungen und kollegialer vaterländischer Gesinnung», schrieb sich der 1873 aus einem Zusammenschluß verschiedener solcher Vereine entstehende «Schweizerische Verein junger Kaufleute» in sein Programm. Dieser Zielsetzung entsprechend war man auch bereit und interessiert, selbständige Kaufleute als Mitglieder und finanzielle Gönner zu gewinnen. Aus dem Wunsch nach vermehrter Seriosität und Anerkennung in der Öffentlichkeit erwuchs 1882 der Beschluß zur Umbenennung in «Schweizerischer Kaufmännischer Verein» (SKV), womit diese Organisation ihre bis heute gültige Bezeichnung erhielt. Der SKV wurde zu einer Berufsorganisation qualifizierter Kaufleute, vermittelte standesgemäße Geselligkeit und bot – neben seinen Bildungsveranstaltungen – soziale Dienstleistungen wie Stellenvermittlung, Unterstützungskassen usw. an. Er stärkte und formte das berufliche Bewußtsein seiner Mitglieder.

Seit dem Bundesbeschluß von 1891 über die Förderung der kommerziellen Bildung flossen dem SKV regelmäßig staatliche Subventionen für die vereinseigenen Bildungskurse zu, womit der Weg frei wurde für den Ausbau dieser Kurse zu eigentlichen Lehrlingsschulen. Die neuen halböffentlichen, halbprivaten Bildungsinstitutionen erlebten einen raschen Aufschwung und unterlagen stets – bis in die Gegenwart – dem maßgeblichen Einfluß des SKV. Dies war und ist einer der Grundsteine zum Erfolg dieser Organisation. Aus der staatlich subventionierten Monopolstellung im Bildungsbereich erwuchs rasch auch eine Monopolstellung als Berufs- und später Angestelltenorganisation. Zwischen 1890 und 1900 vervierfachte der Verband seine Mitgliederzahl von 1533 auf 6302 und wuchs bis zum Ersten Weltkrieg auf nahezu 20 000; bis

> **Der Fortschritt.**
> Organ des Kaufmännischen Vereins in Zürich.
>
> Offizielles Publikationsmittel des Schweizerischen Kaufmännischen Vereins.
>
> ZÜRICH, 1. März 1886.   No. 276.   Fünfzehnter Jahrgang.
>
> **Abonnementsbedingung:** Der „Fortschritt" erscheint monatlich 2 Mal und kostet für das Jahr 1886 Fr. **4.** — franko durch die ganze Schweiz, Fr. **5. 40** für das Gebiet des Weltpostvereins. — **Einrückungsgebühr:** 15 Cts. per zweispaltige Petitzeile. — Sämmtliche auf Inserate oder die Expedition bezügliche Briefe sind an die Buchdruckerei von J. Herzog, alle übrigen Korrespondenzen dagegen an die Redaktion des „Fortschritt" in Zürich zu senden.
>
> **Inhalt.** Einige Reflexionen über die projektirte Hülfskasse des Schweizerischen Kaufmännischen Vereins für unverschuldete Stellenlosigkeit, von Ty. — Stenographie und Stenographiesysteme für den Kaufmann, Korrespondenz von R. H. — Tyrus und Sidon einst und jetzt, Vortrag von Herrn Pfarrer Dr. Furrer, Referat nach stenographischen Aufzeichnungen von J. G. und W. E. (Schluss). — Der ‹Père Lachaise› in Paris, Korrespondenz von J. F. — Handelsrechtliches, von Ty. — Vermischtes: Die Ananaszucht und der Ananashandel der englischen Bahama-Inseln. — Aus dem Vereinsleben: Bericht über die Monatsversammlung vom 19. Februar, von Fr. — Briefkasten der Expedition. — Annoncen. — Vakanzenliste des Zentralstellenvermittlungsbureau [V].

nach dem Krieg (1920/21) erlebte der SKV eine dreißigjährige, so gut wie ununterbrochene Wachstumsphase. Zu diesem Zeitpunkt gehörte fast jeder zweite qualifizierte kaufmännische Büro- und Verwaltungsangestellte männlichen Geschlechts dem Verband an.

Dieser Erfolg läßt sich nun aber keineswegs allein aus der besonderen Rolle des SKV im kaufmännischen Bildungswesen erklären. Offensichtlich bot der Verband während dieser Phase des Umbruchs in Unternehmensverwaltung und kaufmännischer Arbeitsorganisation genau *das* an, was der Bedürfnislage einer großen Gruppe kaufmännischer Angestellter entsprach. Und dieses Angebot an Dienstleistungen, Weiterbildungsmöglichkeiten und weltanschaulichen Versatzstücken war zunächst einmal keineswegs gewerkschaftlicher Art. Dazu fehlte nicht nur die Fähigkeit zur Auseinandersetzung mit den Arbeitgebern, sondern auch die Bereitschaft zur Vertretung allgemeinerer Arbeitnehmerinteressen, die über einen eng umrissenen Kreis hinausgingen. Die Reaktion des SKV auf die Gefährdung traditioneller, professionalistisch gefärbter beruflicher Erwartungen durch Arbeitsteilung und Bürokratisierungstendenzen läßt sich mit dem Motto «Durch Bildung zum Aufstieg» charakterisieren. Seit 1895 organisierte der SKV Lehrabschlußprüfungen und verlieh ein Diplom; unentwegt – wenn auch nicht sehr erfolgreich – forderte man eine Anhebung der schulischen Vorbildung für Lehrlinge, um so den Eintritt in den Beruf zu erschweren und die Konkurrenzfähigkeit der Stellensuchenden zu verbessern. Der qualifizierte Kaufmann sollte damit in die Lage versetzt werden, die gerade für ihn immer noch vorhandenen Aufstiegschancen auszunutzen.

«Die Schaffung einer scharf abgegrenzten Klasse qualifizierter Berufsarbeiter ist im allgemeinen ein vorzügliches Mittel, um ein gewisses Standesgefühl, den Korpsgeist, zu pflanzen», erklärte der Zentralsekretär des SKV 1908 und kennzeichnete damit die Bestrebungen des Verbandes.[21] Bildungsangebote und soziale Dienstleistungen – verbunden mit ideologischer Rückenstärkung zur Hebung des beruflichen und sozialen «Standesgefühls» –, dies war offensichtlich die Mischung, die den SKV zum Erfolg trug. Der Verband kam damit einerseits den Interessen qualifizierter Angestellter als Arbeitnehmer entgegen, sprach sie aber zugleich an und bestärkte sie in ihrem Bedürfnis nach sozialer Abgrenzung und gesellschaftlicher Aufwertung. «Kaufmännische» Symbolik in der äußeren Selbstdarstellung des Verbandes und eine recht illusorische, professionalistische Überhöhung der wirtschaftlichen und sozialen Rolle des Kaufmanns dienten demselben Zweck, die brüchiger werdenden Abgrenzungen nach unten zu befestigen.

Der Kaufmann als Wirtschaftspionier – Lehrabschlußfeier in Schaffhausen 1913

Wir müssen unsern jungen Kaufleuten immer und immer wiederholen: an wenige Berufsarten werden in der Gegenwart so vielerlei Anforderungen gestellt, wie gerade an den Kaufmann. Er muß ehrlich, treu, gewissenhaft, fleißig, arbeitsam, anständig, verschwiegen sein, d.h. er muß einen gediegenen Charakter haben. Er muß in den Sprachen, Büroarbeiten, Branchen versiert und routiniert, also in hohem Grade leistungsfähig sein. Und dies nicht umsonst! Hängt doch von der Tüchtigkeit des Kaufmannsstandes zum guten Teil der wirtschaftliche Erfolg eines Landes ab.

(Kaufm. Verein Schaffhausen, Jahresbericht 1912/13, S. 71.)

Dieses Bedürfnis nach sozialer Abhebung galt nicht nur gegenüber der Arbeiterschaft, die sich seit den 1890er Jahren zunehmend gewerkschaftlich und politisch radikalisiert hatte. Vor allem fühlte man sich bedroht von seiten des kaufmännischen Hilfspersonals, in erster Linie durch die Frauenarbeit im Büro, die durch ihre bloße Präsenz das traditionelle Berufsbild in Frage stellte. Diese Hilfsangestellten mochte man nicht als «kaufmännisch» gelten lassen und verwehrte ihnen nach Möglichkeit den Zugang zu Weiterbildungskursen und Stellenvermittlung, um sie auf diesem Weg als Konkurrenz vom Arbeitsmarkt zu vertreiben. Ausschluß statt gewerkschaftliche Solidarität blieb lange Zeit die Richtlinie dieser Politik. Leitende Angestellte und Sachbearbeiter fühlten sich am stärksten von dieser Programmatik angesprochen und waren entsprechend übervertreten im SKV.

In dem Maß, wie auch jüngere qualifizierte Angestellte die Auswirkungen von Arbeitsteilung, Bürokratisierung und ökonomischer Unsicherheit zu spüren bekamen, griff der SKV allerdings deutlicher Ar-

XVI. Jahresbericht

des

Kaufmännischen Vereins

St. Gallen

(Sektion des Schweizerischen Kaufmännischen Vereins)

Mitglied der Schweizerischen Gesellschaft für kaufmännisches Bildungswesen
Mitglied der Ostschweizer. geograph.-kommerziellen Gesellschaft in St. Gallen
Mitglied des Schweiz. Handelslehrer-Vereins
Mitglied des deutschen Vortrags-Verbandes

in

St. Gallen

pro 1906/1907

Erstattet vom Vorstande des
Kaufmännischen Vereins an die
ordentliche Hauptversammlung
═══ im August 1907 ═══

St. Gallen
Buchdruckerei Zollikofer & Cie.
□ 1907 □

beitnehmerinteressen auf. «Die wirtschaftliche und soziale Besserstellung der schweizerischen Handelsangestellten» hatten bereits die neuen Statuten von 1900 an die zweite Stelle der Vereinsziele gerückt, unmittelbar im Anschluß an die Bildungsbestrebungen. Ein «Programm für die standespolitische Tätigkeit» konkretisierte die entsprechenden Forderungen 1907, ohne daß sich zunächst viel änderte an der Tätigkeit des Verbandes. Erst unter dem Druck der massiven Verschlechterung der Reallöhne während des Weltkrieges erfolgte seit 1917 eine gewerkschaftspolitische Neuorientierung und Anpassung an die Entwicklungen im Arbeitssystem. Jüngere, beruflich noch nicht etablierte Angestellte protestierten gegen die Passivität der Verbandsleitung und erzwangen den Kurswechsel. Ganze Gruppen, wie z. B. die Bankangestellten, trennten sich nach Auseinandersetzungen vom SKV und bildeten einen eigenen Verband. Im Herbst 1918, wenige Wochen vor Proklamierung des Landesstreiks durch die Arbeiterorganisationen, legten die Zürcher Bankangestellten die Arbeit nieder und erkämpften sich einen ersten Gesamtarbeitsvertrag. Der Bundesrat selber griff nun ein und drängte die Arbeitgeber zu raschen Zugeständnissen an den SKV, um eine befürchtete weitere Radikalisierung der Angestellten und eine Annäherung an die klassenkämpferischen Arbeitergewerkschaften zu verhindern. So gelangte auch der SKV relativ rasch zu Vertragsabschlüssen, was zur Beruhigung der Situation beitrug. Erst zu diesem Zeitpunkt, um 1920/21, hatte der SKV seine im wesentlichen bis heute gültige Form gefunden. Er war zu einem Verband geworden, der einerseits gewerkschaftliche Arbeitnehmerinteressen aufgriff, zugleich aber die älteren berufspolitischen Ziele verfolgte. Der SKV kam damit der zwiespältigen Interessenlage der qualifizierten Angestellten entgegen, die ihre Abhängigkeit als Arbeitnehmer erlebten, ohne in einer allgemeinen Gewerkschaftsbewegung aufgehen zu können.

Eine stärkere gewerkschaftliche Entwicklung kaufmännischer Angestellter wurde behindert durch die nach wie vor wirksamen Besonderheiten von Ausbildung, Tätigkeit und Arbeitssituation sowie die damit zusammenhängenden beruflichen und sozialen Erwartungen und Ansprüche. So arbeitete die große Mehrheit immer noch in kleinen, überschaubaren Unternehmen und Büros; die Arbeitsteilung wurde nicht annähernd so vorangetrieben wie in der industriellen Produktion, eine «Mechanisierung» und «Maschinisierung» der Arbeit fand infolgedessen kaum statt; in den entstehenden Unterbau von Hilfs- und Routinetätigkeiten rückten zunehmend angelernte Frauen ein; Angestellte wurden im Durchschnitt immer noch besser bezahlt als Arbeiter; schließlich blieb die Welt der Büros mit ihrer sauberen, gesellschaftlich höher angesehenen Arbeit auch rein äußerlich deutlich getrennt von den Werkstätten und der schweren, oft schmutzigen Tätigkeit der Arbeiter. Nicht zuletzt aber standen die bereits existierenden Organisationen mit ihrer stark beruflichen Ausrichtung einer tiefergreifenden gesellschaftlichen Neuorientierung der kaufmännischen Angestellten im Wege. Die eigentliche Unterschicht des kaufmännischen Hilfspersonals dagegen, die der Arbeiterschaft objektiv am nächsten stand, blieb weitgehend unorganisiert und gelangte kaum je zu einer eigenständigen Formulierung ihrer Interessen. Diese heterogene Gruppe orientierte sich politisch und sozial meist nicht an der Arbeiterschaft, sondern an den gelernten kaufmännischen Angestellten, mit denen man täglich zusammenarbeitete.

Die Techniker – Entstehung eines modernen Angestelltenberufs

Im späten 19. Jahrhundert machte sich in Industrie und Gewerbe ein vermehrter Bedarf an wissenschaftlich qualifiziertem technischem Leitungspersonal bemerkbar. Ursachen dafür waren die Einführung neuartiger Technologien, Fertigungs- und Bearbeitungsmethoden vor allem in der Metall- und Maschinenindustrie, das Aufkommen der auf wissenschaftlichen Grundlagen basierenden Elektroindustrie, die Realisierung großer Projekte in Hoch- und Tiefbau: ganz allgemein die Komplizierung der Fabrikate und die Vergrößerung der Unternehmen. Industrielle und Gewerbepolitiker forderten nun Ausbildungsstätten für technische Kader, die einerseits über mehr theoretische Kenntnisse verfügen sollten als Werkmeister oder Zeichner, andererseits aber auch ein stärker fabrikationsorientiertes Wissen mitbringen sollten als die seit den 1850er Jahren von der Eidgenössischen Technischen Hochschule ausgebildeten Hochschulingenieure. Kernstücke des 1874 gegründeten Technikums (Ingenieurschule) Winterthur waren die «Schule für Bauhandwerker» und die «Schule für Mechaniker», die seit der Mitte der achtziger Jahre auch eine Spezialisierung auf die Elektrotechnik ermöglichte.

Die Ausbildungsziele des Technikums Winterthur (1882)

Die Schule für Bauhandwerker will ihre Zöglinge befähigen, die sämmtlichen Konstruktionen an Zivilbauten zu entwerfen und zu berechnen, die Bauführung zu besorgen und ein Baugewerbe (Maurerei, Zimmerei, Steinhauergeschäft) rationell zu betreiben.

Sie sucht das Verständnis für architektonische Verhältnisse und Gliederungen derart auszubilden, daß die Schüler auch nach dieser Richtung bewußt arbeiten können und somit die Obliegenheiten eines Bauzeichners, Bauführers oder Zivilbaumeisters zu erfüllen im Stande sind.

Die Schule für Mechaniker hat in erster Linie die Ausbildung von Maschinentechnikern im Auge, die den gewöhnlichen Aufgaben des Konstruktionsbureau zu genügen im Stande sind und somit eine Zwischenstellung zwischen dem einfachen Zeichner und dem leitenden Ingenieur einnehmen.

Ebenso will sie Schüler, die sich der Werkstättenpraxis widmen wollen, in denjenigen Fächern, die ihrer späteren Tätigkeit entsprechen, theoretisch vorbilden und ihnen dadurch bei gleicher manueller Befähigung, eine gewisse Überlegenheit vor dem reinen Praktiker verschaffen. Industrielle, die auf Maschinenbetrieb für ihre Etablissements angewiesen sind, werden durch die Anstalt so weit vorgebildet, daß sie ihre Arbeits- und Betriebsmaschinen selbständig studiren und beurteilen können. Durch spezielle Kurse wird ferner den Bedürfnissen derjenigen Schüler Genüge geleistet, welche die nötige Grundlage für spätere Fachstudien in Spinnerei- und Webereitechnik gewinnen wollen ...
(Staatsarchiv Zürich U 113.1.)

Nach dem Muster des Winterthurer Technikums wurden Anfang der neunziger Jahre dann auch die neugegründeten Ingenieurschulen in Burgdorf und Biel gestaltet, Anfang des 20. Jahrhunderts folgten Genf und Fribourg.[22]

Wie läßt sich die Qualifikation dieses neuen Berufs beschreiben? Voraussetzungen für den Zugang zum Technikum waren in der Regel die Absolvierung einer Lehre als Facharbeiter oder Zeichner sowie der Besuch der Sekundarschule. Die Technikumsschüler verfügten – ähnlich wie die gelernten Kaufleute – über eine im Vergleich zur Arbeiterschaft überdurchschnittliche Volksschulbildung. Die manuelle Praxis, das durch die Technikumsausbildung erlernte theoretische Wissen und systematischere Denken sowie ein in Berufslehre und strengem Studium ausgeprägtes Leistungs-, Verantwortungs- und Pflichtbewußtsein bildeten die Grundlage ihrer Arbeit und Berufsorientierung. In diesem schon an der Schule vermittelten Technikerbewußtsein zeigen sich unübersehbar Ansätze zu einem professionalistischen Denken, das aufbaut auf einem systematischen, komplexeren und nur über eine höhere Ausbildung zugänglichen Wissen und das einen starken Anspruch auf berufliche Selbstbestimmung und der Allgemeinheit dienende Leistung enthält.

Obwohl für die ersten Technikergenerationen die Chancen zur Eröffnung oder Übernahme eines eigenen Geschäftes (Unternehmen oder Büro) noch recht günstig waren, so wurde doch ein Großteil der Maschinen- und Elektrotechniker – auf die wir uns im folgenden konzentrieren – Angestellte in mittleren oder großen Unternehmen der Metall-, Maschinen-, Apparatebau- und Elektroindustrie. Eine nicht unbeträchtliche Minderheit arbeitete zudem in ähnlicher abhängiger Stellung in den öffentlichen Verwaltungen, in Energie- oder Verkehrsbetrieben. Der Beruf des Maschinen- oder Elektrotechnikers wurde sehr bald zu einem typischen Angestelltenberuf. Zusammen mit den noch lange wenig zahlreichen Hochschulingenieuren und den qualifizierten kaufmännischen Angestellten bildeten die Techniker den Kern der modernen Angestelltenschaft. Unter diesen Umständen wird zu fragen sein, wie weit sich professionalistische Ansprüche auf berufliche Autonomie, Selbstkontrolle und Entfaltung des Wissens in der Arbeit realisieren ließen. Wie weit setzten Arbeitsteilung und Bürokratisierung diesen Ansprüchen der

Techniker (und Ingenieure) Grenzen, und wie reagierten die Betroffenen darauf?

Angehörige der ersten Technikergenerationen erhielten vielfach – besonders wenn sie in eines der damals rasch expandierenden Unternehmen eintraten – sehr bald umfassende Funktionen und beträchtliche Entscheidungs- und Dispositionschancen, wie dies aus dem von einem Techniker-Zeitgenossen skizzierten idealisierenden Porträt des ersten Technikers der Georg Fischer AG, Jean Bachmann, hervorgeht.

Der Techniker der ersten Stunde – Angestellter und technischer Pionier
(Porträt des Jean Bachmann, erster Techniker der Schaffhauser Großgießerei +GF+)

Seine praktische Laufbahn begann [1886] noch im alten, primitiven Werklein, das soeben Georg Fischer III übernommen hatte, und war so recht der Dienst von der Pike auf, in Rauch und Staub und Hitze. Zugleich mit dem Aufbau und Umbau des Werkes aufsteigend von Stufe zu Stufe, dank seiner Energie und inneren Verbundenheit mit demselben, erlebte er die große Entwicklung der Firma, deren Belegschaft seit seinem Eintritt von 100 auf 500 Mann im Jahre 1890 gewachsen war. Bachmann war beteiligt am Ausbau der Fittingsfabrikation, welche an Stelle der Feilenherstellung trat, insbesondere aber an der Einführung des Stahlgusses, beginnend mit dem ersten Martin-Ofen 1890. Den ganzen Kampf um die Entwicklung dieses Arbeitsgebietes, weitab von den Zentren der Konkurrenz, ohne Meister oder Arbeiter, die vom Martin-Ofen irgend eine Ahnung hatten, machte er von Anfang an an vorderster Stelle mit, unermüdlich im Bestreben, ein Produkt von erster Qualität zu erreichen. In Würdigung dieser intelligenten, zähen und erfolgreichen Arbeit wurde er 1892 von G. Fischer zum technischen Leiter ernannt und war nun erst recht maßgebend an dem weiteren Aufstieg der +GF+-Werke beteiligt.

Es folgten die großen Bauten der Neunzigerjahre, das vorzüglich konzipierte Fittingswerk in Singen 1894–95 und in Erweiterung der Stahlgießerei, neben der Martin- die Convertergießerei 1898; weitgehend seine Werke, Zeugen seines Weitblickes, seiner großen Arbeitskraft und Energie. Wie weit seine Einflußnahme bei Neubauten ging, konnte der Berichterstatter selbst beobachten beim späteren Bau der Kleinstahlgießerei Birch 1905, die ein kühnes Kind seiner Initiative war, vertrauend auf die Zukunft des Automobils.

Jeden Morgen nach dem frühen Gang durch die Werke stand Bachmann im techn. Büro, prüfte und korrigierte die Entwürfe seiner Techniker. Hier konnte er seine großen Betriebserfahrungen voll verwerten und seine Mitarbeiter inspirieren, stets bemüht, die bisherigen Resultate seiner Arbeit mit den neuesten Errungenschaften der Technik zu koordinieren.

(Nach H. Wäffler, Der Kleinstahlguß +GF+ 1900–1950, S. 228 f. Ungedr. Manuskript im Werkarchiv +GF+ 7/SG Allg. Wäffler war selber Betriebsleiter bei +GF+.)

Der Typ des technischen Pioniers mit weitgehenden Gestaltungsmöglichkeiten wurde zum Leitbild vieler Techniker und weckte berufliche und soziale Erwartungen. Mancher mußte sich indessen schon damals mit etwas geringeren Dispositionschancen begnügen. Doch auch junge Betriebstechniker wurden in den neunziger Jahren selbst in größeren Unternehmen noch mit häufig sehr vielfältigen technischen, konstruktiven, rechnerischen, sozialen und administrativen Aufgaben betraut.

Das Funktionsspektrum – Instruktionen für den Betriebs-Techniker Werk III, +GF+, 11. Januar 1895

Die zu überwachenden und zu leitenden Werkstätten sind folgende: Gießerei für Kleinguß, Schmelzerei, Gußkontrolle, Sandaufbereitungslocal, Temperei, Gußrichterei und Hafnerei. Dem technischen Leiter sind sämtliche Meister, Vorarbeiter und Arbeiter dieser Lokale unterstellt und verpflichtet, seinen Weisungen Folge zu leisten ... [Er hat] sobald der Portier mit der Arbeiter-Controlle fertig ist, dessen Rapport zu prüfen und sich von der Anwesenheit der betreffenden Arbeiter in jeder Werkstätte zu überzeugen, wonach allfällige Arbeitseinteilungen zu machen sind ... Es hat derselbe allfällige Differenzen zwischen Werkmeistern und Arbeitern oder Arbeitern unter sich zu schlichten sowie deren Reklamationen, Bedürfnisse und Wünsche entgegenzunehmen ... Der Betriebsführer hat täglich Vormerkung zu nehmen von den eingegangenen Bestellungen ... Er revidiert täglich das ihm zugestellte Gußbestellungsbuch ... Er prüft die neu ankommenden, fremden Modelle ... unter Zuzug des Gießermeisters, läßt Abänderungen und Ergänzungen treffen und besorgt die Neuanfertigung von Modellen ...

Eine Hauptaufgabe des Betriebsleiters ist die Vervollkommnung der Maschinenformerei, damit in kürzester Zeit mehr, exaktere und billigere Arbeit geliefert werden kann als bis anhin ... Genaue Beaufsichtigung erfordert der Schmelzprozeß, nur ein unermüdliches Studium führt hier zu richtigen Erkenntnissen und zur Vervollkommnung, also zu ökonomischen Vorteilen ... Besondere Erfahrungen sind auch zu sammeln über das Schwindungsverhältnis der verschiedenen Materialien, bei verschiedenen Gegenständen und in verschiedenen Arbeitsstadien ... Neben der Gießerei erfordert besondere Beaufsichtigung besonders auch der Temperprozeß ...

Die Bureau-Arbeiten des Betriebsführers beschränken sich auf die Führung der Schichtenbücher und Arbeitsbücher jeder Werkstätte, der Schmelzregister, eines Lagerbuches, eines Modellverzeichnisses über eigene Modelle, einer Unfallstatistik ... Die Accordtarife sind zu überwachen und zu regeln ... Es ist ferner eine möglichst ausgedehnte Statistik, daneben eine genaue Kalkulation zu führen; nur hierdurch bekommt der Betriebführende eine richtige Einsicht, wie und wo gespart werden kann und was für Abänderungen angezeigt erscheinen ...

(+GF+ Werkarchiv, 2/W +GF+ III.)

In der wenig differenzierten technisch-betrieblichen Leitung gehörte zu jeder Stelle ein umfassendes Funktionsspektrum. Der frühe Techniker war oft ein eigentlicher *Universaltechniker,* der plante, rechnete, konstruierte, forschte, leitete, überwachte und sich bisweilen sogar noch mit der Herstellung der Offerten und der Erledigung von Korrespondenz- und Verwaltungsarbeiten beschäftigte. Bei BBC besorgte in den frühen neunziger Jahren jeder Ingenieur oder Techniker «seine An-

19 Der Techniker als Pionier –
Ingenieur und Betriebsleiter (rechts) in der ersten
Werkstatt von BBC 1892.
20 Der Arbeitsort des Bürotechnikers –
Konstruktionsbüro einer Maschinenfabrik.

lage vom ersten Strich bis und mit der Korrespondenz ... dem Projekt nebst Schema, Zentralen-, Schalttafel-, Leitungsdispositionen, Berechnungen, Vertragsabschluß, Bestellungsannahme, Bestellungs-Einschreibung ... Beschaffung der Hilfsmaterialien, Montageleitung, Inbetriebsetzung, Fakturierung» selbst.[23] Qualifikation, berufliche Erwartungen und ausgeübte Tätigkeit entsprachen sich bei diesem in kleinen Betrieben noch lange fortexistierenden Typ des Universaltechnikers recht weitgehend. Die Chance zur Entfaltung des beruflichen Wissens, die Stellung als Vorgesetzter und ein relativ hohes Einkommen trugen dazu bei, daß sich diese Techniker in erster Linie als technische Fachleute und als Arbeitgeber-Stellvertreter begriffen. Unterordnung und Anpassungszwänge waren indessen auch ihnen nicht fremd, aber in einer noch schwach formalisierten, durch Spontaneität und Persönlichkeitsorientierung geprägten Leitungsstruktur waren die Kontrollen locker und wenig systematisch.

Seit den 1890er Jahren etwa kam es dann allerdings in den Großunternehmen zu einer stärkeren Differenzierung der Leitung: Unternehmensleitung einerseits, technisch-betriebliche Leitung andererseits wurden deutlicher getrennt; die Arbeitsteilung im technisch-betrieblichen Leitungsapparat machte Fortschritte, wobei eine größere Anzahl spezialisierter Stellen entstand; der ursprünglich enge Zusammenhang zwischen Planung und Arbeitsvorbereitung einerseits, Fertigungsleitung und Kontrolle anderseits wurde zunehmend aufgelöst; Planungs-, Konstruktions- und Berechnungsarbeiten sowie Kalkulations-, Bestell-, Offert- und Terminwesen wurden aus den Fabrikationsbetrieben ausgelagert und in technischen Büros oder besonderen Verwaltungsabteilungen zusammengefaßt. In diesem in den größeren Unternehmen bis etwa 1920 abgeschlossenen Prozeß entwickelten sich aus dem Universaltechniker zwei neue Haupttypen: *Bürotechniker* und *Betriebstechniker* (Betriebsleiter, Abteilungsleiter).

Kompliziertere Produkte und der Übergang zur Serienproduktion in der Maschinen- und Elektroindustrie erforderten eine systematischere, der Fertigung vorangehende Planung und Arbeitsvorbereitung, die nun zunehmend von Ingenieuren, Technikern und Zeichnern in den technischen Büros geleistet wurde. Vielfach war das technische Büro vorerst eine kleine Stabsabteilung des Betriebsleiters oder technischen Direktors, und die enge Verbindung zur Fertigung kam äußerlich häufig noch durch die Unterbringung des technischen Büros in der unmittelbaren Umgebung der Werkhallen zum Ausdruck. Bald aber wurden diese rasch wachsenden Abteilungen in die Verwaltungs- und Bürogebäude ausgelagert. Je nach Größe des Unternehmens, Produktevielfalt und Gestaltung der Arbeitsabläufe waren diese technischen Büros mehr oder weniger differenziert, wie dies ein technischer Korrespondent der BBC Baden, Jakob Wallauer, 1905 schildert.

Moderne Arbeitsteilung in der technischen Leitung – Das technische Büro

1. Allgemeine Gliederung der technischen Bureaux.

Man teilt die technischen Bureaux irgend eines Etablissementes zunächst ein in solche, die sich mit dem rein konstruktiven, zeichnerischen Teil sowie mit dem Verkehr mit den Werkstätten befassen, und in solche, die sich mehr auf den technisch-administrativen Teil erstrecken, und denen in enger Verbindung mit ersteren der eigentliche Schriftverkehr nach außenhin obliegt. Beide fallen entweder in ein einziges zusammen oder sind voneinander getrennt.

Im ersteren Falle, wo beide Teile vereinigt sind, reden wir nur von einem «technischen Bureau» und diesem fällt die Erledigung sämtlicher technischer Geschäfte zu. Es arbeitet also einerseits rechnerisch, konstruktiv und zeichnerisch und übernimmt anderseits auch seine Reklame, seine Acquisition sowie den damit verbundenen Schriftverkehr. In größeren Werken unterteilt sich das technische Bureau gewöhnlich in verschiedene Unterabteilungen entsprechend den verschiedenen Fabrikationszweigen oder Werkabteilen. Wo also Kessel und Maschinen gebaut werden, gibt es technische Bureaux für Kesselschmiede und solche für Maschinenbau; in Elektrizitätsfirmen findet man beispielsweise Abteilungen für Gleich- und Wechselstrom, Abteilungen für Generatoren, Motoren usw.

Im zweiten Falle, wo der konstruktive Teil vom administrativen getrennt ist, werden aus den technischen Bureaux kurzweg Konstruktionsbureaux, weil sie sich nur mit den rein technischen Sachen befassen, und für die Behandlung des allgemeinen Schriftverkehrs bilden sich die technisch-administrativen Bureaux.

Die Korrespondenz der Konstruktionsbureaux, die gleichwohl wieder nach den Werkabteilungen benannt sein können, beschränkt sich dann in der Regel nur auf die Aufgabe derjenigen Briefe, welche rein technische Probleme behandeln oder in unmittelbarem Zusammenhange stehen mit dem Gang der Fabrikation ...

Alle anderen Korrespondenten verteilen sich auf die technisch-administrativen Bureaux und die Konstrukteure wirken dabei nur auskunftgebend, beratend und kontrollierend ...
(J. Wallauer, Korrespondenz und Registratur in technischen Betrieben. Praktische Winke und Ratschläge für die Organisation und die Behandlung des technischen Schriftverkehrs unter besonderer Berücksichtigung der technischen Registratur, Zürich 1905, S.1–3.)

Die arbeitsteiligen Konstruktionsbüros wurden zum Organisationszentrum der Fabrikation, wo die Aufträge zusammenliefen und für die Weitergabe an die Werkstätten vorbereitet wurden.

Die Leitungs-, Koordinations- und Kontrollfunktion im technischen Büro lag bei Abteilungschefs oder Gruppenführern. Erfahrene Ingenieure und Techniker konstruierten ganze Maschinen oder Teile einer Anlage. Sie konnten auch hier noch länger relativ selbständig arbeiten; was die Spezialistenarbeit an «Breite» verloren hatte, gewann sie an «Tiefe». Weniger qualifizierte Techniker erstellten dagegen Detailkonstruktionen und machten Detailberechnungen. Sie gehörten zu jener wachsenden Gruppe untergeordneter Bürotechniker, die unter enger Überwachung relativ schematische Teilarbeiten ausführten. Unterordnung und Spezialisierung beschränkten die Dispositionschancen, enttäuschten berufliche Erwartungen und durchkreuzten den Wunsch nach Entfaltung des Fachwissens. Junge Techniker konnten derartige Erfahrungen vorerst vielleicht noch damit erklären, daß sie durch die Technikumsbildung eben noch nicht fertig ausgebildet waren – ähnlich wie

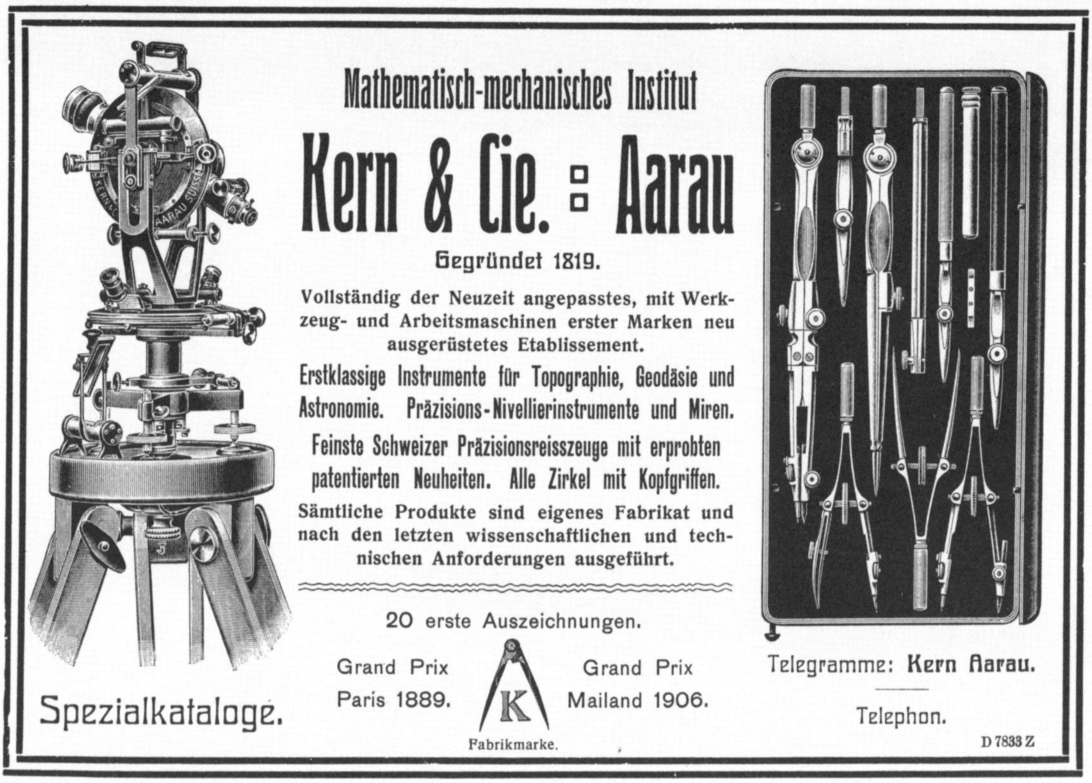

Mathematisch-mechanisches Institut
Kern & Cie. ▫ Aarau
Gegründet 1819.

Vollständig der Neuzeit angepasstes, mit Werkzeug- und Arbeitsmaschinen erster Marken neu ausgerüstetes Etablissement.

Erstklassige Instrumente für Topographie, Geodäsie und Astronomie. Präzisions-Nivellierinstrumente und Miren.

Feinste Schweizer Präzisionsreisszeuge mit erprobten patentierten Neuheiten. Alle Zirkel mit Kopfgriffen.

Sämtliche Produkte sind eigenes Fabrikat und nach den letzten wissenschaftlichen und technischen Anforderungen ausgeführt.

20 erste Auszeichnungen.

Spezialkataloge.   Grand Prix Paris 1889.   K Fabrikmarke.   Grand Prix Mailand 1906.   Telegramme: Kern Aarau.   Telephon.

D 7833 Z

21

E. Pfenninger vormals C. F. Billwiller & Co.
4 Clausiusstrasse ZÜRICH beim Polytechnikum

Sämtliche Bedarfs-Artikel für Techniker.
Neueinrichtung ganzer Bureaux.

D 6350 Z

☞ *Verlangen Sie illustrierte Preisliste.* ☜

22

dies junge Kaufleute taten. Wer aber nach einigen Berufsjahren noch in einer solchen Position stand – und dies waren zunehmend mehr –, kam mit derartigen Verdrängungen kaum mehr zu Rande. Was blieb, war die durchaus nicht unrealistische Hoffnung auf einen Aufstieg oder der Stellenwechsel. Was das Warten auf eine bessere Position aber ungemütlich machte, war die selbst im Vergleich zu den weniger gebildeten Werkmeistern magere Entlöhnung und die damit gezwungenermaßen bescheidene Lebensführung, die als unstandesgemäß empfunden wurde. Belastend waren ferner die Einordnung in einen hierarchischen Apparat, verbunden mit einem autoritären Arbeitsklima, Konkurrenzdruck, Willkür und Intrigen.

Die Bürotechniker waren – noch spürbarer als die Betriebstechniker – jenen in den Großfirmen gegen Ende des 19. Jahrhunderts geschaffenen Dienst- oder Büroreglementen unterworfen, die Pflichten, Kompetenzen und Verhalten schriftlich festlegten und dem einzelnen seine Abhängigkeit bewußt machten.

Aktiengesellschaft der Maschinenfabriken ESCHER WYSS & CIE
Allgemeine Bestimmungen für die Angestellten. Reglement vom 31.7.1889, revidiert im Jahre 1912.

Art. 2.
Jedem Angestellten wird eine für seine Dienstobliegenheiten maßgebende Instruktion, mit welcher er sich genau vertraut zu machen hat, erteilt.

Die Direktion behält sich jedoch vor, diese Instruktion nach Umständen zu erweitern und zu vervollständigen. In zweifelhaften oder in der Instruktion nicht vorgesehenen Fällen ist die Entscheidung des Vorgesetzten einzuholen. ...

Art. 5
Jeder Angestellte hat Aufträge, welche er in Abweichung von der ihm erteilten Instruktion seinen Untergebenen erteilt, dem nächsten Vorgesetzten zuhanden der Direktion sofort zur Kenntnis zu bringen. Er haftet der Direktion für die Folgen solcher Aufträge.

Art. 6
Erforderlichenfalls haben sich alle Angestellten in ihren geschäftlichen Verrichtungen gegenseitig Aushilfe zu leisten und alle Arbeiten, auch wenn solche außer dem zunächst angewiesenen Wirkungskreise stehen, ohne Widerrede bereitwilligst und ohne Rücksicht auf die Tageszeit oder Sonn- und Festtage zu vollziehen. ...

Art. 8
Sittlichkeit, Nüchternheit und Dienstbeflissenheit, Verträglichkeit mit Gleichgestellten und Gehorsam gegen Vorgesetzte wird jedem Angestellten zur besonderen Pflicht gemacht.

Den Angestellten ist während der Arbeitszeit und in der Fabrik überhaupt das Rauchen untersagt.

Den Vorgesetzten wird eine freundliche Behandlung ihrer Untergebenen anempfohlen. ...

Art. 11
Jeder Angestellte ist seinem Vorgesetzten und der Direktion für getreue und pflichtgemäße Erfüllung der ihm obliegenden dienstlichen Verrichtungen verantwortlich und haftbar.

Art. 12
Grobe Irrtümer in Berechnungen, Zeichnungen, Dispositionen jeder Art, Vernachlässigungen im Dienste oder dienstliche Vergehen wie Ungehorsam gegen Vorgesetzte, Trunkenheit, Mißbrauch der Stellung, Unterschleif, ungebührliches Benehmen, unregelmäßiger Lebenswandel werden, auch wenn dieselben besondere Nachteile für die Firma nicht unmittelbar zur Folge haben und abgesehen von einer einzuleitenden gerichtlichen Verfolgung, je nach dem Grade des Vergehens mit Verweis oder Geldbuße geahndet und berechtigen die Firma zur Kündigung der Anstellung oder sofortiger Entlassung.

23 Techniker-Arbeit: Konstruieren, Berechnen, Zeichnen, Leitung der Fertigung, Kontrolle.

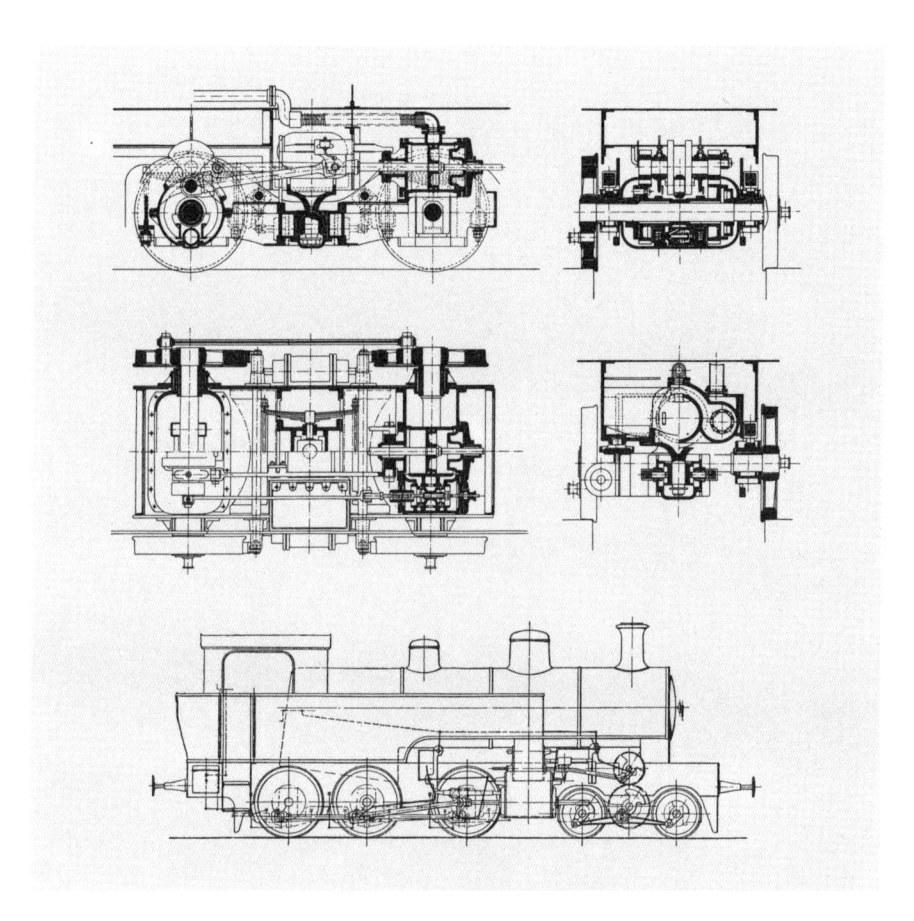

23

Kaufleute und Techniker

24 Der Arbeitsort des Betriebstechnikers: Fabrikhalle einer Eisengießerei (von Roll in Choindez); rechts neben dem Hochofen der «Chef» mit weißem Kragen!

Der Zwang zur Einordnung in die Bürokratie bedrohte und unterminierte die professionalistischen Ansprüche und die immer wieder beschworenen demokratisch-individualistischen Vorstellungen von der Respektierung der Persönlichkeit des einzelnen. Der weit herumgekommene Techniker Bütikofer erinnert sich noch Jahre später mit Widerwillen an den Bürokratismus in einer schweizerischen Großfirma: «Ich kam in die allgewaltige Firma in Abt. 75 und hatte die Drehstrommotoren von 10 bis 100 PS zu behandeln. Alles andere ging mich nichts an.

Was über 100 PS ist, besorgt Abt. 76, und was unter 10 PS Abteilung 74. Es kam ein Herr von Abt. 56 und verlangte über etwas Auskunft: ich stellte mich vor, und zögernd teilte mir der betreffende Herr von Abt. 56 mit, er heiße Brügger. 5 Minuten darauf stand ich vor meinem Chef, welcher mir mitteilte, das gehe niemand was an, wie ich heiße, ich sei Abt. 75 und damit Schluß. Mein Chef wünschte nicht zu hoffen, daß sowas nochmals vorkomme... Abt. 75 hat mich verschluckt.»[24]

Wie veränderte sich nun aber mit der Vergrößerung und der Differenzierung der technischen Leitungsstruktur die Lage der Betriebstechniker, d.h. der «Betriebsleiter», die einem ganzen Betrieb vorstanden, und der «Betriebstechniker» oder «Betriebsassistenten», die für einige Werkmeister-Abteilungen verantwortlich waren? Generell war ihre Tätigkeit durch die Anordnungen des technischen Büros zunehmend weisungsgebunden und wegen der Entwicklung des betrieblichen Rechnungswesens mehr als früher kommerziellen Zwängen ausgesetzt. Immerhin konnten sie aber noch weit ins 20. Jahrhundert hinein selbst in Großbetrieben auch gegenüber der technischen Planung, den Kalkulationsbüros usw. einen gewissen Einfluß als Berater beibehalten. Insgesamt waren sie zwar stärker auf die betrieblichen Leitungsfunktionen zurückgebunden, doch gerade hier verblieben ihnen in einer Epoche der raschen Modernisierung der Betriebe und der Rationalisierung der Produktion vielfältige Funktionen in Gestaltung, Leitung und Kontrolle der Fertigung; bei Betriebsleitern war dies noch mehr der Fall als bei untergeordneten Abteilungsleitern.

Ihrer Eigeneinschätzung nach bildeten die Techniker in den Betrieben das Bindeglied zwischen Theorie und Praxis. Vielfältige Belastungen, soziale Spannungen, Termin- und Erfolgsdruck, oft lange Arbeitszeiten, Aufenthalt in Lärm, Rauch und Staub erschwerten ihre Tätigkeit, die im Gegensatz zur spezialisierten Bürotechniker-Arbeit aber doch meist als «interessant» und wichtig empfunden wurde. Als technischer Spezialist und Organisator behielt der Betriebstechniker eine gewisse Autonomie, die allerdings durch die Verfeinerung der Anweisungen und Kontrollmöglichkeiten stets gefährdet war. Universaltechniker war er in größeren Betrieben zwar nicht mehr, sein Funktionsspektrum blieb allerdings im allgemeinen wesentlich breiter als jenes der Kollegen im technischen Büro. Doch auch sie waren zunehmend den Zwängen – und den Rivalitäten – in einem hierarchischen Liniensystem ausgesetzt.

Sozial und psychologisch bedeutsam war, daß sie im Betrieb Träger einer Herrschaftsposition waren, stets noch jemanden «unter sich» hatten, nämlich Werkmeister und Arbeiter. Das massenhaftere Eindringen der Techniker in die Industrie um die Jahrhundertwende bedrohte dabei die Werkmeister, die einen Teil ihrer umfassenden Funktionen, vor allem aber die Entscheidungskompetenzen nach oben abtreten mußten. Die Techniker erregten aber auch das Mißtrauen der Arbeiter, de-

25 Aufstieg durch Weiterbildung –
Absolventen eines Schweißkurses für Techniker
1920.

ren Tätigkeit nun weniger von den praktisch erfahrenen Meistern bestimmt war, sondern von Theoretikern, die über ein Wissen («Technikerweisheit»[25]) verfügten, das vom Arbeiter nicht mehr ohne weiteres begriffen werden konnte. Die Tatsache, daß die Techniker ursprünglich meist noch selber Arbeiter oder wenigstens Lehrlinge gewesen waren, verringerte die Distanz zwischen Vorgesetzten und Unterstellten höchstens geringfügig.

Welche Folgen hatte nun die Arbeitssituation für Bewußtsein und Verhalten der unterschiedlichen Techniker-Typen? Welche Zusammenhänge bestanden zwischen Ausbildung, betrieblicher und gesellschaftlicher Lage einerseits, Denken und Verhalten in Betrieb und Gesellschaft andererseits? – Untergeordnete Bürotechniker entwickelten angesichts ihrer betrieblichen und sozialen Lage ein Denken, das die verschiedensten Formen der Abhängigkeit stärker reflektierte als die besondere Qualifikation. Die einen hofften durch Aufstieg und Weiterbildung möglichst bald aus dieser Lage herauszukommen, die anderen gingen in die «innere Emigration».

Die Flucht in die Freizeit – Die «Indianertaktik» des untergeordneten technischen Spezialisten?

Diese Spezialisierung kann an und für sich wohl dem Arbeitgeber wie dem Arbeitnehmer materielle Vorteile bringen; aber abgesehen davon, daß letzterer hieran nicht immer den gerechten Anteil hat, so bringt doch die durch die Arbeitsteilung bedingte einseitige Tätigkeit allerhand Nachteile und Gefahren mit sich. Der Einzelne wird vom Unternehmer abhängiger, er ist leichter zu ersetzen, seine Arbeitsbewertung wird geringer und seine Existenz unsicherer. Auch die entgeistigende Wirkung der Teilarbeit ist nicht zu verkennen. Nur ein Teilchen vom großen Ganzen, dessen Arbeitsfeld äußerst beschränkt ist, wird dem Angestellten sehr leicht jene Freude genommen, die er empfindet, wenn er etwas Ganzes selbständig schaffen kann. ...

Ebenso engt die Arbeitsteilung den Intellekt ein. Wer im Betrieb tätig ist, bekommt immerhin einige Anregung, aber wer im Konstruktionsbureau sitzt, ist mindestens zu einem Leben von verzweifelter Monotonie verurteilt. Diese Überanstrengung einzelner Gehirnpartien, verbunden mit Verkümmerung andrer, führt dann zu den dauernden Schmerzzuständen, zu der Abneigung gegen die Arbeit und die Fabrik, die wir gerade an tüchtigen Kollegen oft beobachten. ...

Die Verödung der Persönlichkeit im Großbetrieb haben nicht alle kampflos über sich ergehen lassen. ...

Viele haben wohl gleich mir eine Taktik eingeschlagen, die ich als Indianertaktik bezeichnen möchte. Wie die Indianer sich vor der vordringenden europäischen Kultur immer weiter in von der Kultur unberührte Urwälder zurückzogen, so kann der Angestellte in Kleinbetriebe gehen, in denen die Arbeitsteilung noch nicht so weit vorgeschritten ist. Deren gibt es erfreulicherweise ja noch recht viele und mancher wird in ihnen den Platz gefunden haben.

Ein allgemein gangbarer Weg ist das aber nicht; der Kleinbetriebe werden verhältnismäßig immer weniger und in wirtschaftlicher Blüte bleiben auf die Dauer hauptsächlich die Spezialfabriken, in denen die Arbeitsteilung sich auch wieder drückend geltend macht. Die Zahl der Angestellten, die auf den Großbetrieb angewiesen sind, wächst ungeheuer; vor ihrer Zahl schwindet der Versuch, die Indianertaktik allgemein durchzuführen.

Für sie scheint mir vielmehr die Zukunft auf einem anderen Wege zu liegen, der sich in der modernen Entwicklung bereits deutlich abhebt. Kann der Angestellte in der Arbeit keine Persönlichkeitskultur pflegen, so muß er es außerhalb der Arbeit. Er muß ein Doppelleben führen; einen Teil des Tages pflichtmäßig leisten, um die Existenzmittel zu erwerben und dabei auf innere Befriedigung verzichten; dafür aber außerhalb der Arbeit eine Kultur wirklich zu entfalten trachten. ...

Den Weg sind auch ohne viel Theoretisieren ja auch viele Kollegen schon gegangen, die der Politik jede freie Minute opfern, die daheim nach der Arbeit ihre Geige hervornehmen, oder die Sonntag für Sonntag in ihre geliebten Berge wandern. Ich sehe aber bei ihnen eine gewisse Resignation, auch eine Art Indianertaktik, die sich darauf beschränkt, in einem bisher ungestörten Winkel die eigenen Gefühle zu pflegen; statt daß sie eine Angriffstaktik ergreifen, Neuland schaffen, auf dem ihre Persönlichkeit schaffend und gestaltend wirken kann. ...

(Berufsbefriedigung und Arbeitszeit, in: Der Technische Angestellte, Organ des Bundes technischer Angestellter Nr. 2, 1912.)

Schon vor dem Ersten Weltkrieg, besonders aber seit den Inflationsjahren 1916/17, verloren sie angesichts ihrer ungünstigen betrieblichen Stellung und sozial-ökonomischen Lage den Glauben an alte Leitbilder, die im Techniker den «Vertrauensmann des Unternehmers», den «Pionier der Technik» oder den «Träger des Fortschritts und der Zivilisation» sahen. Sie begriffen sich als abhängige qualifizierte Angestellte, vergleichbar den qualifizierten kaufmännischen Angestellten. Als reine Arbeitnehmer ohne Leitungsfunktion neigten sie zwar zu einem polarisierten gesellschaftlichen Denken, das zwischen Arbeitnehmern und Unternehmern unterschied. Gleichzeitig hofften sie aber meist noch, daß sich eine «Mitte» erhalten würde, zu der zu gehören sie aufgrund ihrer besonderen Ausbildung und Stellung im Arbeitsprozeß weiterhin beanspruchten. In ihrem Denken kreuzten sich professionalistische Erwartungen, mittelständische Ansprüche und eine realistische Einschätzung ihrer Abhängigkeit als Arbeitnehmer.

Bei den leitenden Bürotechnikern sowie bei den Betriebstechnikern mit einer Kaderposition erhielt sich dagegen die professionalistische Orientierung stärker, verbunden mit einem ausgeprägten Leistungs- und Effizienzdenken. Die Mittelstellung zwischen Unternehmensleitung und Arbeitern förderte ein Ausgleichs- und Harmoniedenken sowie ein Dienstbewußtsein, das das Wohl der Firma, der Wirtschaft und der Gesellschaft zu verfolgen beanspruchte. Als Vorgesetzter gewöhnte sich dieser Techniker aber auch an eine Denkperspektive von oben her. Sein – je nachdem – autoritär, funktional, sozialfürsorgerisch oder zivilisatorisch begründetes Herrschaftsdenken kam äußerlich oft in die Nähe des Arbeitgeberdenkens. Daß er seinem vertraglichen Status nach abhängiger Angestellter war, wurde ihm zunehmend bewußt, ließ ihn aber so lange relativ unberührt, als Position und Einkommen die beruflichen Ansprüche und eine mittelständische Lebensgestaltung nicht radikal behinderten. Als allerdings um das Ende des Ersten Weltkrieges mindestens vorübergehend auch die Reallöhne vieler mittlerer und unterer Betriebstechniker sanken, begann sich mancher aufgrund eigener Erfahrungen und Ängste um sozialpolitische Fragen zu kümmern. Um aber einer globalen Fremd- oder Selbsteinschätzung als gewöhnlicher Arbeitnehmer zu entgehen, orientierten sich diese Techniker an einer gemäßigten Angestelltenideologie, in der Argumente wie Leistung, verantwortliche Stellung, Dienstbereitschaft, Gerechtigkeit und Erhaltung einer gesellschaftlichen Mitte dominierten. Begriffe wie «Angestellter» oder «Mittelstand» boten sich nun auch diesen großen Gruppen an, um ihre besondere, von Arbeitgebern und Arbeitern verschiedene Stellung und die damit zusammenhängenden Interessen anzudeuten.

Welches Gewicht hatten die verschiedenen Statusgruppen innerhalb der Technikerschaft, die zahlenmäßig selbst am Ende der großen Expansion um 1920 nicht mehr als etwa sechstausend Personen zählte?

26 Der Techniker als Arbeitnehmer –
Stelleninserate 1907.

Laufende Nummer	Stellen-Angebote.
73	**Techniker.** Schweizerische Maschinenfabrik sucht jungen Techniker, bewandert im Entwerfen von Fabrikations-Einrichtungen (Lehren, Aufspannungen etc.). Offerten mit Gehaltsansprüchen an die Stellenvermittlung des S. T.-V.
75	**Maschinentechniker** findet in erster Motorwagenfabrik (Zürich) sofort Anstellung. Offerte mit Gehaltsansprüchen, Eintritt etc. an die Stellenvermittlung des S. T.-V.
76	**Elektrotechniker** für Projektierung und Ausführung elektrischer Anlagen findet sofort Stellung. Franz. und Deutsch Bedingung.
77	**Maschinentechniker**, jüngerer, gewandt in Zeichnen und Konstruieren, könnte sofort eintreten bei Kern & Cie., Aarau. Offerten erbeten unter Beilage von Zeugnissen.
78	**Konstrukteure**, 2 tüchtige, gesucht in grösseres Werk nach Mailand. Absolventen eines Technikums, welche über mehrjährige Praxis im Konstruieren von Dampfmaschinen oder Gasmotoren verfügen, und gewandt zeichnen können. Offerten mit Gehaltsansprüchen und Referenzen sind zu richten an „Società Italiana Langen & Wolf, Mailand."
79	**Maschinentechniker**, 25 — 30 Jahre alt, wird auf das Konstruktionsbureau einer grössern Fabrik der Eisenbranche für dauernde Beschäftigung gesucht; Eintritt sofort. Offerten mit Zeugnisabschriften und Gehaltsansprüchen an die Expedition.

Laufende Nummer	Stellen-Gesuche.
52	**Maschinentechniker**, 26 Jahre alt, Burgdorfer diplom., 8 Jahre Werkstatt und Bureaupraxis, wovon 3½ Jahre in Nord-Amerika, mit vollkom. Kenntnis der deutschen, französischen und englischen Sprache, sucht passende Stellung.
53	**Werkstätten-Chef**, 32 Jahre alt, verheiratet. Absolvent des Technikums Winterthur. Energisch und umsichtig. Anerkannt tüchtiger Organisator, mit 8 jähriger Praxis im Dampfmaschinen-, Papiermaschinen- und allgemeinen Maschinenbau, sowie mit reichen Erfahrungen im Giesserei- und Kalkulationswesen, sucht, gestützt auf prima Referenzen Vertrauensstellung.
54	**Bautechniker**, tüchtiger mit drei Jahren Zimmer- und einem Jahr Bureaupraxis, sucht per 15. August Stelle, auf Bureau oder Bau.
55	**Maschinentechniker** mit guter Werkstattpraxis und 2-jähriger Bureaupraxis in erster Firma der Schweiz, mit guten Kenntnissen der französischen Sprache, sucht Stelle als Betriebstechniker.
56	**Maschinentechniker**, tüchtiger, zuverlässiger Konstrukteur, 2 Jahre Werstatt und 6 Jahre Bureaupraxis im allgemeinen Maschinenbau und Eisenkonstruktionen, sucht gestützt auf gute Zeugnisse, seine Stellung auf dem Platze Zürich dauernd zu verändern.

NB. Offerten sind zu richten mit Angabe der laufenden Nummer an die Abteilung der Stellen-Vermittlung des Schweiz. Techniker-Verbandes, Untere Rebgasse 11 in Basel. Diese Stelle ist auch bereit zu näherer Auskunft.

Kaufleute und Techniker 258

27 Techniker und Technikerfunktionäre im Porträt.
a Hans Boller (1866–1913);
   Betriebsleiter bei Georg Fischer
b Paul Schnurrenberger (1872–1915);
   Betriebschef bei von Roll
c J. B. Dudler (1860–1924);
   Werkstättenchef bei den SBB
d Hugo Baumgartner (1869–1929);
   Berufsschullehrer und Gründungssekretär des STV 1905–1910
e Eugen Diebold (1879–1929);
   Direktor der Städtischen Werke Baden, Präsident des STV 1920–1929

27a

27b

27c

27d

27e

Vor dem Ersten Weltkrieg bildeten Universaltechniker, Betriebsleiter und Betriebstechniker zweifellos die große Mehrheit, eine beträchtliche Minderheit bildeten vermutlich die Selbständigen (vor allem im Baugewerbe) zusammen mit jenen Aufsteigern, die als Angestellte eindeutig Unternehmerfunktionen einnahmen. Die Gruppe der Bürotechniker war zu Beginn des Jahrhunderts zweifellos noch sehr klein, wuchs aber bis 1920 stark an und konzentrierte sich vor allem in den Großbetrieben, wo nun gut die Hälfte der Techniker in den technischen Büros beschäftigt gewesen sein dürfte. In Riesenunternehmen wie BBC oder Sulzer waren es damals weit über hundert!

Vor dem Hintergrund dieser Schätzungen läßt sich nun abschließend auch die Geschichte der Technikerorganisationen umreißen. Die frühen Technikerorganisationen – Ehemaligenvereine der einzelnen Schulen – schlossen sich 1905 zum Schweizerischen Techniker-Verband (STV)[26] zusammen, der integrative und qualifizierende Funktionen in den Vordergrund stellte und die Profilierung des Technikers gegenüber der Gesellschaft, besonders aber gegenüber den Hochschulingenieuren und -architekten betrieb. Eine Kontrolle der beruflichen Standards, des Arbeitsmarktes und der materiellen Bedingungen erreichte der STV im Gegensatz etwa zu den Ärzten oder den Hochschularchitekten allerdings nur sehr beschränkt. Das Schwergewicht der Tätigkeit lag vor dem Ersten Weltkrieg trotz breiter Programmatik auf der Pflege der Geselligkeit (die dem einzelnen wichtige Kontakte und Möglichkeiten zum Gedankenaustausch gab sowie die berufliche Identität förderte) und der Weiterbildung. Das Qualifikationsinteresse war eine Reaktion auf den ständigen Druck zur Anpassung des beruflichen, theoretischen und praktischen Wissens, der vom raschen technisch-betrieblichen Wandel und der sozialpolitischen Entwicklung ausging.

Weiterbildung in einer Sektion des STV

Laut Jahresbericht unseres verehrten Präsidiums haben im Berichtsjahr eine Generalversammlung und zehn ordentliche Sitzungen stattgefunden, an denen neben den laufenden Vereinsgeschäften 8 Vorträge gehalten wurden, und zwar: a) und b) Schnelldrehstähle und Taylors Versuche über Metallbearbeitung, 2 Vorträge von Herrn E. Weinmann, Ingenieur; c) die anatolischen Eisenbahnen, mit Projektionsbildern, von Herrn E. Dreyer, Ing., Olten; d) die Krankenkasse des Schweizer. Techniker-Verbandes, von Herrn A. Mattmann, Ingenieur; e) Fortschritte auf dem Gebiete der drahtlosen Telegraphie, öffentlicher Vortrag mit Experimenten von Herrn Prof. Arni, Biel; f) Bilder aus den Schweizeralpen, Projektionsabend mit Grammophonvorträgen als Zwischenmusik, von den Herren Sieber und Scheidegger; g) Streifzug durch die Baumwollfärberei, Experimentalvortrag von Herrn H. Egli, Chemiker; h) Sozialpolitische Bestrebung der deutschen technischen Beamten, von Herrn Ingenieur H. Baumgartner, Verbandssekretär. Den Herren Vortragenden sei auch an dieser Stelle nochmals der beste Dank der Sektion ausgesprochen....
(Generalversammlung der Sektion Winterthur vom 6. Februar 1909, in: Schweiz. Techniker-Zeitung 1909, S. 127.)

Geselligkeit im STV

«Metzelessen» der Sektion Basel am 22. Februar 1913 im Lokal zum Salmen.

Zu diesem in der Dezembersitzung beschlossenen Anlasse fanden sich 26 Mitglieder ein. Nach kurzer Begrüßungsrede durch unsern Präsidenten Berghoff leitete Poet Attenhofer den Reigen der Produktionen mit einem selbstverfaßten humoristischen Prologe ein, indem er alle aufforderte, die Fachsimpelei für heute zu vergessen und dafür der Fröhlichkeit bei Sang und Trank zu huldigen. Aber erst nachdem die famosen «Schnörrli, Oehrli und Schwänzli mit Sauerkraut» vertilgt waren, setzte die Gemütlichkeit recht ein, die durch eine gelungene Bierzeitung sowie durch Privat-Produktionen und Schnitzelbank wesentlich erhöht wurde. Auch mancher halbvergessene Cantus durfte die Auferstehung wieder feiern....
(Schweiz. Techniker-Zeitung 1913, S. 131.)

Die statutarischen Ziele des Schweizerischen Techniker-Verbandes

a) zwischen den Mitgliedern freundschaftliche Beziehungen anzuknüpfen und zu unterhalten;
b) die beruflichen Interessen der Mitglieder möglichst zu fördern und zur Pflege der technischen Wissenschaften anzuregen;
c) das Ansehen des schweizerischen Technikerstandes in materieller und sozialer Hinsicht zu heben durch Stellungnahme zu allgemeinen wirtschaftlichen Tagesfragen auf technischem und legislativem Gebiete und Mitwirkung bei Vereinigungen mit ähnlichen Zwecken;
d) für einen gedeihlichen Ausbau der einschlägigen Lehranstalten nach besten Kräften mitzuwirken;
e) selbständige Wohlfahrtseinrichtungen für die Mitglieder zu schaffen.
(Schweiz. Techniker-Zeitung 1907, S. 425.)

Der STV und seine Zeitung, die Schweizerische Techniker-Zeitung, spielten eine nicht zu unterschätzende Rolle bei der Verbreitung und Vertiefung der professionalistischen Orientierung. Eine professionalistische Ideologie bildete das Band, mit welchem die heterogene Technikerschaft – die zu etwa einem Drittel organisiert war – zusammengehalten werden sollte. Sie entsprach aber auch dem Bedürfnis des Großteils der Mitglieder, die nicht nur von den in der Ausbildung geweckten Erwartungen her, sondern auch aufgrund ihrer beruflichen Situation und Chancen dazu neigten. Als wirtschaftsfriedlicher Berufsverband, in dem Angestellte, Beamte und Selbständigerwerbende organisiert waren, drängte der Technikerverband die vereinzelten sozialpolitischen Regungen, die vor allem von jüngeren Mitgliedern ausgingen, auf ein Minimum (Erhebungen und Petitionen) zurück. Mit Weiterbildungsangeboten, Stellenvermittlung und Maßnahmen zur Abschließung des Arbeitsmarktes versuchte er, Lage und Verhandlungsposition des Einzelnen zu verbessern oder zu unterstützen. Diese Strategie entsprach den Vorstellungen vieler (aber nicht aller) Techniker.

28

Tatsächlich waren die beruflichen und sozialen Chancen dieser Berufsgruppe im Gegensatz zu jenen anderer Angestelltengruppen, vor allem aber der Arbeiter, gar nicht schlecht. Jedenfalls nicht so schlecht, wie dies immer wieder beklagt oder befürchtet wurde! Die rasch expandierende Wirtschaft entwickelte in den drei Jahrzehnten bis 1920 einen großen Bedarf an technischen Kadern. Wer zur richtigen Zeit am richtigen Ort einstieg, hatte bei entsprechenden Fähigkeiten und anderen karrierefördernden Eigenschaften durchaus gute Chancen zum Aufstieg selbst in höhere Positionen. Die Karriere der meisten bewegte sich allerdings in einem etwas engeren Rahmen, die Stellung als Betriebsleiter oder Gruppenführer/Abteilungschef im technischen Büro war in der Regel die Endstation, einige blieben nun auch schon darunter.

Technikerkarrieren – Die Erfolgreichen

Jacques Büchi (1870–1940); vom Maschinenschlosser zum Verwaltungsrat im Großunternehmen

In Winterthur geboren, besuchte der Verstorbene dort die Primar- und Sekundarschule und machte dann eine vierjährige Lehre als Maschinenschlosser in der Firma Gebr. Sulzer. Darnach fühlte er das Verlangen nach theoretischer Ausbildung und bezog im Herbst 1891 das Kantonale Technikum in Winterthur. Nach dessen Absolvierung errang er mit den allerbesten Auszeichnungen die Diplome als Maschinen- und Elektrotechniker, kam dann als junger Konstrukteur zur Maschinenfabrik Oerlikon und arbeitete dort nicht ganz zwei Jahre auf dem Konstruktionsbureau. Um sich gründliche Kenntnisse in der französischen Sprache anzueignen, trat er dann in die Compagnie de l'industrie électrique in Genf ein, wo er bereits ein Jahr später Chef des Konstruktionsbureaus wurde. In dieser Stellung beschäftigte er sich besonders mit dem damals noch wenig bekannten Asynchronmotor, den er konstruktiv so bedeutend verbessern konnte, daß ihm damit ein großer Erfolg beschieden war.

Im September 1899 wurde ihm in der Russischen Union, einer damals führenden Firma und Fabrikationsunternehmung der Elektromaschinenbranche, mit Sitz in Riga, eine Stelle als Chefkonstrukteur angeboten. Sein Anstellungsvertrag lautete auf drei Jahre, mit Beförderung zum Oberingenieur im dritten Jahre.

Im Frühjahr 1901 schrieb ihm sein früherer Chef in Genf, der inzwischen nach Basel übersiedelt war, daß die Elektrizitätsgesellschaft Alioth einen Oberingenieur suche. Er leistete diesem Rufe Folge und trat Ende Mai 1901 bei Alioth ein. Die Firma wurde damals eben saniert. Schon im Herbst desselben Jahres erfolgte seine Ernennung zum technischen Direktor. Als solcher hatte er sowohl Konstruktion wie Fabrikation unter sich und leitete nebenbei noch die Zweigfabrik in Lyon. Die kommenden Jahre brachten ihm viel Arbeit und Mühe. Es wurden damals die großen Elektrizitätswerke im Kanton Freiburg, die Werke von Brusio und das Elektrizitätswerk in Augst ausgeführt, sowie eine große Anzahl Überland- und Bergbahnen erstellt, an deren elektrischer Ausrüstung die Firma Alioth hervorragend beteiligt war. Unter diesen Bahnen sind besonders die Berninabahn, die Montreux-Oberlandbahn und die Birsigtalbahn erwähnenswert.

Im Jahre 1912 verließ Jacques Büchi die Firma Alioth, da diese mit Brown, Boveri & Cie. fusionierte und kam als Direktor zur Maschinenfabrik Oerlikon. Auch hier folgten wieder viele Jahre harter und angestrengter Arbeit, ganz besonders während des Weltkrieges 1914–1918. Seine Gesundheit begann nach und nach zu leiden, so daß er im Jahre 1930 sich entschließen mußte, seine Arbeit in der Maschinenfabrik Oerlikon niederzulegen. ...

Eine ganz besondere Freude bereitete es ihm, als im Jahre 1936 sein sehnlichster Wunsch in Erfüllung ging und er in den Verwaltungsrat der Kraftwerke Brusio gewählt wurde, denn sein Chef-d'œuvre, wie er die Anlage von Brusio nannte, von Zeit zu Zeit zu besuchen und mitverwalten zu helfen, war gerade das, was er sich gewünscht hatte. Im Jahr 1937 erfolgte seine Wahl zum Verwaltungsratsmitglied in der Maschinenfabrik Oerlikon, was ihn wiederum mit Genugtuung und Freude erfüllte ...

Der Schweizerische Techniker-Verband, dem Herr Direktor Jacques Büchi als Mitglied «Ehemaliger Winterthurer» seit seiner Gründung im Jahre 1905 beigetreten ist, hat mit dessen Hinschied den Verlust eines seiner angesehensten Mitglieder zu betrauern. Er bleibt ein Schulbeispiel dafür, zu welcher Leistungsfähigkeit sich außerordentlich begabte, tüchtige und initiative Techniker von der Mittelschule ausgehend in der Praxis entwickeln können und in welcher Weise sich solche Persönlichkeiten um die Förderung der Technik, der Industrie und der Wirtschaft unseres Landes verdient machen.

(STZ 1940, S. 233 f.)

Techniker-Berufsbiographien – Die weniger Erfolgreichen

Walter Künzli (1884–1936);
Endstation Abteilungsleiter im Großbetrieb
    Walter Künzli wurde am 24. Juli 1884 in Strengelbach geboren, besuchte von dort aus die Bezirksschule Zofingen, woselbst er auch eine Lehre als Mechaniker absolvierte. Ein Jahr besuchte er die Handelsschule in Neuenburg, um sich von da an der Technik zu widmen. Am Technikum in Burgdorf erwarb er sich das Diplom als Maschinentechniker und trat in den Dienst der SBB, wo er infolge seiner angeborenen Tüchtigkeit im Depot Bellinzona zum Souschef vorrückte. Im Februar 1936 waren es 25 Jahre, seitdem Walter Künzli in den Dienst der Stahlwerke Fischer in Schaffhausen trat. Sein Wirkungskreis war ein vielseitiger. In der Hauptsache war ihm das Bahn- und Autowesen des gesamten Betriebes unterstellt, ferner die automatischen Kupplungen für Sekundärbahnen usw. Walter war kein Streber, aber ein äußerst gewissenhafter und in jeder Beziehung zuverlässiger Techniker, der dann auch sowohl von seiten seiner Vorgesetzten als seiner Untergebenen die volle Achtung besitzen durfte. Nach außen trat der Verstorbene wenig hervor, es lag dies nicht in der Natur seines Charakters. Er war Mitglied unseres Verbandes und unserer Krankenkasse und auch längere Jahre im Vorstand der Sektion Schaffhausen des S.T.V. sehr tätig. ...
    (STZ 1937, S. 48.)

Hans Läderach (1885–1919);
Endstation Bürotechniker
    ... Hans Läderach wurde in Zürich als Sohn eines Spenglermeisters geboren. Seine Eltern hielten ihn streng und er durfte sich kaum etwas gestatten, was vielen seiner Mitschüler erlaubt war. Es sagte ihm dann auch nicht zu, den Beruf seines Vaters zu erlernen, da seine Neigungen ihn vielmehr zum Mechanikerberuf hinzogen. Nach dreijähriger Lehrzeit in Zürich arbeitete er als Dreher in Lyss und Genf und entschloß sich hierauf, als es ihm seine Mittel gestatteten, das Technikum zu besuchen. 1907 bis 1909 war er Schüler des Technikums in Burgdorf, das er mit gutem Erfolg als diplomierter Maschinentechniker verließ. Der Verstorbene erinnerte sich immer gern seiner Studienzeit, hatte er doch da Gelegenheit, in seiner freien Zeit als eifriger Naturbewunderer seinen Heimatkanton – er war von Nieder-Wichtrach gebürtig – kreuz und quer zu durchwandern und kennenzulernen. Als junger Techniker war er während zwei Jahren in Zofingen tätig und trat dann zu Neujahr 1912 bei den Eisen- und Stahlwerken, vorm. G. Fischer, in Schaffhausen ein, wo er bis zu seinem Tode blieb. – Hans Läderach war ein fleißiger und gewissenhafter Arbeiter, von seinen Vorgesetzten ob seiner Tüchtigkeit geschätzt und von seinen Mitarbeitern gerne um Rat gefragt. Als Ältester war er im Bureau überall bewandert und stellte sein Wissen und Können, trotz seines eigenartigen Wesens, vielen zur Verfügung. ...
    (STZ 1919, S. 16 f.)

Von jenen, die auf den untersten Karrierestufen standen – noch auf den Aufstieg warteten oder stehengeblieben waren –, gingen in der Zeit zwischen 1917 und 1921 angesichts der fühlbaren Verschlechterung der Reallöhne starke Impulse aus, die vorübergehend auch eine sozialpolitische Umorientierung des STV und dessen Anschluß an die schweizerische Angestelltenbewegung bewirkten. Die Akzentuierung der sozialpolitischen Ziele im STV war nicht zuletzt auch eine Reaktion auf das Erstarken der gewerkschaftlichen Konkurrenzorganisation, des Bundes technischer Angestellter (BTA).[27] Dieser war bereits 1911 als Schwesterorganisation des deutschen Bundes der technisch-industriellen Beamten (Butib) gegründet worden, hatte aber bis 1918, vom STV heftig befehdet, eine marginale Rolle gespielt.

Programmatik des Bundes technischer Angestellter der Schweiz
Du sollst!

Du sollst Dich nicht nur für die technischen, sondern auch für die wirtschaftlichen Fragen Deines Berufsstandes interessieren.

Du sollst keinen Dünkel haben und nicht glauben, daß Dich Deine «gute Stellung» der Mitgliedschaft zu einem Verband wie es der B.T.A. ist, enthebt.

Du sollst nicht glauben, daß Deine Firma Dich nicht entbehren kann oder daß Dich ein mehrjähriger Vertrag vor Sorge schützt.

Du sollst im Gegenteil bedenken, daß häufig ganze Fabrikationszweige aufgekauft und stillgelegt oder einem größeren Unternehmen mit anderem Personal einverleibt werden; durch Konkurs kann auch Dein Vertrag ungiltig werden; was nützt Dir dann die gute Stellung und das Papier?

Du sollst Dich für denjenigen Verband interessieren, der unter Ausschaltung von Vergnügungsanlässen in erster Linie die Verbesserung der Arbeitsverhältnisse, der Gehaltsstufen, der Erfindungs- und Patententschädigungen in ernster Arbeit anstrebt.

Du sollst wissen, daß der «Bund techn. Angestellter der Schweiz» diese letzteren und noch eine Reihe anderer Punkte in seinem Programm führt und daß dieser Bund, nachdem er den geheimen und offenen Widerstand bewältigt hat, heute über eine ansehnliche Mitgliederzahl und über erfreulich gute Finanzen verfügt. Bedenke, daß in Österreich zirka 10,000, in Deutschland über 22,000 Kollegen in ähnlichen und mit dem B.T.A. kartellierten Verbänden zusammengefaßt sind und daß die Mitglieder des B.T.A. beim Antritt einer Auslandstellung einer Reihe von Vergünstigungen teilhaftig werden (Auskunfterteilung, Stellennachweis, Mitgliedsweiterführung etc.).

Du sollst Dich als technischer Angestellter für die Versammlungen der einzelnen Sektionen interessieren. Du bist auch als Nichtmitglied willkommen.

Du sollst, sofern Dir der B.T.A. noch neu ist, seine Zeitung verlangen, sie wird Dir $1/4$ Jahr lang kostenfrei geliefert.

Du sollst wissen, daß der Einzelne im heutigen Wirtschaftsgefüge nichts oder nur wenig vermag! Ziehe die Konsequenz!

(Der Technische Angestellte, Nr. 2, 1914, S. 1.)

Als gewerkschaftlicher Angestelltenverband der Zeichner, Techniker und Ingenieure erlebte er zwischen 1918 und 1922 einen raschen Aufschwung und wurde vor allem für die untergeordneten und jüngeren Techniker zur attraktiven Alternative. Unter dem Druck der wirtschaftlichen Krise und einer energischen Arbeitgeberpolitik sowie angesichts der deflationsbedingten Verbesserung der Reallöhne kam es im Verbandswesen der Techniker indessen schon bald wieder zu einer Restauration der Vorkriegsverhältnisse. Der BTA verlor an Boden und verschwand Ende der zwanziger Jahre vollständig. Im STV gewannen schon 1922 wieder jene Kräfte die Oberhand, die nach dem Motto «Technik und Freundschaft» den STV wieder zur traditionellen Berufspolitik zurückführten und die engen Verbindungen zur Angestelltenbewegung lockerten.

Abschließend können wir festhalten, daß die Techniker als unselbständige Arbeitnehmer im Laufe des Untersuchungszeitraums in der Arbeit zunehmend den restriktiven Bedingungen eines sich differenzierenden und bürokratischer gestalteten Arbeitssystems ausgesetzt waren, wodurch die Ausprägung eines Arbeitnehmerdenkens – das als Angestelltenbewußtsein stets die Grenzen zur Arbeiterschaft mitreflektierte –

zweifellos gefördert wurde. Warum konnte sich dieses Angestelltenbewußtsein aber nicht stärker ausprägen, die professionalistische Orientierung dagegen sich in so großem Maß erhalten? Im weiten Berufsfeld der Techniker verblieben weiterhin große Gebiete, die vergleichsweise unvollständig bürokratisiert waren und in denen sich beruflich-fachliche Erwartungen noch einigermaßen realisieren ließen. Auch die Verbandsideologie des bedeutenden Technikerverbandes, des STV, begünstigte ein tendenziell professionalistisches Technikerbewußtsein. Als Träger von betrieblichen Herrschaftspositionen standen zudem viele Techniker unter einem starken ideologischen Druck von seiten der Arbeitgeber, die einer profilierten sozialpolitischen Angestelltenideologie und -politik meist ablehnend gegenüberstanden. Unter diesen Umständen konnten sich ideologische und organisatorische Alternativen nur sehr beschränkt ausprägen.

Kaufleute und Techniker zwischen Berufsbewußtsein und Angestelltendenken

1918 schlossen sich der Schweizerische Kaufmännische Verein und der Techniker-Verband gemeinsam mit dem Werkmeister-Verband und weiteren kleineren Angestelltenorganisationen in der Vereinigung Schweizerischer Angestellten-Verbände (VSA) zusammen. Unser Beitrag versucht, einige Entwicklungen darzustellen, die dazu führten, daß Techniker und Kaufleute sich am Ende einer rasanten Expansionsperiode von Industrie und Handel als nicht nur arbeitsvertraglich, sondern auch sozial, politisch und organisatorisch einigermaßen zusammengehörige *Angestellte* begreifen konnten. Die Ursachen dafür sind im Wandel des Arbeitssystems zu suchen, der zwar weder im Tempo noch in der Form überall gleich verlief, letztlich aber doch durch eine allgemeinere Tendenz geprägt war: Arbeitsteilung und Bürokratisierung bedrohten und begrenzten die professionalistischen Ansprüche qualifizierter Kaufleute und Techniker und führten zur Entstehung einer – von den «gewöhnlichen» Arbeitern in verschiedener Beziehung weiterhin unterschiedenen – Angestelltenschicht. Deren Angehörige rückten angesichts der Abhängigkeit, der untergeordneten Stellung und der Spezialisierung zumindest teilweise von einer rein professionalistischen Orientierung ab und wandten sich einer den gegebenen Bedingungen besser angepaßten sozialpolitischen Orientierung zu, die man als «angestelltenpolitisch» oder als «mittelständisch» bezeichnete.

Wo lagen nun im Untersuchungszeitraum konkret die Gemeinsamkeiten und die Unterschiede zwischen Kaufleuten und Technikern? Die Kaufleute stellten eine historisch viel ältere Gruppierung dar als die Techniker, wiesen also zu Beginn des von uns betrachteten Zeitraums bereits stärkere Ansätze zur beruflichen Differenzierung und Spezialisierung auf. Ihr Tätigkeitsfeld war in relativ hohem Maß durch Konvention und Überlieferung vorgegeben. Anders die Techniker, deren Aufstieg als neue Berufsgruppe unmittelbar mit der technisch-industriellen Umwälzung im letzten Viertel des 19. Jahrhunderts verbunden war. Mit einem gewissen Recht konnten sie sich als Pioniere empfinden und aus ihrer beruflichen Rolle ein professionalistisch geprägtes Technikerbewußtsein gewinnen. Das Vorbild der Hochschulingenieure, die lange Ausbildungszeit und relativ klare soziale Abgrenzungen nach unten stützten diesen Professionalismus. Auch bei den Kaufleuten waren Ansätze zu einer solchen Einstellung vorhanden, wenn auch in beschränkterem Maß. Qualifizierte, beruflich erfahrene Angestellte konnten sich aufgrund ihrer Tätigkeit vielfach als «Vertrauensleute» des Prinzipals verstehen; ihre Chancen zur Selbständigkeit waren – wie übrigens auch bei den Technikern – noch recht gut. Die Berufsorganisationen der Kaufleute wie der Techniker knüpften an diese vorwiegend berufsbezogene Einstellung beider Gruppen an, vertieften und verfestigten sie.

Wachstum der Unternehmen und Betriebe sowie die damit verbundenen Tendenzen der Arbeitsteilung, Spezialisierung und bürokratischen Reglementierung bedrohten seit der Jahrhundertwende zunehmend die Grundlagen dieses Professionalismus. Am ehesten war dies der Fall bei unteren und mittleren kaufmännischen Angestellten in großen, stark bürokratisierten Industrieverwaltungen, Banken und Versicherungen. Auch jüngere Bürotechniker erlebten in starkem Maß das Gefühl der Abhängigkeit als Arbeitnehmer: Ihre Lage glich sich zunehmend derjenigen des kaufmännischen Sachbearbeiters an. Nach wie vor allerdings war ein großer Teil der Techniker in direkt arbeitsleitender Stellung tätig und sah sich damit in die Rolle des Arbeitgeber-Stellvertreters gedrängt. Es überrascht daher nicht, wenn die Grundlagen eines berufsübergreifenden Angestelltendenkens bei Technikern insgesamt schwächer blieben als bei Kaufleuten. Der SKV, größter Angestelltenverband der Schweiz, betrieb seit 1918 den Zusammenschluß mit weiteren Angestelltenorganisationen; die von ihm dominierte Vereinigung schweizerischer Angestelltenverbände (VSA) gelangte während der Zwischenkriegszeit zu einer vorsichtigen und punktuellen Zusammenarbeit mit den reformistisch gewordenen Gewerkschaften der Arbeiter. Die größte Berufsorganisation der Techniker dagegen, der STV, hielt sich, von der Ausnahmesituation am Ende des Ersten Weltkrieges abgesehen, stets abseits von den übrigen Angestelltenverbänden und verfolgte nur eng berufsbezogene Ziele. Von einer Zusammenarbeit mit Arbeiterorganisationen gar wollten die Techniker nichts wissen. Bis heute hat sich dieser charakteristische Unterschied zwischen Kaufleuten und Technikern in der Schweiz erhalten und prägt die Politik ihrer Berufsverbände.

Arbeitsalltag, Konflikt und Arbeiterbewegung in einem Großunternehmen

Rudolf Vetterli

Einleitung

Diese Studie beschäftigt sich mit der Arbeitssituation schweizerischer Metallarbeiter und versucht zu zeigen, wie sich aus der Lage am Arbeitsplatz heraus in langwierigen Konfrontationen mit den Unternehmern eine Arbeiterbewegung mit ganz bestimmten Problemen und Eigenheiten formierte.[1]

Die Geschichte der Arbeiterbewegung wird oft geschrieben als Geschichte der großen Organisationen, der Parteien und Gewerkschaften, als eine Geschichte großer Kämpfe und oft genug auch als Geschichte dominierender Führerfiguren. In dieser Geschichtsschreibung bleibt für die «gewöhnlichen» Arbeiter häufig nur noch der Platz des mehr oder weniger bereitwilligen Fußvolkes, dessen Meinungen, Erwartungen und Leistungen nur am Rande zur Kenntnis genommen werden. Wenn indessen Sozialgeschichte vor allem als Strukturgeschichte betrieben wird, besteht die Gefahr, daß die handelnden Menschen nur noch als Objekte äußerer Zwänge betrachtet werden, denen gesellschaftlicher Wandel aufgezwungen wird. Die Frage nach den Möglichkeiten, durch bewußtes individuelles oder gemeinsames Handeln das eigene Geschick wenigstens zum Teil in die eigenen Hände zu nehmen, geht dabei leicht unter.

Um diesen Gefahren zu entgehen, versuchen wir hier nicht, *die* Geschichte der Arbeiterbewegung darzustellen, sondern beschränken uns auf eine bestimmte kleine Gruppe dieser Arbeiterschaft, nämlich auf die Belegschaft eines bestimmten Unternehmens. Dadurch wird es möglich, hinter den großen Bewegungen einzelne Personen oder Gruppen und ihre ganz bestimmten Probleme, Einstellungen und Interessen zu erkennen. Die Arbeiterbewegung nimmt ihren Ausgangspunkt in der Situation der Arbeiter im Produktionsprozeß. Unsere Ausgangsfrage ist daher, wie die Arbeitsbedingungen auf das Verhalten und das Bewußtsein der Arbeiter Einfluß genommen haben: Wie entstanden aus der Situation am Arbeitsplatz Konflikte? Wie veränderten die zunehmende Maschinisierung und Rationalisierung der Produktion oder die wachsende Unternehmensgröße die Situation der Arbeiter im Betrieb? Wie bildeten sich im Betriebsbereich Organisationen der Arbeiter, wie stellten sich die Unternehmer zu diesen, und unter welchen Bedingungen gelang es, sie zu festigen und zu Erfolgen zu führen? Wie weit war es überhaupt möglich, die nach Qualifikation und Tätigkeit, nach Alter und

2 Stahlwerk von Johann Conrad Fischer im Mühletal Anfang des 19. Jahrhunderts.

3, 4 +GF+-Werke im Mühletal um 1904.

2

Herkunft sehr verschiedenen Arbeiter gemeinsam zu organisieren und zu gemeinsamem Vorgehen zu bewegen? Wer bestimmte über Ziele und Vorgehen der Gewerkschaftsorganisation? War es «die Basis» (und durch wen wurde diese verkörpert), oder gaben Funktionäre der Gewerkschaften den Ton an? Dabei dürfen wir unser Beispiel nicht isoliert von der Gesamtgesellschaft betrachten: Viele äußere Bedingungen technischer, wirtschaftlicher und politischer Art wirkten oftmals dominierend von außen auf das Einzelunternehmen und seine Arbeiter ein. Für uns ist es aber gerade interessant, wie solche Einflüsse vom Unternehmen und von den Arbeitern aufgenommen und verarbeitet wurden.

Auf dem beschränkten Raum, der hier zur Verfügung steht, können allerdings viele wichtige Aspekte nur angedeutet werden. Oft müssen kurze Quellentexte, aus denen sich der Leser selbst ein Bild machen soll, ausführliche Argumentationen ersetzen. Als Grundlage für das Verständnis der Entwicklung der Arbeiterbewegung bei der heutigen Georg Fischer AG in Schaffhausen (+GF+) wird zuerst die Firma kurz vorgestellt, dann die konkrete Arbeitssituation geschildert und schließlich auf

3

4

5 Prospektblatt Georg Fischers aus dem Jahre 1865.

die hauptsächlichen Problem- und Konfliktbereiche verwiesen, die sich daraus ergeben. Daran schließt sich die Darstellung der Entwicklung der Gewerkschaftsbewegung bei +GF+ und der wichtigsten Konflikte mit dem Unternehmen an.

Die Firma

Das heutige Großunternehmen Georg Fischer AG entstand um 1800 als kleiner Familienbetrieb in Schaffhausen. Erst in den sechziger Jahren des letzten Jahrhunderts – in der dritten Unternehmergeneration – wurde es zu einer eigentlichen Fabrik. Die Zahl der Beschäftigten stieg von 30 im Jahr 1865 auf 210 im Hochkonjunkturjahr 1873. In der folgenden Depression sank die Arbeiterzahl bis 1877 allerdings wieder auf die Hälfte und erreichte erst 1889 den bisherigen Höchststand wieder. Im anschließenden wirtschaftlichen Aufschwung wuchs die Firma rapide: 1900 betrug die Zahl der beschäftigten Arbeiter in den Schaffhauser Werken 940, 1914 waren es etwa 1800 und 1917 auf dem Höhepunkt der Kriegskonjunktur gar 3900 Arbeiter. Bereits 1894 wurde zudem im benachbarten, aber auf deutschem Gebiet gelegenen Singen zur Umgehung der deutschen Zollschranken eine Filiale errichtet.

+GF+ stellte, wie das für die stark exportorientierte schweizerische Metall- und Maschinenindustrie typisch ist, ausgesprochene Spezialitäten her. Dabei handelte es sich einerseits um Massenprodukte, nämlich um Röhrenverbindungsstücke, sogenannte «Fittings», die in Wasser- und Gasversorgungsleitungen, in Zentralheizungen usw. in stark steigenden Mengen Verwendung fanden. Sie wurden aus einem speziellen Eisenguß, dem «Temperguß», hergestellt, der durch ein Glühverfahren große Festigkeit erhielt und dabei doch gut bearbeitbar blieb.

Den zweiten Produktionszweig bildete der *Stahlformguß*, der für besonders stark beanspruchte Maschinenteile Verwendung fand und vor allem an die zu dieser Zeit ebenfalls rasch expandierende schweizerische Maschinenindustrie geliefert werden konnte. Im Laufe der Zeit kam dazu die Produktion von Bahn- und Lastwagenrädern und von Gußteilen für die neu entstehende Autoindustrie.

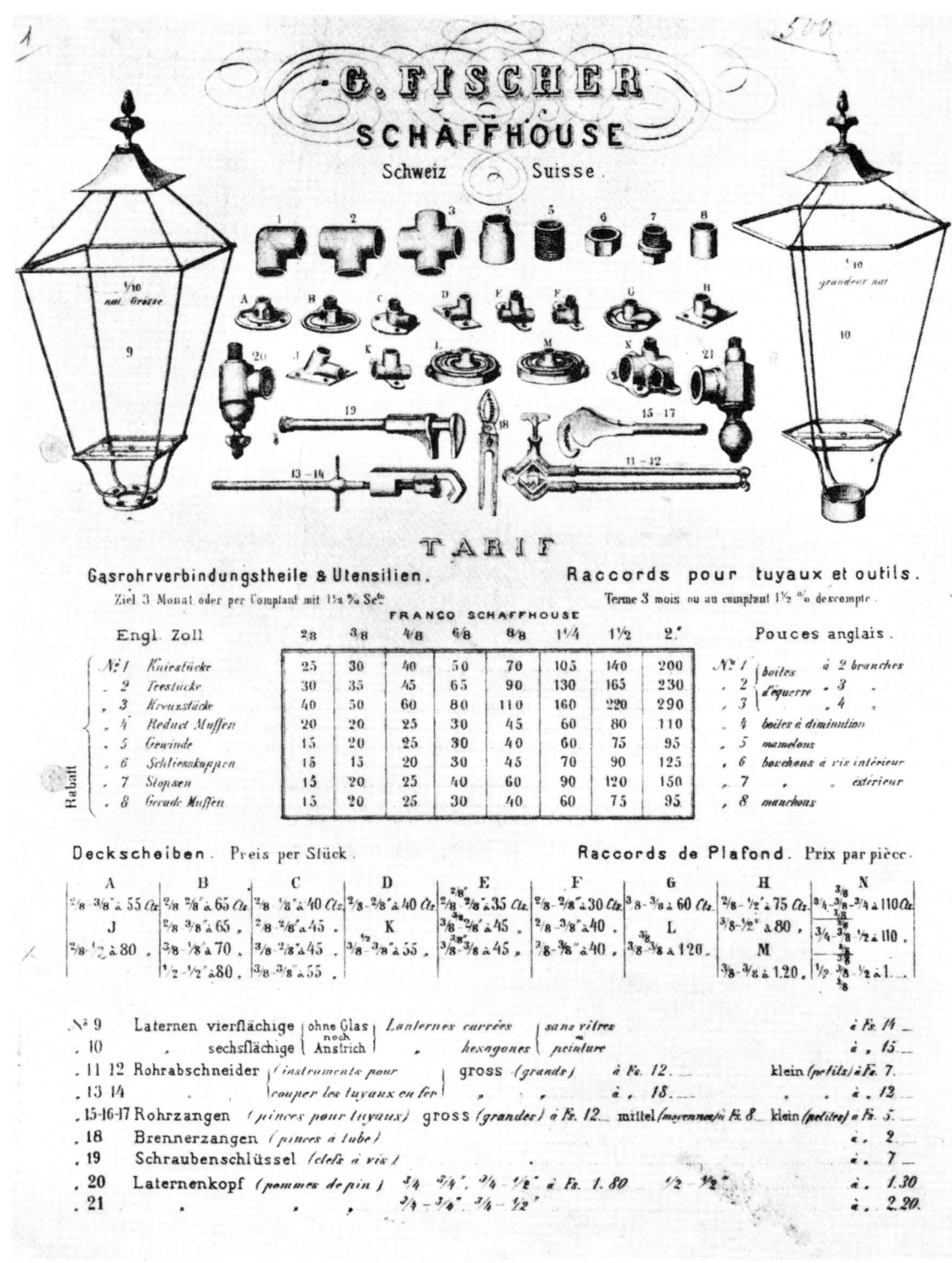

G. FISCHER
SCHAFFHOUSE
Schweiz — Suisse

TARIF

Gasrohrverbindungstheile & Utensilien.   **Raccords pour tuyaux et outils.**

Ziel 3 Monat oder per Comptant mit 1½ % Sc:to   Terme 3 mois ou au comptant 1½ % descompte.

FRANCO SCHAFFHOUSE

Engl. Zoll		2/8	3/8	4/8	6/8	8/8	1¼	1½	2"	Pouces anglais	
N° 1	Kniestücke	25	30	40	50	70	105	140	200	N° 1	boîtes à 2 branches
„ 2	Teestücke	30	35	45	65	90	130	165	230	„ 2	d'équerre . 3 .
„ 3	Kreuzstücke	40	50	60	80	110	160	220	290	„ 3	. 4 .
„ 4	Reduct Muffen	20	20	25	30	45	60	80	110	„ 4	boîtes à diminution
„ 5	Gewinde	15	20	25	30	40	60	75	95	„ 5	mamelons
„ 6	Schliesskappen	15	15	20	30	45	70	90	125	„ 6	bouchons à vis intérieur
„ 7	Stopsen	15	20	25	40	60	90	120	150	„ 7	extérieur
„ 8	Gerade Muffen	15	20	25	30	40	60	75	95	„ 8	manchons

Rabatt

Deckscheiben. Preis per Stück.   **Raccords de Plafond. Prix par pièce.**

A	B	C	D	E	F	G	H	N
2/8–3/8 à 55 Cts	2/8–2/8 à 65 Cts	2/8–1/8 à 40 Cts	2/8–2/8 à 40 Cts	2/8–3/8 à 35 Cts	2/8–3/8 à 30 Cts	3/8–3/8 à 60 Cts	2/8–½" à 75 Cts	3/4–3/8–3/4 à 110 Cts
J	2/8–3/8 à 65	2/8–2/8 à 45	K	3/8–2/8 à 45	2/8–3/8 à 40	L	3/8–½" à 80	3/4–3/8–½ à 110
2/8–½ à 80	3/8–1/8 à 70	3/8–2/8 à 45	3/8–3/8 à 55	3/8–3/8 à 45	3/8–3/8 à 40	3/8–3/8 à 1.20	M	
	½–½ à 80	3/8–3/8 à 55					3/8–3/4 à 1.20	½ 3/8–½ à 1.

N° 9	Laternen vierflächige (ohne Glas)	Lanternes carrées (sans vitres)		à Fr. 14.—
„ 10	„ sechsflächige (noch Anstrich)	„ hexagones (peinture)		à „ 15.—
„ 11.12	Rohrabschneider (instruments pour	gross (grands) à Fr. 12.—	klein (petits) à Fr. 7.—
„ 13.14	„ (couper les tuyaux en fer)	„ à „ 18.—	à „ 12.—
„ 15-16-17	Rohrzangen (pinces pour tuyaux)	gross (grandes) à Fr. 12.—	mittel (moyennes) à Fr. 8.—	klein (petites) à Fr. 5.—
„ 18	Brennerzangen (pinces à tube)			à „ 2.—
„ 19	Schraubenschlüssel (clefs à vis)			à „ 7.—
„ 20	Laternenkopf (pommes de pin) 3/4–3/4", 3/4–½" à Fr. 1.80	½–½"		à „ 1.30
„ 21	„ „ 2/4–3/4", 3/4–½"			à „ 2.20

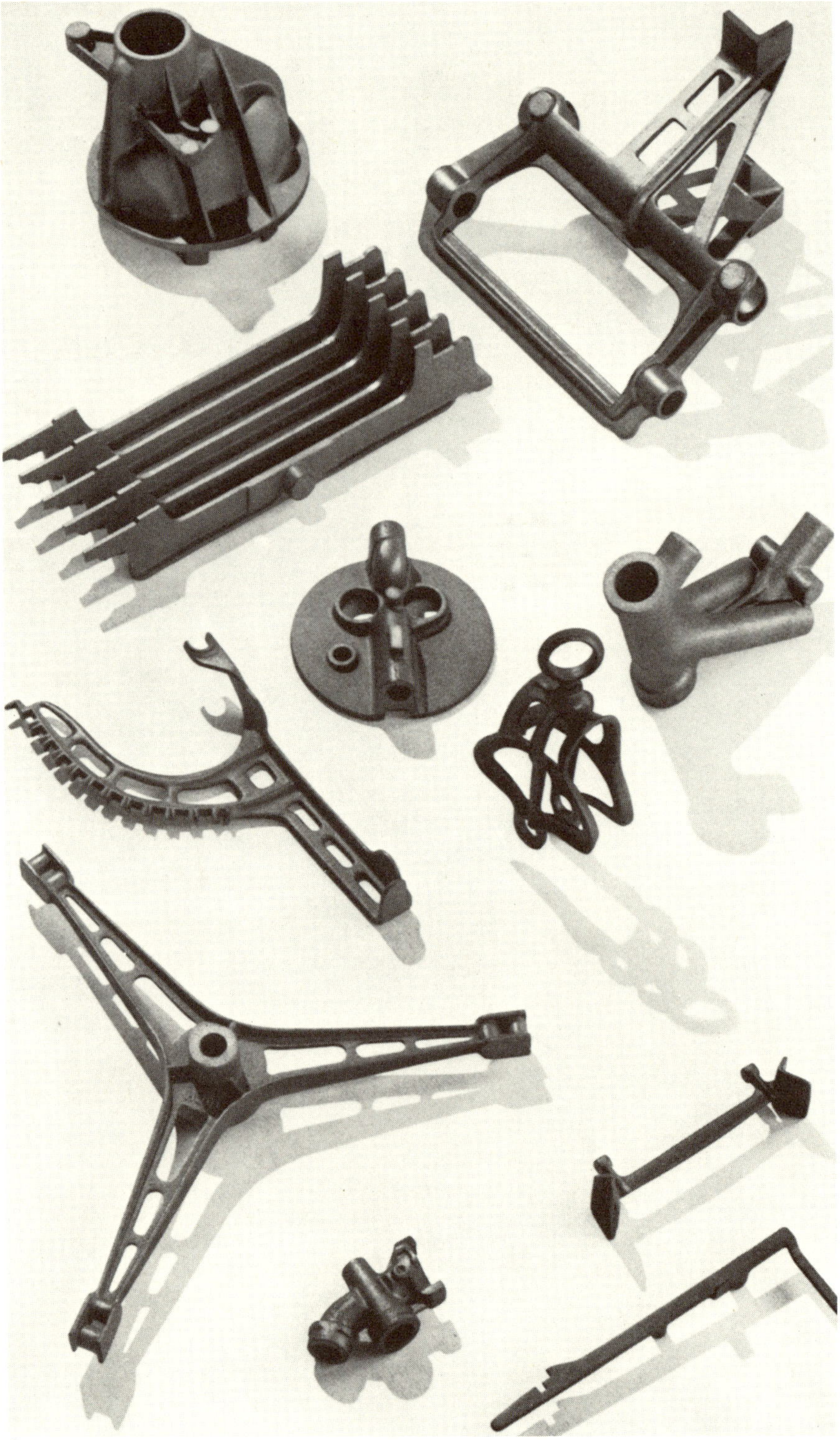

6

6, 7 Beispiele aus der Stahl- und Tempergußproduktion von +GF+.

7

Arbeit, Arbeitsanforderungen und Personalpolitik bei +GF+

Welche Art von Arbeitern, welche Berufe und Fertigkeiten wurden für die Herstellung dieser Produkte benötigt? Vereinfachend können wir drei Hauptgruppen unterscheiden: die *gelernten Arbeiter,* deren wichtigste Gruppe die Handformer (Gießer) in der Stahlgießerei bildeten, die *Angelernten,* d.h. vor allem die Maschinenformer und Gewindeschneider aus der Fittingsproduktion, und schließlich die *Ungelernten,* die Gießereihilfsarbeiter, Platzarbeiter und Gußputzer.

Die wichtigste Arbeitergruppe im Produktionsprozeß stellten die Former dar, die entweder als Handformer oder (im Laufe der Zeit zunehmend) als Maschinenformer aus Sand und Ton die Gußformen fertigten. Je nach Produktionszweig waren die dafür notwendigen Anforderungen stark verschieden. Bei der Herstellung von Fittings, wo immer wieder die gleichen Formen in großer Zahl benötigt wurden, waren sie beispielsweise viel geringer als im Stahlformguß, wo zahlreiche große und kompliziert geformte Einzelstücke oder Kleinserien hergestellt wurden. Zur Arbeit der Former gehörte schließlich auch das Abgießen der Formen, also die eigentliche Gießerarbeit, die ebenfalls beim Stahlguß wegen der Größe und Kompliziertheit der Formen und der höheren Gießtemperaturen wesentlich anspruchsvoller war als bei den Fittings. An der Spitze der informellen Hierarchie der Arbeiter standen deshalb die *Handformer* der Stahlgießerei (im folgenden auch Stahlgießer genannt), die bezüglich Dauer und Schwierigkeit der Ausbildung, der Lohnhöhe und auch ihrer Stellung gegenüber dem Unternehmer eine Sonderposition einnahmen. Seit den neunziger Jahren, mit der steigenden Bedeutung der Maschinen in der Produktion, gesellten sich zu ihnen auch eine Anzahl qualifizierter Dreher und Schlosser für Reparatur- und schwierige Maschinenarbeiten. Sie standen aber bezüglich Bezahlung deutlich hinter den Gießern zurück. Der Anteil dieser qualifizierten gelernten Arbeiter war mit 20 bis 25 Prozent, verglichen mit Maschinenfabriken, wo der Anteil der Gelernten zu dieser Zeit 60–80% ausmachte, relativ niedrig.

Die zentrale Rolle dieser Arbeitergruppe im Produktionsprozeß führte nicht nur zu einer lohnmäßigen Privilegierung, sondern auch zu einer größeren Selbständigkeit gegenüber dem Unternehmen, das auf seine Stahlgießer, wie ein ehemaliger Betriebsleiter von +GF+ feststellte, «regelrecht Rücksicht nehmen» mußte.[3] Diese Sonderstellung ging dann allerdings nach der Jahrhundertwende infolge der technischen und organisatorischen Entwicklung zunehmend verloren.

Von der Kunst der Handformer

Eines der schwierigsten Probleme eines komplizierten dünnwandigen Stahlgußstückes ist seine zuverlässige Entlüftung aller Teile, insbesondere dünner, langgestreckter Kerne und Formballen. Sowohl Kern- wie Formsande sind nie absolut rein; sie enthalten immer geringe Beimengungen organischer Stoffe und insbesondere die Kerne erhebliche Zusätze an Bindemitteln, die beim Gießen unter dem Einfluß der ungeheuren Hitze rasch verbrennen oder vergasen. Während die in den Hohlräumen der Form vorhandene Luft in der Regel leicht durch die Öffnungen der Aufgüsse entweichen kann, wenn der Stahl die Formen füllt, müssen den innerhalb der Kerne und Formballen entstehenden Gasen künstliche Abzugkanäle geschaffen werden, da sie sonst rasch unter hohen Druck geraten, irgendwo durchbrechen, den flüssigen Stahl explosionsartig auswerfen oder sonstwie die Form und den Abguß zerstören.

Diese Abgaskanäle müssen vor allem die Formspitzen und Kernteile erfassen, welche vom flüssigen Stahl weitgehend umschlossen werden. Hier müssen die innert wenigen Sekunden entstehenden Gasmassen durch die Poren der Kerne in die Gaskanäle durchsickern und genügenden Abflußquerschnitt vorfinden, damit sie nicht aufgestaut werden. Überall, wo die Kerne nicht an die Außenwand der Formkasten stoßen, sondern in der Form selbst eingelagert und eingeschlossen sind, müssen diese Abgaskanäle unter sorgfältiger Abdichtung der Übergangsstellen zwischen Kern und Form in die letztere überführt und an den Kastenrand oder an die Oberfläche geleitet werden. Wenn man bedenkt, wie in dünnwandige, kompliziert ineinandergeschachtelte Kerne neben den Armierungsdrähten noch diese Gaskanäle so verlegt werden müssen, daß sie die Gase von allen Spitzen und Enden ohne Hemmungen durch Verstopfung oder Unterbrüche zuverlässig ableiten können, so wird einigermaßen ersichtlich, daß solche Formarbeit nicht nur feine, fast kunstfertige Hände, sondern auch kluge Dispositionen und sorgfältige Kontrollarbeit voraussetzt. Das Versagen dieser Entlüftungen bringt jedes wichtige Gußstück zum Ausschuß.

(H. Wäffler, Der Kleinstahlguß +GF+ 1900–1950, S.203, Manuskript. +GF+-Archiv)

Als die Gießer noch «Arbeiteraristokraten» waren

Ich hatte einmal 6 Dänen, die nach dem Zahltag, der am Samstag ausbezahlt wurde, immer bis Mitte der Woche «Blauen» machten, regelmäßig vor Donnerstag wurde mit der Arbeit nicht begonnen. ... Dannzumal war das Blauenmachen überall Trumpf. Da ist es mir vorgekommen, daß im Werk III am Montag Morgen überhaupt kein Gießer erschien. Es waren dort alles Merishauser und Hemmentaler. Wenn am Montag Morgen einer nicht schaffen wollte, so ist er vor dem Felsental den anderen in den Weg gestanden und hat sie abgefangen. Dann kehrten sie im «Felsental» ein und becherten und trieben Allotria. Mittags 1 Uhr hatten wir den Kuppelofen im Werk III zum Anzünden bereit. Es ist vorgekommen, daß ich bei Rossi im Felsental telefonisch anfragen mußte, ob die Gießer kommen würden oder nicht – vielfach sind sie nicht gekommen.

(Alfred Schneckenburger, Erinnerungen eines alten Betriebsleiters 1892–1936, +GF+-Archiv, Manuskript, S.11)

Technischer Fortschritt in der Fittingsgießerei

In der Fittingsgießerei gab es zu der Zeit, als ich eintrat (1892), ganz einfache Wendeformmaschinen. Die Fittingsplatten, die in die Maschine eingespannt wurden, waren schon normalisiert. Ebenso waren die Formkasten nach einer Lehre gebohrt. Der Formkasten wurde aufgesetzt, dann der Sand von Hand eingestampft, die Platte gewendet und mittelst Abhebetisch der Kasten auf den Tisch abgelassen. Wenn die Maschine nicht ganz einwandfrei war, also etwas ausgebraucht, so gab es viel Flickarbeit an den Formen. ... Nach und nach kam die hydraulische Formmaschine, zu welchem Zweck dann die Akkumulatoren und die Pumpe für Preßwasser (30 Atm. Wasserdruck) aufgestellt werden mußten. Es kamen alle möglichen Systeme von Pressen zum Versuch und zur Anwendung, so daß die alten Wendemaschinen, wo von Hand aufgestampft werden mußte, sukzessive ausgeschaltet werden konnten.

(Schneckenburger, S.6)

E. Boetsch, Gießer, zeitweise Präsident der Arbeiterkommission und des Gießerfachvereins, beschrieb in einer Einsendung für die Metallarbeiterzeitung die Arbeitsverhältnisse folgendermaßen:

Wenn ein Gießer 6 bis 7 Fr verdienen will pro Tag, muß er die Nase den ganzen Tag im Sandhaufen haben. Und dann kommt das Lösen (des Gusses aus den Kästen), wo man vom Staub manchmal ganz weiß ist und die Hitze und die stinkenden Gase, die man einatmen muß. Das wird jeder Gießer, der hier gearbeitet hat, wissen, wie herrlich das ist, und dazu die Behandlung, da geht es den ganzen Tag Hob, Hüb ... Schafskopf, Esel, das sind so dem Gießermeister seine gewöhnlichen Ausdrücke. Bei ihm kann keiner nichts, da sind alles dumme Leute.

(Korrespondenz an den Zentralvorstand des SMV, Ende 1905. +GF+-Archiv)

Durch die fortschreitende Maschinisierung gewannen dafür neue Gruppen von *angelernten Arbeitern* an Bedeutung. Dazu zählten einerseits die *Maschinenformer*, die seit den neunziger Jahren in der Fittingsgießerei und im folgenden Jahrzehnt immer mehr auch bei der Herstellung kleinerer Stahlgußstücke die Handformer verdrängten. Ihre Arbeit erforderte weniger Handfertigkeit und ließ sich in relativ kurzer Zeit anlehren. Da jedoch die Formmaschinen dieser Zeit noch weit von technischer Perfektion entfernt waren, und auch die Qualität des Formsandes schwankte, verlangte die Herstellung guter Formen auf den Maschinen doch viel Erfahrung und Fingerspitzengefühl. Die Maschinenformer leisteten zudem wegen des Gewichts der Formkasten auch schwere körperliche Arbeit und waren als Gießer auch für saubere Gußstücke verantwortlich. Sie verlangten daher eine Bezahlung auf dem Niveau gelernter Arbeiter, während das Unternehmen sie als bessere Hilfsarbeiter bezahlen wollte. Diese unterschiedlichen Einschätzungen der Arbeitsanforderungen wurden zu einer Quelle von Konflikten. Ähnliches gilt für eine andere Gruppe angelernter Arbeiter bei +GF+, die *Gewindeschneider* in den Fittingsgießereien. Auch hier bestand eine Diskrepanz zwischen der Einschätzung der Arbeitsanforderungen durch das Unternehmen und durch die beteiligten Arbeiter. Diese qualifizierten Angelerntentätigkeiten machten in der Zeit vor dem Ersten Weltkrieg etwa 20 Prozent der Belegschaft aus.

Arbeitsbedingungen der Gewindeschneider

Die Höhe dieses Raumes beträgt nicht viel über 2,5 Meter. Um diesen Umstand recht zu veranschaulichen genügt es, darauf hinzuweisen, daß ein etwas groß gewachsener Mann notgedrungen in gebückter Stellung unter den Transmissionsrollen durchgehen muß. ... Ventilationseinrichtungen sind nicht vorhanden in diesem Raume, außer wenn die Arbeiter durch Öffnen der Fensterflügel die Luft vom Fabrikhofe und den Aborten hereinlassen wollen. In diesem Falle sind sie dann auch noch der schädlichen Zugluft ausgesetzt. Deshalb sind auch die gebräuchlichsten Namen für diese Bude kurzerhand: Bergwerk, Lazarett, St...kloch.
(Volksrecht, 5.1.1900)

Die Arbeit von Appreturarbeitern im von ihm geleiteten Betrieb «Birch» beschreibt Heinrich Wäffler in seinen Erinnerungen:

Die Warmsäge war während vieler Jahre das Hauptappreturmittel; sie stand im Freien neben dem gasbeheizten Flammofen, nur durch ein Wellblechdach vor Regen geschützt. Hier wurden die Gußstücke samt den Aufgüssen im Ofen erhitzt bis zur leichten Weißglut, mit Krücken herausgerissen, dann mit Zangen gegen das rasch laufende Sägeblatt gedrückt, daß die Funken weithin stoben und das ganze Tal widerhallte. ... Die Heißsäger vollbrachten mit den Schmelzern wohl die schwerste und heißeste Arbeit jener nicht gerade zimperlichen Zeit. Sie standen nur mit Hose, Lederjacke und Lederschurz bekleidet, ohne Hemd, im Funkenregen und hatten täglich einige Tonnen Guß kalt in den Ofen zu werfen und heiß herauszufischen, mit den Zangen gegen die Säge zu drücken und die schweren Stücke so zu halten und zu drehen, daß der Schnitt möglichst dicht neben und nicht in das Gußstück hinein ging.
(Wäffler, S.35. +GF+-Archiv)

Der Rest der Arbeiterschaft setzte sich aus Arbeitern zusammen, die Hilfsarbeiten oder einfache Angelerntenarbeiten verrichteten, vor allem aus Gießerei- *Hilfsarbeitern* und *Gußputzern*. Ihre Arbeit war in der Regel körperlich schwer und ungesund, doch erforderte sie keine besonderen Fertigkeiten und war in kurzer Zeit erlernbar. Sie standen daher am unteren Ende der Lohnskala und hatten auch das geringste Ansehen. Bei den schlechten Löhnen, die für solche Tätigkeiten bezahlt wurden, fiel es dem Unternehmen bald schon schwer, in der Region genügend Arbeiter zu rekrutieren. Bereits vor dem Ersten Weltkrieg arbeiteten daher auf den unangenehmsten Arbeitsplätzen in der Gußputzerei vor allem Italiener, und die Schweizer unter den Gießereihilfsarbeitern stammten aus abgelegenen ländlichen Gebieten, wo Ausbildungsmöglichkeiten und Arbeitsplätze fehlten.

Man sieht also, daß die Arbeiterschaft von +GF+ keineswegs einheitlich war. Die besten Handformer verdienten um 1900 bei der Arbeit an schwierigen Stahlgußstücken 80–100 Rp. in der Stunde. Dabei teilten sie sich oft die Arbeit von Tagen oder gar Wochen selbst ein. Es ist leicht einsehbar, daß die Arbeitswelt von ihnen anders erfahren wurde als vom Gießereihilfsarbeiter mit 33 Rappen Stundenlohn. Der Unterschied bestand dabei nicht nur in der Lohnhöhe, sondern auch in der Lohnform: Die «Stundenlöhner» versuchten dem Druck der Arbeit durch individuelle Arbeitszurückhaltung zu begegnen, d.h. sowenig wie möglich zu arbeiten. Dies stellte im wesentlichen eine individuelle Reaktionsweise dar, die sich unter Umständen sogar gegen die Kollegen richten konnte, welche die Arbeit von «Drückebergern» mitübernehmen mußten. Ansatzpunkte für solidarische Aktionen und für die Entwicklung der Einsicht in den Sinn kollektiver Aktionen ergaben sich dabei kaum.

Durchschnittliche Stundenlöhne in Rappen auf der Preisbasis von 1914
(Vetterli, Industriearbeit, S. 311)

	1900	1905	1910	1914	1918	1929
Stahlgießer	75	78	89	80	67	107
Maschinenformer	–	63	74	65	53	111
Schlosser/Dreher	57	64	–	73	61	102
Gewindeschneider	60	65	–	–	57	108
Gußputzer	49	52	58	53	47	89
Gießereihandlanger	44	47	52	48	43	84
Frauen und Jugendliche	–	–	–	36	28	55
alle Arbeiter	52	55	61	56	45	88

Ganz anders waren dagegen die Erfahrungen der Akkordarbeiter: Zwar lag es gerade bei ihnen nahe, daß jeder Einzelne versuchte, durch möglichst intensive Arbeit ein Maximum an Lohn herauszuholen, ohne sich dabei um die Kollegen zu kümmern. Dieses Verhalten der Einzelnen erwies sich aber immer wieder für die betroffene Arbeitergruppe als verheerend. Die ungezügelte Konkurrenz der Arbeiter untereinander bewirkte zwar kurzfristig höhere Löhne. Da die Firma jedoch bei steigenden Durchschnittslöhnen die Akkordansätze senkte, mußten längerfristig die Arbeiter für den gleichen Lohn eine höhere Leistung erbringen. Aus diesem Zusammenhang heraus entstanden nun bei den Akkordarbeitern spontan, d.h. ohne Anleitung von außen, Verhaltensnormen betreffend das zulässige Arbeitstempo (kein «Kaputtmachen» von «guten» Akkorden) und das Verhalten gegenüber dem Meister (keine Anbiederung) sowie Sanktionen gegenüber Abweichlern, die vom Verstecken der Werkzeuge über psychischen Druck bis zu Gewalttätigkeiten gehen konnten. Obwohl also die Akkordarbeit zunächst durch ihre Betonung der Konkurrenz zwischen den Arbeitern einen desolidarisierenden Charakter zu haben scheint und oft auch hat, führte sie – auf der damaligen Stufe der Produktionstechnik – meist zum gegenteiligen Ergebnis: Die ständigen Akkordsenkungen verschärften die Spannungen gegenüber der Firma, während auf der anderen Seite die Arbeiter lernten, sich untereinander zu verständigen und gemeinsam zu handeln.

Von diesen Ansatzpunkten kollektiver Aktionen bis zur tatsächlichen Organisierung der Arbeiter war indessen noch ein weiter Weg. Zu den arbeitsbedingten Unterschieden zwischen den verschiedenen Arbeiterkategorien, welche gemeinsames Vorgehen erschwerten, kamen zahlreiche weitere; beispielsweise jene zwischen Schweizern und Ausländern. Diese machten schon 1895 über 30 Prozent, 1911 fast 55 Prozent der Belegschaft aus. Für den außerordentlich hohen Ausländeranteil war zum Teil die grenznahe Lage verantwortlich, die zur Beschäftigung von Grenzgängern führte, auf der andern Seite aber die Anwerbung von Ausländern, vor allem Italienern, für die schwersten und unbeliebtesten Arbeiten. Die Spaltung der Arbeiter nach Nationen hatte auch für die gewerkschaftliche und politische Aktivität schwerwiegende Folgen. Während zahlreiche deutsche Arbeiter bei +GF+ selbst bereits gewerkschaftliche Erfahrung mitbrachten, die der Arbeiterbewegung in der Schweiz dienlich sein konnte, verfügten die italienischen Hilfsarbeiter in der Regel über wenig Organisationserfahrungen. Hinzu kamen Sprachbarrieren und kulturelle Unterschiede, die Vorurteile begünstigten. Die Schweizer faßten zudem mit einem gewissen Recht die ausländischen Arbeiter als Lohndrücker auf, welche den Erfolg der eigenen gewerkschaftlichen Arbeit gefährden konnten.

«Bremsen» als Kampfform der Maschinenformer

In Folge Aufstellung neuer leistungsfähiger Formmaschinen und behufs Ausgleichung bestehender Mißverhältnisse wurde im Januar ein neuer Accordtarif eingeführt, welcher den Arbeitern erlaubt hätte, bei gleichzeitig höherer Leistung soviel zu verdienen wie vorher. Das paßte aber den Herren nicht oder wenigstens einzelnen unter ihnen und die übrigen wurden förmlich aufgehetzt, der Fabrikleitung passiven Widerstand zu leisten und mit der Arbeit möglichst zurückzuhalten. Alle Ermahnungen halfen nichts, es trat ein großer Wechsel im Personal ein, viele geübte Arbeiter verließen die Fabrik und mußten durch neue, ungeübte ersetzt werden. Schließlich blieb der Direction nichts anderes übrig als nachzugeben und annähernd den früheren Accordtarif wieder einzuführen. Sofort machte sich eine Änderung zum besseren bemerkbar und erhöhte sich die Produktion der Gießerei ganz wesentlich.
(Protokoll des Verwaltungsrates Nr. 69, 4.10.1905. +GF+-Archiv)

«Akkorddrückerei ist Trumpf»

Gen. Siedler legte klar, daß die Akkorddrückerei Trumpf ist, indem er ein Ventilgehäuse in Arbeit bekam, das einen früheren Preis von 18 Fr trug. Kurzerhand wurden ihm 8½ Fr eingeschrieben, was zu Reklamationen führte. Meister Schwalbenbach zeigte sich erkenntlich gegenüber Genosse Siedler und stieg bei jeder Reklamation im Preis, so daß er jetzt 13 Fr bezahlt und das Modell eine Preisverminderung von 5 Fr erlitt.
(Protokoll der Werkstätteversammlung des Gießerfachvereins vom 19.5.1910. SMUV-Archiv)

Die Arbeiter und die Meister

Bis zum ersten Weltkrieg war das Verhältnis zwischen Arbeitern und Meistern oft sehr gespannt. Die Meister standen unter dem Druck ihrer Vorgesetzten und gaben diesen Druck an die Arbeiter weiter. Da ihre Kompetenzen bei der Verteilung der Arbeit und bei der Bestimmung der Stücklöhne beträchtlich waren, entstanden oft heftige Konflikte.

Über die Behandlung des Meisters Schwalbenbach wird geklagt, wie er die Alten anbrülle speziell und wenn sich einer erlaubt, gegen ihn etwas zu erwidern, er denselben aus der Bude zu ekeln schaut und bei etwelchen Wortwechseln er mit seiner Hand den Gießern um das Gesicht funkelt, daß man in die Meinung kommt, er wolle sie tätlich angreifen und wurde deshalb beschlossen, ... sobald Schwalbenbach wieder einen Gießer anbrüllt, sollen alle Gießer ihn umringen und sagen, bis hierher und nicht weiter, die Brüllerei gehe nicht mehr.

(Protokoll einer Commissionssitzung des Gießerfachvereins, 20.5.1910. SMUV-Archiv)

Gestern, da gab es wieder einen kleinen Krach. Nachdem Herr Werner bereits im Modellzimmer mit einem Arbeiter einen kleinen Ringkampf hatte, worauf der Arbeiter es für gut fand, den gastlichen Räumen vom Birch Adieu zu sagen, sprang Herr Bötsch dem Gießer noch nach und lud ihn zu einer Besprechung auf das Portierzimmer ein.

Dort scheint dem Gießer eine Art Falle gestellt gewesen zu sein, denn auf einmal sahen die Arbeiter, wie derselbe einer Übermacht weichen mußte und von Gießermeister Bötsch mit einem Gummischlauch auf die Straße verfolgt wurde.

Die Autorität Werner fand es ebenfalls für nötig, den Gummimeister zu unterstützen, aber o weh, Knall auf Fall flog der eine Meister in diesen, der andere in jenen Straßengraben. Als dann ein Arbeiter den herrenlosen Gummiknüttel sich anzueignen suchte, da fiel den Meisterautoritäten das Herz in die Hosen und sie nahmen Hasenpanier ins Portierhäuschen.

(Echo vom Rheinfall, 18.7.1911)

Aber auch die schweizerischen Arbeiter waren gespalten: Ein Teil von ihnen wohnte in der Stadt – häufig unter sehr schlechten Wohnverhältnissen – zusammen mit anderen Arbeiterfamilien. Ein anderer Teil wohnte in Landgemeinden im Umkreis von Schaffhausen und befand sich so in einer noch stark bäuerlich geprägten Umwelt. Es ist leicht verständlich, daß es diesen Arbeitern schwerer fiel, den Anschluß an die Arbeiterbewegung zu finden als jenen, die auch außerhalb der Arbeit in einem proletarischen Milieu lebten und schon von den äußeren Umständen her viel leichter in die Organisationen der Arbeiterbewegung hineingelangten. Schließlich bestand ein bedeutsamer Unterschied zwischen jenen Arbeitern, deren Eltern bereits der Arbeiterschaft angehört hatten und die von Kindheit an mit der Situation der lohnabhängigen Industriearbeiterschaft vertraut waren, und den gerade in dieser Generation zahlreichen Arbeitern vor allem bäuerlicher Herkunft, die aus der Landwirtschaft in die Industrie strömten und erst in einem schwierigen Anpassungsprozeß mit den Bedingungen der Arbeiterexistenz vertraut werden mußten.

Bedeutsame Interessengegensätze bestanden schließlich auch zwischen den jüngeren, in der Regel unverheirateten und noch stark mobilen Arbeitern und den älteren, die schon lange bei +GF+ arbeiteten und kaum mehr an einen Arbeitsplatzwechsel dachten. Die erste Gruppe engagierte sich viel eher in Arbeitskonflikten als die älteren Arbeiter, die mehr zu verlieren hatten und begreiflicherweise nur ungern ihren Arbeitsplatz aufs Spiel setzten.

Alle diese strukturellen Differenzen in der Arbeiterschaft versuchte das Unternehmen durch seine Personalpolitik noch zu verstärken. Dazu dienten etwa die Sozialleistungen, wie die 1899 eingeführte *Alterssparversicherung,* deren stark nach Dauer der Beschäftigung gestaffelte Beiträge von der Firma bezahlt wurden. Insgesamt waren die Aufwendungen für die Sozialleistungen bei den Stammarbeitern etwa zehnmal grösser als bei Neueingetretenen. Um zu verhindern, daß sich alle Arbeiter im Einzugsbereich der städtischen Arbeiterbewegung ansiedelten, zahlte das Unternehmen seit der Jahrhundertwende *Fahrgeldbeiträge* für auf dem Land wohnende Beschäftigte. Schließlich wurde versucht, wenigstens einen Teil der Arbeiter durch die Vermietung *betriebseigener* preisgünstiger *Wohnungen* noch stärker an die Firma zu binden. Da mit dem Arbeitsplatz im Falle einer Kündigung auch die Wohnung geräumt werden mußte, waren diese Arbeiter auch entsprechend vom Unternehmen abhängig und in Arbeitskonflikten zurückhaltend.

Zusammenfassend können wir festhalten, daß zwar aus der Arbeitssituation starke Gründe für eine Interessenorganisation der Arbeiter erwuchsen, daß ihr jedoch zahlreiche institutionelle und bewußtseinsmäßige Hindernisse entgegenstanden. Die Arbeiter mußten zuerst in einem langwierigen und schwierigen Erfahrungsprozeß lernen, daß die gemeinsamen Interessen die Gegensätze überwogen und daß für die Arbeiter gemeinsames solidarisches Handeln auf die Dauer mehr Erfolg versprach als individuelles Vorgehen.

Unfälle – aus der Sicht der Firma ...

Die Zustände in unseren jetzigen Arbeitsräumen sind ganz unerträglich geworden, indem die bestehenden Einrichtungen überlastet sind und es überall an Platz fehlt, so daß die Arbeiter sich gegenseitig hindern. Daß sich dadurch auch die Gefahr für Verletzungen und Unglücksfälle erheblich gesteigert hat, versteht sich von selbst. Der Protokollführer gibt eine Reihe von statistischen Zahlen bekannt, aus denen hervorgeht, daß die Entschädigungen aus Haftpflicht an unsere Schaffhauser Arbeiterschaft in den letzten Jahren ständig gestiegen seien, so daß die Entschädigung für das abgelaufene Jahr gegenüber einem 11jährigen Mittel von Fr 40.75 auf Fr 80.25 gestiegen sei.
(Protokoll des Verwaltungsrates Nr. 74, 19.5.1906. +GF+-Archiv)

... und der Arbeiter

In der Gußputzerei Matter sind zwei Mann beschäftigt, die Gußstücke zu kontrollieren, eine Arbeit, die schlecht bezahlt ist und deshalb eine richtige Schinderei ist, weil eben die Arbeiter ein weniges verdienen wollen, alles muß erhastet werden, und so kam es, daß dem Arbeiter W. beim Transport ein solches Zentnerstück aus den Händen glitt und ihm auf die große Zehe fiel, sie derart zerquetschend, daß der Arbeiter vom Arbeitsplatz weggetragen werden mußte ... Es sei nun noch erwähnt, daß obengenannter Meister das Antreiben aus dem ff versteht und unabstreitbar Platzmangel in dieser Abteilung herrscht, so daß man fortwährend der Gefahr ausgesetzt ist, Krüppel zu werden.
(Echo vom Rheinfall, 10.8.1906)

8 Arbeiterwohnungen von +GF+ in Schaffhausen, erbaut 1911.

8

Firmenwohnungen aus der Sicht der Arbeiterbewegung

Es ist eine Erfahrungstatsache, nicht bloß etwa eine unbeweisbare sozialdemokratische Behauptung, daß durch solche Arbeiterwohnungen, die vom Unternehmertum gestellt werden, die Arbeiter häufig der Unfreiheit verfallen, daß ihre Abhängigkeit vom Betriebsinhaber noch größer wird, und sie selbst in ihrer freien Zeit noch einer gewissen Botmäßigkeit unterliegen. Es ist selbstverständlich, daß ein Arbeiter, der bei seinem Unternehmer wohnt und der vielleicht mit der Lösung des Dienstvertrages auch aus der Wohnung geworfen werden kann, sich nur schwer entschließen wird, an einem Kampf um bessere Arbeitsbedingungen teilzunehmen.

(Echo vom Rheinfall, 17.1.1908)

Die ersten Arbeiterorganisationen bei +GF+

Über die ersten Generationen der Arbeiter bei Fischer ist nur wenig bekannt. Unter dem Firmengründer Johann Conrad Fischer blieb der Betrieb in Schaffhausen trotz technologischer Fortschrittlichkeit noch stark im traditionell gewerblichen Rahmen. Die Gesellen Fischers wohnten häufig beim Unternehmer selbst. Die Beziehung zwischen Arbeiter und Fabrikherrn war noch persönlich-autoritär strukturiert. Auch in den folgenden Generationen unter den Söhnen, Enkeln und Urenkeln von J. C. Fischer behielt diese patriarchalische Tradition ihre Bedeutung: Immerhin wurde das Arbeitsverhältnis in der Fabrik mit 100 bis 200 Beschäftigten nun viel distanzierter. Zwischen den Chef und die Arbeiter schob sich mit den Werkmeistern eine Zwischenstufe, wogegen sich zuerst vor allem bei den selbstbewußten Stahlgießern Widerstand regte; sie wollten nur vom Unternehmer persönlich Befehle entgegennehmen. An den ersten Arbeitskämpfen in Schaffhausen gegen Ende der sechziger Jahre des 19. Jahrhunderts waren jedoch die +GF+-Arbeiter nicht beteiligt. Immerhin ist es interessant, daß die Firma gerade in dieser Zeit, 1867, eine Krankenkasse für die eigenen Arbeiter gründete. Da in dieser Zeit häufig Krankenkassen als Keimzellen von Gewerkschaftsgründungen wirkten, liegt die Vermutung nahe, daß die Firma einer solchen Entwicklung entgegenzuwirken versuchte.

Damit war sie jedenfalls erfolgreich. Erst 20 Jahre später kam es zur ersten erfolgreichen Gewerkschaftsgründung bei +GF+. Der 1887 gegründete *Gießerfachverband* stellte – typisch für die frühen Gewerkschaftsgründungen – eine Berufsgewerkschaft dar, die Arbeiter aufgrund ihrer speziellen beruflichen Qualifikationen organisierte. Es scheint den Gießern (d. h. den Handformern) immerhin bereits klar gewesen zu sein, daß dieses Organisationsprinzip in einer Fabrik, wo Arbeiter unterschiedlicher Berufe und Qualifikation zusammenarbeiteten, in Auseinandersetzungen mit dem Unternehmen seine Nachteile hatte. Man mußte befürchten, daß die Firma die verschiedenen Arbeitergruppen gegeneinander ausspielen und daß es umgekehrt nicht gelingen würde, die Arbeiter zu geschlossenen Gegenaktionen zu organisieren. Bereits kurz nach der Gründung läßt sich jedenfalls feststellen, daß der Gießerfachverein auch un- und angelernte Arbeiter aus der Gießerei aufnahm. Allerdings waren die Mitgliederbeiträge so hoch, daß sie für die meisten Ungelernten unerschwinglich blieben. Da die Gießer in ihrem Verein zudem aufgrund ihres beruflichen Prestiges auf jeden Fall das große Wort führten, war der Anreiz zum Beitritt für die Ungelernten nicht eben groß.

Der Gießerfachverein führte in den ersten 10 Jahren seiner Existenz ein eher beschauliches Dasein. Man versuchte, die Lage der Arbeiter mehr durch informelle Absprachen unter den Mitgliedern selbst als durch Konfrontation mit dem Unternehmen zu verbessern. Da gute Stahlgießer knapp waren, ließen sich auf diesem Weg durchaus Erfolge erzielen. In dem Maße jedoch, wie gegen Ende des Jahrhunderts diese Stellung auf dem Arbeitsmarkt durch technische Entwicklungen gefährdet wurde, mußten auch die Gießer nach neuen Formen der Interessenvertretung suchen.

Seit 1889 bestand in Schaffhausen auch eine *Metallarbeiter-Gewerkschaft*. Sie organisierte vor allem gelernte Arbeiter, in erster Linie Schlosser, aber auch Schmiede und Mechaniker. Ihre Mitgliederzahl blieb in den ganzen neunziger Jahren gering. Trotz aller Anstrengungen der wenigen aktiven Mitglieder gelang es nicht, die große Zahl von Arbeitern der Metall- und Maschinenbranche in Schaffhausen und Neuhausen zu organisieren. Vor allem zu den un- und angelernten Arbeitern fand man keinen Zugang. Die Arbeiter seien eben in ihrer großen Mehrheit zu träge und zu denkfaul, klagte man etwa 1892.[4] Von +GF+ waren in diesen Jahren nur einige wenige Schlosser und Dreher in der Metallarbeiter-Gewerkschaft organisiert.

**Gewerkschaftskampf auf schwankender Basis:
Die +GF+-Arbeiter vor 1914**

Gewerkschaftliche Organisationsbewegungen verlaufen in den wenigsten Fällen kontinuierlich Schrittchen für Schrittchen. Vielmehr können auf lange Phasen äußerer Stagnation oder sogar Schrumpfung unvermutet Phasen raschen, ja explosionsartigen Wachstums folgen. Während Niederlagen oft die Grundlage weiterer Stagnation waren, da sie die Hoffnungen der Arbeiter zerstörten, konnte ein unvermuteter Erfolg zur Grundlage neuer und größerer Fortschritte werden, weil er Optimismus erzeugte und die Basis der Bewegung verbreiterte, indem er neue Leute anzog.

Die erste große Gewerkschaftsbewegung fiel bei +GF+ in die Jahre 1898/99. Es gibt verschiedene Gründe, warum sich ein Großteil der bisher passiven Arbeiter nun plötzlich mobilisieren ließ: Von Anfang der neunziger Jahre bis 1898 war die Belegschaft von etwa 200 auf 600 Arbeiter gestiegen, und sie wuchs in den Konjunkturjahren 1899 und 1900 rasch weiter. Dadurch verringerte sich das relative Gewicht der Stammarbeiter, die schon lange bei Fischer arbeiteten und die die Verhältnisse mehr oder weniger akzeptierten. Der Anteil jüngerer und oft mit der Fabrikarbeit bisher unvertrauter Arbeiter wuchs dagegen stark an. Gleichzeitig unternahm der Betrieb große Anstrengungen, um die Produktion und die Arbeitsproduktivität zu erhöhen, wodurch auch die Arbeitsintensität gesteigert wurde. Die Löhne dagegen stagnierten – für das gleiche Geld sollte also mehr gearbeitet werden.

Die wachsende Unzufriedenheit der Arbeiter beruhte aber nicht nur auf der Verschlechterung des Verhältnisses zwischen Leistung und Einkommen, das viele der erst kürzlich Eingetretenen wohl kaum so deutlich realisierten. Auch die allgemein schlechten Arbeitsbedingungen wie Rauch, Staub und Lärm wurden noch weitgehend als unvermeidlich hingenommen. Dagegen regte sich vor allem bei den jungen und neu eingestellten Arbeitern immer stärkerer Widerstand gegen die schlechte Behandlung durch die Vorgesetzten. Das Arbeitsklima dieser Zeit war rüde. Die Arbeiter mußten damit rechnen, beim kleinsten Fehler von ihren Vorgesetzten lautstark beschimpft zu werden. Der technische Direktor der Firma galt als «Schreier», vor dem sich auch die Meister fürchteten, die den Druck dann ihrerseits wieder an die Arbeiter weitergaben. Wer aufmuckte, mußte mit sofortiger Entlassung rechnen. Die Abhängigkeit der Arbeiter von der Willkür der Firma und ihren Vertretern war fast vollständig. Dies war natürlich im Grunde genommen nichts Neues. Doch im anonymer werdenden Großbetrieb wurde diese Abhängigkeit stärker empfunden als zu einer Zeit, da der Unternehmer «seine» Arbeiter noch beim Namen genannt und ihnen gelegentlich durch kleine Gesten seine Wertschätzung bewiesen hatte. Selbst dieser Anschein von Respektierung der Arbeiter ging nun verloren. Anderseits waren die unter dem Einfluß der Propaganda der Arbeiterbewegung selbstbewußter werdenden Arbeiter weniger bereit, sich jede Behandlung gefallen zu lassen.

Sie mußten nun allerdings zur Kenntnis nehmen, daß die Schwierigkeiten und Risiken auf diesem Weg des Widerstandes groß und die Möglichkeiten der Unternehmerrepression vielfältig waren. Eine Lohnbewegung im Jahr 1898 brachte zwar geringfügige Verbesserungen, und im folgenden Jahr gelang es der von der Mehrheit der Arbeiter unterstützten Gewerkschaft, durch Streikdrohung Fischer dazu zu zwingen, eine in den Augen der Arbeiter ungerechtfertigte Buße zurückzunehmen. Im Gegenzug entließ Georg Fischer jedoch im Herbst 1899 den Gewindeschneider Rudolf Wehrli, den Führer der jungen «Hülfsarbeiter-Gewerkschaft Mühlethal». Damit beraubte er die Bewegung ihres wichtigsten Kopfes. Die Arbeiter erwogen zwar einen Proteststreik, verzichteten jedoch schließlich darauf, da viele die eigene Stellung nicht in einem Solidaritätsstreik riskieren wollten. Auch der Gewerkschaftsbund riet vom – kostspieligen – Streik ab.

Mit der Person Wehrlis wurde nun aber auch die Gewerkschaftsbewegung bei +GF+ schwer getroffen. Zahlreiche, vor allem ungelernte Arbeiter verloren das Vertrauen in die Gewerkschaft, als sich zeigte, daß sie nicht einmal in der Lage war, ihre führenden Mitglieder vor Repressionen zu schützen. Andere – unter ihnen vor allem angelernte und gelernte Arbeiter – beschränkten ihre Tätigkeit auf die Interessenvertretung der eigenen Abteilung oder Berufsgruppe und versuchten isoliert voneinander Lohnforderungen durchzusetzen. Der Anteil der gewerk-

Arbeitsalltag, Konflikt und Arbeiterbewegung in einem Großunternehmen 290

9 Gießereiszene aus dem Jahre 1903.

10 Siemens-Martin-Ofen.
11 Konverter.

9

Die «gute alte Zeit» in der Gießerei

Unter Herrn Fischer – bis zur Gründung der Aktiengesellschaft – ging nach jeder [?] Charge des Martinofens ein Arbeiter mit einem Korb ins Herrenhaus und holte für jeden Ofenmann ein Krüglein Wein zur Stärkung. ... Diese gutgemeinte Sitte wurde dadurch gefährlich, daß der eine Arbeiter seinen Wein nicht trank und einem anderen abgab, der dann zuviel bekam, was die Arbeit nicht erleichterte. ... Überhaupt am Morgen, wenn ich durch die Gießerei ging, duftete jeder Gießer nach Schnaps.

(Schneckenburger, S. 11. +GF+-Archiv)

10

11

schaftlich Organisierten, der von 1897 bis 1899 von etwa 8 auf gegen 50 Prozent gestiegen war, sank wieder auf einen Tiefststand von 12 Prozent im Jahr 1902. Immerhin blieb die Bewegung nicht völlig ohne Resultate. Die Firma erkannte, daß sie etwas unternehmen mußte, um wenigstens einen Teil der Arbeiter, einen «Arbeiterstamm», besser an die Firma zu binden. Dazu wurde 1899 die bereits erwähnte Alterssparkasse eingerichtet. Zudem gründete Fischer eine *Arbeiterkommission,* die als betriebsinterne Vertretung der Arbeiterinteressen dienen sollte. In ihren

Statuten wurde allerdings festgehalten, die Mitglieder der Arbeiterkommission sollten «ihre Stellung nicht benützen, um unter ihren Mitarbeitern agitatorisch aufzutreten, sondern sie sollen bestrebt sein, den friedlichen Gesinnungen unter der Arbeiterschaft mehr und mehr Geltung zu verschaffen».[5] Immerhin mußte der Unternehmer zum ersten Mal anerkennen, daß die Arbeiter gemeinsame Interessen zu vertreten hatten. Die freie Gewerkschaft allerdings wurde von ihm als Verhandlungspartner nicht anerkannt.

Kleine Ursache – große Wirkung

Schaffhausen. (Korr.) In den *Eisen- und Stahlwerken Georg Fischer in Mühlenthal* sind am letzten Zahltag zwischen der Geschäftsleitung und der Arbeiterkommission Differenzen ausgebrochen, welche die Arbeiter dieses Geschäftes leicht zu einer Arbeitsniederlegung bewogen hätten, wäre am Dienstag nicht eine Einigung zu Stande gekommen.

Am letzten Zahltag wurde einem Arbeiter ein Lohnabzug von 12 Franken angezeigt «für ein gebrochenes Stück». Sofort reklamierte der Arbeiter beim Betriebschef Bachmann, welcher protzig erklärte, die 12 Franken seien in Abzug gebracht und es bleibe dabei.

Der Arbeiter brachte seine Reklamation beim Präsidenten der Arbeiterkommission vor, welcher bei Herrn Betriebschef Bachmann vorstellig wurde und denselben ersuchte, eine Untersuchung zu veranstalten, weil der Arbeiter erklärt hatte, *das Stück sei nicht von ihm gebrochen worden*. Man könnte glauben, daß Herr Bachmann sich mit einer Untersuchung einverstanden erklären konnte, was aber nicht der Fall war; seine Antwort lautete (man höre!):

«Das sind Geschäftsangelegenheiten, da hat sich die Arbeiterkommission nicht einzumischen. Sie dürfen nicht glauben, daß sie im Geschäft Polizei spielen dürfen. Die Kommission ist dafür da, die Interessen des Geschäftes zu wahren etc.»

Nun lauten aber die Statuten der Arbeiterkommission unter anderem:

§ 1. Die Aufgaben der Arbeiterkommission sind folgende: *Sie berät und bespricht Angelegenheiten, welche die Interessen der Arbeiter berühren und die ihr seitens der Arbeiterschaft oder der Geschäftsleitung zur Vernehmlassung unterbreitet werden.*

Sie hat allfällige Klagen, Wünsche und Anträge aus der Arbeiterschaft entgegenzunehmen etc. etc.»

So, Herr Bachmann, lauten die Statuten, welche von Herrn Georg Fischer auch unterzeichnet sind. Nachdem sich die Geschäftsleitung weigerte, eine Untersuchung zu bewerkstelligen, blieb der Arbeiterkommission nichts anderes übrig, als zu demissionieren, was sie auch tat, nachdem sie die 12 Franken zu Handen des Herrn Fischer zur Zurückerstattung an den gestraften Arbeiter gesammelt hatte.

Herr Fischer nahm aber die Zurücktretung der Arbeiterkommission und den Zuschuß von 12 Franken als Beleidigung an und erklärte den Kommissionsmitgliedern, wenn sie zurücktreten, können sie auch zugleich das Geschäft verlassen, das ist keine Arbeiterkommission, das sind Wühler, Agitatoren etc.! Man kennt ja das alte Lied. «Mit solcher gemeinen Gesellschaft, die sich so lümmelhaft benimmt, verkehre ich überhaupt nicht mehr.» Also sprach Herr Fischer. Auf welcher Seite steht aber die «gemeine Gesellschaft?» fragen wir.

Auf Dienstag abends 7½ Uhr wurde vom Gießerfachverein und dem Arbeiterbund Mühlenthal eine Versammlung aller Arbeiter des Geschäftes einberufen, um die schroffe Behandlung der Arbeiterkommission von seiten der Betriebsleitung zu besprechen, und es wurde das Bundeskomitee angehalten, sofort mit der Geschäftsleitung in Unterhandlung zu treten, um eventuell dieser Versammlung Bericht erstatten zu können.

Der Verlauf der Auseinandersetzungen bei +GF+ und ähnliche Konflikte in anderen Firmen beeinflußten auch die weitere Entwicklung der Gewerkschaften. Folgenschwer war einmal, daß sich die ungelernten und, etwas weniger ausgeprägt, die angelernten, viel stärker von der Gewerkschaft abwandten als die gelernten Arbeiter. Dies hatte zur Folge, daß sich die Metallarbeitergewerkschaft wiederum zu einer ausgesprochenen Berufsarbeitervertretung zurückentwickelte, die naturgemäß auch in erster Linie die Interessen dieser Arbeiterkategorie vertrat.

Dienstag mittags wollte die Vertretung des Bundeskomitees mit Herrn Fischer unterhandeln und sie meldete sich schriftlich an; die Antwort ließ nicht lange auf sich warten. Herr Fischer antwortete: «Er werde die Differenzen mit seinen Leuten selbst regeln; er verkehre principiell nicht mit Korporationen.»

Die Vertreter des Bundeskomitees beauftragten dann drei Mitglieder der Arbeiterkommission, der Geschäftsleitung folgende Forderungen zu stellen:
1. Rückzug des ungerechten Lohnabzuges von 12 Franken.
2. Rückzug der gegenüber der Arbeiterkommission gefallenen beleidigenden Ausdrücke.
3. Die Arbeiterkommission soll in Zukunft anständig behandelt werden.
4. Bei Annahme dieser Forderungen erklärt sich die Kommission bereit, ihre Demission zurückzuziehen.

Die Unterhandlung fand nachmittags 4½ Uhr statt und dauerte bis 5¾ Uhr.

Die beleidigenden Ausdrücke gegenüber der Kommission wurden zurückgezogen. Die bis heute abgezogenen Fr. 6 (die Hälfte des Abzuges) werden dem Arbeiter zurückerstattet und Herr Fischer wird persönlich diese Angelegenheit untersuchen.

In Zukunft können Arbeiter, welche beim Betriebschef Bachmann nicht zu ihrem Rechte kommen, sich direkt an Herrn Fischer wenden.

Um 7¾ Uhr war der Saal der «Schweizerhalle» gefüllt. Die Versammlung faßte nach Entgegennahme des Berichtes folgende Resolution:

«Die heute von cirka 300 Arbeitern des Geschäftes G. Fischer im Mühlenthal besuchte Versammlung erklärt sich mit den Schritten der Arbeiterkommission in dieser Angelegenheit einverstanden, spricht der Kommission ihren besten Dank aus und beschließt, es sei die Geschäftsleitung höflich zu ersuchen, den Herrn Betriebschef anzuhalten, in Zukunft die Arbeiter anständiger zu behandeln. Das Tagesbureau ist beauftragt, der Geschäftsleitung von dieser Resolution Kenntnis zu geben.»

Nach einigen warmen Worten von den Genossen *Calame*, Sekretär des Gewerkschaftsbundes, *Meier-Lanz* und einigen Arbeitern des Geschäftes, ließen sich 90 neue Mitglieder in den Arbeiterbund einschreiben. Auch die «Arbeiterstimme» gewann neue Abonnenten. Hoffentlich wird Herr Fischer bald sehen, daß er doch einmal mit «Korporationen» verkehren muß.

(Arbeiterstimme, 25.3.1899)

Diese qualifizierten Arbeiter, die gewöhnt waren, sich in eine große und hierarchisch gegliederte Betriebsorganisation einzufügen, und dennoch in ihrem Arbeitsbereich meist noch eine beträchtliche Freiheit bewahrten, gingen nun daran, vielleicht auch nach diesem Vorbild, die Gewerkschaft und die Arbeiterbewegung besser und zentralistischer zu organisieren. In Schaffhausen bildeten beispielsweise die bisher getrennten Sektionen der Gießer, der Dreher und Schlosser sowie der un- und angelernten Arbeiter der Metall- und Maschinenindustrie 1902 einen gemeinsamen Zentralvorstand, der eine koordiniertere und dadurch wirksamere Gewerkschaftspolitik bewirken sollte. Die Arbeiterunion Schaffhausen, der Zusammenschluß aller lokalen Arbeiterorganisationen, wagte im selben Jahr, trotz der Schwächung durch die Wirtschaftskrise der Jahre 1901/02, eine Arbeiterzeitung, das «Echo vom Rheinfall», herauszugeben, ein Arbeitersekretariat einzurichten und eine große Wirtschaft mit Saal zu übernehmen. Auch im Schweizerischen Metallarbeiterverband (SMV) zeigte sich dieselbe, von der Mitgliedschaft überwiegend unterstützte Tendenz zu einer Stärkung der Organisationsstruktur. 1902 übernahm der Verband vom Schweizerischen Gewerkschaftsbund die Streikunterstützung seiner Mitglieder und begann eine Arbeitslosenkasse aufzubauen.

In den Jahren ab 1903 begann diese organisatorische Aufbauarbeit bei +GF+ allmählich Früchte zu tragen. Allerdings gelang es nur sehr langsam, die wenig qualifizierten Arbeiter wieder für den gewerkschaftlichen Kampf zu gewinnen. Die erste Begeisterung war dahin, und die langfristige und oft undankbare Kleinarbeit ohne größere Erfolge gegenüber den immer besser organisierten Unternehmern fiel vor allem den ungelernten Arbeitern schwer. Auch bei den qualifizierten angelernten und gelernten Arbeitern wechselten sich Organisationserfolge mit Rückschlägen ab. Die Stimmenzahlen der Sozialdemokratischen Partei in Schaffhausen in diesen Jahren zeigen, daß die meisten Arbeiter zwar hinter den Bestrebungen der sozialistischen Arbeiterbewegung standen, sich aber eben lieber hinter der Front der Auseinandersetzungen aufhielten und das persönliche Risiko scheuten.

Das Elend der Ungelernten

Bei weitaus den meisten bisherigen Lohnbewegungen, die in Maschinenfabriken durchgeführt wurden, setzte man den ungelernten Arbeiter stets hintan, wenn er nicht überhaupt ganz vergessen wurde. Meistens galt dann die faule Ausrede: «Es sind ja nur Handlanger, sie lassen sich nicht einmal organisieren und so brauchen wir uns auch nicht um sie zu bekümmern.» Man vergißt dabei, daß bei solch verachtlicher Behandlung der Erfolg von künftigen Lohnbewegungen sehr in Frage gestellt wird. Wer etwas tiefer schaut, der weiß, daß heute mit den verbesserten technischen Hülfsmitteln unter Heranziehung von Hülfsarbeitern der Betrieb einer Maschinenfabrik längere Zeit aufrecht erhalten werden kann, wenn schon die Berufsarbeiter streiken. In der Theorie der Gewerkschaftsbewegung heißt es aber, *daß man stets die Besserstellung der am schlechtest entlöhnten Arbeiterklassen ins Auge fassen müsse,* denn auf der Grundlage, auf welcher diese entlohnt werden, baue sich auch der Lohnsatz der übrigen Arbeiterschaft auf. Praxis und Theorie werden aber da selten zusammengehalten. Mancher Berufsarbeiter trachtet im Schindakkord seinen Tagesverdienst zu erhöhen und der Handlanger hat immer weniger Aussicht auf Besserung seiner Lage. Die Differenz der Taglohnstufe des Berufs- zum ungelernten Arbeiter sollte aber nicht mehr als 1 Fr., höchstens Fr. 1.50 betragen. Was hat denn der arme Teufel, der keinen Beruf erlernen kann, verbrochen, daß er für sein ganzes Leben zum ökonomischen Schaden auch noch die Verachtung seiner Nebenarbeiter ertragen muß, derjenigen, die in ihrer Jugend durch glückliche Verhältnisse etwas lernen konnten und nun vielfach glauben, der Handlanger sei eben schon als dummer Lappi auf die Welt gekommen und zu nichts anderem bestimmt, als immer den Rücken herzuhalten für die unwürdige Behandlung, die ihm meistens zu teil wird?

(Volksrecht, 1.9.1905)

Nicht ganz unbekannte Klage...

Die Versammlungen sind schlecht besucht und vielfach werden die Anstrengungen der eifrigsten und besten Genossen kaum gewürdigt, dagegen läuft man der ersten besten Lumperei nach, schiebt sich an Markttagen zu Hunderten auf die Karussells, in die Kinematographen und andere Weltwunder, aber wenn ein guter Vortrag gehalten wird, sieht man die Leute nicht.

(Echo vom Rheinfall, 6.6.1906)

Maßregelung und schwarze Liste

Eine der schärfsten Waffen der Unternehmer gegen die Gewerkschafter stellten die «schwarzen Listen» von Arbeitern dar, die in allen Verbandsfirmen nicht mehr beschäftigt werden durften. Viele betroffene Arbeiter wurden dadurch zum Berufswechsel (nicht selten in Gewerkschaftsämter) oder zur Auswanderung gezwungen.

Dem tit. Central-Vorstand
Des Schweiz. M.A. Verbandes
Bern
    Bitte den tit. Vorstand, mir die rückständigen Beiträge bis Mitte Mai cr. zu sistieren, da es mir unmöglich ist, diese zu zahlen, da ich infolge Maßregelung auf hiesigem Platze keine Arbeit erhalte, auch seit Mitte April ausgesteuert bin. So sind meine Mittel vollständig erschöpft und ich (bin) so zu sagen auf Dreck Grund angelangt. (...) Denn hier bin ich auf jedem Bureau der Betriebe, wo Dreher beschäftigt werden vorgemerkt. Dafür habe ich unumstößliche Beweise. Als ein Kollege von mir dieser Tage seine Stelle kündigte, fragte ihn der Meister ob er nicht einen Ersatz wüßte, der selbständig arbeiten kann – da in diesem Betriebe nur ein Dreher für sämtliche vorkommende Arbeiten und Reparaturen beschäftigt wird – worauf mein Kollege mich dem Meister empfahl. Der Meister aber antwortete, ja den Ryborz möchte ich von mir aus schon einstellen, aber sein Name steht auf der Liste, nur das gibt der Chef nicht zu, daß ich ihn einstelle. Der ist doch einmal offenherzig und hat Farbe bekannt. Die Bude heißt Tague & Bucher hier.

Durch das Telefonfräulein der Stahlwerke A.G. vorm. G. Fischer hier erfuhr ich, resp. teilte sie mir ein Telefongespräch zwischen dem Werkstättenleiter Ganz und dem Bureau mit, worauf Letzterem vom Bureau die Weisung kam, mich weder jetzt noch je in späterer Zeit einzustellen. In dieser Bude ist mir im August 08 ohne Motivierung gekündigt worden, allem Anschein nach durch Einwirkung des Direktors Frey Waffenfabrik Neuhausen.

Bitte um Rücksendung des Buches sowie Berücksichtigung meines Gesuches
    Mit Genossengruß
    Ryborz Ernst, Schaffhausen
(SMUV-Archiv)

12

Erst 1906 kam es bei +GF+ wieder zu einer gesamtbetrieblichen Lohnbewegung, die jedoch in einer Niederlage endete, als die Gewerkschaft und wohl auch die Mehrheit der Arbeiter sich wiederum gegen den Streik entschieden. Für diesen Streikverzicht gab es jedoch schwerwiegende Gründe: Trotz der Stärkung der Gewerkschaft hatten sich die Kräfteverhältnisse seit 1899 eher zugunsten der Unternehmer verschoben, die in diesen Jahren diverse Mittel der Gewerkschaftsbekämpfung und Streikvermeidung entwickelten, wie zum Beispiel eine gegenseitige Versicherung der Mitglieder des Arbeitgeberverbandes gegen Ertragsausfälle bei Streiks oder schwarze Listen, durch die verhindert wurde, daß aus politischen Gründen Entlassene in einer anderen Verbandsfirma Arbeit finden konnten.

Zur Verschlechterung der Verhandlungssituation der Arbeiter trug besonders auch die Gründung des Arbeitgeberverbandes Schweizerischer Maschinenindustrieller (ASM) im Jahr 1905 bei, welcher der organisatorischen Verstärkung der Metallarbeitergewerkschaft die geballte Macht der Großunternehmen der schweizerischen Metall- und Maschi-

12 Stahlgußputzerei 1904.
13, 14 Mechanische Werkstätte 1904.

nenbranche entgegensetzte. In dieser Situation bemühte sich die Gewerkschaft, ihre Mittel vor allem dort einzusetzen, wo sie stark war und die Erfolgschancen gut schienen, hingegen Arbeitskonflikte zu vermeiden, wo die Organisation schwach entwickelt und die Unternehmer stark und gut organisiert waren. Dies hatte zur Folge, daß die immer schon bestehende Tendenz zu einer Konzentration der Arbeitskämpfe in den größeren Städten und den industriellen Zentren noch verstärkt wurde. Die Gewerkschaften versuchten also, ihre beschränkte Macht strategisch möglichst günstig einzusetzen, wobei der Arbeiterschaft einzelner Unternehmen und ihren Problemen nur noch beschränktes Eigengewicht zugemessen wurde. Von den Arbeitern wurde vielmehr erwartet, daß sie sich dem Gesamtinteresse der Gewerkschaft anpaßten. Für die Arbeiterschaft von +GF+, die relativ schwach organisiert war, bedeutete dies, auf große riskante Streiks, die unter den gegebenen Machtver-

Wirtschaftliche Maßnahmen des Unternehmens zur Streikvermeidung

Wie Ihnen allen bekannt, wird auch auf dem Platz Schaffhausen in der Arbeiterschaft gehörig gewühlt und gehetzt und wir haben mehr als ein Anzeichen dafür, daß die Oberleitung dieser Bewegung einen Haupterfolg darin sehen würde, wenn es ihr gelingen sollte, die Arbeiter unserer Fabrik im Mühlenthal zu einer Arbeitseinstellung bewegen zu können. Die Tatsache, daß unsere Arbeiter gut verdienen und allen Anlaß hätten, zufrieden zu sein, ändert daran nichts und es liegt auf der Hand, daß die Führerschaft mit Vorliebe für ihre Forderungen einen Augenblick wählen würde, da ein Streik dem Geschäft bedeutende Verlegenheiten bereiten könnte. Diese würde nun mehr als zutreffen, wenn wir im Frühjahr eine anständige Dividende und gleichzeitig eine Actien-Emission beschließen würden, während anderseits, wie das der Arbeiterschaft nicht unbekannt sein kann, die Warenlager vollständig erschöpft wären.

Dies lasse sich nur vermeiden, wenn sofort eine Kapitalerhöhung vorgenommen werde, damit der Ausbau der Produktionsanlagen in Singen rasch erfolgen könne, damit im Frühjahr die Lagervorräte wieder soweit ergänzt seien, daß wir der Eventualität einer vorübergehenden Arbeitseinstellung ruhiger entgegensehen könnten.

(Protokoll des Verwaltungsrates vom 4.11.1905. Bericht der Direktion an den Verwaltungsrat. +GF+-Archiv)

...und ihre Wirkung

Anschließend berichtet der Protokollführer über einen zweitägigen Streik der Kernmacher in Singen mit dem Resultat, daß 80% der Ausständigen bedingungslos die Arbeit wieder aufnahmen während die übrigen auch Arbeitswilligen 20% ausgesperrt blieben. Es war der Direktion möglich energisch aufzutreten, da die Lager-Vorräte in Singen nunmehr in roher und fertiger Ware je ca. 40% des Jahresumsatzes 1910 erreicht haben. Es frägt sich indessen ob es nicht ratsam wäre, die Lager noch etwas zu erhöhen damit bei einem länger dauernden Ausstand die ununterbrochene Bedienung der Kundschaft gewährleistet wäre und der Verwaltungsrat beschließt, die Lager bei günstigen Fabrikationsverhältnissen bis maximum 45% des laufenden Jahresumsatzes zu erhöhen.

(Protokoll des Verwaltungsrates vom 2.11.1911. +GF+-Archiv)

hältnissen fast mit Sicherheit zum Scheitern verurteilt waren, zu verzichten. Sie sollten jedoch durch fleißige Organisationsarbeit die finanziellen und organisatorischen Mittel für künftige Kämpfe vor allem in den großen Städten bereitstellen, wo die Voraussetzungen für größere Aktionen im allgemeinen günstiger waren. Diese Logik, die von den Arbeitern sowohl räumlich wie zeitlich einen weiten Horizont und die Unterordnung ihrer unmittelbaren Interessen unter die Bedürfnisse der Gesamtbewegung verlangte, leuchtete aber nur einem kleinen, vornehmlich hochqualifizierten Teil der Arbeiter ein.

In der dritten Konfliktphase bei +GF+, die vor allem ins Jahr 1911 fiel, waren die Arbeiter deshalb gar nicht mehr zu einer geschlossenen Aktion zu motivieren. Die Auseinandersetzungen spielten sich überwiegend auf der Ebene der einzelnen Abteilungen ab, verstärkt durch indirekte Kampfformen wie kollektive Austritte, Arbeitszurückhaltung

Bericht über eine «stille, aber etwas plötzliche Bewegung»

Der folgende Text zeigt, wie wichtige Arbeitskonflikte ohne jedes Aufsehen in der Öffentlichkeit ablaufen konnten. Er vermittelt aber auch einen Einblick in die Spannungen zwischen den Arbeitern. Etwa zwischen den im Stücklohn bezahlten Gießern, die ein Interesse an rascher Arbeit hatten, und den im Stundenlohn bezahlten Hilfsarbeitern, welche von rascher Arbeit nicht profitierten und die den Gießern als faul erschienen. Nationalitätsvorurteile verstärkten die Gegensätze noch.

In welch subtiler Weise der Druck des Unternehmens auf gewerkschaftlich aktive Arbeiter erfolgen konnte, läßt sich an der schließlich zurückgenommenen Kündigung erkennen, die trotz scheinbarer Nachgiebigkeit ihre abschreckende Wirkung kaum verfehlt haben dürfte. Der für die Arbeiter relativ günstige Verlauf des Konflikts hängt im übrigen mit der Konjunkturlage des Jahres 1907 zusammen, die es dem Unternehmen geraten erscheinen ließ, mit den knappen Gießern etwas vorsichtig umzugehen.

Schaffhausen-Neuhausen, den 12. März 1907
Werthe Genossen!
Endlich komme ich dazu, euch von einem kleinen Konflikt in der Stahlgießerei im Birch, bei Schaffhausen, zu berichten. Derselbe ist wieder beigelegt. Der Sachverhalt ist folgender: Einige Gießer äußerten sich, es solle eine Versammlung abgehalten werden, um die Mißstände in obgenannter Gießerei zu besprechen, und um Abhülfe besorgt zu sein. Schreiber dies ordnete eine Versammlung an in der Speisehalle, unter Beisein des Genossen Bötsch, Präsident der Gießergruppe und der Arbeiterkommission. Verlangt wurde nun folgendes: Mehr Hülfsarbeiter; Ausschuß ohne Verschulden des Gießers muß bezahlt werden, Minimallohn soll 10% erhöht werden, weil sich viele im Geschäft verköstigen müssen, da der Weg zu weit zum essen. Ebenso sollen die Akordpreise erhöht werden. Gießermeister Werner soll anständig mit den Arbeitern verkehren, was schon mehreremal von der Direktion verlangt wurde. Herr Schmidlin, auch Gießermeister, soll als solcher abgesetzt werden, da er kein Gießer sei. Zum Schluß wird verlangt, daß keine Handlanger zum Formen herangezogen werden dürfen. Diese Forderungen vorzubringen, wurde eine Kommission von 3 Mann bestimmt, bestehend aus Schreiber dies, Werner Alfred und Vögelin Gottfried, ebenso Bötsch. Donnerstag den 28. Febr. mußte sich dann Herr Bachmann nach einigem Zögern bequemen, mit uns zu

unterhandeln. Während der Verhandlungen stellten dann sämtliche Gießer die Arbeit ein.
Die Verhandlungen ergaben folgendes Resultat:
1. Hülfsarbeiter wären genug da, aber sind nicht richtig verteilt und wie es bei den Italienern üblich, weichen sie der Arbeit aus.
2. Unverschuldeter Ausschuß wird bezahlt.
3. Der Minimallohn wird nach Verhältnis und Verdienst erhöht, was dann am Samstag darauf geschah, indem bereits allen, ausschließlich denen, die schon 55–60 Cts. Minimallohn haben, der Lohn aufgebessert wurde, und zwar von 1 bis und mit 8 cts. d.i.: 2–20%. Jedoch sind nicht alle zufrieden.
4. Gießermeister Werner soll anständige Stückpreise machen, was nun auch teilweise geschieht. Ebenso soll er anständig verkehren mit den Leuten, was auch gebessert hat, aber wie lang?
5. Was Schmidlin anbelangt, müssen wir uns noch gedulden, auf ein andermal.
6. Herr Bachmann mußte uns zugeben, daß er trotz Inserat in vielen Zeitungen keine Gießer erhalten könne, infolgedessen er gezwungen sei, Maschinenformer nachzuziehen, die wir aber alle zwingen, dem Verbande beizutreten. Vertreten sind im ganzen 32 Former, davon im Verband 23 Mann. Mit diesem Resultat gaben wir uns vorläufig zufrieden, und ist jeder bestrebt, immer auf Besserung der Arbeitsverhältnisse zu dringen. Nun erhielt die Bewegung ein Nachspiel, indem Unterzeichneter letzten Samstag die Kündigung erhielt ohne Grundangabe. Auf mein Befragen beim Werkstättechef Herrn Wäffler, erhielt ich die Antwort, es gefällt Ihnen ja doch nicht hier, so lassen sie mir nicht noch lange Zeit, andere Arbeit zu suchen und verwies mich an Direktor Bachmann. Samstag Abend hatte die Gießergruppe Versammlung unter Beisein des Genossen Frey, den ich persönlich einlud. Die Versammlung forderte den Präsidenten Bötsch und mich auf, bei dem Direktor vorstellig zu werden, was dann Montag Abend geschah: Herr Bachmann stritete eine Maßregelung ab und gab als Grund an, mein öfteres Zuspätkommen und Fehlen. Ich entschuldigte mich hiefür und auf Anraten von Bötsch nahm er dann die Kündigung zurück, mit der Versicherung meinerseits, die Arbeitszeit besser einzuhalten (wir können ja glauben, was wir wollen).

Sämtliche Gießer waren bereit, mir beizustehen, eventuell die Arbeit niederzulegen. Alle Einzelheiten aufzuzählen würde zu weit führen.

Dies der ganze Sachverhalt der stillen aber etwas plötzlichen Bewegung. Wenn Sie es verlangen, werde noch mehr schreiben und wenn Sie es für gut finden, können Sie eine Bemerkung machen in der Zeitung, damit die Metallarbeiter allerorts wissen, wie es hier steht.

Mit Genossengruß u. Handschlag zeichnet:
Ehrensperger Konrad, Gießer
(SMUV-Archiv)

---

und teilweise auch durch individuelle Gewaltaktionen. Erfolge waren dabei nicht zu verzeichnen. Der gewerkschaftliche Organisationsgrad verharrte bei einem Tiefpunkt von knapp 10 Prozent Organisierter, die zudem der Unternehmerrepression fast wehrlos ausgeliefert waren. Zu einem größeren Streik fehlten die objektiven Grundlagen. Spontane Arbeitseinstellungen, wie sie einige Male in Abteilungen ungelernter Arbeiter vorkamen, wurden vom Unternehmen rigoros durch Entlassung der Arbeiter oder wenigstens der «Rädelsführer» geahndet.

Aus einer gewissen Distanz könnte man die Entwicklung bei +GF+, die äußerlich zunehmend ruhiger verlief, leicht als Abbau von Klassenspannungen mißverstehen. Viele Indizien weisen jedoch darauf hin, daß unter der scheinbaren Ruhe eine wachsende Erbitterung der Arbeiter um sich griff, die allerdings wegen der Schwäche der Gewerkschaft und der verbreiteten Resignation der Arbeiter keinen offenen Ausdruck fand. Innerhalb der Gewerkschaft verstärkten sich in diesen Jahren jedoch die Stimmen, welche die vorsichtige und defensive Politik der Gewerkschaftsführungen kritisierten und ein aggressiveres Vorgehen verlangten. Diese Auseinandersetzungen, die etwa 1912 in Zürich zur Proklamation eines befristeten Generalstreiks führten, spielten sich in Schaffhausen und bei +GF+ in abgeschwächter Form ebenfalls ab. Hauptausdruck der krisenhaften Situation war jedoch die Passivität eines großen Teils der Arbeiter, deren Vertrauen in die Chancen der organisierten Arbeiterbewegung schwer angeschlagen war.

Der Abstieg des Gießer-Berufes

Von der Dequalifikation der Handformer wurden zunächst vor allem die jüngeren Gießer betroffen, die nicht mehr Zugang zur seltener werdenden schwierigen, aber gut bezahlten Arbeit erhielten. Bereits vor 1914 hatte +GF+ deshalb Mühe, Lehrlinge für den Gießerberuf zu finden.

Aber diese armen Lehrbuben, die da gesucht werden. Für was sollen denn die noch Gießer lernen? ... der arme Junge (hat) nur Aussicht, in Staub und Sand begraben einige Jahre zu vertrauern, um nachher doch nichts mehr als ein anderer Arbeiter zu sein. Denn haben wir eigentlich noch einen Gießerberuf? Mit dem Verdienst läßt sich dies bei den Arbeitern nicht mehr feststellen, weil die Gießer immer «besser» bezahlt werden. Mit der Arbeit kann die Unterscheidung der Berufe noch weniger gemacht werden. Da sehen wir die Maschinenformer, die recht ergiebig ausgenützt werden an den Formmaschinen (ob der Lohn auch so ausfällt, weiß ich nicht), auf der andern Seite sehen wir Handlanger, die so zwei oder drei Tage neben einen Gießer gestellt werden und nachher auch – Gießer sind. Für was soll man denn seinen Sohn noch in die Lehre geben? Um nachher als Handlanger mit den andern Handlangern ausgenützt zu werden, oder um später an einer Formmaschine mit den andern Maschinenformern sich über des Lebens Schicksal zu ärgern, das uns keine «besseren» Eltern als nur Arbeiter bestimmt hat.

(Echo vom Rheinfall, 10.4.1911, «Ein Gießer schreibt uns»)

Die Arbeiter während der Kriegsjahre – Aufbruch zu neuen Ufern?

Als 1914 der Erste Weltkrieg ausbrach, waren die gewerkschaftlich organisierten Arbeiter – nicht nur bei +GF+ – auf die schwierige neue Situation denkbar schlecht vorbereitet. Unmittelbar nach Kriegsausbruch wurde der Großteil der ausländischen Arbeiter zum Kriegsdienst aufgeboten und folgte diesem Ruf fast durchwegs. Auch ein großer Teil der schweizerischen Arbeiter rückte in den Militärdienst ein. Da keine Lohnersatzregelung bestand, gerieten zahlreiche Arbeiterfamilien schon nach wenigen Wochen in schwere wirtschaftliche Not. Durch den Kriegsausbruch wurden Importe und Exporte für einige Zeit sehr erschwert, und auch die Umstellung auf die gewandelten Bedürfnisse der kriegführenden Länder nahm einige Zeit in Anspruch. Vorübergehend kam es daher zu Arbeitslosigkeit und Kurzarbeit. Die Unternehmer nützten ihre starke Stellung und die Schwäche der Arbeiterbewegung voll aus und kürzten die Löhne zum Teil massiv.[6]

Erste Opfer des Krieges waren also die Arbeiterfamilien. Die Gewerkschaftsmitglieder wandten sich in dieser Situation selbstverständlich an die Unterstützungseinrichtungen ihrer Organisation, die in den vergangenen Jahren als Grund für den Gewerkschaftsbeitritt immer wichtiger geworden waren. Einem solchen Massenansturm waren die Kassen jedoch nicht gewachsen. Die Unterstützungsleistungen wurden stark gekürzt, was von den Mitgliedern teils empört, teils resigniert hingenommen wurde. Dem Ansehen der Gewerkschaften entstand jedoch nicht zuletzt bei den Arbeiterfrauen schwerer Schaden. Der starke Mitgliederrückgang, den die Gewerkschaften nach Kriegsausbruch hinnehmen mußten, ist so nicht nur die Folge der Abreise der Ausländer, sondern geht teilweise auf Austritte enttäuschter schweizerischer Arbeiter zurück.

Negativ für die Gewerkschaften wirkte sich ferner auch die «vaterländische» Stimmung dieser Tage aus, die einen großen Teil der Arbeiter erfaßt hatte. Gewerkschaftssekretär Weber beklagte 1915 «die Gedankenlosigkeit, durch welche sich die Arbeiterschaft überall, einerseits im patriotischen Taumel, andernseits in der Meinung, es sei jetzt doch nichts zu machen, alles über sich ergehen läßt».[7] Die – mindestens der Theorie nach – internationalistische Arbeiterbewegung wurde vielerorts mit Mißtrauen angesehen, obwohl sie sich beeilte, durch Zustimmung zu den Kriegsvollmachten des Bundesrates ihre Vaterlandstreue zu beweisen. Zu diesem «Burgfrieden» gehörte auch der Verzicht auf gewerkschaftliche Kampfmaßnahmen, der so weit ging, daß die Leistungen aus der Streik- und Maßregelungskasse des SMV eingestellt wurden. Die Anpassungsbereitschaft der Gewerkschaftsführungen hielt die Unternehmer jedoch nicht davon ab, aus der für sie günstigen Situation gegenüber den Arbeitern vollen Nutzen zu ziehen.

Die Aussichten der sozialistischen Arbeiterbewegung erschienen also Ende 1914 denkbar düster. Die Entwicklung der nächsten Jahre ist jedoch ein Beispiel dafür, daß politische und soziale Bewegungen, wenn bestimmte geeignete Bedingungen eintreten, plötzlich aus völliger Stagnation heraus eine gewaltige Dynamik entfalten können. Dabei war es in paradoxer Weise gerade die Schwäche der Arbeiterbewegung, welche zum Ausgangspunkt eines rasanten Aufstiegs wurde. Diese ideologische, politische und gewerkschaftliche Schwäche erlaubte nämlich dem Bürgertum in den Kriegsjahren, die Interessen der lohnabhängigen Bevölkerung massiv zu mißachten. Da die wachsende Inflation nicht durch entsprechende Lohnerhöhungen ausgeglichen wurde und die Arbeiter auch immer wieder Lohnausfälle durch Militärdienst hinnehmen mußten, sanken die realen Einkünfte der Arbeiterschaft bis 1918 um mindestens 30 Prozent. Da die meisten Arbeiterfamilien sich ohnehin nahe dem Existenzminimum bewegten, bedeutete dies vielerorts unmittelbare Not. Aber auch für die bestbezahlten Arbeiterkategorien und für den Großteil der Angestellten waren schwere Einschränkungen unumgänglich. In

Folgen der Burgfriedenspolitik

Der Umstand, daß der Zentralvorstand Maßregelungs- u. Streikunterstützung außer Kraft setzte, macht viele Mitglieder glauben, es sei mit Rücksicht auf die Lage in der sich die Schweiz befindet geschehen, ich habe wenigstens diesem Einwand schon öfter begegnen müssen. Es ist auch die Befürchtung bei den Mitgliedern vorhanden, wenn ihnen durch die Tätigkeit für die Bewegung die Stelle gekündet wird, daß sie von jeder Hilfe entblößt ihrem Schicksal überlassen bleiben; die Vorbedingungen, die der Verband für die Erleichterung der Agitation durch die Unterstützung geschaffen hat, scheinen nun ganz zu fehlen.

(Sekretär Heinrich Weber in einem Brief an den Zentralvorstand des SMUV, 2.9.1915. SMUV-Archiv)

---

einer eigentlichen nationalen Notlage wären vermutlich auch diese Belastungen mehr oder weniger klaglos hingenommen worden. Tatsächlich waren die Lasten aber sehr ungleich verteilt. Viele Industrieunternehmen – darunter auch +GF+ – und Handelsfirmen erzielten große Gewinne im Handel mit den kriegführenden Ländern. Der Not der einen standen also Luxus und Reichtum der anderen Seite gegenüber. Der Gegensatz der Klassen wurde so schärfer und sichtbarer denn je.

Am Beispiel +GF+ lassen sich aber noch andere Gründe für die Radikalisierung und Erstarkung der Arbeiterbewegung nennen: Durch die Übernutzung der vorhandenen Anlagen, in die immer mehr Maschinen und Menschen hineingestopft wurden, verschlechterten sich die Arbeitsbedingungen stark. Die Unfallgefahren stiegen an. Überzeit und Nachtarbeit zehrten an den Kräften der Arbeiter, deren Ernährung – nicht zuletzt wegen den mangelhaften Löhnen – ungenügend war. Wichtiger jedoch als die Verschlechterung der Lebenslage, die ja auch zu Resignation und Apathie hätte führen können, waren für die Organisationsbewegung kriegsbedingte Veränderungen in der Zusammensetzung der Arbeiterschaft. Durch den Wegzug der ausländischen Arbeiter fiel ein wichtiges trennendes Element weg. Da durch die Kriegsproduktion bei +GF+ rasch ein Mangel an qualifizierten Berufsarbeitern entstand, wurde ungelernten Arbeitern der Aufstieg in relativ qualifizierte Angelerntentätigkeiten erleichtert. Die Unterschiede zwischen gelernten und ungelernten Arbeitern wurden auch deshalb verwischt, weil verhältnismäßig viele Berufsarbeiter aus den von der Kriegskonjunktur weniger begünstigten Industrien bei +GF+ als Angelernte arbeiteten. Durch das rasche Anwachsen der Belegschaft von 1800 Arbeitern 1914 auf etwa 3900 1917 verringerte sich auch das Gewicht der eher konservativ eingestellten Stammarbeiter. Unter den zahlreichen neu eingestellten Arbeitern dominierten jüngere, relativ ungebundene, die fast aus der ganzen Schweiz nach Schaffhausen gekommen waren. Sie hatten wenig zu verlieren und, je schlechter ihre materielle Lage wurde, um so mehr zu gewinnen. Während es schließlich dem Unternehmen in der Vorkriegszeit immer rasch gelungen war, gefährliche Gewerkschaftsaktivisten durch

Arbeitsbedingungen während der Kriegszeit

Die günstige Konjunktur führte während des Krieges zu einer enormen Überlastung von Anlagen und Menschen. Betriebsleiter Heinrich Wäffler zeichnet davon in seinen Erinnerungen ein farbiges Bild.

Jeden Tag von morgens 4 h früh bis in die Nacht schossen die Feuer- und Rauchsäulen zum Himmel und erleuchteten im Winter weithin die verschneiten Waldränder und Felswände ... in der Schmelzerei mußte das äußerste herausgeholt werden; im Laufe des Nachmittags begannen die Ausstampfungen an Kupolöfen und Converter mehr und mehr zu schwinden, die Blechmäntel wurden heiß und stellenweise rotwarm. Mit an Schläuchen befestigten Wasserstreudüsen wurden solche Stellen gekühlt, zwei bis drei, sogar bis sechs Düsen mußten dauernd in Tätigkeit sein, zuletzt wurde oft in fast leeren Blechwänden fertig geschmolzen. Auch in den Convertoren mußte das abgeschmolzene Aufstampfmaterial nach jeder Charge, zu Klumpen geballt, samt der Schlacke herausgerissen werden, so daß gegen Abend tiefe Löcher in den Wandungen entstanden und ebenfalls rotwarme Stellen mit Schlauchleitungen und starken Wasserstrahlen gekühlt werden mußten; eine Feuerwehr mitten im Funkenwurf von Kupol- und Converterofen. Trotz aller Mühe kam es ab und zu zu Durchbrüchen an beiden Aggregaten, die während kurzem Unterbruch des Schmelzprozesses mit sog. «Schopperlehm» verstopft und ausgepflastert wurden, worauf der Wind wieder angelassen und die Charge fertig geblasen und womöglich noch 1–2 weitere durchgehalten wurden. Ein paar Leute der Schmelzerei erreichten hierin eine eigentliche Routine; mit seltener Kaltblütigkeit gingen sie gegen solche Durchbrüche vor und wußten die Löcher mit Lehmpfropfen zu stopfen und provisorisch zu flicken. ... Aber auch die Former und Gießereihandlanger hatten von morgen früh bis spät abends harte Arbeit; jede halbe Stunde klärte sich die Flamme des Converters zu Sonnenhelle, ein Pfiff des Bläsers zeigte das Ende der Charge an und gleich darauf rief der Gongschlag das Gießervolk zum Abgießen. Je 1 Former und 1–2 Handlanger ergriffen die Gabel einer Handpfanne, fingen den fertigen sprühenden Stahl an der Birne ab und trugen die schwere Last im Eilschritt durch die engen Formgassen zum Abgießen der Formkasten. Drei- bis viermal hintereinander ging das, bis die Charge vergossen war, und schweißtriefend begaben sich für die Zwischenzeit bis zur nächsten Charge die Leute «zur Erholung» wieder an die übliche Arbeit des Formens resp. an das Auspakken und den Abtransport von Guß, Sand und Formkasten.

(Heinrich Wäffler, Der Kleinstahlguß +GF+ 1900–1950, S. 81 f. +GF+-Archiv)

Schikanen oder Entlassungen aus dem Betrieb zu drängen, wurde dies jetzt gerade durch die völlige Passivität der Arbeiter verhindert, die bewirkte, daß potentiell gefährliche Elemente gar nicht zu erkennen waren. Als sich dann die Arbeiter endlich regten, stieg die Zahl der Aktivisten so rasch an, daß einzelne Entlassungen weitgehend sinnlos und bei der steigenden Streikbereitschaft der Arbeiter auch gefährlich wurden.

In den ersten beiden Kriegsjahren herrschte bei +GF+ noch fast vollständige Ruhe. Die Metallarbeitergewerkschaft – seit 1915 mit dem Uhrenarbeiterverband zum Schweizerischen Metall- und Uhrenarbeiterverband (SMUV) zusammengeschlossen – blieb passiv, und auch von den Arbeitern ging keine eigene Initiative aus. Dies änderte sich 1917 fast schlagartig. Nach einem Streik bei der Maschinenfabrik Rauschenbach in Schaffhausen, dem ersten in der Geschichte dieser Firma, rührten sich plötzlich auch die Arbeiter von +GF+, zur Überraschung selbst von Sekretär und Vorstand der Gewerkschaft. «Ganz unerwartet ist im

Der neue Konfliktstil

Nach ergebnislosen Verhandlungen war eine Spezialkommission der Schmirgler von Werkführer Huber zurückgekehrt, wo sie die übrige Arbeiterschaft in einem Zustand der gespannten Erwartung antrifft. Durch einige geringschätzige Bemerkungen des Meisters gereizt sind sofort sämtliche Arbeiter einverstanden, noch am gleichen Vormittag eine Versammlung abzuhalten, was auch, trotz großer Anstrengung der Fabrikleitung, dies zu verhindern, durchgeführt wird.
(Protokoll der Schmirgler-Gruppe +GF+ vom 9.8.1917. SMUV-Archiv)

Ein Direktor in Nöten

... Betr. Arbeitsniederlegung der Maschinenformer Werk I gibt Herr Dir. Homberger bekannt, daß diese Gruppe Collectiv-Kündigung eingereicht habe. In einer darauf folgenden Sitzung wird die Sache besprochen, worauf eine Eingabe an die tit. Direction erfolgte mit der Erhöhung der Accord Ansätze auf 102 Modellen. 60 Stück wurden von der Direktion akzeptiert, 38 Stück wurden nicht akzeptiert, dagegen ein Gegenvorschlag gemacht, der dann von den Maschinenformern genehmigt wurde. ... Auch ohne Arbeitsniederlegung hätte eine Verständigung besser und leichter stattgefunden. Auf die Arbeitsniederlegung der Revolver-Dreher (Munitionsarbeiter) ist zu sagen, daß dabei zum Teil Leute aus allen möglichen Berufen sind, z. B. Stickereiarbeiter, Cigarrenreisende etc. und viele davon nicht leisten, was ein gelernter Arbeiter, und daß das nun gerade diejenigen sind, welche andere aufwiegeln und ein Geschrei machen, es werde nichts verdient. Eingelernte Arbeiter kommen auf einen schönen Lohn. Die Geschäftsleitung hat Zugeständnisse gemacht von 5–17,5%, es soll dabei ein Ausgleich stattfinden zwischen höher und minder belöhnten Arbeitern.

... Das Weglaufen von der Arbeit scheint Schule zu machen, so sind die Schmirgler und Glühereiarbeiter ebenfalls weggelaufen und haben auch die Frauen mitgenommen. Auf Befragen, was sie eigentlich wollten, haben sie zur Antwort gegeben, sie müßten Versammlung halten. Abteilungen, welche keinerlei Lohnforderungen oder andere Wünsche bei der tit. Direktion pendent hätten, äfften dieses Weglaufen nach.
(Protokoll der Arbeiterkommission vom 11.8.1917. +GF+-Archiv)

Mühlenthal die neue Gruppe ‹Achsbüchse› aus der Taufe gehoben worden», heißt es im Vorstandprotokoll des SMUV Schaffhausen vom 30. April 1917.[8] Dies war jedoch nur der Anfang. In rascher Folge bildeten sich teils auf Initiative des Lokalsekretariats des SMUV, häufig aber völlig selbständig, zahlreiche weitere Betriebsgruppen. Da das Sekretariat durch Zahl und Aktivität der neuen Gruppierungen überfordert war, lag die Initiative zu einem großem Teil bei den Arbeitern selbst, die nun wieder lernen mußten, auf eigene Faust Verhandlungen mit der Unternehmensleitung zu führen. Die allgemeine Teuerung führte dazu, daß fast jede dieser Einzelbewegungen gewisse Konzessionen erreichte, jedoch alle diese Erfolge in kurzer Zeit von der Teuerung wieder zunichte gemacht wurden. Die Arbeiter ließen sich aber nicht entmutigen. Die kleinen und kurzfristigen Siege, die sie dem Unternehmen abrangen, stärkten vielmehr ihr Selbstvertrauen, während die durch die Teuerung bewirkte Notlage, die in scharfem Kontrast zu den Profiten des Unternehmens stand, nur ihre Verbitterung und Kampfbereitschaft erhöhte. Die schon bisher äußerst ungleiche Verteilung von Macht und Reichtum war von vielen Arbeitern akzeptiert worden, weil sie gewissermaßen durch die Tradition legitimiert war. Was man jetzt aber erlebte, war eine unerhörte Verschärfung der Gegensätze. Die Reichen wurden reicher, die Armen noch ärmer.

Vorerst noch unsicher und unbeholfen, aber mit steigender Entschlossenheit und Schärfe, stellten die Arbeiter ihre Forderungen. Bei +GF+ begannen die Arbeiter der verschiedenen Abteilungen im «heißen» Sommer 1917, ihrem Unwillen über die langsame Behandlung ihrer Lohnforderungen durch kurze Arbeitseinstellungen Ausdruck zu verleihen. Direktor Homberger erklärte der Arbeiterkommission, «man könnte fast glauben, die Leute seien nicht mehr bei Verstand».[9] Diese Kurzstreiks waren jedoch ein durchaus wirksames Mittel, um den eigenen Forderungen das nötige Gewicht zu verleihen. «Die Herren treiben uns immer bis zum letzten Moment, wo sie dann in der Regel doch noch nachgeben», resümierte Gewerkschaftssekretär Weber die Erfahrungen dieses Sommers 1917.[10]

Diese Auseinandersetzungen auf Abteilungsebene verstärkten das Zusammengehörigkeitsgefühl und das Vertrauen in die eigene Stärke bei den Arbeitern. Im Unterschied zur Zeit vor 1914 bewirkten jedoch die besonderen Verhältnisse der Kriegsjahre, daß dieses Bewußtsein nicht auf die Arbeiter der eigenen Arbeits- oder Berufsgruppe beschränkt blieb, sondern mehr und mehr auf alle Arbeiter ausgedehnt wurde. Die gemeinsame Betroffenheit durch die verschlechterte Arbeitssituation und den Reallohnabbau ebnete die Differenzen zwischen den verschiedenen Gruppen der Arbeiterschaft teilweise ein und schuf so die Basis für größere gemeinsame Kampfaktionen. Die gelernten und gutqualifizierten angelernten Arbeiter blieben zwar in der Arbeiterbewegung tonangebend, doch auch Gruppen wenig qualifizierter Arbeiter wie beispielsweise die Schmirgler oder die Gußputzer begannen sich nun zu organisieren. Ihr Organisationsgrad blieb allerdings auch in dieser Zeit deutlich unter jenem der gelernten Arbeiter. Bei +GF+ mit seinem hohen Anteil schlecht qualifizierter Arbeiter stieg der Organisationsgrad deshalb nicht über 28% (1919), während er beispielsweise bei der Maschinenfabrik Rauschenbach oder bei Escher Wyss in Zürich zeitweise über 90% betrug. Die Unterschiede in der konkreten Arbeitssituation behielten also auch jetzt große Bedeutung.

Wichtige Auswirkungen hatten die Kämpfe dieser Kriegsjahre schließlich auch für die Gewerkschaft: Die neue Militanz der Arbeiter wurde zum großen Teil von einer neuen Generation von Aktivisten getragen. Die Gewerkschaftsfunktionäre aus der Zeit vor 1914 verschwanden in wenigen Jahren aus den Vorständen und wurden durch neue Leute ersetzt, von denen viele erst während des Krieges bei +GF+ eingetreten waren. Gegen Ende des Krieges gelangten dann vermehrt junge Aktivisten in den Vorstand der Sektion Schaffhausen-Neuhausen, die ihre gewerkschaftlichen Sporen erst in den Kämpfen der Jahre 1917/18 bei +GF+, bei Rauschenbach oder bei der Industriegesellschaft Neuhausen abverdient hatten. Für sie verbanden sich die prägenden Erfahrungen im Arbeitsbereich und die aufmerksam verfolgten politischen und sozialen Entwicklungen im In- und Ausland zu einem Weltbild, welches die kapitalistische Wirtschafts- und Gesellschaftsordnung grundsätzlich ablehnte. Mit diesen Vorstellungen traten diese Radikalen nun in Konkurrenz zu den gemäßigteren Tendenzen in der Gewerkschaft und bei den Arbeitern, die nur vorübergehend in den Hintergrund gedrängt worden waren. Die Kriegsereignisse hatten zwar alle Gruppen radikalisiert, doch je nach dem Ausgangspunkt in sehr verschiedenem Maß. Die Unterschiede blieben bestehen: Auch jetzt neigten Stammarbeiter stärker dazu, sich mit dem Unternehmen zu identifizieren, waren Arbeiter mit ländlichem Wohnort schwerer für die Arbeiterbewegung zu gewinnen, und unqualifizierte Arbeiter blieben der Arbeiterbewegung eher fern. Durch die Radikalisierung des linken Flügels wurden die Gegensätze sogar noch deutlicher ausgeprägt.

Demonstration gegen die Teuerung

— *Wenn das Volk auf die Straßen geht,* wie dies gestern geschehen, dann müssen auch die letzten Zweifel schwinden, daß die *Teuerungsdemonstration* wirklich aus der Arbeiterschaft herausgewachsen und nicht «durch einige Stürmer und Streber» inszeniert worden ist. Noch am Montag wurden in der Delegierten- und Vorständekonferenz allerlei Bedenken laut, ob der Zeitpunkt nicht verfrüht sei. Der gewaltige Aufmarsch der Arbeiterschaft hat aber schlagend bewiesen, daß diesmal die Stimme des Volkes sich Geltung verschaffen wollte. «So etwas hat Schaffhausen noch nie gesehen,» sagte nach der Demonstration ein Genosse zum Schreiber dieser Zeilen. Eine Menge von wohlgezählten 4800 Menschen beteiligten sich am Zuge, nicht gerechnet die tausende, die an den Straßen Spalier standen, teils mit neugierigen, teils mit verwunderten Mienen. Die Spitze der durch Vordergasse-Oberstadt sich bewegenden Marschkolonne stand wohl schon draußen beim Tramdepot, als das Ende den freien Platz verließ. Zahlreiche Banner belebten den Zug, in dem es auch nicht an zügigen Emblemen fehlte. Eine der Inschriften lautete: «Wir verlangen mehr Milch und Brot. Nieder mit den Wucherern, Spekulanten, Schiebern und Schmugglern.» Eine andere war schon radikaler: «Schlagt die Wucherer tot! Hängt die Hamster auf!» So grausam möchten wir gar nicht sein. Nur vom Überfluß sollen sie etwas hergeben für die Frauen und Kinder der Arbeiter, deren schwielige Fäuste die Millionen zeugen.
(Echo vom Rheinfall, 31.8.1917)

Die Konflikte für die Nachkriegszeit waren damit vorgezeichnet. Der Generalstreik vom November 1918, der bei +GF+ vollständig befolgt wurde, fand die Arbeiterschaft zwar noch geschlossen, doch durch die eindeutige Niederlage wurde nun die Frage nach dem künftigen Weg, Reform oder Revolution, in aller Schärfe aufgeworfen. Abschließend bleibt also zu zeigen, welche Faktoren in dieser Auseinandersetzung eine Rolle spielten und in welcher Weise sie in den zwanziger Jahren entschieden wurde.

Aus einem internen Bericht zum Verlauf des Generalstreiks bei +GF+

...Samstag den 9. November sammelten sich Morgens um 6 Uhr vor Arbeitsbeginn ca. 180–200 Mann vor dem Werkseingang. Ein Streikposten von 4 Mann machte die Leute darauf aufmerksam, daß Freitag Nachts ein allgemeiner Streik erklärt wurde und daß sie deshalb nicht zur Arbeit antreten sollen. Die Leute ließen sich überzeugen und verliefen sich, sodaß nach ca. 1 Stunde außer den Streikposten, niemand mehr anwesend war. In der Nacht vom Sonntag auf Montag den 11.ds. trat die Nachtschicht um 12 Uhr Nachts, sowie die Tagschicht um 6 Uhr Morgens vollständig an. Abends 6 Uhr kamen die Leute der Nachtschicht auch wieder, sie erklärten aber vor Aufnahme der Arbeit, daß sie nur bis 12 Uhr Nachts arbeiten werden. Sie verhielten sich vollständig ruhig und verließen das Werk kurz nach 12 Uhr Nachts. An den folgenden drei Tagen Dienstag, Mittwoch & Donnerstag war sowohl am Morgen wie Mittags ein kleiner Streikposten von 3–4 Mann anwesend; da sich jedoch niemand, nur vereinzelte Neugierige einfanden und sich niemand zur Arbeit meldete, verlief alles in vollständiger Ruhe.

Die Angestellten wurden nie belästigt & konnten nach Belieben ein- und ausgehen.
(+GF+-Archiv)

Lohnbewegung 1919

...Mitglied Lanz, Werk III sagt, es sei ihm nicht unbekannt, daß eine große Anzahl Arbeiter genügend verdienen, z.B. er selbst verdiene im Zahltag durchschnittlich 140–160 Frk. dazu komme noch der Lohn seiner 2 Kinder, die ebenfalls je ca. 60 Frk. verdienen. Er persönlich sei mit seinem Verdienst ebenfalls zufrieden, obwohl er trotz dem schönen Verdienst alles vollständig aufbrauche. Er frägt sich, wie es Familien mit 4–5 Kindern machen, bei denen nur der Verdienst des Vaters in Betracht komme. Solche Familien müssen direkt Hunger leiden. Geld sei genug vorhanden und alle Arbeiter verlangen heute Löhne, die ihnen gestatten zu leben, ohne hungern zu müssen. In dieser Hinsicht müsse Abhilfe geschaffen werden. Sollte dies unterbleiben, so würden dadurch die Leute dem Bolschewismus in die Arme getrieben...
(Sitzung der Arbeiterkommission vom 16.7.1919. +GF+-Archiv)

Aus der Sicht der Geschäftsleitung

Situationsbericht. 17.6.1919.
(Vertraulich)
Am Freitag fand eine Versammlung statt als Trauerfeier für Rosa Luxemburg (13.Juni). Stadtrat Meyer hat das Referat und spricht gemäßigt. In der Diskussion spricht der Präsident der Metallarbeiter, Messerli von Neuhausen. Er beklagt sich über die Zustände im Mühlental, schlechte Löhne, hauptsächlich im Birch, auch über die gegenwärtige Versetzungsmethode, wobei die Arbeiter von einem Betrieb in den andern gejagt würden, Berufsarbeiter als Hülfsarbeiter arbeiten müßten, während ungelernte Arbeiter die Stellungen der Berufsarbeiter einnähmen. Wenn sich einer etwas zu sagen getraut, fliege er aus dem Betrieb heraus. Stadtpräsident Schlatter betont, daß in England, Frankreich und Italien gegenwärtig riesig an der Herbeiführung der Revolution gearbeitet werde. Man hoffe bestimmt, daß sie in den nächsten Wochen zum Ausbruch komme. Dann werde man

auch in der Schweiz losschlagen, alles sei bereit. Die Bourgeois bekämpfen die soziale Revolution mit Waffen, also müsse sich auch das Proletariat bewaffnen. Es müsse Blut fließen, wenn die Zustände geändert werden sollen, aber das dürfe die Arbeiter nicht abschrecken, in den letzten 5 Jahren seien Ströme von Blut geflossen und niemand rege sich deswegen auf. Auch das Arbeiterheer werde bluten müssen, wenn etwas erreicht werden wolle. Dagegen müsse bis zum Ausbruch der Aktion ruhig Blut bewahrt bleiben, damit nicht dem Großen durch kleine Nebenhandlungen geschadet werde. Er schließt mit einer Kritik der Ansprache Meyer's, die er als viel zu lau bezeichnet...

(+GF+-Archiv)

Die Nachkriegszeit: Rückschritt oder Konsolidierung?

In den Jahren 1919 und 1920, in denen die Wirtschaftslage gut blieb, gelang es +GF+-Arbeitern, das Lohnniveau wieder auf den Vorkriegsstand zu heben und gleichzeitig die Arbeitszeit auf 48 Stunden zu verkürzen. Die Unternehmer sahen sich unter dem Eindruck der Empörung der Arbeiter zu diesen Konzessionen veranlaßt, um Schlimmeres, das heißt ein vollständiges Abgleiten der Arbeiterschaft zu radikalen linken Positionen, zu vermeiden. Gleichzeitig veränderte sich auch der Ton gegenüber den Arbeitern. Die Werkmeister wurden zu anständigem und höflichem Verhalten angehalten, und die Mitglieder der Arbeiterkommission wurden nun im Unterschied zur Vorkriegzeit als «Herren» angesprochen.

In der schweren Wirtschaftskrise der Jahre 1921/22, in der die Arbeiterzahl bei +GF+ von 3100 auf etwa 1800 sank, wurde das Betriebsklima allerdings wieder frostiger. Zahlreiche Arbeiter, darunter auch viele gewerkschaftlich und politisch besonders aktive, wurden entlassen. Die Firma versuchte, gegen den erbitterten Widerstand der Arbeiter, in Absprache mit dem Arbeitgeberverband in mehreren Anläufen die Löhne zu senken. Dies gelang auch – und zwar bei +GF+ wiederum ohne Streik –, doch da gleichzeitig die Konsumentenpreise rückläufig waren, verschlechterte sich dadurch das Einkommen der Arbeiter nicht, solange sie nicht arbeitslos waren. In den folgenden Jahren stiegen die Arbeiterrealeinkommen bei wieder besseren konjunkturellen Verhältnissen langsam weiter. 1929 lagen die realen durchschnittlichen Jahreseinkommen bei +GF+ um 29% höher als 1914, bei einer Verkürzung der Arbeitszeit von 57 auf 48 Wochenstunden. Man kann also feststellen, daß die +GF+-Arbeiter in den zwanziger Jahren ihre ökonomische Lage wesentlich verbessern konnten.

Unverändert blieb allerdings für die meisten die Unsicherheit der Arbeiterexistenz. Jederzeit konnte eine Krise den Arbeitsplatz kosten. Dabei bestanden allerdings wesentliche Unterschiede: Das langsamere Wachstum des Unternehmens und die schlechteren Arbeitsmarktverhältnisse, die zu einer Verringerung des freiwilligen Arbeitsplatzwechsels führten, hatten eine bedeutende Vergrößerung des Anteils der Stammarbeiter zu Folge. Während 1912 etwa 12% der Arbeiter bereits seit 10 oder mehr Jahren im Unternehmen beschäftigt waren und sich dieser Anteil während der Kriegsjahre noch stark reduzierte, zählten 1929 31,5% der Belegschaft zum Arbeiterstamm. Diese Gruppe genoß einen gewissen Schutz vor Entlassung in Krisenzeiten, mußte jedoch dafür den Preis einer höheren Loyalität gegenüber der Firma bezahlen. Das Engagement in Arbeitskonflikten stellte für sie so ein höheres Risiko dar, das, wenn irgend möglich, vermieden wurde.

Die Lage am Arbeitsplatz im engeren Sinn veränderte sich in den zwanziger Jahren wesentlich. Bei einem im Vergleich mit der Vorkriegszeit langsamen Firmenwachstum lag das Hauptgewicht der Investitionen auf Rationalisierungen. Der gesamte Produktionsablauf wurde wissenschaftlich durchleuchtet und rationalisiert. Dies bedeutete vor allem für die gelernten Arbeiter, die bisher in der Gestaltung ihrer Tätigkeit eine gewisse Selbständigkeit bewahrt hatten, daß das Vorgehen in der Arbeit immer mehr bis in alle Einzelheiten hinein vorgeschrieben wurde. Zur betrieblichen Rationalisierung gehörte auch eine engere Verknüpfung der verschiedenen Produktionsschritte. Die Arbeiter wurden stärker an ihren Arbeitsplatz gebunden, da sie in genau definiertem Rhythmus Vorprodukte übernehmen und bearbeitete Stücke weiterzugeben hatten. Diese Entwicklung näherte in vieler Hinsicht die Arbeitssituation der gelernten Arbeiter jener der An- und Ungelernten an, ein Trend, der seinen Niederschlag auch in einer Verkleinerung der Lohndifferenzen von Berufs- und Nichtberufsarbeitern fand.

Eine eindeutige und von der Firma auch zugegebene Folge dieser Rationalisierungen war eine gesteigerte Intensität der Arbeit. Die Arbeitszeitverkürzungen und Lohnsteigerungen müssen auch in diesem Zusammenhang gesehen werden. Eine wichtige Folge dieser Verwissenschaftlichung der Betriebsorganisation war aber auch die Verringerung des Konfliktpotentials in der Lohn- und Akkordfrage. Die besseren Methoden der Vorkalkulation und der Normierung der Arbeit erlaubten eine genauere Berechnung der Akkorde. Die Arbeiter waren deshalb nicht mehr so sehr von den Launen der Meister bei der Arbeitsverteilung abhängig. Akkordfestsetzungen, die den Unwillen der Arbeiter erregten, wurden seltener, da die Ansätze meist von Anfang an genau bemessen waren. Die Folge dieser Entwicklung war ein starker Rückgang der Konflikte auf Abteilungsebene.

Neben den konjunkturellen, ökonomischen und betriebswissenschaftlichen Entwicklungen erhielten nun politische Entwicklungen für die Arbeiterbewegung im Einzelbetrieb entscheidendes Gewicht. Der Gegensatz zwischen den radikalisierten Aktivisten an der Basis auf der einen, den gemäßigteren Arbeitergruppen und Gewerkschaftsführungen auf der anderen Seite spitzte sich 1919/20 rasch zu. Während die Gewerkschaftsführungen, wie schon vor 1914, aber jetzt dank der gestiege-

Ansichten zu einem Gewerkschaftssekretär

Eine wichtige Rolle in der Schaffhauser Arbeiterbewegung spielte der ehemalige Gießer Heinrich Weber. Der aktive Gewerkschafter wurde 1910 bei +GF+ aus nichtigem Anlaß entlassen. 1911 wählte ihn der SMV zum Lokalsekretär in Schaffhausen. 1920 gelangte er in den (vollamtlichen) Stadtrat von Schaffhausen. Mindestens seit Kriegsbeginn zählte er zum linken Gewerkschaftsflügel. 1920 trat er der neugegründeten Kommunistischen Partei bei, von der er sich jedoch Ende der zwanziger Jahre aus Protest gegen die Komintern-Politik wieder trennte.

Unter Gallmann ist es einmal passiert, daß er einem Lehrbuben namens Weber ein paar Ohrfeigen heruntergehauen hat. Der Vater des Lehrlings Weber war im Werk III als Gußputzer beschäftigt und damals ein führender Roter. Er hat natürlich Krach geschlagen und ich mußte die Sache schlichten. Meister Gallmann mußte Vorwürfe einstecken. Später dachte ich manchmal, wenn Gallmann dem Weber nur mehr an die Ohren gegeben hätte als Weber schließlich Arbeitersekretär wurde.
(Erinnerungen von Betriebsleiter Schneckenburger, S. 36. +GF+-Archiv)

Auf dem Platze Schaffhausen übt der bekannte Arbeiter-Sekretär Weber seinen unheilvollen Einfluß aus, ein Arbeiterhetzer allerschlimmster Sorte. Er fühlt sich berufen, grundsätzliche Begehren (Minimallöhne, Achtstundentag etc.) mit allen Mitteln durchzudrücken.
(Brief der Maschinenfabrik Rauschenbach an den ASM, 15.5.1917. +GF+-Archiv)

Wir erlebten ja schon verschiedene Metallarbeitersekretäre in Schaffhausen und die Erfahrung lehrt, daß alles am Sekretär hängt. Nun hat uns der Krieg eine außerordentliche Blüte der Metallarbeitergewerkschaft gebracht, ich fürchte aber, aus diesem Blühen entstehen keine Früchte, wenn in den doch wohl nicht ausbleibenden kritischen Verhältnissen der nächsten Zeit Weber nicht mehr am Steuer steht. Er hat eben eine ausgezeichnete Art, die Arbeiter zu behandeln, so etwas Schneebergerisches.[1] Er ist ruhig, kein Phantast und macht keinerlei Sprüche. Er weckt in der Arbeiterschaft keine Hoffnungen, die sich nicht realisieren lassen, sondern verweist sie stets fort, namentlich bei gewerkschaftlichen Aktionen, auf ihre eigene Verantwortlichkeit. Er schmeichelt weder der Masse oder dem einzelnen Arbeiter, sondern behandelt sie ganz einfach und schwunglos als Kollegen, so daß er absolute Autorität besitzt.

1 Dies bezieht sich auf Oskar Schneeberger, den ersten vollamtlichen Zentralsekretär des SMV.
(Brief des sozialdemokratischen Stadtpräsidenten Hermann Schlatter an SMUV-Zentralsekretär Konrad Ilg, 3.5.1918. SMUV-Archiv)

---

nen Mitgliederzahl mit weit größeren Erfolgsaussichten, auf die Anerkennung durch die Unternehmer und auf gewerkschaftliche Interessenvertretung im Rahmen des kapitalistischen Systems setzten, entwickelte sich bei den meisten der Aktivisten an der Gewerkschaftsbasis eine durch die Kriegserfahrung geprägte grundlegende Ablehnung des kapitalistischen Systems und seiner Machtstrukturen. Dieser Konflikt, der sich rasch zum Kampf um Machtpositionen in der SP und in den Gewerkschaften entwickelte, verlief in Schaffhausen insofern ungewöhnlich, als die Linke, d.h. die radikale Basis, die Oberhand behielt und nach der Spaltung der SP 1920 die Kommunistische Partei in Schaffhausen ganz klar Mehrheitspartei wurde. Dazu hatte nicht zuletzt beigetragen, daß in Schaffhausen wichtige leitende Funktionäre in Partei und Gewerkschaften, darunter auch der Metallarbeitersekretär Heinrich Weber, sich auf die Seite der Linken stellten. Ein großer Teil der Arbeiter stand diesen Auseinandersetzungen jedoch recht ratlos gegenüber. Zwar begegneten sie dem bürgerlich-kapitalistischen System fast durchwegs mit größter Skepsis, wovon im Kanton Schaffhausen in den ganzen zwanziger Jahren die hohen Stimmenanteile der verfemten Kommunistischen Partei zeugen. Auf der anderen Seite waren sie aber auch Pragmatiker, die nicht für irgendwelche fernen Ziele mühsam erreichte materielle Verbesserungen aufs Spiel setzen wollten. Der Streit zwischen links und rechts wurde für viele nun zum Anlaß, den Organisationen der Arbeiterbewegung wieder den Rücken zu kehren. Alle Gewerkschaften und Arbeiterparteien verloren in der Nachkriegszeit zahlreiche Mitglieder. In Schaffhausen und bei +GF+, wo die Auseinandersetzungen nicht wie an den meisten anderen Orten rasch gegen die radikale Linke entschieden wurden, sondern in den ganzen zwanziger Jahren andauerten, war dieser Mitgliederverlust besonders ausgeprägt. Der Organisationsgrad sank von etwa 30 Prozent 1919 auf 10 Prozent 1923, also wieder etwa auf den Vorkriegsstand.

Kann man aus der äußeren Ähnlichkeit zum Vorkriegszustand schließen, daß sich im Grunde durch die Kämpfe der Kriegsjahre nichts wesentliches geändert hatte? Sicher nicht. Das neugewonnene Selbstvertrauen der Arbeiter und das Wissen um die gemeinsame Stärke gingen nicht mehr völlig verloren. Den Beweis dafür liefern die Ereignisse des Jahres 1924, als die +GF+-Arbeiter aus Solidarität mit den streikenden Arbeitern der unterdessen von +GF+ übernommenen Maschinenfabrik Rauschenbach ebenfalls in den Streik traten.[11] Hinter der Passivität der Arbeiter steckte noch immer ein gutes Stück Entschlossenheit zur Verteidigung der errrungenen Positionen, in diesem Falle der 48-Stunden-Woche, und auch die Einsicht, daß solidarisches Verhalten für den Erfolg notwendig war.

Nicht zuletzt unter dem Eindruck dieses neuen Arbeiterbewußtseins und auch der anhaltenden Radikalität wenigstens eines Teils der Arbeiter begann +GF+ seine ablehnende Politik gegenüber der Gewerkschaft zu überprüfen. War nicht vielleicht die Anerkennung einer gemäßigten Gewerkschaft und das Eingehen auf Verhandlungen dauernden Konflikten mit einzelnen Arbeitergruppen und einem Vormarsch radikaler Strömungen in der Arbeiterschaft vorzuziehen? Ab Mitte der zwanziger Jahre – also lange vor dem Friedensabkommen in der Metall- und Maschinenindustrie – begann die Firma in Konfliktfällen den Kontakt zum Gewerkschaftssekretär zu suchen. Das schweizerische Modell der Sozialpartnerschaft zeichnete sich also auf Unternehmensebene bereits ab, während auf Verbandsebene mindestens auf der Seite der Arbeitgeber noch die klassenkämpferischen Töne dominierten.

Innere und äußere Krise

Hinsichtlich der Mitglieder betonte der Referent, daß es halt leider viele Kollegen gibt, die halt eben noch keine Idealisten sind im gewerkschaftlichen Sinn. Solbald sie merken, daß nichts mehr heraus zu holen ist materiell, so kehren sie dem Verband den Rücken und das sollte verschwinden, andernfalls wir halt immer wieder vorne anfangen müssen.
(Protokoll der Versammlung der Schmirgler-Gruppe +GF+ vom 8.12.1922. SMUV-Archiv)

Der Niedergang der +GF+-Arbeiterbewegung in den zwanziger Jahren zeigt sich deutlich in der Arbeiterkommission, die in den ersten Nachkriegsjahren eine echte Vertretung der Arbeiterinteressen gebildet hatte.

Zum vergangenen Wahlgang der Arbeiterkommission wird von verschiedener Seite die Interesselosigkeit seitens der Arbeiterschaft gerügt. Mitglied Hotz erwähnt, es fehle das Zutrauen zu der Kommission; wenn eine Sitzung stattgefunden habe, so heiße es jeweils, so habt ihr wieder die Hände hochgestreckt. Viele Stimmzettel seien zerrissen worden mit der Bemerkung, man brauche keine Arbeiterkommission mehr.

Mitglied Renggli erklärte, er müsse sich seiner Wahl schämen, er sei mit nur vier Stimmen gewählt worden, und der abtretende AK-Präsident Rüegg erklärte, als er die Stimmenzahlen von der Geschäftsleitung wissen wollte, habe man ihm gesagt, «daß es nicht gerade ermutigend sei für die Kommissionsmitglieder, wenn man die Stimmenzahl bekannt geben würde».
(Arbeiterkommission, vorbereitende Sitzung vom 12.3.1927. +GF+-Archiv)

Auf der Strecke blieben bei dieser Entwicklung jedoch alle Ansätze der Kriegszeit zu einer stärkeren Eigenaktivität der Arbeiter und zu einer betrieblichen Mitbestimmung. Die Herrschaft des Unternehmens und seiner Vertreter im Betrieb blieb unangetastet, ja sie wurde in den Rationalisierungen der zwanziger Jahre, welche die Arbeitssituation stärker reglementierten, noch ausgebaut. Obwohl eindeutige Anlässe zu betrieblichen Konflikten selten wurden, empfanden die Arbeiter den betrieblichen Druck und ihre Hilflosigkeit dagegen sehr stark. Da die Gewerkschaft gegen die verwissenschaftlichten Methoden der Arbeitsintensivierung jedoch keine erfolgversprechende Strategie anbieten konnte, distanzierten sich die Arbeiter zunehmend von der betrieblichen Gewerkschaftsarbeit. Diese verlor auf der anderen Seite auch für die Gewerkschaft mit der Anerkennung ihrer Vertreter durch die Unternehmer an Bedeutung.

Wie sieht nun das Fazit aus – Erfolg oder Mißerfolg der Arbeiterbewegung bei +GF+? Gemessen an der Entwicklung seit der Jahrhundertwende, gelang sicher ein großer Schritt vorwärts zu auch für Arbeiter erträglichen Lebens- und Arbeitsbedingungen. Das Unternehmen wurde zudem zur Anerkennung der Organisation der Arbeiter gezwungen. Für den reformistischen Flügel der Arbeiterbewegung war der Erfolg also unbestreitbar. Der Versuch zu einer grundlegenden Veränderung der gesellschaftlichen Machtverhältnisse war dagegen gescheitert. Die radikale Linke hatte zwar entscheidenden Anteil an der Durchsetzung der pragmatischen materiellen Forderungen der Arbeiter und war indirekt auch der Anlaß dafür, daß die Unternehmensleitung den Kompromiß mit der reformistischen Gewerkschaftsführung zu suchen begann. Für revolutionäre Forderungen fand die Linke jedoch bei der Arbeiterschaft immer weniger Unterstützung. Die Mehrheit der Arbeiter begann sich, zwar ohne Begeisterung, aber in realistischer Einschätzung der Machtverhältnisse, mit dem System und seinen materiellen Chancen zu arrangieren. Leicht sollte ihr dies allerdings durch Krise und erneute Kriegszeit hindurch nicht gemacht werden.

Anmerkungen und Bildernachweis

1 Plakat der revoltierenden Schifflisticker, abgedruckt in: A. *Saxer,* Die Stickerei-Treuhand-Genossenschaft St. Gallen, St. Gallen 1965, S. 103. Vgl. Foto S. 17.
2 Vgl. ebd. S. 103.
3 Der Textilarbeiter. Organ des allgemeinen schweizerischen Textil-Arbeiter-Verbandes, Nr. 41, 13. 10. 1932
4 Vgl. ebd.
5 Saxer, S. 109.
6 Bericht der Industriekommission des Kantons Appenzell Ausserrhoden von 1870, in: Appenzellische Jahrbücher 1873, S. 41.
7 A. *Steinmann,* Die Ostschweizerische Stickerei-Industrie, Zürich 1905, S. 64.
8 Exporteur Ikler in: E. *Gerter,* Die Sticker, Roman, Aarau 1938, S. 176.
9 L. *Rüd,* Erinnerungen einer Arbeiterin aus dem Appenzellerland, in: Schweizerische Volkskunde 58. Jg., Basel 1968, S. 23.
10 F. *Schuler,* Die schweizerischen Stickereien und ihre sanitarischen Folgen, in: Deutsche Vierteljahresschrift für öffentliche Gesundheitspflege, Braunschweig 1882, Bd. 1882, Heft 2, S. 26.
11 Fabrikordnung der mechanischen Stickerei Tobler in Lutzenberg von 1882, Kantonsarchiv Herisau, C 12 339.
12 O. *Alder,* Rückschau eines Vierundachtzigjährigen, St. Gallen 1933, S. 37/38.
13 Autobiographische Aufzeichnungen von Theophil Koch, unveröffentlichtes Manuskript, S. 32–36.
14 Rüd, S. 23.
15 Vgl. ebd., S. 23.
16 Achtzig Jahre Otto Bischoff, Fünfzig Jahre Bischoff Textil AG, Balgach 1977, S. 10.
17 A. *Swaine,* Die Arbeits- und Wirtschaftsverhältnisse der Einzelsticker in der Nordostschweiz und Vorarlberg, Straßburg 1895, S. 72.
18 Schuler, Stickereien, S. 47.
19 P. *Zinsli,* Die Beschäftigung der schulpflichtigen Kinder in Hausindustrie und andern Erwerbsarten im Kanton Appenzell Ausserrhoden, in: Appenzellische Jahrbücher 1905, S. 127.
20 J. *Lorenz,* Die wirtschaftlichen und sozialen Verhältnisse in der schweizerischen Heimindustrie, Zürich 1911, S. 377/378.
21 Vgl. Zinsli, S. 126, Schuler, Stickereien, S. 47.
22 Zinsli, S. 136.
23 Schuler, Stickereien, S. 25, Swaine, S. 94 ff.
24 Bericht einer Stickersfrau, in: Der Heimarbeiter, Organ des Schweizerischen Plattstichweber-Verbandes und des Schweizerischen Handsticker-Verbandes, Nr. 5, 7. 3. 1924.
25 Rüd, S. 24.
26 H. *Wartmann,* Industrie und Handel des Kantons St. Gallen, 1867–1880, Bd. 2, S. 183.
27 Schuler, Stickereien, S. 27.
28 Ebd., S. 27.
29 F. *Schuler* und A. E. *Burckhardt,* Untersuchungen über die Gesundheitsverhältnisse der Fabrikbevölkerung in der Schweiz mit besonderer Berücksichtigung des Krankenkassenwesens, Aarau 1889, S. 107.
30 Scheidungsprotokolle des Bezirksgerichts St. Gallen, Staatsarchiv St. Gallen, Sign. G 1. 15, Bd. 1894–1898, S. 315 f.
31 Lorenz, S. 360.
32 Swaine, S. 92.
33 Bericht einer Stickersfrau, vgl. Anm. 24.
34 P. *Zinsli,* Kinderarbeit und Kinderschutz in der Schweiz. Schweizerische Vereinigung zur Förderung des internationalen Arbeiterschutzes, Heft 23, Bern 1908, S. 51.
35 Scheidungsprotokolle, vgl. Anm. 30, S. 253 f.
36 Vgl. ebd., S. 269 f.
37 Steinmann, S. 68
38 K. *Bartholdi,* Wesen und Bedeutung der Schifflieinzelstickerei in der Schweiz und ihre Lage während des Krieges und in der Nachkriegszeit, Innsbruck 1921, S. 125.
39 Steinmann, S. 27.
40 Swaine, S. 50.
41 Textilarbeiter, vgl. Anm. 3, Nr. 1., 3. 2. 1929.
42 Lorenz, S. 392.
43 Saxer, S. 77.
44 Bartholdi, S. 127.
45 Vgl. ebd., S. 129.
46 Ausschnitt aus einem Interview mit einer Nachseherin.

1 Filmproduzent Kanton Basel-Landschaft.
2 M. Birnmann, Gesammelte Schriften, Band I, Basel 1894, S. 6.
3 Gedicht vom Basler Sekundarlehrer W. Senn (1845–1895); in: Suter Paul, Die letzten Heimposamenter, Kanton Basel-Landschaft, Basel, 1978, S. 22, 24.

1 Protokoll des glarnerischen Ehegerichts vom 11. Dezember 1868.
2 *Vgl. Ebel,* Johann G., Schilderung des Gebirgsvolkes vom Kanton Glarus und der Vogteien Uznach, Gaster, Sargans, Werdenberg, Sar und Rheintal des Toggenburgs, der alten Landschaft, der Stadt St. Gallen und des östlichen Theils des Kantons Zürich. Leipzig 1802, S. 279.
3 Vgl. *Bodmer,* Walter, Das glarnerische Wirtschaftswunder. Glarus, o. J.
4 Vgl. *Heer,* Gret, und *Kern,* Urs, Industrialisierung und Fabrikarbeiterschaft am Beispiel der Glarner Tuchdruckerei im 19. Jahrhundert. Lizentiatsarbeit, Zürich 1978, unveröffentlichtes Manuskript, S. 108.
5 Bericht über die sanitarische Bedeutung des Zeugdrucks in den glarnerischen Fabriken. Dem hohen Rath des Kantons Glarus vorgelegt von den Herren Prof. E. Kopp in Zürich, Dr. J. Göttisheim in Basel und Direktor Ph. Imbach in Lörrach. Glarus 1872, S. 9.
6 Ebd. S. 10.
7 Vgl. Bericht an die hohe Standeskommission über die zweite Fabrikinspektion zu Handen an Landamman und Rath des Kantons Glarus. Glarus 1869, S. 16.
8 *Schuler,* Fridolin, Die glarnerische Baumwollindustrie und ihr Einfluß auf die Arbeiter, in: Wegmann, H. (Hg.), Ausgewählte Schriften von Fabrikinspektor Dr. Fridolin Schuler. Karlsruhe 1905, S. 14.
9 Ebd.
10 Bericht über die sanitarische Bedeutung des Zeugdrucks in den glarnerischen Fabriken. Glarus 1872, S. 8.
11 Schuler, Fridolin, Die glarnerische Baumwollindustrie, S. 42.
12 *Favre,* L., Le Chat Sauvage du Gor de Braye. Neuchâtel 1876, S. 12.
13 Bericht an die hohe Standeskommission über die zweite Fabrikinspektion, S. 9.
14 Ebd. S. 10.
15 Bericht über die sanitarische Bedeutung, S. 22.
16 Schuler, Fridolin, Die Ernährungsweise der arbeitenden Klassen in der Schweiz und ihr Einfluß auf die Ausbreitung des Alkoholismus, in: Wegmann, H. (Hg.), Ausgewählte Schriften von Fabrikinspektor Dr. Fridolin Schuler. Karlsruhe 1905, S. 245.
17 Bericht an die hohe Standeskommission über die erste Fabrikinspektion im Winter 1864/65 zu Handen an Landamman und Rath des Kantons Glarus. Glarus 1865, S. 21.
18 Neue Glarner Zeitung, den 17. März 1864.
19 Schuler, Fridolin, Die glarnerische Baumwollindustrie, S. 25.
20 Ebd.
21 Neue Glarner Zeitung, den 17. März 1864.

22 Schuler, Fridolin, Über die Ernährung der Fabrikbevölkerung und ihre Mängel. Glarus 1882, S. 20.
23 Vgl. Neue Glarner Zeitung, Jahrgänge 1864, 1868; vgl. Glarnerisches Amtsblatt, Jahrgang 1869.
24 Vgl. Lohnbücher der Handdrucker, Privatarchiv von Daniel Jenny in Ennenda.
25 Heer, Gret, und Kern, Urs, Industrialisierung und Fabrikarbeiterschaft, S. 202.
26 *Hirzel*, H., Über die Wechselwirkungen zwischen der protestantischen Kirche und dem sozialbürgerlichen Leben mit besonderer Rücksicht auf die Fabrikindustrie, in: Verhandlungen der schweizerischen reformierten Predigergesellschaft in ihrer 14. Jahresversammlung den 19. und 20. Juli 1853 in Glarus. Glarus 1853, S. 92.
27 *Böhmert*, Victor, Arbeiterverhältnisse und Fabrikeinrichtungen der Schweiz. Zürich 1873, S. 287, 288.
28 Fabrikordnung, P. Blumer & Cie in Schwanden, Paragraph 12.
29 Vgl. Bericht an die hohe Standeskommission über die zweite Fabrikinspektion zu Handen an Landamman und Rath des Kantons Glarus. Glarus 1869, S. 22.
30 Vgl. Ebd. S. 6.
31 *Becker,* Bernhard, Das Familienleben in der Fabrikindustrie. Glarus 1862, S. 29.
32 Alpenbote, 14. Juni 1840.
33 Schuler, Fridolin, Die glarnerische Baumwollindustrie, S. 35.
34 Ebd. S. 30.
35 Becker, Bernhard, Ein Wort über die Fabrikindustrie mit besonderer Hinsicht auf den Canton Glarus. Basel 1858, S. 32.
36 Glarnerisches Fabrikgesetz 1864, Paragraph 7.
37 Schuler, Fridolin, Die glarnerische Baumwollindustrie, S. 34.
38 Vgl. Schuler, Fridolin, Aus den Glarner Todtenscheinen der Jahre 1872/74. Separatabdruck aus Zeitschrift für schweizerische Statistik 1876, II. Quartalsheft, Bern 1876, S. 22.
39 Schuler Fridolin, Die glarnerische Baumwollindustrie, S. 34.
40 Bericht und Antrag der Standeskommission an Landamman und Rath betreffend Vollziehungsmaßregeln zum Fabrikpolizeigesetz. Glarus o. J., S. 7.
41 Bericht an die hohe Standeskommission über die zweite Fabrikinspektion, S. 7.
42 Becker, Bernhard, Ein Wort über die Fabrikindustrie, S. 33.
43 Schuler, Fridolin, Die glarnerische Baumwollindustrie, S. 34.
44 Schuler, Fridolin, Die Ernährungsweise der arbeitenden Klassen in der Schweiz und ihr Einfluß auf die Ausbreitung des Alkoholismus, in: Ebd. S. 52.
45 Bericht an die hohe Standeskommission über die zweite Fabrikinspektion, S. 7.
46 Vgl. Schweizerische Statistik, Lieferung 158, S. 52.
47 Protokoll des glarnerischen Ehegerichts vom 13. 1. 1871.
48 Becker, Bernhard, Das Familienleben in der Fabrikindustrie. Glarus 1862, S. 46.
49 Ebd. S. 34.
50 Protokoll des glarnerischen Ehegerichts vom 21. 4. 1865.

1 Als Verlagssystem bezeichnet man eine Betriebsform, bei welcher der Unternehmer, auch Verleger genannt, ständig eine Anzahl Arbeiter in ihren Wohnungen, also Heimarbeiter, beschäftigte. Der Einkauf der Rohstoffe und der Verkauf der Fertigprodukte geschah durch den Verleger, die Produktion durch die Heimarbeiter.
2 Vgl. für die Strukturentwicklung: R. *Jäger* u. a., Wirtschaftlicher, sozialer und politischer Wandel in einem ländlichen Industriegebiet der Zürcher Landschaft 1750–1920. Eine Regionalstudie über die Industrialisierung zwischen Pfannenstil und Pfäffikersee, Lizentiatsarbeit Universität Zürich 1975; M. *Lemmenmeier,* Die Auseinandersetzungen um die ersten sozialpolitischen Maßnahmen im 19. Jahrhundert in Uster und Umgebung, in: 775–1975. Neue Beiträge zur Geschichte von Uster, Uster 1976, S. 57.
3 Vgl. für den Begriff «Millionenbach»: O. *Kunz,* Barbara. Die Feinweberin, Luzern 1942; Die Kunstdenkmäler des Kantons Zürich, Bd. III, Die Bezirke Pfäffikon und Uster, v. H. M. Gubler, Basel 1978, S. 416.
3a Gemeindearchiv Uster, IV B 46 (Volkszählung 1900).
4 H. *Brandenberger,* Allerlei Notizen aus seinem 33jährigen Fabrikleben zur gemüthlichen Unterhaltung für alle Stände, Wald 1879–1881.
5 Kirchgemeindearchiv Uster, Stillstandsprotokolle, 1834, S. 19.
6 Vgl. Kunz, S. 104; Stillstandsprotokolle, 1851, S. 60; 1860, S. 260; Gemeindearchiv Uster, IV B 46 (Volkszählung 1900).
7 H. *Teuteberg* u. A. *Bernhard,* Wandel der Kindernahrung in der Zeit der Industrialisierung, in: Fabrik, Familie, Feierabend. Beiträge zur Sozialgeschichte des Alltags im Industriezeitalter, hg. v. J. *Reulecke* u. W. *Weber,* Wuppertal 1978, S. 183 f.; S. *Bucher,* Bevölkerung und Wirtschaft des Amtes Entlebuch im 18. Jahrhundert, Luzern 1974, S. 182.
8 F. *Schuler,* Über die Ernährung der Fabrikbevölkerung und ihre Mängel, Zürich 1882, S. 53.
9 O. *Rühle,* Das proletarische Kind. Eine Monographie, München 1911, S. 50 ff.
10 Zivilstandsamt Uster; Staatsarchiv Zürich: Geburts- und Sterberegister. Geburten in rekonstruierten Spinnerfamilien:

	Vor 1860	1860–1880
Geburten total	219	108
Lebendgeburten	205	105
Gestorben unter 1 Jahr	47 (23%)	24 (23%)

11 Vgl. W. *Bickel,* Bevölkerungsgeschichte und Bevölkerungspolitik der Schweiz seit dem Ausgang des Mittelalters, Zürich 1947, S. 242; W. *Pfister,* Das harte Leben der Kinder in Rupperswil im 19. Jahrhundert, in: Heimatkunde aus dem Seetal, 1976, S. 20.
12 Vgl. Untersuchungen von F. Schuler: F. *Schuler,* Die glarnerische Baumwollindustrie und ihr Einfluß auf die Gesundheit der Arbeiter, in: Zeitschrift für schweizerische Statistik, 1872, S. 222.
13 Vgl. Statistisches Jahrbuch der Schweiz, hg. v. Eidgenössischen Statistischen Amt, Jg. 1949, Basel 1949, S. 79/80.
14 Mittheilungen aus den Akten der zürcherischen Fabrikkommission. Zusammengestellt von Johann Jakob *Treichler,* Bd. 1, Zürich 1858, S. 163.
15 Vgl. für dieses Verhalten Gemeindearchiv Uster, Waisenamtsprotokolle.
15a Kirchgemeindearchiv Uster, Stillstandsprotokolle, 1860, S. 260.
16 Bezirksgerichtsarchiv Uster, Matrimonialprotokolle, Verhandlung vom 15. 12. 1837.
17 Anzeiger von Uster 21. 10. 1868.
18 Zivilstandsamt Uster: Geburts- und Sterberegister. Geburten in rekonstituierten Spinnereiarbeiterfamilien:

Geburten	1880–1900	1900–
Lebendgeburten total	111	45
Gestorbene unter 1 Jahr	16 (14%)	6 (13%)

19 Bickel, S. 242; Statistisches Jahrbuch 1949, S. 79.
20 Vgl. Schuler, Ernährung, S. 52 ff.; F. *Brandenberg,* Über Kindersterblichkeit und Kinderernährung, in: Zuger Neujahrsblatt für das Jahr 1896, S. 43–50; Vorschläge zur Verminderung der Säuglingssterblichkeit, in: Korrespondenzblatt für Schweizer Ärzte, Bd. 19, S. 19 ff.; G. *Custer,* Grundsätze für die Gesundheitspflege des Kindes im ersten Lebensjahr (Säuglingsalter). Zur Verbreitung in Familien, auch durch Zivilstandsämter, Gesundheitsbehörden, Frauenvereine, 4. Aufl., Zürich 1893.
21 Gemeindearchiv Uster, IV B 46 (Volkszählung 1900).
22 Kunz, S. 127.
23 Kunz, S. 173; Treichler, Akten, Bd. 1, S. 189 ff.
24 Kunz, S. 158; Gemeindearchiv Uster, B 23, Waisenakten; Neue Verhandlungen der Gemeinnützigen Gesellschaft, 1843, S. 49.
25 Treichler, Akten, Bd. 1, S. 189 ff.; Gemeindearchiv Uster, B 23, Waisenakten.
26 Kunz, S. 148.
27 Vgl. Staatsarchiv Zürich, O 57.1. In der Spinnerei Guyer in Uster wurde der Zutritt von kleinen Kindern ausdrücklich verboten.
28 Vgl. Anzeiger von Uster 24. 12. 1872 und 12. 7. 1871.
29 Kunz, S. 157.
30 J. *Kreis,* Aus der guten alten Zeit oder Jugenderinnerungen eines Werkmeisters, Flawil 1919, S. 8.
31 Gemeindearchiv Uster, B 23, Waisenakten, Martha Balthasar.

32 Bezirksgerichtsarchiv Uster, Polizeiprotokolle, Verhandlung vom 18.1.1839.
33 Ebd. S. 183, 213, 172.
34 Anzeiger von Uster 11. 6. 1872.
35 Kunz, S. 179.
36 Ebd. S. 178.
37 Bezirksgerichtsarchiv Uster, Polizeiprotokolle, Verhandlung vom 10. 7. 1889.
38 Staatsarchiv Zürich U 28.
39 Kunz, S. 200.
40 Ebd. S. 26.
41 Vgl. für Unfälle am Fabrikkanal: Anzeiger von Uster 6. 5. 1876.
42 E. *Messikommer,* Die Geschichte von Seegräben, Zürich 1973, S. 194.
43 Vgl. Jäger u. a., Kapitel Sozialstruktur des Dorfes Oberuster; Kunz, S. 174 ff.
44 Gemeindearchiv Uster, B 23, Waisenakten.
45 Kunz, S. 180.
46 Kunstdenkmäler, S. 430.
47 Kunz, S. 175, 205.
48 Staatsarchiv Zürich, U 28; Vgl. J. *Senn,* Ein Kind des Volkes, Bern 1888, S. 53; J. *Stutz,* Sieben mal sieben Jahre aus meinem Leben, Pfäffikon 1927, S. 111.
49 Staatsarchiv Zürich, O 55 1-2.
50 Deutsche Kindheit. Autobiographische Zeugnisse 1700-1900, hg. v. Irene Hardach-Pinke u. Gerd Hardach, Kronberg/Taunus 1978, S. 32.
51 Gemeindearchiv Uster, II F Schulakten.
52 Ebd.
53 Der Textilarbeiter 21. 12. 1904.
54 Kunz, S. 223.
55 Vgl. Anzeiger von Uster 17. 3. 1859; 19. 3. 1864; 10. 5. 1871; 11. 3. 1891; 28. 8. 1865 usw.
56 V. *Boehmert,* Arbeiterverhältnisse und Fabrikeinrichtungen. Bericht, erstattet im Auftrage der eidgenössischen Generalcommission für die Wiener Weltausstellung, Bd. 1, Zürich 1873, S. 213.
57 Gemeindearchiv Uster, IV B 46 (Volkszählung 1900).
58 Vgl. Das schweizerische Fabrikmädchen. Beiträge zur Frage der 14- bis 16jährigen Arbeiterinnen in den schweizerischen Fabrikbetrieben, Leipzig und Stuttgart 1928, S. 98;
vgl. soziale Herkunft der Spinnereiarbeiter in den rekonstituierten Familien:
Berufe von Kindern aus Spinnerfamilien:
Vor 1860 geboren:
Knaben   34% Textilarbeiter
Mädchen   55% Textilarbeiter
59 Kreis, S. 41/42; Im Königreich Wunderli-von Muralt in Windisch im Aargau. Erinnerungen eines ehemaligen Textilarbeiters. Separatabdruck aus dem Volksrecht, o. O. o. J., S. 2.
60 Kirchgemeindearchiv Uster, Stillstandsprotokolle, 1845, S. 388.
61 Kunz, S. 155.
62 Fabrikmädchen, S. 98.
63 Kreis, S. 47.
64 Vgl. dazu ausführlich: P. *Dudzik,* Die schweizerische Baumwollspinnerei im 19. Jahrhundert, Diss. Uni Zürich (Manuskript).
65 Jäger, u. a., Kapitel: Mechanisierung der Baumwollspinnerei; Dudzik (Manuskript).
66 Vgl. Kläui Archiv Uster, Lohnbuch Firma Zangger; Firmenarchiv der Spinnerei Streiff AG, Aathal, Arbeiterverzeichnisse der Spinnerei Biedermann.
67 Vgl. M. *Bernays,* Auslese und Anpassung der Arbeiterschaft der geschlossenen Großindustrie. Dargestellt an den Verhältnissen der Gladbacher Spinnerei und Weberei AG zu Mönchen-Gladbach, im Rheinland, Leipzig 1910, S. 258.
68 Dudzik (Manuskript); Bernays, S. 258; Entwicklung der Arbeitsqualifikation und die Methode ihrer Erfassung, hg. v. Projektgruppe Automation und Qualifikation, Berlin 1978, S. 162 f.
69 F. *Schuler* u. A. *Burckhardt,* Untersuchungen über die Gesundheitsverhältnisse der Fabrikbevölkerung in der Schweiz mit besonderer Berücksichtigung des Krankenkassenwesens, Aarau 1889, S. 67.
70 Königreich Wunderli, S. 3.
71 Staatsarchiv Zürich, U 28, Memorial 1813. Vgl. für die Herrschaftsordnung in der Fabrik allgemein: E. *Gruner,* Die Arbeiter in der Schweiz im 19. Jahrhundert. Soziale Lage, Organisation, Verhältnis zu Arbeitgeber und Staat, Bern 1968, S. 100.
72 Staatsarchiv Zürich, O 57.1, Fabrikordnungen.
73 Staatsarchiv Zürich, O 57 a 1.
74 Monatschronik der zürcherischen Rechtspflege oder Mittheilung der wichtigsten Urteile und Beschlüsse des Obergerichtes und anderer Gerichte des Cantons Zürich, und der von denselben angewandten Grundsätze, sammt einer Übersicht ihrer sämtlichen behandelten Geschäfte, Bd. 6 (1836), S. 470.
75 Bezirksgerichtsarchiv Uster, Polizeiprotokolle, Verhandlung vom 15. 3. 1843.
76 Ebd., Verhandlung vom 21. 7. 1837.
77 Monatschronik, S. 476.
78 Staatsarchiv Zürich, O 4.1.
79 K. *Ganz,* Bericht über die Ergebnisse der von der Kommission für Fabrikwesen 1860 vorgenommenen Inspektionen der sämtlichen Fabriken des Kantons Zürich, Winterthur 1861, S. 16 ff.
80 Wunderli-von Muralt, S. 5.
81 Monatschronik, S. 472.
82 Archiv der Firma Trümpler in Oberuster, Bußenbuch 1860 ff.
83 Staatsarchiv Zürich, U 28, Memorial 1813.
84 Bezirksgerichtsarchiv Uster, Zunftgerichtsprotokolle, Verhandlung vom 31. 7. 1844.

85 Staatsarchiv Zürich, U 28, Memorial 1813.
86 Bezirksgerichtsarchiv Uster, Matrimonialprotokolle, Verhandlung vom 8. 5. 1846.
87 Ebd., Verhandlung vom 17. 6. 1840.
88 Die folgenden Zitate stammen aus: Kirchgemeindearchiv Uster, Eheprotokolle Dezember 1870; Bezirksgerichtsarchiv Uster, Matrimonialprotokoll, Verhandlung vom 14. 2. 1857; 22. 5. 1897.
89 Zivilstandsamt Uster, Eheregister 1876–1890.
90 Vgl. Die gesellschaftliche Wirklichkeit der Kinder in der bildenden Kunst, hg. v. Neue Gesellschaft für bildende Kunst und staatliche Kunsthalle Berlin, Berlin 1979, Artikel: Hau ab und spiel.

1 Übernahme eines Artikels aus dem Magazin «All the year round» unter dem Titel «A Swiss Song Festival» in «Wöchentliche Unterhaltungen», 14. März 1870.
2 J. *Stradner.* Der Fremdenverkehr, Graz 1917, S. 43.
3 H. A. *Gurtner.* Die Ertragsfähigkeit des schweizerischen Hotelgewerbes, in: Zeitschrift für schweizerische Statistik und Volkswirtschaft, Jg. 55, 1919, S. 174.
4 Der folgende Beitrag ist ein Kapitel aus der Dissertation von Hansruedi *Brunner,* die im Rahmen des Forschungsprojekts der «Luzerner Forschungsstelle für Wirtschafts- und Sozialgeschichte» entstanden ist. Die Arbeit ist im Herbst 1981 unter dem Titel «Luzerns Gesellschaft im Wandel» in der Reihe «Luzerner Historische Veröffentlichungen» erschienen.
5 Paul *Huber,* Die wirtschaftliche Entwicklung der Stadt Luzern 1850–1914 (Arbeitstitel), laufende Diss. Zürich.
6 Union Helvetia (UH), Organ der Hotelangestelltenorganisation Union Helvetia, 1886 ff.; siehe Nr. 25, 1900.
7 Ebd. Nr. 25, 1900.
8 Ebd. Nr. 11, 1907.
9 Rudolf *Baumann,* Das schweizerische Hotelpersonal in der Kriegszeit, in: Zeitschrift für schweizerische Statistik 1918, siehe S. 328.
10 Union Helvetia Nr. 23, 1903.
11 Ebd. Nr. 29, 1898.
12 Siehe auch Baumann, Das schweizerische Hotelpersonal in der Kriegszeit, S. 345.
13 Union Helvetia Nr. 35, 1900.
14 Ebd. Nr. 1, 1902.
15 Ebd. Nr. 42, 1908.
16 Ebd. Nr. 16, 1898.
17 Ebd. Nr. 40, 1907.
18 Ebd. Nr. 36, 1900.
19 W. A. *Rogger,* Gründer-Galerie des Quartiervereins Hirschmatt-Neustadt-Biregg, in: Zwischen Reuß und Biregg, hrsg. vom Quartierverein Hirschmatt-Neustadt-Biregg, Luzern 1964, S. 178.
20 Union Helvetia Nr. 46, 1909.
21 Ebd. Nr. 44, 1909.
22 Ebd. Nr. 14, 1895.
23 Baumann, Das schweizerische Hotelpersonal in der Kriegszeit, S. 32.
24 Siehe Luzerner Tagblatt Nr. 268, 16. Nov. 1912, und Nr. 227, 23. Sept. 1925.
25 Louis *Gaulis* und René *Creux,* Schweizer Pioniere der Hotellerie, Paudex 1976, S. 208; siehe auch Luzerner Hauskalender 1938, S. 67
26 Hermann *Bieder,* Der Union Helvetia zu ihrem 25jährigen Jubiläum, gewidmet von ihrem Generalsekretär H. Bieder, Luzern 1911, S. 35.
27 Baumann, Das schweizerische Hotelpersonal in der Kriegszeit, S. 333/334.

28 Union Helvetia Nr. 25, 1903.
29 Ebd. Nr. 25, 1900.
30 Ebd. Nr. 9, 1904.
31 Ebd. Nr. 11, 1906.
32 Ebd. Nr. 22, 1907.
33 Ebd. Nr. 12, 1899.
34 Ebd. Nr. 12, 1899.
35 Ebd. Nr. 44, 1901, nach einer Schilderung der Frau des Hotelwächters im Luzerner Tagblatt.
36 Christian *Burkhalter,* Das schweizerische Hotelpersonal und dessen Standesorganisation (Union Helvetia), Luzern (undatiert), S. 18.
37 Union Helvetia Nr. 43, 1903.
38 Tagblatt Nr. 132, 9. Juni 1943.
39 Union Helvetia Nr. 25, 1900.
40 Ebd. Nr. 27, 28, 29, 1904.
41 Ebd. Nr. 27, 28, 29, 1904 (Inseli).
42 Ebd. Nr. 27, 28, 29, 1904 (Inseli).
43 Ebd. Nr. 6, 1898.
44 Ebd. Nr. 15, 1896.
45 Ebd. Nr. 2, 1895.
46 Ebd. Nr. 13, 1909.
47 Ebd. Nr. 10, 1912.
48 Ebd. Nr. 40, 1905.
49 Ebd. Nr. 24, 1909.
50 Ebd. Nr. 8, 1902.
51 Ebd. Nr. 12, 1901.
52 Ebd. Nr. 42, 1903.
53 Ebd. Nr. 32, 1904.
54 Ebd. Nr. 42, 1903.
55 Ebd. Nr. 49, 1909.
56 Ebd. Nr. 21, 1903.
57 Ebd. Nr. 17, 1905. Die Umfrage war von der freiburgischen statistisch-sozial-pol. Gesellschaft durchgeführt worden.
58 Ebd. Nr. 21, 22, 23, 1903
59 Vaterland Nr. 254, 1. Nov. 1905.
60 Vaterland Nr. 241, 18. Okt. 1890. Das Vaterland übernahm Passagen aus einem Artikel, der in einer deutschen Zeitung erschienen war und den heiratslustigen Mädchen gute Ratschläge geben wollte.
61 Union Helvetia Nr. 14, 15, 1896.
62 Ebd. Nr. 5, 1898.
63 Zitat bei Bieder, Der Union Helvetia zu ihrem 25jährigen Jubiläum, S. 15.
64 Union Helvetia Nr. 14, 1903.
65 Ebd. Nr. 14, 1897.
66 Ebd. Nr. 2, 1895.
67 Adreßbücher 1901, 1907, 1909.
68 Union Helvetia Nr. 48, 1909.
69 Ebd. Nr. 43, 1914.
70 Ebd. Nr. 37, 1914.
71 W. A. Rogger, Gründer-Galerie des Quartiervereins Hirschmatt-Neustadt-Biregg, S. 175.
72 Ebd., S. 179.

1 Materialsammlungen und Vorstudien zur Thematik dieses Aufsatzes entstanden im Rahmen eines Nationalfondsprojektes zur Sozialgeschichte der Angestellten in der Schweiz 1890–1940 (M. *König,* H. *Siegrist,* R. *Vetterli),* durchgeführt an der Forschungsstelle für Sozial- und Wirtschaftsgeschichte der Universität Zürich unter der Leitung von Prof. Dr. R. *Braun.* Einen vorläufigen Überblick zur Angestelltenthematik gibt M. König, H. Siegrist, R. Vetterli, Zur Sozialgeschichte der Angestellten in der Schweiz. Arbeitssituation, soziale Lage, Verbände und gesellschaftliches Verhalten 1880–1940, erscheint in: Geschichte und Gesellschaft, Sonderheft 1981. Speziellere Aspekte werden dargestellt in H. Siegrist, Vom Familienbetrieb zum Manager-Unternehmen. Angestellte und industrielle Organisation am Beispiel der Georg Fischer AG in Schaffhausen 1797–1930, Göttingen 1981; M. König, Soziale Lage, Organisation und Bewegung kaufmännischer Angestellter in der Schweiz 1914–1920, Diss. Zürich 1979 (erscheint demnächst).
2 Begriffe wie Professionalismus und professionalistisches Denken sind allerdings in unserem Zusammenhang nur mit Vorbehalten aufzunehmen, da sie vor allem in der soziologischen Forschung über wissenschaftlich systematisch qualifizierte, «freie» Berufe wie Ärzte u. ä. entwickelt wurden und selbst dort nicht unproblematisch sind. Kocka nennt derartige Orientierungen und Bestrebungen bei Kaufleuten, Verkäufern usw. deshalb «quasi-professionalistisch». – Zur Professionalismus-Problematik vgl. D. *Rüschemeyer,* Professionalismus. Theoretische Probleme für die vergleichende Geschichtsforschung, in: Geschichte und Gesellschaft 6/1980, Heft 3, S. 311–325. Zur empirischen Verwendung vgl. z. B. J. *Kocka,* Angestellte zwischen Faschismus und Demokratie. Zur politischen Sozialgeschichte der Angestellten: USA 1890–1940 im internationalen Vergleich, Göttingen 1977.
3 Vgl. H. *Bührer,* Erinnerungen an meine 60jährige Tätigkeit in der Chemischen Fabrik Schweizerhall 1894–1954, Basel 1954, S. 10; ähnlich J. *Herzog,* Mein Lebensgang, Bd. 2, Chur 1928, S. 44.
4 J. *Burri,* Zur kaufmännischen Berufslehre, in: Handelsschule des Kaufm. Vereins Zürich, Jahresbericht 1953, S. 36.
5 Vgl. die Beschreibung bei H. *Spörry,* Mein Lebenslauf, Bd. 1, Zürich 1924, S. 154 f.
6 Vgl. die Resultate der schweiz. Fabrikstatistik; Betriebe mit über tausend Beschäftigten finden sich zusammengestellt bei R. *Jaun,* Gesellschaftliche Entwicklung und Verwissenschaftlichung der Betriebs- und Unternehmensführung in der Schweiz 1873–1929, unv. Lizentiatsarbeit Zürich 1979, S. 226 ff. Der Anteil des kaufm. Verwaltungspersonals

an den Beschäftigten in Industrie und Handel betrug 1900 erst ca. 4,2%.
7 Spörry, S. 88.
8 Bührer, S. 16f.
9 Herzog, S. 144f.
10 W. *Heitz,* Erinnerungen aus den Jahren 1890–1930, Basel o.J., S. 12f.
11 Ebd., S. 20f.
12 Vgl. die Resultate der Schweizer Fabrik- und Betriebszählungen von 1888, 1911, 1923, 1929.
13 Vgl. die Resultate der Betriebszählungen von 1905 und 1929, in: Schweizer Statistik 181, S. 14ff.; Statist. Quellenwerke 17, S. 46ff. – Der Stand von 1929 entspricht weitgehend dem bereits 1920, am Endpunkt der Kriegs- und Nachkriegskonjunktur, erreichten; die Krise zu Beginn der zwanziger Jahre brachte einen Personalabbau auch in Verwaltung und technischen Büros, dem nur noch ein langsames, durch Rationalisierungsbestrebungen gebremstes Wachstum folgte.
14 Nach den Resultaten der eidg. Volkszählungen 1900–1920; für 1900 und 1910 mußte das Verkaufspersonal aufgrund einer Schätzung ausgeschieden werden.
15 K. *Stoll,* Die Frauenarbeit im Handel und der Schweiz. Kaufm. Verein, Vortrag 1908, in: Schweiz. Kaufm. Verein, Jahresbericht 1908/09, Anhang, S. 22.
16 Vgl. Th. *Pirker,* Büro und Maschine. Zur Geschichte und Soziologie der Mechanisierung der Büroarbeit, Tübingen 1962, S. 24ff.
17 Zit. bei Siegrist, S. 134.
18 Archiv Schweiz. Rückversicherung, Zürich, Personal 4.1, Anstellungsverträge 1883–1913. Zeugnis für R. Rathgeb.
19 R. *Walser,* Der Commis, in: Fritz Kochers Aufsätze, Baden-Baden 1979 (zuerst 1902 im «Bund» erschienen), S. 76.
20 Vgl. hierzu S. *Feiwel,* Über die schweiz. kaufm. Angestellten und ihre Organisationen, Diss. Zürich 1917; J. B. *Gasser,* Die schweiz. Privatangestelltenbewegung von 1914 bis 1920, Diss. Zürich 1922; M. König, Soziale Lage, Organisation und Bewegung kaufm. Angestellter in der Schweiz 1914–1920, unv. Diss. Zürich 1979; W. *Winkler,* Werden und Wachsen des Schweiz. kaufm. Vereins, Genf 1969.
21 Stoll, S. 29.
22 Allgemein zur Frühgeschichte der techn. Mittelschulen vgl. L. *Genoud,* Technische Mittelschulen, in: Handwörterbuch der Schweiz. Volkswirtschaft, Sozialpolitik und Verwaltung, hg. von N. Reichesberg, Bd. 2 und 3, Bern 1903–1911, S. 996–1017.
23 A. *Hafter,* BBC-Hauszeitung 1966, S. 167.
24 E. *Bütikofer,* In der Großfirma, nach: Der Technische Angestellte 1918, Heft 3, S. 2.
25 Siegrist, S. 93.
26 E. *Graner,* Zum 25jährigen Bestehen des Schweiz. Techniker-Verbandes, in: Schweiz. Techniker-Zeitung 1930, S. 765–774.
27 Das Werden, Wesen und Wirken des BTA im ersten Jahrzehnt seines Bestehens, in: Der Technische Angestellte 1921, Heft 9, S. 2–5.

1 Der vorliegende Artikel basiert auf: R. *Vetterli,* Industriearbeit, Arbeiterbewußtsein und gewerkschaftliche Organisation, Göttingen 1978. Vgl. dazu auch die ebenfalls zu +GF+ geschriebenen Arbeiten von H. *Siegrist,* Vom Familienbetrieb zum Managerunternehmen. Angestellte und industrielle Organisation am Beispiel der Georg Fischer AG in Schaffhausen 1797-1930, Göttingen 1981; und weiter A. *Knoepfli,* Konzernbildung, Kartellpolitik und Unternehmensfinanzierung. Dargestellt am Beispiel der Georg Fischer AG 1890–1930 (Dissertationsentwurf).
2 Vgl. auch: R. *Vetterli,* Arbeitssituation und Organisationsverhalten Schweizer Metallarbeiter, in: Arbeiter im Industrialisierungsprozeß, hg. W. *Conze* und U. *Engelhardt,* Stuttgart 1979, S. 336 ff.
3 A. *Schneckenburger,* Erinnerungen eines alten Betriebsleiters 1892–1936, Manuskript, +GF+-Archiv, S. 10.
4 Schreiben an den Zentralvorstand des SMV, 27.10.1892, SMUV-Archiv.
5 Regulativ betreffend die Arbeiterkommission vom 16.5.1899, +GF+-Archiv.
6 Vgl. auch Schweizerische Arbeiterbewegung. Dokumente zu Lage, Organisation und Kämpfen der Arbeiter von der Frühindustrialisierung bis zur Gegenwart. Zürich 1975, Kapitel IV.
7 Brief an den SMUV-Zentralvorstand, 2.9.1915, SMUV-Archiv.
8 Protokoll des Vorstandes des SMUV-Schaffhausen vom 30.4.1917, SMUV-Archiv.
9 Protokoll der Arbeiterkommisssion vom 31.7.1917, +GF+-Archiv.
10 Schreiben an den Zentralvorstand des SMUV vom 17.9.1917, SMUV-Archiv.
11 Vgl. zu dieser Streikbewegung: Schweizerische Arbeiterbewegung, S. 219 ff.

Bildernachweis

Von Stickern,
ihren Frauen und Kindern

1 Herbert Maeder, Rehetobel AR
2 Schweizer Illustrierte, Nr. 25, 2.6.1934 (Photopress)
3 Photopress, Zürich
4 Photopress, Zürich
5 Photopress, Zürich
6 E. Iklé, La Broderie mécanique 1828–1930, Paris 1931, S. 11
7 100 Jahre Maschinenfabrik Benninger AG, Uzwil SG, 1859–1959; S. 17
8 J. U. Meng, Trimmis GR
9 Graphische Abteilung der Zentralbibliothek, Mappe Schw. Landesausstellung Zürich 1883
10 E. Iklé, vgl. Bild 6, S. 86
11 E. Iklé, vgl. Bild 6, S. 11
12 Benninger Festschrift, vgl. Bild 7, S. 17
13 Die Schweiz im 19. Jh., hrsg. von P. Seippel, 3. Bd., Bern 1900; S. 165
14 Herbert Maeder, Rehetobel AR
15 Herbert Maeder, Rehetobel AR
16 J. U. Meng, Trimmis GR
17 Herbert Maeder, Rehetobel AR
18 Lorenz, Die wirtschaftlichen und sozialen Verhältnisse in der schweizerischen Heimindustrie, Zürich 1911, S. 358
19 Lorenz, vgl. Bild 18, S. 294
20 E. Iklé, vgl. Bild 6, S. 85
21 Lorenz, vgl. Bild 18, S. 342
22 Jac. Leuthardt, Rohner AG, Rebstein SG
23 Jac. Leuthardt, J. Rohner AG, Rebstein SG
24 Jac. Leuthardt, J. Rohner AG, Rebstein SG
25 Geschichte eines St. Gallischen Geschäftshauses 1759–1892. Ulr. de Gasp. Vonwiller/Hoffmann, Huber & Co., Einsiedeln 1893, Tafel 20
26 Benninger Festschrift, vgl. Bild 7, S. 40/41
27 Geschichte eines St. Gallischen Geschäftshauses, vgl. Bild 25
28 Frau A. Lenherr, Gams SG
29 Vgl. Geschichte eines St. Gallischen Geschäftshauses, vgl. Bild 25
30 J. Rohner AG, Rebstein SG
31 Herbert Maeder, Rehetobel AR
32 Lorenz, vgl. Bild 18, S. 382
33 H. U. Wepfer, Damals bei uns im Thurgau, Frauenfeld 1978, S. 121
34 Aus: Die Stickerei-Industrie Nr. 1, 5.1.1907
35 Frau A. Lenherr, Gams SG
36 Aus: Ostschweizerische Industrie-Zeitung Nr. 22, 1902
37 Photopress, Zürich
38 Frau A. Lenherr, Gams SG
39 Herbert Maeder, Rehetobel AR

Bilder aus der Heimposamenterei

1 F. Mangold, Die Seidenweber in Baselland, in: Die wirtschaftlichen und sozialen Verhältnisse in der Schweizerischen Heimarbeit, Hrsg. Jacob Lorenz, Zürich 1910, S. 158a
2 Ebd. S. 166a

Alltag der Glarner
Tuchdruckereiarbeiter
im 19. Jahrhundert

1 Freuler-Palast, Näfels
2,3 H. Jenny-Kappers, Der Kanton Glarus, Frauenfeld 1939, Bild Nr. 107 u. 183
4 Lithographien aus dem Landesarchiv des Kantons Glarus
5 Freuler-Palast, Näfels
6 Ebd.
7 Musée de l'impression sur étoffes, Mulhouse
8 Heimatwerk, Blätter für Volkskunst und Handwerk, Zürich, 43. Jg. Nr. 2/1978
9 L'histoire documentaire de l'industrie de Mulhouse et de ses environs, Tome I, S. 390.
10 Heimatwerk Nr. 2/1978
11 J. Winteler, Der Kanton Glarus, Glarus 1945
12 Original bei Dr. Davatz im Landesarchiv Glarus
13 Thürer, Hans, Glarus. Avanti-Verlag 1978
14 Merton Abbey Block printing at the Morris work, the Tames and Hudson manual of Textile Printing, Joyce Sturmy London 1974
15 Firmenarchiv der Maggi-Fabrik in Kemptthal
16 Freuler-Palast, Näfels
17 Ebd.
18 Druckerei Thalwil, Staatsarchiv Zürich
19 Original bei Dr. Davatz im Landesarchiv Glarus
20 Freuler-Palast, Näfels
21 Ebd.
22 Ebd.
23 Daniel-Jenny-Archiv in Ennenda
24 Original bei Dr. Davatz im Landesarchiv Glarus
25 Glarner-Zeitung Nr. 99, 19. August 1866
26 Landesarchiv Glarus
27 Ebd.

Alltag der «Fabriklerkinder»
am «Millionenbach»

1 Wildkarte 1843–1851, Zentralbibliothek Zürich, Kartensammlung
2 Die Kunstdenkmäler des Kantons Zürich, Bd. III, Die Bezirke Pfäffikon und Uster, von Hans Martin Gubler, Basel 1978, S. 418
3 Messikommer, Edwin, Geschichte der Gemeinde Seegräben, S. 174, Bild 32
4 Kläui-Archiv, Uster, Fotosammlung
5 Messikommer, Geschichte Seegräben, S. 175, Bild 34
6 Siegfried-Karte 1881, Zentralbibliothek Zürich, Kartensammlung
7 Kläui-Archiv, Uster, Fotosammlung
8 Ebd.
9 Ebd.
10 Kunstdenkmälerinventarisation des Kantons Zürich
11 Kunstdenkmäler, Bd. III, S. 425
12 Geburtsregister der Gemeinde Uster: Eintragung vom 30.5.1877; Faust, A., Zivilstandsamt Uster
13 Kunstdenkmälerinventarisation
14 Staatsarchiv Basel, Kiste 4

15 Anzeiger von Uster 5. 2. 1873
16 Zentralbibliothek Zürich
17 Kunz, Otto, Barbara, die Feinweberin, Eine Lebensgeschichte aus dem Zürcher Oberland, Luzern 1942, S. 149;
18 Staatsarchiv Zürich, Signatur 0 57 a 10
19 Kläui-Archiv, Uster, Photosammlung
20 Messikommer, Seegräben, S. 247, Bild Nr. 47
21 Kunstdenkmäler Kanton Zürich, Bd. III, S. 430
22 Kläui-Archiv, Uster, Fotosammlung
23 Sozialarchiv, Fotosammlung Heimarbeit
24 Lewis W. Hine, Carolina 1908, in: Günter, Roland, Fotografie als Waffe, Geschichte der sozialdokumentarischen Fotografie, 4. Aufl., Hamburg 1979, S. 33
25 Anzeiger von Uster 12. 3. 1859, 25. 7. 1863, 27. 4. 1870, 13. 4. 1870, 11. 3. 1891, 1. 3. 1873, 3. 9. 1871.
26 Kirchgemeindearchiv Uster, Stillstandsprotokoll 1834 ff. S. 388/89 (1845)
27 Bild Sozialarchiv, Fotosammlung Heimarbeit
28 Lewis Hine um 1909–1913, abgedruckt in: Kinderleben – Kinderelend, S. 16
29 und 30 Abgedruckt in: Linder, Alfred, Spinnen und Weben. Einst und Jetzt, Luzern/Frankfurt am Main 1967, S. 96 und S. 94
31 Winkler, Jakob, Das Land Glarus, Glarus 1945, S. 174, oder: Chronik Bezirk Hinwil, Geschichte, Industrie, Handel, Gewerbe, Zürich 1944, S. 152
32 E. Baines, History of the Cotten Manufacture in Great Britain, 1835, in: Die gesellschaftliche Wirklichkeit der Kinder in der bildenden Kunst, hg. von Neue Gesellschaft für bildende Kunst und staatliche Kunsthalle Berlin, Berlin 1979, S. 104
33 Staatsarchiv Zürich, Signatur 0 57.1
34 Das geschlagene Kind, hg. von Ray E. Helfer, C. Henry Kempe, Frankfurt am Main 1978, S. 54
35 Foto Roland Gretler
36 Ebd.
37 Foto Lewis W. Hine. Kinderleben – Kinderelend. Arbeiterkinder in der «guten alten Zeit». Bilddokumente und Texte zu einem unbequemen Thema. Begleitheft zur Ausstellung, Duisburg 1979, S. 1/S. 89

Die Welt der Hotelangestellten

1–14 Stadtarchiv Luzern

Kaufleute und Techniker

1 Geschichte der L. von Roll'schen Eisenwerke II, Das Unternehmen, Gerlafingen 1973, S. 162
2 Die Gesellschaft der L. von Roll'schen Eisenwerke u. die Entwicklung der jurassischen Eisenindustrie, Gerlafingen 1923, Bildanhang (techn. Büro)
3 Der Fortschritt 15. 2. 1886, S. 36
4 Ebd. 1. 12. 1872, S. 88
5 Landesbibliothek Bern
6 Der Fortschritt 15. 2. 1886, S. 36
7 A. Bürgin, Geschichte des Geigy-Unternehmens von 1758 bis 1939, Basel 1958, S. 165
8 Baugeschichtliches Archiv Zürich
9 Ebd.
10 Der Fortschritt 1. 3. 1886, S. 44
11 W. Schaefer, Die ersten 50 Jahre der Basler Versicherungs-Gesellschaft gegen Feuerschaden 1863–1913, Basel 1913, S. 52
12 Schweiz. Kaufm. Zentralblatt 30. 8. 1912, S. 301
13 Baugeschichtliches Archiv Zürich
14 Zentralbibliothek Zürich
15 Schweiz. Kaufm. Zentralblatt 29. 1. 1898, S. 22
16 Archiv Maggi Kemptthal
17 Der Fortschritt 1. 3. 1886
18 Landesbibliothek Bern
19 Festschrift 75 Jahre BBC 1891–1966, Baden 1966, S. 24
20 100 Jahre Jakob Jaeggli & Cie., Oberwinterthur 1842–1942, Anhang
21 Schweiz. Technikerzeitung 1909, Inseratenteil
22 Ebd. 1906, Nr. 10
23 Ebd. 1915, S. 156 f.
24 Ebd. 1920, S. 223
25 Ebd. 1920, S. 123
26 Ebd. 1907, S. 276
27 Ebd. 1913, S. 310; 1915, S. 47; 1924, S. 110; 1929, S. 584; 1929, S. 517
28 Ebd. 1907

Arbeitsalltag, Konflikt und Arbeiterbewegung

1 Schweizerische Techniker-Zeitung 1904, S. 139
2 Ebd. 1904, S. 137
3 Ebd. 1904, S. 140
4 Ebd. 1904, S. 141
5 Hundertfünfzig Jahre Georg Fischer Werke 1802/1952. Schaffhausen 1952. S. 99
6 Ebd. o. Sz.
7 Buß, H. Aus der Entwicklung der Räder für Lastwagen und Omnibusse. Thayngen/Schaffhausen 1952. S. 42
8 Schweizerische Techniker-Zeitung 1911, S. 548
9 Hundertfünfzig Jahre Georg Fischer Werke 1802/1952. Schaffhausen 1952. S. 54
10, 11 Ebd. S. 106
12 Schweizerische Techniker-Zeitung 1904, S. 142
13 Ebd. 1904, S. 142
14 Ebd. 1904, S. 143